HISTOIRE ET FABRICATION

DE LA

PORCELAINE CHINOISE.

Les **Auteurs** et l'**Éditeur** de cet ouvrage se réservent le droit de le traduire ou de le faire traduire en toutes les langues. Ils poursuivront, en vertu des Lois, Décrets et Traités internationaux, toute contrefaçon, soit du texte, soit des gravures, ou toute traduction faite au mépris de leurs droits.

Le dépôt légal de cet ouvrage a été fait à Paris dans le cours du mois de janvier 1856, et toutes les formalités prescrites par les Traités sont remplies dans les divers États avec lesquels la France a conclu des conventions littéraires.

Tout exemplaire du présent Ouvrage qui ne porterait pas, comme ci-dessous, la signature du Libraire-Éditeur, sera réputé contrefait. Les mesures nécessaires seront prises pour atteindre, conformément à la loi, les fabricants et les débitants de ces exemplaires.

Mallet-Bachelier

PARIS. — IMPRIMERIE DE MALLET-BACHELIER,
rue du Jardinet, n° 12.

EXPLICATION DU FRONTISPICE CHINOIS.

Cette planche est destinée à donner aux lecteurs européens une idée exacte de l'aspect et de la composition ordinaires du Frontispice d'un livre chinois.

La colonne du milieu, calquée sur l'ouvrage original, offre, en caractères antiques, le titre du Texte chinois dont nous publions la traduction :

KING-TE-TCHIN-THAO-LOU.

« Histoire des porcelaines de *King-te-tchin.* »

Première colonne (à droite) :

Eul-liang-han-lin-youen-jou-lien-i ;
Tan-kia-tsao-tso-sien-sing-sa-le-fe-ta-pou-tchou.

« Traduit par Julien d'Orléans, de la Salle de la Forêt des Pinceaux,
» c'est-à-dire Membre de l'Académie des (Belles) Lettres. »
« Annoté par Salvétat, Chimiste et Maître (en fait) de fabrication. »

Ces deux derniers titres sont donnés approximativement d'après Médhurst, les Chinois ne possédant ni Chimistes, ni Écoles des Arts et Manufactures.

Troisième colonne (à gauche) :

Hien-fong-ping-chin-nien-tsiu-tchin-pan-in.
Pa-li-tch'ing-ma-le-ba-che-lie-chou-sse-fa-khe.

« Imprimé avec des planches de perles assemblées (expression chi-
» noise pour *types mobiles*), dans l'année *Ping-chin*, de la période
» *Hien-fong* ou du règne de *Hien-fong* (1856). »
« Se vend à Paris, à la librairie de Mallet-Bachelier. »

Lorsqu'un auteur conserve la propriété de son livre et le publie lui-même, il écrit : *Pen-ya-thsang-pan*, « les planches (xylographiques)
» sont déposées dans ma propre maison. »

爾梁翰林院儒蓮譯

景德鎮陶錄

丹家造作先生薩勒佛塔補注

咸豐丙辰年聚珍板印

帕哩城瑪勒巴舍烈書肆發客

HISTOIRE ET FABRICATION
DE LA
PORCELAINE CHINOISE.

OUVRAGE TRADUIT DU CHINOIS
Par M. Stanislas JULIEN,
MEMBRE DE L'INSTITUT,

Correspondant des Académies de Berlin et de Saint-Pétersbourg, Professeur de langue et de littérature chinoise et tartare-mandchou, Administrateur du Collège de France, Conservateur-adjoint à la Bibliothèque impériale, Officier de la Légion d'honneur, des Ordres de Saint-Stanislas (2ᵉ classe), de l'Aigle-Rouge (3ᵉ classe) et des Saints Maurice et Lazare, etc.;

ACCOMPAGNÉ DE NOTES ET D'ADDITIONS
Par M. Alphonse SALVÉTAT,

Chimiste de la Manufacture impériale de Porcelaine de Sèvres, Professeur à l'École centrale des Arts et Manufactures, Membre suppléant dans la Commission française pour l'Exposition universelle de Londres, Membre titulaire du Jury à l'Exposition universelle de Paris, Chevalier de la Légion d'honneur;

ET AUGMENTÉ D'UN
MÉMOIRE SUR LA PORCELAINE DU JAPON,
TRADUIT DU JAPONAIS
Par M. le Docteur J. HOFFMANN,
PROFESSEUR A LEYDE,

Interprète du Gouvernement des Indes Néerlandaises pour la langue japonaise.

PARIS,
MALLET-BACHELIER, IMPRIMEUR-LIBRAIRE
DU BUREAU DES LONGITUDES, DE L'ÉCOLE IMPÉRIALE POLYTECHNIQUE,
Quai des Augustins, 55.

1856

(Les Auteurs et l'Éditeur de cet ouvrage se réservent le droit de traduction.)

PRÉFACE
DU
TRADUCTEUR.[1]

Origine de la présente publication. — Erreur de quelques égyptologues qui ont fait remonter à 1800 ans avant J.-C. la fabrication de certains flacons de porcelaine portant des inscriptions chinoises. — Exposé chronologique de l'invention des diverses écritures chinoises. — Époque de l'invention de la porcelaine en Chine. — Courtes notices sur les principaux fabricants de porcelaine et sur leurs divers travaux. — Marques de fabrique offrant des dates ou exprimées par des dessins, des peintures, des inscriptions, etc. — Distribution géographique des manufactures de porcelaines anciennes et modernes, avec une carte spéciale qui en présente le tableau. — Description particulière de *King-te-tchin*, qui possède, dans son enceinte et dans ses environs, les plus nombreuses et les plus célèbres fabriques de porcelaine. — Analyse rapide de trois ouvrages chinois relatifs à la porcelaine, qui se trouvent à la Bibliothèque impériale. — Motifs qui ont décidé le traducteur à adopter de préférence l'*Histoire et la Fabrication des Porcelaines* de *King-te-tchin*, où est située, depuis près de neuf siècles, la manufacture impériale. — Conclusion.

Au mois de juin 1851, j'avais entrepris, d'après les conseils encourageants de feu M. Ébelmen, di-

---

(1) On pourra trouver, dans l'*Index général*, l'orthographe chinoise des principaux noms d'hommes, de lieux et de choses dont nous nous sommes contenté de donner ici la prononciation, pour ne pas répéter sans utilité une multitude de signes qui se trouvent dans le corps de l'ouvrage.

recteur de la manufacture de Sèvres, la traduction que j'offre aujourd'hui au public.

Dans les premiers jours d'octobre de la même année, grâce à ses démarches empressées et à la recommandation amicale d'un de mes confrères de l'Institut, ancien secrétaire d'État, j'eus l'honneur de présenter ce travail à M. Buffet, Ministre de l'Agriculture et du Commerce, qui l'accueillit avec un vif intérêt et prit une décision en vertu de laquelle il devait être imprimé, aux frais de son département, dans les premiers mois de l'année suivante (1852). Mais, quelques jours après, M. Buffet quitta le ministère, et l'arrêté qu'il avait pris ne put recevoir son exécution.

Pareil honneur m'avait été accordé le 23 août 1836, par M. Hippolyte Passy, Ministre de l'Agriculture et du Commerce, et, en octobre suivant, par son successeur, M. Martin (du Nord), lesquels, à la requête de M. Camille Beauvais, l'un des plus habiles promoteurs de l'industrie sérigène, me demandèrent le *Résumé des principaux Traités chinois sur l'Éducation des Vers à soie et la Culture des Mûriers* (1), ouvrage qui a été traduit sur mon propre texte, en italien (2),

---

(1) Cette seconde partie du livre me fut demandée par M. Martin (du Nord).

(2) Dell' arte di coltivare i gelsi, e di governare i bachi da seta, secondo il metodo chinese; sunto di libri chinesi, tradotto in francese da Stanislao Julien, membro dell' Instituto di Francia. Versione italiana con note e sperimenti del cavaliere Matteo Bonafous, etc. Torino, 1837 (in-4°, fig.).

en allemand (1), en anglais (2), en russe (3), en grec moderne (4), et qui, suivant l'avis que me donna

---

(1) Ueber Maulbeerbaumzucht und Erziehung der Seideraupen, aus dem Chinesischen ins Franzoesische uebersetzt von Stanislaus Julien. Auf Befehl Seiner Majestaet des Koenigs von Wuertemberg aus dem Franzoesischen uebersetzt und bearbeitet von Fr. Ludwig Lindner (*Sur la Culture des Mûriers et l'Éducation des Vers à soie;* traduit du chinois en français par S. Julien. Traduit du français et revu avec soin par Fr. Ludwig Lindner, en vertu d'un ordre de S. M. le roi de Würtemberg). Stuttgard et Tübingen, 1837 (in 8°, fig.).

Le même éditeur (Cotta) en a donné, en 1844, une seconde édition avec des additions et des remarques de M. Theodor Moegling (Zweite Auflage vermehrt mit Zusatzen und Anmerkungen von Theodor Moegling).

(2) Summary of the principal chinese Treaties upon the Culture of the Mulberry and Rearing of Silkworms. Translated from the chinese; Washington, 1838 (in-8°, fig.).

L'ouvrage est précédé d'une Note où l'éditeur, après avoir fait connaître le nom et les titres du traducteur français, ajoute ces mots : « The French copy from which this translation was made, was transmitted from Paris to the *Secretary of State*, and by his recommendation has been translated and published here. »

(3) O Kitaïskom chelkobodstvě izvletchenno iz podlinnikh kitaïskikh sotchinenii. Perebedeno na Russkii yasik po prikazaniou Ministra Finanscof, i izdano omt Departementa Manufaktur i Vnoutrennei Torgobli (c'est-à-dire *sur l'Éducation des Vers à soie en Chine;* extrait des textes chinois. Traduit en langue russe par ordre de S. E. le Ministre des Finances et publié par le Département des Manufactures et du Commerce intérieur). Saint-Pétersbourg, 1840 ; in-8°.

Le traducteur russe a profité des observations de M. Matthieu Bonafous et a placé les plus importantes au bas des pages. Il a reproduit, comme les trois premiers, les planches et figures de notre édition.

(4) Η ΣΗΡΟΤΡΟΦΙΑ, ἐκ διαφόρων ἐρανισθεῖσα ὑπὸ Στεφάνου Μαρτζέλλα, καὶ ἐκδοθεῖσα φιλοτίμῳ δαπάνῃ τῆς ἐν Παρισίῳ ἑλληνικῆς ἑταιρίας. Ἐν Παρισίῳ. Paris, 1847 ; in-8°.

Cet ouvrage (ainsi que l'indique le titre) est moins une traduction

mon savant confrère M. Jomard (le 19 janvier 1838), devait même être publié en arabe, par ordre de Méhémet-Ali, pacha d'Égypte, pour l'usage de la Syrie.

Je cite ces faits avec un légitime orgueil, pour mon pays et pour moi, parce qu'ils prouvent à la fois que l'initiative libérale du Gouvernement a été hautement appréciée à l'étranger, et que le travail du traducteur n'a pas été sans importance et sans fruit.

Si le présent ouvrage obtenait le même accueil et conservait également, pendant près de vingt ans, une estime aussi marquée et aussi soutenue, il offrirait un nouveau témoignage de la sollicitude du Gouvernement pour l'industrie nationale, et, s'il m'est permis de le dire, du zèle empressé avec lequel le traducteur répond à l'appel honorable de l'autorité compétente, toutes les fois qu'il s'agit de faire concourir au même but les connaissances qu'il possède dans la langue chinoise.

J'ose espérer que le public ne m'accusera point de négligence ou de lenteur, si l'ouvrage sur l'*Histoire et la Fabrication de la Porcelaine chinoise* n'a pas paru, comme on pouvait s'y attendre, dans les premiers mois de 1852 (1).

En effet, par suite de retards qu'il n'a pas été en

---

littérale de mon Résumé qu'une compilation de divers Traités ; seulement les fragments nombreux qu'en a extraits M. Martzellas, y occupent la plus grande place.

(1) Si je ne parle point ici du précieux Mémoire de M. le Dr Hoffmann sur la Porcelaine du Japon, c'est que ce savant ne me l'a fourni, sur ma demande, que deux ans après.

mon pouvoir d'empêcher ou d'abréger, et dont l'exposé serait ici superflu, le manuscrit déposé par moi au ministère, le 11 novembre 1851, n'a été remis entre mes mains qu'à la fin d'octobre 1853. J'allais alors demander que S. Exc. M. le Ministre de l'Agriculture et du Commerce voulût bien prendre les mesures nécessaires pour le faire imprimer, suivant les intentions anciennes de M. Buffet, aux frais de son département; mais M. Heurtier, conseiller d'État et directeur général, en ajourna momentanément la publication, et me fit l'honneur de m'inviter à traduire *tous les procédés industriels des Chinois qui se rapportent à la chimie.*

Je me mis aussitôt à l'œuvre, et, malgré les difficultés d'un sujet auquel j'étais étranger, j'avais achevé, en février 1854, la tâche importante, mais fort ardue, qui m'avait été recommandée quatre mois auparavant. Ce travail extrait, en grande partie, d'un petit ouvrage publié par *Song-ing-sing*, en 1637 (1), époque où la science chimique des Européens n'était pas encore affranchie des pratiques et des utopies des alchimistes, donnera une idée intéressante des progrès que les Chinois avaient faits alors par eux-mêmes et sans avoir rien emprunté aux savants étrangers. Je l'ai augmenté, sinon complété, à l'aide de l'*Encyclopédie japonaise,* dont l'édition date de 1713, et d'autres Recueils plus modernes. Cet ouvrage, en-

---

(1) C'est une sorte de Manuel de l'Industrie chinoise qui appartient à la Bibliothèque impériale, et dont il n'existe aucun autre exemplaire en Europe. Il est intitulé *Thien-kong-khaï-wou*, et forme 3 cahiers in-8°, avec figures. On en trouvera la table, page LXXI, note 1.

tièrement neuf, ne pouvait guère être exécuté qu'à Paris, avec toutes les garanties désirables de fidélité littéraire et d'exactitude scientifique.

Mon plus vif désir est de le soumettre bientôt au jugement des hommes compétents, et je n'attends que l'impression du présent volume pour lui donner, avec le concours de deux savants bien connus, une grande et honorable publicité (1).

---

(1) Je veux parler de M. Barreswil, professeur de Chimie, et de M. Natalis Rondot, ancien délégué près l'Ambassade en Chine, tous deux membres du Jury de l'Exposition universelle.

Voici quelles sont les divisions générales de cet ouvrage, que des notes et additions promises par ces deux savants pourront servir à commenter et à compléter :

INDUSTRIE DES CHINOIS.

MATIÈRES ET PROCÉDÉS.

I.
MÉTALLURGIE ET ARTS CHIMIQUES.

1. *Métaux.* — Or, argent, mercure, cuivre, étain, fer, plomb, arsenic.
2. *Alliages et monnaies.* — Or et argent faux, bronze et laiton, cuivre blanc, alliage pour les cloches, les tamtams, les miroirs, etc., monnaies.
3. *Couleurs minérales.* — Cinabre et vermillon, céruse, minium, azurite, malachite, orpiment, ocre, etc.
4. *Agents chimiques.* — Produits minéraux divers, acides, aluns, sels de fer et de cuivre, potasse, soufre, chaux, verres et cristaux, sels, salpêtre, poudre à canon, préparations pyrotechniques, etc.

II.
SUBSTANCES VÉGÉTALES.

5. *Combustibles.* — Houilles, lignites (ambres), etc.
6. *Substances végétales tinctoriales.* — Carthame, indigo de l'*Indigo-*

L'accomplissement de cette entreprise laborieuse m'a permis de revoir sur les textes chinois ma traduction de l'*Histoire et de la Fabrication de la Porcelaine chinoise*, dont j'ai maintenant à entretenir les lecteurs. Si je puis aujourd'hui faire imprimer moi-même cet ouvrage par un éditeur de mon choix, sans qu'il coûte aucun sacrifice à l'État, ce bénéfice est dû à une décision de M. le directeur général de l'Agriculture et du Commerce, en date du 11 août 1854, qui m'a laissé la disposition absolue de mon manuscrit, et m'a conféré la faculté de le publier, avec indépendance et sans contrôle, comme s'il n'avait jamais cessé de m'appartenir.

Dans l'origine, cet ouvrage devait paraître sous la forme originale (comme mon Résumé des Traités chinois sur les Vers à soie et les Mûriers), sans être accompagné de notes ni d'observations fournies par une main étrangère. Mais, plus tard, j'ai pensé que ce livre étant surtout destiné aux fabricants, il serait intéressant pour eux de voir les procédés chinois tantôt comparés à ceux des Européens, tantôt com-

---

fera et du *Polygonum tinctorium*, garance, santal, sapan, *Rhemannia sinensis*, *Peï-tse*, curcuma, fleurs, graines, etc., de *Mimosa*, de *Sophora japonica*, de *Pterocarpus*, de *Nymphaea*, etc.

7. *Encres et papiers*. — Encre de Chine, encre d'imprimerie, et autres, par exemple rouge, jaune, etc.; papiers de diverses matières, blancs et colorés.

8. *Substances alimentaires et narcotiques*. — Suc, miel, glucose, thé, spiritueux, tabac, opium.

9. *Corps gras, résines, vernis et produits végétaux divers*. — Cires et suifs, graines grasses et huiles, résine, vernis, laque, huiles essentielles, camphres, etc.

mentés par un homme familier avec le sujet, et qui pût, dans l'occasion, indiquer quels sont les articles qui offrent des pratiques nouvelles ou curieuses applicables à l'industrie nationale.

Pour atteindre sûrement ce but, qui demandait le concours d'un homme spécial, j'ai fait appel à l'expérience de M. Salvétat, habile chimiste attaché à la manufacture de Sèvres et membre du Jury de l'Exposition universelle, et je n'ai eu qu'à m'applaudir du zèle qu'il a montré, soit pour mettre en lumière, soit pour faire apprécier les procédés chinois, à l'aide des notions positives que lui fournissait la connaissance qu'il a de la chimie et de la fabrication européenne.

Si quelques personnes s'étonnaient de voir que, maintes fois, j'ai quitté la philologie orientale pour donner, dans les *Comptes rendus* de l'Académie des Sciences et ailleurs, un bon nombre d'articles relatifs aux arts et à l'industrie des Chinois, et dérobé un temps précieux à des études qui me sont chères, pour traduire des traités chinois sur les *Vers à soie* et les *Mûriers*, la *Porcelaine* et les *Arts chimiques*, je répondrai que ces écarts momentanés, dont je fais l'aveu sans aucune espèce de confusion, provenaient d'un goût naturel que j'ai toujours eu pour les choses scientifiques et industrielles, et d'une sorte d'instinct inné qui m'en rend l'intelligence facile et en fait pour moi un plaisir et un délassement.

Je me propose d'aborder plus tard, dans mes moments de loisir, les parties les plus intéressantes de la botanique, de l'agriculture, de l'histoire naturelle et de la médecine des Chinois, et je me plais à penser que personne, en Europe, ne sera tenté de me faire un crime de ces infidélités passagères. Par là, j'aurai fourni aux sciences, aux arts et à l'industrie des faits nouveaux et peut-être fort utiles que mes confrères en sinologie, autrement inspirés que moi, auraient sans doute laissés dormir longtemps encore dans la poudre des bibliothèques. Le soin que j'aurai pris de les exhumer et de les mettre au jour sera, je l'espère, mon excuse et ma justification.

Avant d'aborder le sujet de ce livre, qui paraît pour la première fois dans une langue européenne, j'ai besoin d'examiner l'antiquité de la porcelaine chinoise qui, si l'on en croyait certains égyptologues, ne remonterait pas à moins de dix-huit siècles avant l'ère chrétienne.

En effet, Rosellini a décrit un petit vase de porcelaine chinoise « trouvé par lui, dit-il, dans un
» tombeau égyptien qui n'avait jamais été ouvert
» auparavant, et dont la date remontait à une époque
» pharaonique peu postérieure au XVIIIe siècle avant
» Jésus-Christ (1). »

Sir Francis Davis (2) rapporte ce fait et ajoute que trois petites bouteilles (*bottles*) du même genre, découvertes aussi en Égypte, ont été apportées en Angleterre par lord Prudoe et par sir Gardner Wil-

---

(1) I Monumenti dell' Egitto, etc.; tome II, page 337; Pisa, 1834.

(2) The Chinese, or general Description of the empire of China ; 2 vol. in-12; London, 1836; tome II, page 261.

kinson. Ce sinologue, prié de les examiner et d'en dire son avis, affirma que sous le rapport de la forme et de l'aspect qu'elles présentaient, elles étaient parfaitement identiques aux *petites bouteilles à tabac* (snuff bottles) *que l'on fabrique actuellement en Chine et dont une de la même espèce se trouvait alors en sa possession*. Malgré cela, sir F. Davis croyait fermement à la haute antiquité des petits flacons chinois décrits par MM. Rosellini et Wilkinson.

L'une de ces petites bouteilles fut donnée au *British museum*; une autre, qui appartient à M. Pettigrew, fut prêtée à sir Davis, afin qu'il en donnât, dans son second volume le *fac-simile* que nous reproduisons ici (A). Nous ajoutons la figure d'un second flacon (B), de même origine, dont M. Davis nous donna, en 1836, plusieurs épreuves imprimées avec un cliché en plomb.

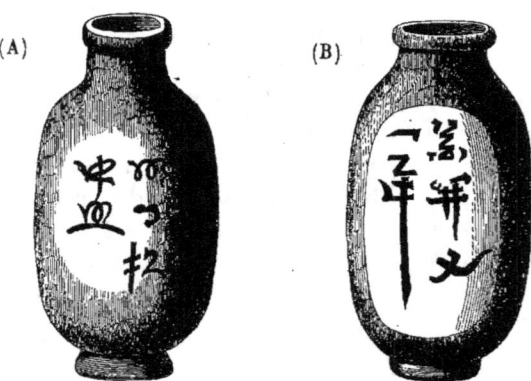

Sir Davis avoue que, sur les cinq caractères du

flacon A, il y en a plusieurs que leur forme cursive et abrégée l'a empêché de déchiffrer, de sorte qu'il lui a été impossible de deviner le sujet de l'inscription (qui sera expliquée plus bas).

« Parmi les nombreuses bouteilles trouvées dans
» les tombes de Thèbes, dit sir J. Gardner Wil-
» kinson (1), il n'en est pas qui aient plus excité la
» curiosité que celles de fabrication chinoise qui
» présentent des inscriptions dans cette langue. La
» découverte accidentelle d'une seule de ces bou-
» teilles pourrait passer inaperçue ou être attribuée
» à quelque hasard qui l'eût fait déposer par un
» voyageur venu récemment à la recherche des
» objets précieux que renferment ces tombes ; *mais
» cette explication ne peut être admise* lorsqu'on trouve
» ces mêmes bouteilles dans plusieurs tombes égyp-
» tiennes. »

Le Musée impérial du Louvre possède trois de ces flacons chinois, achetés à la vente de M. Nestor L'Hôte.

Lorsqu'en 1836, sir Francis Davis vint à Paris et me pria de lui procurer les moyens de publier en français son ouvrage intitulé *The Chinese*, je fus le premier à lui signaler l'erreur où il était tombé, à la suite de MM. Rosellini, Wilkinson et autres archéologues bien connus, en considérant ces bouteilles chinoises comme ayant été réellement trouvées dans

---

(1) Manners and Customs of the ancient Egyptians, by J. Gardner Wilkinson ; 3 vol. in-8° ; London, 1837 ; tome III, pages 106-109.

des tombes ouvertes pour la première fois, et dont la date remonterait au moins à dix-huit cents ans avant l'ère chrétienne.

Sans me charger d'expliquer à sir Davis comment elles avaient pu être apportées en Égypte, je lui montrai, par des arguments invincibles, l'impossibilité où l'on est de faire remonter aussi haut l'époque de leur fabrication.

Depuis que les Chinois ont cessé de se servir de caractères purement idéographiques (*Wen*, 文) (1), jusqu'à l'époque où leur écriture a reçu une forme définitive, qui est celle des livres imprimés, ils ont successivement inventé six sortes d'écritures, dont on connaît avec certitude l'origine et la date approximative.

I. Les antiques caractères idéographiques ont été remplacés par les *Ta-tch'ouen*, 大篆, ou grands *Tch'ouen* (2), dont l'inventeur fut *Tcheou*, 籀, qui avait le titre de grand Historiographe soùs l'empe-

---

(1) On appelle *Wen*, 文, les caractères qui représentent la figure des objets, comme ceux qui signifient *soleil*, *lune*, *étoile*, *montagne*, *rivière*, etc. **Fo-hi**, surnommé *Thaï-hao*, inventa cette écriture pour remplacer les cordelettes nouées. (*Tseu-hio-tien*, liv. 1, fol. 1.)

(2) Le mot *Tchouen*, 篆, dit l'Encyclopédie *Thaï-p'ing-yu-lan*, liv. 749, fol. 2, a le sens de *Tch'ouen*, 傳 (transmettre).

reur *Siouen-wang*, de la dynastie des *Tcheou* (entre les années 827 et 742 avant J.-C.) (1).

II. Aux grands *Tch'ouen* (大篆) ont succédé les *Siao-tch'ouen*, 小篆, ou petits *Tch'ouen*, composés par *Li-sse*, 李斯, ministre de *Thsin-chi-hoang-ti*, qui, en l'an 213 avant notre ère, présenta à l'empereur un rapport où il conseillait de brûler tous les livres de l'antiquité, à l'exception des Annales des *Thsin* et des ouvrages qui traitaient de la médecine, de l'agriculture et de la divination.

III. Après les *Siao-tch'ouen*, 小篆, ou petits *Tch'ouen*, on vit paraître les caractères *Li*, 隸, inventés (entre les années 213 et 210 avant J.-C.) par *Tching-mo*, 程邈, geôlier d'un district, sous le même empereur (2), qui, en recevant le recueil des mots de cette nouvelle écriture, dont la composition lui avait coûté dix ans de travail, le nomma *Yu-sse* ou Moniteur impérial. Cette écriture avait été inventée pour l'usage des bureaux, et c'est de là que lui est venu le nom de *Li-chou*, 隸書.

---

(1) Dictionnaire tonique des caractères *Ts'ao* (*Ts'ao-tseu-louï-pien*), vol. 1, préface, page 1.

(2) *Thaï-p'ing-yu-lan*, liv. 749, fol. 4. Cf. Dictionnaire *P'in-tseu-tsien*, section *Keng*, fol. 95.

IV. Sous l'empereur *Youen-ti* (48-33) avant J.-C., un eunuque du palais, du nom de *Sse-yeou*, 史游, inventa les caractères cursifs appelés *Tchang-thsao-chou*, 章草書, qu'on employait dans les placets et rapports à l'empereur (1).

Depuis cette époque, beaucoup de lettrés se livrèrent avec ardeur à ce genre d'écriture qui, à cause de sa forme abrégée et expéditive, devint bientôt d'un usage général, sous le nom de *Ts'ao-chou*, 草書 (2). L'un des calligraphes les plus célèbres en ce genre fut *Tchang-pe-ing*, 張白英 (3), qui vivait dans la période *Kien-tsou* (74-81 après J.-C.).

---

(1) *Thaï-p'ing-yu-lan*, liv. 749, fol. 8.

(2) Cette expression, que *Bridgemann* et plusieurs autres sinologues ont appelée à tort caractères en forme d'*herbes* (*Ts'ao*, 草), veut dire *écriture tracée à la hâte et sans soin*. « On n'a pas besoin, dit le Dictionnaire *P'in-tseu-tsien*, de faire usage de formes correctes et régulières. Dans cette écriture, les traits du pinceau ont une allure confuse et déréglée (*Ts'ao-ts'ao*, 草草). Cf. Dictionnaire de Basile : *Ts'ao-ts'ao, confuse et imperfecte*). »

(3) Suivant le recueil intitulé *Tseu-hio-tien* (liv. 2, § 2, fol. 29), *Tchang-pe-ing* aurait été l'inventeur de l'écriture *Ts'ao*; mais, suivant d'autres (*Peï-wen-yun-fou*, liv. 83, fol. 102), il l'aurait portée à la perfection, et aurait été appelé pour cette raison *Ts'ao-ching*, 草聖 (le coryphée du *Ts'ao*).

V. *Lieou-te-ching*, 劉德升, qui vivait sous l'empereur *Houan-ti* (147-167 après J.-C.), inventa l'écriture expédiée appelée *Hing-chou*, 行書, dont on peut tracer rapidement chaque caractère sans lever le pinceau, mais qui exclut toute abréviation.

VI. Enfin *Sse-tchong*, 次仲, roi de *Tchang-kou*, qui vivait sous les *Tsin* (265-419), inventa l'écriture noble et régulière appelée *Kiaï-chou*, 楷書, dont l'usage s'est conservé jusqu'à nos jours.

Or les signes chinois tracés sur ces deux petites bouteilles appartiennent à la quatrième sorte d'écriture inventée entre les années 48-33 avant notre ère et qui, aujourd'hui encore, figure souvent dans les préfaces.

Ce n'est pas tout. A la demande de M. Natalis Rondot, ancien délégué près de l'ambassade française en Chine, qui se propose de publier un Mémoire fort étendu au sujet de ces petits flacons chinois, M. Medhurst, interprète du gouvernement anglais à *Hong-kong*, a fait faire des recherches par des Chinois instruits qu'il emploie comme secrétaires, et ceux-ci ont eu le singulier bonheur de trouver l'inscription du premier flacon dans un poëte qui vivait sous les *Thang* (entre les années 713-741), et celle du second dans une petite pièce de vers dont la composition date de la même dynastie. M. Medhurst a publié lui-même, à *Hong-kong*, un petit Mémoire en anglais où il a reproduit ces deux inscriptions, et plusieurs autres du même genre, en caractères *Ts'ao*, 草, ou cursifs, avec leur transcription en caractères corrects, en les faisant suivre des passages originaux dont ils font partie.

D'après les maîtres chinois (*Sien-sing*) de M. Medhurst, la première inscription (A) doit se lire ainsi : *Ming-youeï-song-tchong-tchao*, 明月松中照, *la lune radieuse brille au milieu des pins*.

Elle est tirée d'une pièce de vers intitulée : *Chan-kiu-thsieou-ming*, dont l'auteur est *Wang-weï*, 王維, poëte distingué qui florissait sous les *Thang*, dans la période *Khaï-youen* (713-741) (1).

La seconde inscription (B) doit se lire : *Hoa-khaï-yeou-i-nien*, 華開又一年, c'est-à-dire : *Les fleurs s'ouvrent et voici une nouvelle année*.

Elle fait partie, dit M. Medhurst, d'un sonnet inséré dans un petit recueil de vers à l'usage des enfants, intitulé : *Thsien-kia-chi*, 千家詩. On attribue ce sonnet à *Weï-ing-wou*, 韋應物, qui vécut sous quatre empereurs des *Thang*, entre les années 702 et 795 de J.-C.

Ainsi, nous avons déjà un témoignage irréfragable qui démontre, avec la dernière évidence, que ces deux petits flacons ne peuvent remonter au delà des

---

(1) Cette pièce se trouve dans la collection des poésies choisies des *Thang* (*Thang-chi-ho-kiaï*), liv. 8, fol. 5.

années 48-33 avant J.-C., si l'on considère seulement la date primitive des caractères *Ts'ao* ou cursifs, ni même au delà des années 713-795 de notre ère, si l'on tient compte des pièces de vers de la dynastie des *Thang*, d'où elles ont été tirées. Voici, au surplus, un fait qui les rapproche singulièrement de notre époque. M. Natalis Rondot avait trouvé lui-même, en 1845, dans une fabrique de porcelaine voisine de *Tchang-tcheou* (*Fo-kien*), un petit flacon pareil à l'un de ceux que possède le Louvre, et c'est cette découverte qui a appelé son attention sur ce sujet. Depuis cette époque, il a pu obtenir de ses amis de Chine, et en particulier d'un sinologue distingué, M. S. Wells Williams, un certain nombre de bouteilles semblables, achetées depuis peu dans des magasins de porcelaine, et dont quelques-unes portent précisément les mêmes inscriptions que celles de MM. Rosellini, Wilkinson et Davis, qui, par suite d'une hallucination à jamais regrettable, se sont plu à les faire remonter à 1800 ans avant J.-C.!

Je passe à un second argument, qui n'est pas moins concluant que le premier. Les Chinois, on le sait, sont le seul peuple du monde qui possède une chronologie exacte depuis la plus haute antiquité jusqu'à nos jours. Leurs annales officielles citent comme inventeur de la poterie l'empereur *Hoang-ti*, qu'elles font monter sur le trône en l'an 2698 avant notre ère. Sous son règne, il y avait un intendant de la poterie nommé *Ning-fong-tse*.

Si nous descendons à une époque qui appartient davantage aux temps historiques, nous voyons qu'avant de devenir empereur, en l'an 2255 avant J.-C.,

Chun fabriquait de la poterie dans un lieu voisin du district actuel de *Thing-thao*, dans la province de *Chan-tong* (1).

Les auteurs chinois sont unanimement d'avis (2) que les vases de terre cuite ont pris naissance sous le règne de cet empereur, et que ce sont les mêmes vases que, jusqu'aux dynasties des *Thsin* et des *Han* (249-202 avant J.-C.), on a continué d'appeler *Pi-khi*, 甓 器 (vases de poterie).

Il résulte de ces documents historiques et d'une multitude d'autres que je pourrais rapporter, que depuis l'an 2255 jusqu'à la dynastie des *Han* (202 avant J.-C.), les Chinois ne connaissaient que les vases en terre cuite, et que la porcelaine n'était pas encore inventée.

Ce fut seulement sous les *Han* que la porcelaine prit naissance dans le pays de *Sin-p'ing* (3). Sous la première dynastie de ce nom, c'était un *hien* (district) qui faisait partie du royaume de *Hoaï-yang*, 淮 陽 (4), fondé en l'an 185 avant J.-C., par l'empereur *Kao-ti* des *Han* occidentaux (5). Ce royaume fut appelé *Tch'in-koue*, dans la deuxième année de la période *Tchang-ho*

---

(1) *King-te-tchin-t'ao-lou*, liv. 10, fol. 1, recto.

(2) Encyclopédie *Khe-tchi-king-youen*, liv. 36, fol. 11, verso.

(3) Annales de *Feou-liang*, liv. 8, fol. 44, verso.

(4) *Li-taï-ti-li-tchi-yun-pien-kin-chi*, liv. 9 A, fol. 8.

(5) *Peï-wen-yun-fou*, liv. 22 A, fol. 15.

l'an 88 après J.-C.), du règne de *Tchang-ti* des *Han* orientaux (1). Or, comme la porcelaine parut pour la première fois sous les *Han*, dans le pays de *Sin-p'ing* (aujourd'hui *Hoaï-ning-hien*, département de *Tch'in-tcheou-fou*, dans le *Ho-nan*), qui a pu appartenir aussi bien au royaume de *Hoaï-yang* qu'à celui de *Tch'in*, il s'ensuit qu'on peut en placer l'invention entre les années 185 avant et 87 après J.-C.

Quoique cette date soit bien jeune, si on la compare à l'âge de 1800 *ans avant notre ère*, attribué par MM. Rosellini, Wilkinson et Davis aux petites bouteilles en question, c'est déjà, il faut en convenir, une assez belle antiquité, surtout si l'on considère que « la porcelaine ayant été introduite en Europe par » les Portugais en 1518, ce ne fut qu'environ 200 ans » après (c'est-à-dire en 1706) qu'on fit en Saxe les » premiers essais de porcelaine dure. Quant à la » fabrication de la porcelaine en France, on peut la » diviser en deux époques bien distinctes, celle de la » porcelaine tendre, qu'on peut faire remonter jus- » qu'en 1695, et qui, par conséquent, est antérieure » de quinze ans à la fabrication de la vraie porcelaine » dure en Saxe; elle s'étend, sans concurrence, jus- » qu'en 1768 ou 1770, que commence, à Sèvres, la » seconde époque, celle de la fabrication en grand de » la porcelaine dure (2). »

---

(1) *Thaï-thsing-i-tong-tchi*, liv. 129, Tabl. Géogr., fol. 1.

(2) *Traité des Arts céramiques*, etc., par M. Al. BRONGNIART, de l'Institut. 2 vol. in-8°, avec atlas; Paris, 1844; tome II, pages 473 et suivantes.

Ainsi, sans se perdre dans la nuit des temps, comme le voudraient certains archéologues, la porcelaine chinoise a précédé la nôtre de plus de 1600 ans!

Je n'insisterai pas plus longtemps sur les petits flacons chinois dont il s'agit; je dirai seulement, pour me résumer, que la date de l'écriture *Thsao*, 草書, des inscriptions et celle de l'invention de la porcelaine, aujourd'hui bien établies, ne permettent point d'affirmer qu'elles ont dû être déposées dans les tombeaux égyptiens à l'époque où on les suppose construits, c'est-à-dire 1800 ans avant J.-C., et que les savants qui ont émis cette opinion ont été dupes d'une erreur extrêmement fâcheuse, dont ils auraient dû se préserver en faisant usage de l'intelligence et du jugement qui brillent d'ordinaire dans leurs ouvrages.

185 avant et 87 après J.-C.

Pendant un grand nombre d'années, à dater du règne des *Han* (entre 185 avant et 87 ans après J.-C.), les progrès de la porcelaine semblent lents et insensibles.

220-264 de J.-C.

Elle reparaît ensuite, sous les premiers *Weï* (220-264 de J.-C.), dans plusieurs localités du territoire de *Si-'gan-fou* (1) (dans la province du *Chen-si*), et à *Lo-yang*, dans la province actuelle du *Hou-nan*.

265-419

Nous voyons que sous les *Tsin* (265-419 de J.-C.), on fabriquait depuis longtemps de la porcelaine à *Wen-tcheou-fou*, dans la province du *Tche-kiang* (2);

---

(1) *King-te-tchin-t'ao-lou*, liv. 10, fol. 13.

(2) *King-te-tchin-t'ao-lou*, liv. 7, fol. 1.

mais on ne cite encore aucun ouvrier distingué, aucune pièce remarquable sous le rapport de la matière, de la forme ou de l'exécution. Nous apprenons seulement que la porcelaine de cette époque était de couleur bleue, et jouissait alors d'une grande estime.

De là nous passons, sans transition, à la première année de la période *Tchi-te* des *Tch'in* (583), où un décret spécial ordonne aux fabricants du pays appelé aujourd'hui *King-te-tchin*, de faire de la porcelaine pour l'usage de l'empereur, et de la lui apporter dans sa capitale de *Kien-kang*, qui répond actuellement à *Kiang-ning-fou*, chef-lieu principal de la province du *Kiang-nan*.

583

NOTICES SUR LES PLUS CÉLÈBRES FABRICANTS DE PORCELAINE.

Maintenant que la fabrication de la porcelaine commence à s'étendre et à figurer avec honneur dans le palais des empereurs, il nous sera possible de faire connaître un certain nombre de fabricants remarquables, dont les auteurs chinois ont conservé les noms et décrit les travaux.

581-618

Sous la dynastie des *Soui* (581-618), on cite avec éloge la porcelaine verte (*Lou-tse*, 綠瓷) que fabriquait *Ho-tcheou*, 何稠 (1), pour remplacer le *Lieou-li* (sorte de pâte de verre) dont la composition était perdue. La fabrication de la porcelaine continua

---

(1) Dictionnaire *Ping-tse-loui-pien*, liv. 139, fol. 25.

à s'étendre sous le même règne, et peu d'années après (en 621) nous la voyons se produire avec éclat et se répandre dans tout l'empire.

Pour la première fois, on mentionne un ouvrier habile, nommé *Thao-yu*, 陶玉. Il apportait lui-même à la capitale ses remarquables produits, que par une emphase bien naturelle on appelait *Kia-yu-khi*, 假玉器, ou *vases de jade artificiel*. Dès ce moment on vit s'élever plusieurs fabriques à *Tchang-nan*. Les porcelaines qui en sortirent dans l'origine, inaugurèrent longtemps d'avance la réputation de ce pays, qui devint plus tard, sous les *Song* (en l'an 1004), et qui est encore, de nos jours, le siége célèbre de la manufacture impériale.

621   Dans la même période, c'est-à-dire dans la quatrième année *Wou-te* (621), que le P. d'Entrecolles fait correspondre, à tort, à l'an 422 de notre ère, florissait un fabricant habile (1), nommé *Ho-tchong-thsou*, 霍仲初, dont les porcelaines fond blanc étaient brillantes comme le jade. Il eut l'honneur d'être chargé, en vertu d'un décret spécial, d'en fabriquer pour l'usage de l'empereur. Elles sont connues sous le nom de *Ho-yao*, 霍窑, ou porcelaines de *Ho*. Il est remarquable que *Ho-tchong-thsou* était originaire de *Si-p'ing* (dans la province du *Ho-nan*), où l'on commença à fabriquer, sous les *Han* (entre les

---

(1) *King-te-tchin-t'ao-lou*, liv. 5, fol. 1.

années 185 avant et 87 après J.-C.), les premières porcelaines dont il soit fait mention dans les annales de la Chine.

Je continue l'histoire des fabricants célèbres et des personnes qui, par leurs conseils ou leur direction habile, ont attaché leur nom à quelque espèce de porcelaine particulière; mais je regrette de ne pouvoir trouver, en ce genre, un seul artiste digne de remarque entre le viie et le xe siècle de notre ère.

L'empereur *Chi-tsong*, de la dynastie des *Heou-tcheou*, a donné son petit nom (*Tch'aï*) à des porcelaines fort estimées qu'on fabriquait sous son règne, au commencement de la période *Hien-te* (954). En effet, on les appelait *Tch'aï-yao* (porcelaines de *Tch'aï*); on les nommait aussi *Yu-yao* (porcelaines impériales); mais sous les *Song* (960...) on se servit du terme plus précis de *Tch'aï-yao*, pour les distinguer des vases appelés vaguement *porcelaines impériales*. Elles prirent naissance dans le pays de *Pien*, aujourd'hui *Khaï-fong-fou*, dans la province du *Ho-nan*. Voici l'origine de cette dénomination. Un jour un fabricant ayant adressé un placet à l'empereur pour lui demander un modèle, *Chi-tsong* répondit : Qu'à l'avenir les porcelaines, pour l'usage du palais, soient bleues comme le ciel qu'on aperçoit après la pluie dans l'intervalle des nuages. De là est venu le nom *Yu-kouo-thien-tsing*,

雨過天青 (bleu du ciel après la pluie), qu'on a consacré pour désigner ces porcelaines, et qui est resté dans la suite à celles qui n'en étaient que l'imitation. « Elles étaient, disent les auteurs, bleues » comme le ciel, brillantes comme un miroir, minces

954-959

» comme du papier, sonores comme un *Khing* (in-
» strument de musique), polies et luisantes, et se
» distinguaient autant par la finesse des veines, ou de
» la craquelure, que par la beauté de la couleur. »

Dans les siècles suivants, elles étaient devenues introuvables, et quiconque pouvait s'en procurer des fragments en ornait son bonnet de cérémonie, ou, les passant dans un fil de soie, les portait au cou en guise de collier.

960   Vers le même temps, la dynastie des *Song* compta parmi les fabricants les plus habiles deux frères de la famille *Tchang*, 章, qui étaient originaires de *Tch'ou-tcheou*, dans la province du *Tche-kiang*. Le plus renommé des deux était l'aîné, nommé *Sing-i*, 生一, et, pour cette raison, ses porcelaines s'appelaient *Ko-yao*, 哥窯 (porcelaines du frère aîné), et *Ko-khi*, 哥器 (vases du frère aîné). Cette distinction était nécessaire pour empêcher de les confondre avec les ouvrages de son frère cadet, *Sing-eul*, 生二

L'aîné se servait d'une argile brune, de fine qualité; ses porcelaines étaient fort minces et de couleur bleue, pâle ou foncée. Leur émail, élégamment fendillé, avait l'apparence d'œufs de poissons; mais on mettait au premier rang les vases couleur de riz, ou bleu pâle, dont l'émail était d'une pureté parfaite.

On voulut les imiter dans les dernières années des *Song* (1275-1279), mais l'argile qu'on employait était commune et d'une nature sèche, et la couleur de l'émail n'avait rien d'agréable.

Le cadet, *Sing-eul*, 生二, fabriquait des vases appelés porcelaines de *Long-thsiouen*. Elles étaient tout à fait semblables aux anciennes porcelaines du même nom, qui, d'après les descriptions chinoises, paraissent avoir été de couleur bleue, pâle ou foncée (1), quoique le P. d'Entrecolles leur donne la couleur *vert-olive* (2). Ce qui les distinguait de celles de son frère aîné, c'est qu'elles n'avaient point ces

---

(1) On lit dans l'Encyclopédie *Khe-tchi-king-youen*, liv. 36, fol. 16 : « Les anciennes porcelaines de *Long-thsiouen* s'appellent aujourd'hui *Tsing-khi*, 青器 (vases *bleus*) et *Kou-tsing-khi*, 古青器 (anciens vases *bleus*). Celles qui étaient de couleur *bleu pâle*, 粉青色者, étaient les plus estimées. Il y avait des bols de ce genre au fond desquels on avait peint deux poissons ; en dehors, ils portaient deux anneaux de cuivre. »
Voici d'autres témoignages tirés de *King-te-tchin-t'ao-lou*, liv. 8, fol. 9 : « Les vases de porcelaine *bleue* sont les plus estimés ; ceux de différentes couleurs ne viennent qu'au second rang. Pour peindre des fleurs *bleues*, 青花, pour obtenir la teinte *bleue* du ciel après la pluie, 霽青 (*Tsi-tsing*), ou une teinte *bleu pâle*, 粉青 (*Fen-tsing*), il faut toujours se servir de *Tsing-liao*, 青料 (*littéralement* de matière *bleue*, c'est-à-dire du *bleu* de manganèse cobaltifère). Quand on veut imiter les porcelaines *bleues* de *Jou-tcheou*, celles des *magistrats* (*Kouan-yao*), celles de *Tchang* l'aîné (*Ko-yao*) et de *Long-thsiouen*, il faut aussi faire usage de *Tsing-liao*, 青料, c'est-à-dire du *bleu* de manganèse cobaltifère. » (Voyez page 56, note 1.)

(2) *Lettres édifiantes*, tome XIX, page 183.

fines craquelures qui en faisaient l'ornement. On dit cependant qu'elles étaient d'un ton pur comme le jade et qu'elles jouissaient aussi d'une grande réputation ; on cite surtout avec éloge celles d'une teinte *bleu pâle* et dont l'émail était comme parsemé de gouttes de rosée.

960-1126   Sous les *Song* du nord, le village de *Pe-thou*, 白土, ou de l'argile blanche, dans le district de *Siao-hien* (province de *Kiang-nan*), comptait beaucoup de fabricants du nom de *Tseou*, 鄒, qui étaient sous la surveillance d'un directeur général. L'argile dont ils se servaient était blanche ; leurs vases étaient minces, luisants, d'une blancheur éclatante et d'une forme pure et gracieuse.

960-1126   Le village de *Liu-ling*, dans le département de *Ki-'gan-fou*, a donné naissance à deux artistes habiles, du nom de *Chu*, qui l'emportaient de beaucoup sur les fabricants du même pays. L'un, appelé *Chu-ong*, 舒翁, le vénérable *Chu*, excellait dans les objets de curiosité en porcelaine (tels que les oiseaux, les animaux, etc.) ; l'autre, qui était sa fille, nommée *Chu-kiao*, 舒嬌, ou la belle *Chu*, le surpassait encore. Ses porcelaines, de tous genres et de toutes couleurs, se vendaient presque aussi cher que celles de *Tchang*, 章, l'aîné. Chacun de ses plus grands vases-lagènes, pour mettre des fleurs, valait plusieurs onces d'argent.

Lorsque la dynastie des *Song* eut passé dans le midi de la Chine, un magistrat nommé *Chao-tch'ing-tchang*, 邵成章, qui était intendant du parc du Nord, voulut rétablir les règlements légués par l'ancienne cour des *Song*. Il fit construire une manufacture (*littéralement* un four) dans l'hôtel du directeur des palais de la capitale, et y fabriqua de la porcelaine qu'on appelait *Neï-yao*, 內窑, ou porcelaine du palais. Elle était faite avec une argile très-épurée, et se distinguait par la finesse exquise du travail, la transparence de l'émail et l'éclat de la couleur. A cette époque, elle jouissait de la plus haute estime.

1127

Si nous passons à la dynastie des *Youen*, ou empereurs *Mongols* de la Chine, nous ne trouvons qu'un seul fabricant renommé. C'est *Pong-kiun-pao*, qui avait commencé par être doreur; son atelier était établi à *Ho-tcheou*, dans la province du *Kiang-nan*. Il se servait d'une argile fine, blanche et plastique; ses porcelaines étaient minces et ordinairement *fond bleu*. C'était une imitation des anciens vases de *Ting-tcheou*; aussi les appelait-on *Sin-ting-khi*, 新定器, ou nouveaux vases de *Ting*.

1260-1349

La dynastie des *Ming*, qui a occupé le trône de la Chine, de 1368 à 1649, et par conséquent moins longtemps que celle des *Song*, nous offre un nombre beaucoup plus grand de fabricants habiles. Sous plusieurs empereurs des *Ming*, la porcelaine a fait de nouveaux progrès, et, malgré l'accroissement remarquable de sa fabrication, elle n'a rien perdu de sa finesse et de sa beauté. De sorte qu'aujourd'hui les antiquaires du Céleste Empire recherchent encore avidement certaines pièces des périodes *Siouen-te, Tch'ing-hoa,* etc.

1426-1435   Le premier fabricant qui attire notre attention portait le nom de *Lo,* 陸. Il excellait à faire des coupes ornées de combats de grillons, qui étaient un amusement favori dans la période *Siouen-te* (1) (1426-1435).

Vers la même époque, deux jeunes filles, qui étaient sœurs et qu'on appelait *Ta-sieou,* 大秀 (*Sieou,* l'aînée) et *Siao-sieou,* 小秀 (*Sieou,* la jeune), se distinguèrent également en fabriquant d'élégantes coupes ornées de combats de grillons ciselés dans la pâte.

1465-1487   Dans la période *Tch'ing-hoa,* figure avec honneur un artiste que le Traité sur la porcelaine (2) appelle *Kao-than-jin.* Il fabriquait des jarres ornées de poules.

Un autre ouvrier, nommé *Ko-tchou,* 歌注, faisait de jolies tasses pour le vin. Leurs nombreux produits offraient une multitude de modèles et de noms différents. Tous ces vases étaient peints avec talent, finement travaillés, d'une couleur pâle ou foncée, et toujours pure et brillante. Ils étaient d'une pâte ferme et solide. Sur les jarres de *Kao-than-jin,* on voyait en haut un *Paeonia Moutan* en fleur, et au bas

---

(1) *T'ao-choue,* liv. 3, fol. 61.

(2) *T'ao-choue,* liv. 3, fol. 4.

une poule avec ses poussins, qui étaient pleins de vie et de mouvement (1).

La période *Tching-te* est marquée par un événement important pour l'art de décorer la porcelaine. *Ta-tang*, gouverneur de la province du *Yun-nan*, obtint du bleu appelé *Hoeï-tsing* (2), 回青, (bleu de cobalt), provenant d'un royaume étranger, et qui, à poids égal, coûtait deux fois plus cher que l'or. Quand on sut qu'il pouvait supporter l'action du feu (*littéralement* être cuit), l'empereur ordonna de l'employer à peindre la porcelaine, à laquelle il donnait une grâce antique. C'est pour cette raison que les porcelaines à fleurs bleues de la période *Tching-te* (1506-1521) sont la plupart d'une beauté exquise. 1506-1521

Dans la période *Siouen-te*, les fleurs bleues se peignaient avec du bleu de *Sou-ma-li* (appelé ailleurs bleu de *Sou-ni-po*); mais dans la période *Tch'ing-hoa* (1465-1487), cette couleur était déjà épuisée. Heureusement que dans la période *Tching-te* (1506-1521) on se procura du bleu de cobalt (*Hoeï-tsing*, 回青). De là vient que dès la période *Kia-tsing* (1522-1566) il fut ordonné d'employer ce bleu pour décorer les porcelaines impériales. 1426-1435

On mettait au premier rang celui qui, après avoir été écrasé, offrait des points rouges comme le cinabre.

Celui où l'on remarquait des *étincelles* d'argent

---

(1) *T'ao-choue*, liv. 3, fol. 4.

(2) Voyez pages 96 et 97, note 1.

n'était que de seconde qualité. Si l'on employait le bleu de cobalt pur, la couleur tendait à s'éparpiller, au lieu de rester concentrée au même endroit. On était obligé d'y mêler du *bleu de pierre* (*Chi-tsing*, bleu de manganèse cobaltifère), dans la proportion tantôt d'une once sur dix, tantôt de six sur quatre.

Lorsqu'on peignait les porcelaines, les traits du pinceau étaient nets et distincts; si l'on y ajoutait du bleu appelé *Hoen-tsing* (1), la couleur brillait du plus vif éclat.

1522-1566 — Dans la période *Kia-tsing* (1522-1566), *Kia-tchi-kao*, originaire de *Tch'ou-tcheou*, dans la province du *Tche-kiang*, vint s'établir à *Hong-pong*, aujourd'hui *Hing-'gan*, dépendant du département de *Kouang-sin-fou*, dans la province du *Kiang-si*, et y fonda une manufacture de porcelaine. Les vases qu'on y fabriquait, sous les noms de *P'ing* (vases-lagènes), *Kouan* (pots), *Kang* (jarres), *Yong* (amphores), *Pan* (bassins), *Ouan* (bols), étaient communs et grossiers.

1522-1572 — Dans les périodes *Kia-tsing* (1522-1566) et *Long-khing* (1567-1572), parut un ouvrier habile, nommé *Tsoui-hong*, 崔 翁 (le vénérable *Tsoui*), qui excellait dans la fabrication de la porcelaine. Il imitait, en général, les parfaits modèles qu'avaient légués les règnes de *Siouen-te* (1426-1435) et *Tch'ing-hoa* (1465-1487). Les pièces qui sortaient de ses mains étaient considérées comme les plus belles

---

(1) Voir l'*Index général*.

porcelaines de son temps, et l'on accourait de toutes les parties de l'empire pour les acheter.

Dans les périodes *Long-khing* (1567-1572) et *Wan-li* (1573-1619), un homme de *Ou-men*, dont le nom était *Tcheou-tan-ts'iouen*, vint se fixer à *Tchang-nan*, aujourd'hui *King-te-tchin*, et se mit à y fabriquer de la porcelaine. C'était un des artistes les plus renommés de son temps. Il excellait surtout dans l'imitation des vases antiques. Dès qu'un vase était sorti de ses mains, tous les amateurs d'objets d'art se le disputaient à l'envi et voulaient l'acheter à prix d'or. *Tcheou* avait un caractère original. Il se plaisait à porter lui-même ses porcelaines d'un endroit à l'autre chez les antiquaires dont il connaissait le goût passionné. Les plus habiles connaisseurs y étaient pris. Il avait le talent d'imiter (en porcelaine) les trépieds, les cassolettes, les vases sacrés à figures d'animaux, à anses lanciformes, du temps de *Wen-wang*. Ils approchaient tellement de la vérité, que nul n'en savait faire la différence. De sorte qu'on ne regardait pas à mille onces d'argent (7500 fr.) (1) pour en payer un seul. Aujourd'hui on en parle encore avec admiration. Il nous suffira de citer un exemple de son habileté merveilleuse (2).

Un jour, il monta sur un bateau marchand de *Kin-tchong* et se rendit sur la rive droite du fleuve *Kiang*.

1567-1619

---

(1) Suivant M. Natalis Rondot, à cette époque, *mille onces d'argent* équivalaient à 25 000 fr. de notre monnaie.

(2) *King-te-tchin-t'ao-lou*, liv. 8, fol. 5.

c

Comme il passait à *Pi-ling* (1), il alla rendre visite à *Thang* qui avait la charge de *Thaï-tch'ang* (président des sacrifices), et lui demanda la permission d'examiner *à loisir* un ancien trépied en porcelaine de *Ting*, qui était l'un des ornements de son cabinet. Avec la main, il en obtint la mesure exacte; puis il prit l'empreinte des veines du trépied à l'aide d'un papier qu'il serra dans sa manche, et se rendit sur-le-champ à *King-te-tchin*. Six mois après, il revint et fit une seconde visite au seigneur *Thang*. Il tira alors de sa manche un *trépied* et lui dit : « Votre Excellence possède un trépied-cassolette en porcelaine blanche de *Ting*; en voici un semblable que je possède aussi. » *Thang* fut rempli d'étonnement. Il le compara avec le trépied ancien, qu'il conservait précieusement, et n'y trouva pas un cheveu de différence. Il y appliqua le pied et le couvercle du sien et reconnut qu'ils s'y adaptaient avec une admirable précision. *Thang* lui demanda alors d'où venait cette pièce remarquable. « Anciennement, lui dit *Tcheou*, vous ayant demandé la permission d'examiner votre trépied *à loisir*, j'en ai pris avec la main toutes les dimensions. Je vous proteste que c'est une imitation du vôtre; je ne voudrais pas vous en imposer. »

Le *Thaï-tch'ang*, convaincu de la vérité de ces paroles, acheta au prix de quarante onces d'argent (300 fr.) ce trépied qui faisait son admiration et le

---

(1) Aujourd'hui *Kiang-in*, dépendant de *Tchang-tcheou-fou*, dans le *Kiang-nan*.

plaça dans son musée, à côté du premier, comme si c'eût été un double.

Dans la période *Wan-li* (1573-1619), *Thou-khieou*, du pays de *Hoaï-ngan*, vint à *Feou-liang*. Épris d'un engouement passionné pour la cassolette antique de *Thang*, il ne faisait qu'y songer et se la figurait même au milieu de ses rêves. Un jour, il accompagna *Kien-yu*, neveu du *Thaï-tch'ang*, et après bien des instances, il obtint de celui-ci pour mille onces d'argent (7500 fr.) la cassolette imitée par *Tcheou* et s'en revint plein d'allégresse.

Vers la même époque, un habile fabricant, appelé *Ngeou-kong*, donna son nom à la porcelaine qui sortait de ses mains. Il était né dans le district de *I-hing*, dépendant de l'arrondissement de *Tchang-tcheou*, dans la province du *Kiang-nan*. Parmi les vases de sa manufacture, les uns étaient une imitation des porcelaines craquelées de *Tchang* l'aîné, connues sous le nom de *Ko-khi* (vases de l'aîné), les autres étaient une imitation des célèbres porcelaines dites *Kouan-yao* (porcelaines des magistrats), et *Kiun-yao* (porcelaines de *Kiun*). Ils étaient ornés la plupart de diverses couleurs. Les plus estimés étaient les porcelaines veinées, à émail rouge ou bleu. *Yang-tse*, dans son catalogue des vases *Ou*, pour le thé, cite, mais sans aucuns détails, cinq autres fabricants distingués, *Chi-ta-pin*, *Li-tchong-fang*, *Siu-yeou-thsiouen*, *Tch'in-tchong-meï* et *Tch'in-siun-khing*. L'auteur du livre que nous traduisons nous apprend que s'il n'a point décrit les vases *Ou* de leur fabrication, c'est parce qu'ils n'appartiennent point à la porcelaine proprement dite qui fait l'objet de son ouvrage.

1573-1619

1573-1619   Dans la période de *Wan-li*, vivait à *Feou-liang* un homme appelé *Hao-chi-khieou*, qui excellait à composer des vers, à écrire et à peindre. Il se retira en secret dans une manufacture de porcelaine où il fabriquait des vases d'une finesse et d'une élégance charmantes. Il s'était donné le nom de *Ou-in-lao-jin*, c'est-à-dire *Ou*, le vieillard qui vit dans la retraite. Ses porcelaines se distinguaient à la fois par la finesse de la matière et la beauté des couleurs. Les plus renommées étaient des coupes ornées de nuages diaprés et des tasses *coquille d'œuf*. Ses coupes étaient d'un rouge vif comme le cinabre et ses tasses d'une blancheur délicieuse. Chacune d'elles pesait un demi *chu* (voyez page 104, note 1). On accourait de tous côtés pour les acheter sans regarder au prix. Il fabriquait des vases *Ou* (et c'est peut-être là l'origine de son nom) pleins d'élégance et de goût. Ils étaient *bleu pâle*, comme les célèbres *Kouan-yao* (porcelaines des magistrats) et *Ko-khi* (porcelaines de *Tchang* l'aîné), mais ils étaient sans craquelure. Il faisait aussi d'autres vases *Ou*, couleur pourpre et couleur *feuille-morte*; c'étaient des imitations des anciennes porcelaines qu'on fabriquait à *I-hing*. Sous le pied de tous ses vases, il gravait en creux les quatre mots *Ou-in-tao-jin*, 壺隱道人 (le religieux *Ou*, qui vit dans la retraite). On le désignait tantôt par ce dernier nom, tantôt par celui de *Ou-kong* (l'honorable *Ou*).

1662-1722   Dans la période *Khang-hi*, *Thang-in-siouen*, qui dirigeait la manufacture impériale, fabriquait des vases de porcelaine avec une argile onctueuse. Ils étaient minces, brillants et de différentes couleurs.

Les plus beaux se distinguaient par les noms suivants :
1° Vert *peau de serpent* (*Che-pi-lou*); 2° jaune d'anguille (*Chen-yu-hoang*); 3° bel azur (*Ki-tsouï*); 4° *Hoang-lien-pan* (tacheté de jaune).

On faisait aussi grand cas de ceux dont l'émail était jaune pâle, violet pâle, vert pâle, rouge soufflé et bleu soufflé.

Dans la période *Yong-tching*, Nien-hi-yao (en abrégé *Nien*), inspecteur des écluses de *Hoaï-ngan*, fut chargé (en 1727) de la direction des travaux céramiques dans la manufacture impériale de *King-te-tchin*. Il choisissait lui-même les matières, et fabriquait les porcelaines que commandait l'empereur. Tous ses produits étaient gracieux de forme et finement travaillés. Il y en avait beaucoup *couleur d'œuf*, qui étaient brillants comme l'argent. Il en faisait à la fois d'entièrement bleus et de diverses couleurs. Quelques-uns étaient ornés de fleurs peintes, ciselées ou mates. Suivant l'auteur du recueil *Wen-fang-sse-khao*, c'est par erreur qu'on l'appelle *Yen-kong*, 嚴公, au lieu de *Nien-kong*, 年公, et qu'on ajoute à son nom le titre de *Thsou-fou*, 楚撫. On rapporte qu'il rédigea de nouveau l'inscription du temple du dieu de la porcelaine dont la pierre gravée subsiste encore. 1723-1735

Il nous reste à parler d'un fabricant qui florissait dans la période *Khien-long*, et qui paraît avoir surpassé ses devanciers par ses heureuses imitations des vases antiques et plus encore par le caractère ingénieux de ses inventions. Son nom était *Thang-ing*. Dans la 1736-1795 sixième année de la période *Yong-tching* (1728), il était venu s'établir à *King-te-tchin*, comme directeur adjoint à *Nien-hi-yao* et s'était acquis une brillante réputation.

Au commencement du règne de *Khien-long* (1736), il contrôla pendant huit ans le péage des ponts de *Hoaï-g'an*; puis on l'envoya présider aux opérations de la douane de *Khieou-kiang* (dans la province du *Kiang-si*).

Pendant longtemps, ces deux hommes distingués dirigèrent avec talent les travaux de la manufacture impériale. Mais *Thang* était plus versé dans la connaissance des terres à porcelaine et dans l'appréciation des effets du feu. Il apportait un soin particulier au choix des matériaux nécessaires, et chaque pièce, faite sous sa direction, était remarquable par la finesse de la main-d'œuvre, la pureté de la forme et l'éclat des couleurs. Il imitait avec une rare perfection les plus beaux vases des anciens, et réussissait d'une manière aussi heureuse dans la reproduction fidèle des émaux les plus renommés. Il en inventa même un grand nombre dont on trouvera la description (page 109, n° 119), à l'article des porcelaines de *Thang* (*Thang-yao*).

Ce n'est pas tout. L'empereur, charmé de la beauté de ses travaux et des heureuses innovations qu'il avait créées, le chargea, en vertu d'un décret spécial, de publier en vingt-deux planches la description figurée de tous les procédés en usage pour fabriquer et décorer la porcelaine, en les faisant suivre de toutes les explications nécessaires. Tout en regrettant de ne point posséder les planches originales de *Thang-ing*, nous avons donné (dans le livre V) la traduction complète de son petit commentaire, qui, au jugement de *Li-kiu-laï*, porte partout le sceau de l'intelligence, du talent et du génie.

CATALOGUE ET EXPLICATION DES PRINCIPALES MARQUES DE FABRIQUE.

Après avoir présenté, autant que possible, dans un ordre chronologique, le tableau des hommes qui se sont distingués en Chine par la fabrication ou la décoration de la porcelaine, en empruntant presque toujours à l'ouvrage que nous traduisons, les détails historiques et industriels qui nous étaient nécessaires, nous avons cru faire une chose non moins utile en y puisant les marques de fabrique si importantes pour distinguer les produits des principaux ateliers de chaque époque. Nous avons relevé avec soin toutes celles qui se trouvaient mentionnées dans les ouvrages qui étaient à notre disposition; mais quoique le nombre des marques que nous offrons ici soit fort considérable, eu égard au peu qu'on en connaît jusqu'ici, nous craignons beaucoup que notre liste ne soit loin d'être complète. Telle qu'elle est néanmoins, nous aimons à penser qu'elle sera considérée dès à présent comme un précieux secours pour juger de l'âge et du mérite d'une multitude de porcelaines chinoises.

Les marques de fabriques que nous avons recueillies et qu'on observe sur les porcelaines sont de deux sortes. Les unes se composent de caractères chinois qui nous apprennent sous quelle période de règne un vase a été fabriqué, mais sans indiquer, en général, la date de cette période qui embrasse toujours un certain nombre d'années.

La seconde espèce de marques s'exprime par des dessins au trait, des figures en couleur ou en émail, des noms d'hommes ou d'établissements, indiquant l'auteur d'un vase, le lieu de la fabrique ou sa destination.

MARQUES INDIQUANT UNE PÉRIODE DE RÈGNE.

Avant de commencer cette série, nous avons besoin de dire ce qu'il faut entendre par une période de règne, en chinois *Nien-hao*, 年號 (nom d'années). Quand un empereur monte sur le trône, comme il ne porte point de nom propre pendant sa vie, il donne au règne qu'il va inaugurer un nom significatif qui sert à désigner à la fois l'empereur et toutes les années ou seulement un certain nombre d'années de son règne. Ainsi les mots *Tao-kouang*, 道光 (littéralement l'*éclat de la droite voie*), qui servaient de nom au dernier empereur de la Chine, étaient destinés à caractériser la sage administration qui devait briller sous son règne.

Les mots *Hien-fong*, 咸豐 (*abondance universelle*), par lesquels on dénomme l'empereur actuel, présageaient, dans l'esprit du jeune monarque, une ère de prospérité qui s'est tristement évanouie devant les désordres sanglants de l'insurrection.

Les mots *Khang-hi*, 康熙 (*joie paisible*) et

Khien-long, 乾 隆 (*secours du Ciel*), qu'on emploie ordinairement pour désigner deux empereurs célèbres, ne sont autre chose que les noms qu'ils avaient donnés aux années de leurs règnes futurs, savoir aux années 1662 à 1722 et 1736 à 1795.

Il y a des empereurs dont le règne se divise en plusieurs périodes à chacune desquelles ils ont donné un nouveau nom. Ainsi, sous le règne de *Jin-tsong*, de la dynastie des *Hia*, les années 1140 à 1143 s'appellent *Ta-khing* (*la grande félicité*); les années 1144-1148, *Jin-khing* (*la félicité des hommes*); les années 1149 à 1169, *Thien-ching* (*la grandeur du ciel*), etc. Mais dans la liste des marques de fabrique que nous allons donner, les *noms d'années* s'appliquent constamment à des règnes qui n'embrassent qu'une seule et même période, au lieu d'être divisés, comme ceux qui ont été mentionnés plus haut, en plusieurs périodes portant chacune un nom différent.

Lorsque l'empereur *Tchin-tsong*, qui monta sur le trône en l'an 995, eut fondé à *Tchang-nàn-tchin*, dans la période *King-te* (1004-1007), la célèbre manufacture impériale, dont le siége reçut à cette occasion et a conservé jusqu'à nos jours le nom de *King-te-tchin* (*tchin* veut dire bourg), il ordonna qu'on peignît sous le pied de chaque pièce de porcelaine les quatre mots 1004-1007

景德年製

King-te-nien-tchi, fabriqué dans les années *King-te* (1004-1007). Mais, chose singulière et infiniment regrettable, ces dates officielles que l'empereur précité avait ordonné d'attacher aux porcelaines, et dont on a continué à faire usage pendant plus de six siècles, furent subitement supprimées par ordre de *Tchang-tsi-tchong*, préfet du district de *King-te-tchin*.

Nous voyons, en effet, que dans la seizième année de la période *Khang-hi* (1677), il défendit aux fabricants de *King-te-tchin* d'inscrire désormais sur les porcelaines les noms d'années ou d'y raconter les actions des grands hommes, sous prétexte que, si elles venaient à être brisées, l'empereur désigné par la période de son règne et les saints personnages reproduits par la peinture, subiraient une sorte d'offense et de profanation.

1368-1396   Depuis la période *King-te* (1004-1007), il s'écoule une longue suite d'années sans qu'on aperçoive, du moins dans notre livre, aucune date de règne. La seconde que nous ayons à noter est celle de la période *Hong-wou*, 洪武, qui embrasse les années 1368-1398 du premier empereur de la dynastie des *Ming*, 明.

1403-1424   La troisième marque est *Yong-lo-nien-tchi*, 永樂 年製, fabriqué dans les années *Yong-lo*, c'est-à-dire 1403-1424.

Sous le rapport du mérite, ces porcelaines occupent le troisième rang parmi celles des *Ming*.

1426-1435   La quatrième marque est *Ta-ming-siouen-te-tchi*, 大明宣德製, fabriqué dans les années *Siouen-te* de la grande dynastie des *Ming* (1426-1435). Dans les descriptions, on se contente d'employer le mot *Siouen*, 宣, pour désigner cette période; ainsi l'on dit : bleu de *Siouen*, vases de *Siouen*.

Ces porcelaines occupent le premier rang parmi celles des *Ming*, 明.

La cinquième marque est *Tch'ing-hoa-nien-tchi*, 1465-1487 成化年製, fabriqué dans la période *Tch'ing-hoa* (1465-1487).

Ces porcelaines occupent le second rang parmi celles des *Ming*, 明.

La sixième marque est *Tching-te-nien-tchi*, 正德 1506-1521 年製, fabriqué dans les années *Tching-te* (1506-1521).

La septième marque est *Kia-tsing-nien-tchi*, 嘉靖 1522-1566 年製, fabriqué dans la période *Kia-tsing* (1522-1566).

Ces porcelaines occupent le quatrième rang parmi celles des *Ming*.

La huitième marque est *Long-khing-nien-tchi*, 1567-1572 隆慶年製, fabriqué dans la période *Long-khing* (1567-1572).

La neuvième et dernière est *Wan-li-nien-tchi*, 1573-1619 萬曆年製, fabriqué dans les années *Wan-li* (1573-1619).

MARQUES DE FABRIQUE PEINTES OU ÉCRITES.

La seconde espèce de marques de fabrique est plus nombreuse et plus variée. Elles se composent, en général, ainsi que nous l'avons dit plus haut, d'un sujet peint ou de caractères chinois qui indiquent l'auteur d'un vase de porcelaine, son usage spécial ou le lieu de sa fabrication. Voici celles que nous avons relevées dans les textes chinois et dont nous avons pu donner les dates approximatives, au moyen des périodes de règne. En les décrivant, nous suivrons, comme ci-dessus, l'ordre chronologique.

960-963   I. *Tchang-pou*, 菖蒲, acore (plante aquatique).

Cette plante, peinte sous le pied, des *Pen* (bols), de *Kiun*, les désignait comme étant de la plus belle qualité. (Voyez page 73, n° 97.)

960-963   II. Les signes numériques *i* (一) un, *eul* (二) deux, placés sous le pied d'un vase, indiquaient aussi la plus belle qualité des porcelaines de *Kiun*.

969-1106   III. *Choang-yu*, 雙魚, *deux poissons*, peints sous le pied, indiquaient les porcelaines de *Long-thsiouen*.

969-1106   IV. *Si-siao-tseng-ting*, 細小掙釘, un clou mince et petit, faisant saillie (sous le pied du vase), indiquait certaines porcelaines de *Jou-tcheou* (1).

---

(1) Il y avait d'anciennes porcelaines craquelées, fort estimées au Japon, sous le pied desquelles on voyait un clou en fer, couvert d'émail et qui ne se rouillait jamais. (*Thien-kong-khaï-wou*, liv. 2, fol. 12.)

Quoique cette marque de fabrique n'appartienne ni à la première ni à la seconde série, nous avons mieux aimé la laisser à son rang chronologique que d'en faire un article à part.

V. *Tchi-ma-hoa*, 芝麻花. Une *fleur de sésame*, 969-1106
peinte sous le pied, indiquait certaines porcelaines de *Jou-tcheou*.

VI. *Jin-ho-kouan*, 仁和舘, *hôtel de l'humanité* 1111-1125
et de la concorde. Ces mots indiquaient certains vases blancs de *Ting-tcheou* (*Pe-ting*).

VII. *Tch'ou-fou-yao*, 樞府窯, *porcelaines du* 1260-1367
palais. Les deux premiers mots, *Tch'ou-fou*, écrits dans l'intérieur des vases, indiquaient des porcelaines destinées à l'usage des empereurs de la dynastie des *Youen* (Mongols de la Chine).

VIII. *Choang-sse-kouen-k'ieou*, 雙獅滾毬, *deux* 1403-1424
lions qui font rouler une balle (en jouant). Peints au centre des vases, ils indiquaient des porcelaines de première qualité de la période *Yong-lo*.

IX. *Youen-ing*, 鴛鴦, *deux canards mandarins* 1403-1424
(mâle et femelle), qui sont, chez les Chinois, le symbole de l'amour conjugal, se peignaient au centre des bols ou des tasses. Ils indiquaient des porcelaines de seconde qualité de la période *Yong-lo*.

X. *Hoa*, 花 (*une fleur*), peinte au centre d'une 1403-1424

tasse, indiquait des porcelaines de troisième qualité de la période *Yong-lo*.

1426-1435   XI. *Hong-yu-pa*, 紅魚靶, *anse ornée d'un poisson rouge*. Ce genre d'ornement faisait reconnaître certaines tasses de la période *Siouen-te*.

1426-1435   XII. *Tsioue-si-'gan-hoa*, 絕細暗花, *une fleur mate extrêmement petite*, peinte au centre d'une tasse, annonçait une pièce de porcelaine de la période *Siouen-te*.

1426-1435   XIII. *Si-so*, 蟋蟀, *grillons*. Les combats de grillons étaient fort à la mode durant la période *Siouen-te*. On cite particulièrement une jeune fille, nommée *Ta-sieou*, 大秀 (*Sieou*, l'aînée), qui les ciselait dans la pâte des vases de porcelaine avec un rare talent.

1426-1435   XIV. *K'io-pi-wen*, 橘皮紋, *littéralement veines de la peau du fruit K'io* (espèce d'orange douce). Dans la période *Siouen-te*, l'émail de certains vases imitait la peau chagrinée de cette orange. Ce genre d'ornement qu'offrait le fond des tasses blanches était d'un ton mat.

1426-1435   XV. *Long-fong*, 龍鳳, *un dragon et un phénix* (en émail), d'une petitesse extrême, désignaient certains vases de la période *Siouen-te*, destinés à l'usage de l'empereur.

1465-1487   XVI. *Tseu-mou-khi*, 子母鷄, *une poule et ses*

poussins, désignaient des porcelaines de la période *Tch'ing-hoa* (1).

XVII. *Teou-khi*, 鬭鷄, coqs qui se battent; porcelaines de la période *Tch'ing-hoa* (1465-1487) et quelquefois de la période *Siouen-te* (1426-1435). 1465-1487

XVIII. *Ts'ao-tchong*, 草蟲, sorte de *sauterelle*; porcelaines de la période *Tch'ing-hoa* (2). 1465-1487

XIX. *Ou-tsaï-pou-t'ao*, 五彩蒲萄, raisins en émail (3); porcelaines de la période *Tch'ing-hoa*. 1465-1487

XX. *Lien-tse*, 蓮子, fruit du *Nelumbium speciosum*; c'était la marque des vases pour le vin, dans la période *Tch'ing-hoa*. 1465-1487

XXI. *Meou-tan*, 牡丹, la fleur *Paeonia Moutan*, au bas de laquelle on voit une poule et ses poussins; porcelaines de la période *Tch'ing-hoa*. Nous devons ajouter qu'on peignait souvent cette fleur sur les porcelaines de *Ting-tcheou* (*Ting-yao*), qu'on fabriquait dans les premières années des *Song* (960....). 1465-1487

---

(1) *T'ao-chouc*, liv. 3, fol. 4.

(2) *T'ao-chouc*, liv. 3, fol. 4.

(3) *Ou-tsaï*, 五彩, littéralement *cinq couleurs*, signifie *émail*. (Voyez GONÇALVEZ, Dictionnaire *Portug. chin.*, au mot *Esmalte*.

1522-1566 XXII. *Thsieou,* 酒, *vin.* Ce mot, peint au centre d'une petite tasse blanche, indiquait une des tasses dont se servait l'empereur *Chin-tsong* (1).

1522-1566 XXIII. *Tsao-t'ang,* 棗湯, *décoction de jujubes.* Ces deux mots, peints au centre d'une petite tasse blanche, indiquaient une des tasses de dernière qualité, dont se servait l'empereur que nous venons de citer.

1522-1566 XXIV. *Kiang-t'ang,* 薑湯, *décoction de gingembre.* Ces deux mots, peints au centre d'une petite tasse blanche, indiquaient aussi les tasses de qualité commune dont se servait le même empereur.

1522-1566 XXV. *Tch'a,* 茶 (une branche de l'arbre à) *thé,* figuré en émail au centre d'une petite tasse blanche, indiquait une des tasses de première qualité qui étaient à l'usage de l'empereur *Chin-tsong.*

1567-1572 et 1573-1619 XXVI. *Pi-hi,* 秘戲, littéralement *jeux secrets,* c'est-à-dire combats amoureux (peintures libres). Dans les périodes *Long-khing* et *Wan-li*, quelques artistes employèrent leur talent à représenter des scènes érotiques. « Ces porcelaines, dit notre auteur, qu'on appelle, à mots couverts, *Pi-hi-khi* (vases ornés de jeux secrets), choquaient à la fois la bienséance et le goût; ce fut depuis cette époque que certains fabri-

---

(1) *T'ao-choue,* liv. 6, fol. 9.

cants de *King-te-tching*, ont commencé à imiter ce genre déplorable. » Ces sortes de peintures s'appelaient aussi *Nan-niu-sse-sie*, 男女私褻, commerce secret entre l'homme et la femme.

Si nous nous en rapportons à un autre passage de notre texte (1), ce genre de décoration immorale remonterait à une haute antiquité. « L'empereur *Mou-tsong*, dit-il (1567-1572), aimait beaucoup la volupté, c'est pourquoi on fabriquait, par ses ordres, un grand nombre de porcelaines qui en offraient l'image.

Cependant ces *peintures de printemps* (*Tch'un-hoa*, 春畵), c'est-à-dire *peintures licencieuses*, ont pris naissance sous les *Han* (entre les années 202 avant J.-C. et 220 après notre ère), dans le palais qu'avait fait décorer le roi de *Kouang-tchouen*.

L'histoire nous apprend encore qu'en ouvrant certains tombeaux du temps des *Han*, on y trouva des briques ciselées et des murs peints qui offraient des scènes du même genre. On ne doit donc point être surpris si de pareils emblèmes déshonorent des coupes et des tasses des temps modernes.

XXVII. *Tchou-ye*, 竹葉, *feuilles de bambou.* 1573-1619
C'était la marque des vases à fleurs bleues qu'on fabriquait dans la petite rue du Midi (*Siao-nan-kiaï*) de la ville de *King-te-tchin*.

XXVIII. *Lan-to*, 蘭朶, un bouquet de *Lan* 1573-1619

---

(1) *King-te-tchin-thao-lou*, liv. 8, fol. 5.

d

(*Epidendrum*). Cet ornement désignait aussi des vases à fleurs bleues de la fabrique que nous venons de citer.

1573-1619　XXIX. *Ou-in-tao-jin*, 壺隱道人, *Ou*, le religieux qui vit dans la retraite.

Ces quatre mots, peints sous le pied des vases, désignaient les porcelaines du célèbre fabricant *Hao-chi-khieou*, sur lequel nous avons donné (page XXXVI) d'amples et curieux détails dans la partie biographique de cette Préface.

L'auteur de l'ouvrage intitulé *T'ao-choue* cite (1), mais sans dates, plusieurs marques de fabrique bien caractérisées, par exemple :

1°. *Tsieou-tsien-peï*, 鞦韆杯, *les coupes à la balançoire;* elles représentaient des jeunes gens et des jeunes filles qui s'amusaient sur une balançoire.

2°. *Kao-sse-peï*, 高士桮, *les coupes des grands lettrés;* elles représentaient *Tcheou-meou-cho*, grand amateur de *Nymphaeas*, et le poëte *T'ao-youen-ming*, en face d'un chrysanthème.

Il mentionne encore *une petite branche avec des fleurs blanches,* 白花朶兒, *Pe-hoa-to-eul*, comme servant à désigner certaines porcelaines de Corée, de couleur *bleu pâle,* mais peu estimées.

---

(1) Liv. 6, fol. 9.

DISTRIBUTION GÉOGRAPHIQUE DES MANUFACTURES DE PORCELAINE.

Après l'histoire des fabricants de porcelaine et la description des marques de fabrique, nous nous trouvons naturellement conduit à parler des contrées chinoises dans lesquelles ont existé ou existent encore des manufactures de porcelaine. Fidèle à la méthode rigoureuse que nous avons déjà suivie ci-dessus, et pour satisfaire l'esprit analytique des lecteurs européens, nous avons cru devoir distribuer, suivant l'ordre de la géographie, les localités citées pêle-mêle dans l'ouvrage original, par suite des diverses catégories que l'auteur avait adoptées ; puis nous les avons réunies dans une petite carte de la Chine, gravée exprès.

Une observation nous frappe d'abord, c'est que dans le nombre des dix-huit provinces, entre lesquelles l'Empire du Milieu a été partagé sous le règne de *Khien-long* (1736-1795), treize seulement offrent des manufactures de porcelaine, et ces établissements industriels, rares dans quelques-unes, sont fort nombreux dans d'autres, par exemple dans les provinces du *Chen-si*, du *Tche-kiang* et surtout du *Kiang-si*, probablement parce que ces dernières sont plus riches en matières propres à la fabrication de la porcelaine. Si cinq provinces ne figurent point dans nos livres chinois qui traitent de la porcelaine, et par conséquent dans le tableau que nous allons présenter, cela vient sans doute de ce que le sol n'y fournit point les argiles nécessaires, et qu'il serait trop coûteux de les faire venir des pays qui les produisent abondamment.

PORCELAINES DU TCHI-LI, ANCIENNEMENT PE-TCHI-LI.

Cette province renferme dix villes du premier ordre (*Fou*) et six du second ordre (*Tcheou*). Nous y remarquons seulement cinq manufactures.

La première à *Hing-taï-hien*, ville du troisième ordre, dépendant de *Chun-te-fou*. On y fabriquait déjà de la porcelaine dans les premières années des *Thang* (618...). L'argile dont on se servait était de fine qualité; les vases étaient minces et préférablement blancs, de sorte qu'on les comparait tantôt à l'argent, tantôt à la neige.

La seconde manufacture se trouve à *Tse-tcheou*, ville du second ordre, dépendant de *Kouang-p'ing-fou*; elle fut en grand renom sous les *Song* (960-1279). Ses porcelaines ressemblaient à celles de *Ting-tcheou*; seulement leur émail n'offrait pas des *traces de larmes*. Il y en avait avec des fleurs ciselées dans la pâte et avec des fleurs peintes. Les porcelaines fond blanc se vendaient plus cher que celles de *Ting*.

La troisième manufacture se trouve à *Ting-tcheou*, ville du second ordre, dépendant, comme la précédente, de *Kouang-p'ing-fou*. Elle date aussi du temps des *Song* (960-1279). Ses porcelaines, qui ont conservé jusqu'ici leur antique renommée, se distinguent en *Pe-ting*, ou *Ting* des *Song* du Nord (960-1126) et en *Nan-ting* ou *Ting* des *Song* du Midi (1127-1279). Les premières, dont l'émail a des couleurs variées (blanc, rouge, violet, noir) sont plus estimées que celles des *Song* du Midi; celles qui sont ornées de fleurs ciselées passent pour fort belles;

néanmoins les porcelaines *unies* et *fond blanc* ont aussi leur mérite.

PROVINCE DU KIANG-NAN.

On compte dans cette province cinq manufactures, dont trois dans le département de *Fong-yang-fou*.

La première, à *Cheou-tcheou*. Elle existait déjà du temps des *Thang* (618-907). Les porcelaines qui en provenaient étaient jaunes et peu estimées.

La deuxième, à *So-tcheou*. Elle existait sous les *Song* (960-1279). Ses porcelaines étaient une imitation des célèbres vases de *Ting-tcheou* (dans la province du *Pe-tchi-li*); elles eurent, dans leur temps, une grande réputation.

La troisième, à *Sse-tcheou*. Elle existait aussi sous les *Song* (960-1279). Ses porcelaines étaient, en général, une imitation des vases de *Ting-tcheou*, mais on n'en faisait pas grand cas.

La quatrième se trouve à *Siouen-tcheou*, ville du second ordre dépendant de *Ning-koue-fou*.

On y fabriquait de la porcelaine sous la dynastie des *Youen*, ou des empereurs mongols de la Chine (1260-1367). Elle était mince et de couleur blanche.

La cinquième existait sous les *Song* (960-1279), à *Pe-thou-tchin*, c'est-à-dire dans le bourg de l'argile blanche, qui faisait partie de *Siao-hien*, ville du troisième ordre dépendant de *Sin-tcheou-fou*. Ses porcelaines étaient faites avec une argile blanche; elles étaient minces, brillantes et d'une forme gracieuse.

PROVINCE DU CHAN-SI.

On compte dans cette province cinq manufactures.

La première, à *P'ing-ting-tcheou*, ville du second ordre, dépendant de *Thaï-youen-fou*. Elle existe depuis les *Song* (960-1279). Ses porcelaines étaient faites avec une argile noire et grossière. Leur couleur était d'un blanc noirâtre. Elles étaient loin de plaire à la vue.

La deuxième, à *Yu-tse-hien*, ville du troisième ordre, dépendant aussi de *Thaï-youen-fou*. Elle existait depuis les *Thang* (618-907). Ses porcelaines étaient faites avec une terre commune; elles étaient épaisses, mais d'une simplicité antique.

La troisième, dans le département de *P'ing-yang-fou*. On y fabriquait de la porcelaine sous les *Thang* (618-907) et sous les *Song* (960-1279). L'argile dont on se servait était blanche, mais l'émail manquait de pureté et d'éclat.

La quatrième, à *Ho-tcheou-fou*, ville du deuxième ordre dépendant de *P'ing-yang-fou*. Elle date des *Thang* (618-907) et des *Song* (960-1279). Ses porcelaines étaient faites avec une argile de fine qualité; elles étaient minces et en général blanches. On les trouvait plus belles que celles de *P'ing-yang-fou*.

La cinquième, à *Fen-hien*, ville du troisième ordre, dépendant de *P'ing-yang-fou*. Elle existait sous les *Song* (960-1279); on y imitait les vases craquelés des anciens.

PROVINCE DU CHAN-TONG.

Dans cette province, on compte seulement deux manufactures de porcelaine, la première dans le district de *Tseou-hien*, la seconde dans celui de *I-hien*, lesquels dépendent du département de *Yen-tcheou-fou*.

Elles furent fondées sous les *Ming* (1368....) et sont encore en activité aujourd'hui.

PROVINCE DU HO-NAN.

Dans cette province, on compte treize manufactures.

La première, dans l'arrondissement de *Yu-tcheou*, dépendant du département de *Khaï-fong-fou;* sa fondation remonte aux premières années des *Song* (960....).

La deuxième, dans le district de *Tch'in-lieou*, dépendant aussi de *Khaï-fong-fou*. Elle existait sous les *Song* du Nord (960-1126).

La troisième, dans le département de *Weï-hoeï-fou*. Elle fut fondée au commencement des *Song* (960....).

La quatrième, dans le département de *Hoaï-khing-fou*. Elle date des *Ming* (1368....); on y travaille encore aujourd'hui.

La cinquième, dans l'arrondissement de *Chen-tcheou*, dépendant du département de *Ho-nan-fou*. Elle date des *Ming* (1368....); on y travaille encore aujourd'hui.

La sixième, dans le district de *Lo-king*, dépendant du département de *Ho-nan-fou*. Elle fut fondée sous les premiers *Weï* (220-265).

La septième, dans le district de *I-yang* (même département). Elle fut fondée sous les *Ming* (1368....); on y travaille encore aujourd'hui.

La huitième, dans le district de *Teng-fong* (même département). Elle date aussi des *Ming* (1368....) et est encore aujourd'hui en activité.

La neuvième, à *Teng-tcheou*, département de *Nan-*

yang-fou. On y fabriquait de la porcelaine sous les *Song* (960-1279).

La dixième, à *Thang-hien* (autrefois *Thang-i-hien*), district dépendant du même département. Elle a été fondée sous les *Song* (960-1279).

La onzième, à *Sin-p'ing*, pays situé au nord-est du district actuel de *Hoaï-king*. Sous les premiers *Han*, c'était un *Hien*, appartenant au royaume de *Hoa-yang*, fondé par l'empereur *Kao-ti*, en l'an 185 avant J.-C., et appelé *Tch'in-koue*, l'an 88 de notre ère. Or, comme c'est sous les *Han* que la porcelaine a pris naissance dans ce pays de *Sin-p'ing*, il s'ensuit qu'on peut placer son invention entre ces deux dates (185 ans avant et 87 après J.-C.). Ce fait important est emprunté aux Annales de *Feou-liang* (liv. 8, fol. 44).

La douzième, dans le département de *Hiu-tcheou-fou*. Suivant quelques auteurs, elle fut fondée sous les *Song* (960-1279).

La treizième, à *Jou-tcheou* (aujourd'hui *Jou-tcheou-fou*). Elle fut fondée sous les *Song* (960-1279). Elle était renommée pour ses porcelaines bleues, imitant, dit-on, l'azur du ciel après la pluie.

PROVINCE DU CHEN-SI.

Dans cette province, on compte quatre manufactures.

La première, dans l'arrondissement de *Yao-tcheou*, dépendant du département de *Si-'gan-fou*. Cette manufacture, qui était située dans le bourg de *Hoang-pou*, fournissait, sous les *Song* (960-1279), des porcelaines bleues qui n'égalaient point celles de

Jou-tcheou; mais dans la suite elle produisit des porcelaines blanches d'une beauté remarquable.

La deuxième, dans le district de *Hien-yang* (même département). Elle existait sous les premiers *Weï* (220-265). Les porcelaines qui en provenaient étaient destinées à l'usage de l'empereur.

La troisième, dans le district de *King-yang* (même département). Elle existait sous les *Thang* (618-907). Les porcelaines qui en provenaient étaient inférieures à celles de *Youeï-tcheou*, mais supérieures à celles des arrondissements de *Cheou* et de *Hong*.

La quatrième, dans le district de *Hoa-ting*, dépendant du département de *P'ing-liang-fou*. Elle fut fondée sous les *Ming* (1368....).

PROVINCE DU KAN-SOU.

Dans ce département on ne trouve qu'une seule manufacture qui existait sous la dynastie des *Thang* (618-907). Le pays où elle était située répond à l'arrondissement actuel de *Thsin-tcheou*.

PROVINCE DU TCHE-KIANG.

Dans cette province, on compte huit manufactures de porcelaine.

La première était située dans le département de *Hang-tcheou-fou*.

Sous la dynastie des *Song* du Nord, entre les années 1004 et 1126, on y fabriquait des porcelaines fort estimées, appelées *Kouan-yao* ou porcelaines à l'usage des magistrats.

La deuxième, dans le district de *Yu-hang* (même

département). Elle existait sous les *Song* (960-1279). Les porcelaines qu'on y fabriquait ressemblaient à celles des magistrats (*Kouan-yao*), mais elles étaient sans craquelure et manquaient de poli et d'éclat.

La troisième, dans le département de *Chao-hing-fou*. Elle fut fondée sous la dynastie des *Thang* (618-907).

La quatrième, dans le district de *Yu-yao* (même département). Elle existait sous les *Song* du Midi (1127-1279). C'était là qu'on fabriquait les célèbres porcelaines appelées *Pi-se-tse*, dont l'usage était exclusivement réservé à l'empereur.

La cinquième, dans le département actuel de *Kin-hoa-fou*, anciennement l'arrondissement de *Wou-tcheou*. Elle existait sous la dynastie des *Thang* (618-907).

La sixième, dans le département actuel de *Wen-tcheou-fou*; elle existait déjà sous les *Tsin* (265-419).

La septième, dans le district de *Li-chouï*, dépendant du département de *Tch'ou-tcheou-fou*. Elle existait sous les *Song* (960-1279).

La huitième, dans le district de *Long-thsiouen* (même département). Elle existait au commencement de la dynastie des *Song* (960). C'était là qu'on fabriquait les porcelaines dites porcelaines de *Long-thsiouen* qui, suivant le P. d'Entrecolles, étaient *vert-olive*. Mais, d'après un bon nombre de passages que nous avons cités plus haut (page XXVII), on voit que les anciennes porcelaines de ce nom étaient *bleu clair* ou *bleu foncé* (1). Telles étaient celles que fabriquait *Sing-eul*,

---

(1) Voyez page 56, note 1.

sur la fin de la dynastie des *Song* (1279). Aujourd'hui, on imite à *King-te-tchin* les anciennes porcelaines de *Long-thsiouen*.

PROVINCE DU KIANG-SI.

Dans la province du *Kiang-si* on compte huit fabriques de porcelaine.

La première, dans l'arrondissement de *Hong-tcheou*, dépendant du département de *Nan-tchang-fou*. Elle existait sous la dynastie des *Thang* (618-907).

La deuxième, dans le bourg appelé jadis *Nan-tchang-tchin* (bourg de *Nan-tchang*), et depuis la période *King-te* (1004-1007), *King-te-tchin*, bourg immense qui fait partie du district de *Feou-liang*, dépendant du département de *Jao-tcheou-fou*. Comme c'est à *King-te-tchin* qu'est située depuis plus de huit siècles la manufacture impériale, que nulle autre localité en Chine ne contient un aussi grand nombre de fabriques de porcelaine, et que l'ouvrage dont nous offrons la traduction a pour objet spécial de décrire, au point de vue de l'histoire, de l'industrie et de l'art, tous les vases de porcelaine qu'on y fabrique ou que l'on imite d'après les plus beaux modèles de l'antiquité, nous croyons devoir donner des détails étendus sur *King-te-tchin*, en les empruntant d'abord à notre texte chinois (1), puis à l'intéressante description qu'en a donnée le P. d'Entrecolles (2).

---

(1) *King-te-tchin-t'ao-lou*, liv. 1, fol. 2.

(2) *Lettres édifiantes*, Recueil XII, pages 261 et suivantes (année 1717).

« *King-te-tchin*, ou le bourg de *King-te* (1), dépend du village *Hing-si-hiang* qui appartient à la ville de *Feou-liang* (2). Il est éloigné de cette ville de 25 lis (ou 2 lieues $\frac{1}{2}$), et comme il est situé au midi de la rivière *Tchang* (*Tchang-kiang*), on l'avait appelé anciennement *Tchang-nan-tchin* ou le bourg au midi du *Tchang*. A partir du bourg de *Hiong-tchin*, qui est au midi de la rivière et où se trouve la chapelle de la déesse *Kouan-in*, jusqu'à l'entrée du petit port, toutes les rues du midi et du nord ont une étendue de 13 lis (1 lieue $\frac{3}{10}$); c'est pourquoi on l'appelle encore *Chi-san-li* (le bourg de *treize lis*). La nature du sol est propre à la fabrication de la porcelaine. Depuis la dynastie des *Tch'in* (557-588), la plus grande partie des habitants se livre à cette industrie.

» Sous les *Song*, dans la période *King-te* (1004-1007), on y a fondé une manufacture pour la fabrication des vases et objets d'art en porcelaine destinés à l'empereur. De là est venu le changement de l'ancien nom *Tchang-nan-tchin* (le bourg au midi de la rivière *Tchang*) en celui de *King-te-tchin* (le bourg de la période *King-te*).

» Sous la dynastie des *Youen* (empereurs mongols de la Chine, 1260-1367), le gouverneur général de la province (du *Kiang-si*) fut chargé d'inspecter les porcelaines de *King-te-tchin*.

---

(1) On trouvera plus bas, ligne 19, l'origine et la signification de ce nom.

(2) Ville du troisième ordre qui relève de *Jao-tcheou-fou*, seconde ville départementale de la province du *Kiang-si*.

» Sous la dynastie des *Ming,* dans la deuxième année de la période *Hong-wou* (1369), on établit sur le mont *Tchou-chan* la manufacture des porcelaines impériales, et on y installa un magistrat chargé de surveiller la fabrication de ces porcelaines et de présider à leur expédition dans la capitale. »

Voici maintenant la Notice du P. d'Entrecolles :

« Il ne manque à *King-te-tchin* qu'une enceinte de
» murailles pour mériter le nom de ville et pouvoir
» être comparé aux villes même les plus vastes et les
» plus peuplées de la Chine. Ces endroits, nommés
» *Tchin*, 鎭, qui sont en petit nombre, mais qui
» sont d'un grand abord et d'un grand commerce,
» n'ont point coutume d'avoir d'enceinte, peut-être
» afin qu'on puisse les étendre et agrandir autant
» qu'on veut ; peut-être aussi afin qu'on ait plus de
» facilité pour embarquer et débarquer les marchan-
» dises.

» On compte, à *King-te-tchin*, dix-huit mille familles.
» Il y a de gros marchands dont l'habitation occupe
» un vaste espace et contient une multitude prodi-
» gieuse d'ouvriers ; aussi l'on dit communément
» qu'il y a plus d'un million d'âmes. Au reste, *King-
» te-tchin* a une grande lieue de longueur sur le bord
» d'une belle rivière. Ce n'est point un amas de mai-
» sons comme on pourrait se l'imaginer ; les rues
» sont tirées au cordeau ; elles se coupent et se croi-
» sent à certaines distances ; tout le terrain y est oc-
» cupé et les maisons n'y sont même que trop serrées
» et les rues trop étroites. En les traversant, on croit

» être au milieu d'une foire ; on entend de tous côtés
» les cris des portefaix qui se font faire passage.

» La dépense est bien plus considérable à *King-te-*
» *tchin* qu'à *Jao-tcheou,* parce qu'il faut faire venir
» d'ailleurs tout ce qui s'y consomme et même le
» bois pour entretenir le feu des fourneaux. Cepen-
» dant, malgré la cherté des vivres, *King-te-tchin* est
» l'asile d'une multitude de pauvres familles qui n'ont
» pas de quoi subsister dans les villes des environs.
» On trouve à y employer les jeunes gens et les per-
» sonnes les moins robustes. Il n'y a pas même jus-
» qu'aux aveugles et aux estropiés qui n'y gagnent
» leur vie à broyer des couleurs. Anciennement, dit
» l'histoire de *Feou-liang,* on ne comptait à *King-te-*
» *tchin* que trois cents fourneaux à porcelaine ; mais
» présentement il y en a bien trois mille. Il n'est pas
» surprenant qu'on y voie souvent des incendies ;
» c'est pour cela que le génie du feu y a plusieurs
» temples. Le culte et les honneurs qu'on rend à ce
» génie ne diminuent pas le nombre des embrase-
» ments. Il y a peu de temps qu'il y eut huit cents
» maisons de brûlées. Elles ont dû être bientôt réta-
» blies à en juger par la multitude des charpentiers
» et des maçons qui travaillaient dans ce quartier. Le
» profit qu'on tire du louage des boutiques rend le
» peuple chinois très-actif à réparer ces sortes de
» pertes.

» *King-te-tchin* est placé dans une vaste plaine en-
» vironnée de hautes montagnes. Celle qui est à
» l'orient, et contre laquelle il est adossé, forme en
» dehors une espèce de demi-cercle ; les montagnes
» qui sont à côté donnent issue à deux rivières qui

» se réunissent ; l'une est assez petite, mais l'autre
» est fort grande et forme un beau port de près
» d'une lieue, dans un vaste bassin, où elle perd
» beaucoup de sa rapidité. On voit quelquefois, dans
» ce vaste espace, jusqu'à deux ou trois rangs de
» barques à la queue les unes des autres. Tel est le
» spectacle qui se présente à la vue lorsqu'on entre
» par une des gorges dans le port. Des tourbillons de
» flammes et de fumée, qui s'élèvent en différents
» endroits, font d'abord remarquer l'étendue, la
» profondeur et les contours de *King-te-tchin*. A l'en-
» trée de la nuit, on croit voir une vaste ville toute en
» feu ou bien une immense fournaise qui a plusieurs
» soupiraux. Peut-être que cette enceinte de monta-
» gnes forme une situation propre aux ouvrages de
» porcelaine.

» On sera étonné qu'un lieu si peuplé, où il y a
» tant de richesses, où une infinité de barques abon-
» dent tous les jours et qui n'est point fermé de mu-
» railles, soit cependant gouverné par un seul man-
» darin sans qu'il y arrive le moindre désordre. A la
» vérité, *King-te-tchin* n'est qu'à une lieue (du district)
» de *Feou-liang* et à 18 lieues de *Jao-tcheou*, mais
» il faut avouer que la police y est admirable. Cha-
» que rue a un chef établi par le mandarin, et si elle
» est un peu longue, elle en a plusieurs. Chaque chef
» a dix subalternes qui répondent chacun de dix
» maisons. Ils doivent veiller au bon ordre, accourir
» au premier tumulte, l'apaiser et en donner avis
» au mandarin sous peine de la bastonnade qui se
» donne ici fort libéralement. Souvent même le chef
» du quartier a beau avertir du trouble qui vient d'ar-

» river et assurer qu'il a mis tout en œuvre pour le
» calmer, on est toujours disposé à juger qu'il y a eu
» de sa faute, et il est difficile qu'il échappe au châti-
» ment. Chaque rue a ses barricades qui se ferment
» pendant la nuit. Les grandes rues en ont plusieurs.
». Un homme du quartier veille à chaque barricade,
» et il n'oserait ouvrir qu'à certains signaux, la porte
» de sa barrière. Outre cela, la ronde se fait souvent
» par le mandarin du lieu, et, de temps en temps, par
» des mandarins de *Feou-liang*. De plus, il n'est guère
» permis aux étrangers de coucher à *King-te-tchin*. Il
» faut, ou qu'ils passent la nuit dans leurs barques,
» ou qu'ils logent chez les gens de leur connaissance
» qui répondent de leur conduite. Cette police main-
» tient tout dans l'ordre, et établit une sûreté entière
» dans un lieu dont les richesses réveilleraient la
» cupidité d'une infinité de voleurs. »

La troisième manufacture se trouve à *Siang-hou*, village situé à 20 lis (2 lieues) au sud-est de *King-te-tchin*. On y fabriquait de la porcelaine sous les *Song* (960-1279).

La quatrième est dans le village de *Hou-t'ien*, situé sur le bord du rivage méridional de la rivière de *King-te-tchin*. On y fabriquait de la porcelaine au commencement de la dynastie des *Youen* (1260....).

La cinquième, dans le village de *Thaï-p'ing*, dépendant du district de *Hing-ngan*, dans le département de *Kouang-sin-fou*. Cette manufacture avait été fondée par *Kiu-tchi-kao*, sous la dynastie des *Ming* (1368....).

La sixième, dans le district de *Lin-tch'ouen*, dépendant du département actuel de *Fou-tcheou-fou*. On y fabriquait de la porcelaine dans les premières années des *Youen* (1260....).

La septième, dans le bourg de *Yong-ho*, du district de *Liu-ling*, dépendant du département de *Ki-ngan-fou*. On y fabriquait de la porcelaine du temps des *Song* (960-1279).

La huitième, dans le district de *Nan-fong*, dépendant du département de *Kien-tchang-fou*. On y fabriquait de la porcelaine sous la dynastie des *Youen* (1260-1368).

PROVINCE DU SSE-TCH'OUEN.

Nous ne trouvons qu'une seule manufacture dans le *Sse-tch'ouen*. Elle est située dans le district de *Ta-i*, dépendant du département actuel de *Khiong-tcheou*. Elle existait déjà sous les *Thang* (618-907).

PROVINCE DU FO-KIEN.

Cette province ne compte que deux manufactures.

La première, dans le district de *Te-hoa*, dépendant de l'arrondissement de *Yong-tchun-tcheou*, qui relève du département de *Thsiouen-hoa-fou*. Elle existe depuis le commencement des *Ming* (1368....).

La deuxième, dans le district de *Kien-yang*, dépendant du département de *Kien-ning-fou*. Elle a pris naissance sous les *Song* (960-1279). Elle était encore florissante au commencement des *Youen* (1260....).

PROVINCE DU KOUANG-TONG.

Nous ne trouvons qu'une seule manufacture dans cette province. Elle existe dans le district de *Yang-*

kiang, dépendant du département de *Tchao-khing-fou*. On n'indique pas l'époque de sa fondation.

PROVINCE DU HOU-NAN.

Cette province ne compte que deux manufactures.

La première, dans l'arrondissement de *Kiun-tcheou*, dépendant du département de *Siang-yang-fou*. On y fabriquait de la porcelaine dans les premières années des *Song* (960....).

La seconde, dans le département de *Yo-tcheou-fou*. Elle existait déjà sous les *Thang* (618-907).

Après avoir indiqué, par provinces et par départements, les localités des manufactures de porcelaine anciennes et modernes, j'ai cru devoir donner un nouveau degré d'utilité à ces renseignements géographiques, en les résumant, comme je l'ai dit plus haut (page LI), sur une petite carte de Chine, qui permet de les saisir, d'un seul coup d'œil, dans leur ensemble. Pour cela, j'ai eu recours au savoir et à l'obligeante amitié de M. Vivien de Saint-Martin, lauréat de l'Académie des Inscriptions et Belles-Lettres. J'ajouterai, quoique ce fait soit étranger à notre sujet, que ce savant géographe prépare une grande Carte de l'Inde ancienne, destinée aux deux volumes de ma traduction des Mémoires du célèbre voyageur *Hiouen-thsang*, qui a parcouru pendant dix-sept ans les pays situés à l'occident de la Chine, entre les années 1629 et 1645 de notre ère.

Il me reste maintenant à rendre compte au lecteur des motifs qui m'ont fait adopter l'ouvrage que j'ai traduit.

Lorsque les conseils bienveillants de feu M. Ébelmen, ancien Directeur de la manufacture de Sèvres, m'eurent décidé à publier en français les documents que fournissent nos livres chinois sur l'histoire de la fabrication de la porcelaine, je me mis à chercher les matériaux que pouvait m'offrir la riche collection de la Bibliothèque impériale. Je n'y trouvai que trois ouvrages qui, comme on va le voir, suffisaient grandement au but que je m'étais proposé.

Le premier est intitulé *Feou-liang-hien-tchi,* ou Description historique et statistique du district de *Feou-liang,* dont dépend le célèbre bourg de *King-te-tchin,* dans la province du *Kiang-si.* Il contient, livre VIII, un Mémoire de soixante-douze pages, intitulé *Thao-tching,* 陶政, ou *Administration de la porcelaine* (dans la manufacture impériale). Le P. d'Entrecolles avait lu ce Mémoire et en avait fait un grand usage, pour rédiger ses deux dissertations insérées dans *les Lettres édifiantes* (1), dont nous avons cité de nombreux extraits, en les intercalant (entre guillemets) dans les parties de notre texte qu'ils pouvaient éclaircir ou compléter.

L'histoire de *Feou-liang,* publiée pour la première fois en 1325, a eu vingt et une éditions, dont la dernière, que possède la Bibliothèque impériale de Paris, est datée de la troisième année de l'empereur *Tao-kouang* (1823).

---

(1) Recueil XII, pages 253-365; Paris, 1717, in-8°; et tome XIX, pages 173-203; Paris, 1781; in-8°.

Voici les principales divisions de cet important Mémoire.

1°. *Administration de la porcelaine.* L'auteur qui nous a fourni (page XX) la plus ancienne date de l'invention de la porcelaine (1), ne remonte en commençant qu'à la quatrième année de la période *Wou-te* des *Thang* (621), par la raison que ce fut seulement à cette époque que cette industrie fixa pour la première fois l'attention du gouvernement chinois et donna lieu à des mesures administratives. Il passe ensuite aux ordonnances qui furent rendues sous les *Song*, dans la période *King-te* (1004-1007) pour la fondation de la manufacture impériale; sous les *Youen*, dans la période *Thaï-thing* (1324-1327) pour la nomination d'un inspecteur général de la manufacture; sous les *Ming*, depuis le commencement de la période *Hong-Wou* (1368), jusqu'à la vingt-septième année *Wan-li* (1599), pour la nomination de divers fonctionnaires et la répression de certaines fraudes qui étaient très-préjudiciables à l'industrie de la porcelaine.

2°. *Description de la manufacture impériale.* Terre à porcelaine. — Manœuvres. — Bleu de cobalt pour peindre. — Fours du gouvernement au nombre de cinquante-huit. — Contenance de chaque four suivant le genre, la forme et la dimension des vases. — Quantités de combustible (bois de pin). — Ouvriers et artistes. — Catalogue des employés de la manufacture impériale.

---

(1) Entre l'an 185 avant J.-C. et l'an 87 de notre ère. (Voyez plus haut, page XXI, lignes 3-9.) Cf. page 278, ligne 11.

3°. Qualités du combustible de la manufacture impériale. — Bois de pin apporté par bateaux, et bois de pin *flotté. Les pins sont coupés en deux ou en quatre morceaux; on les relie tous ensemble, on en forme des trains et on les fait descendre sur l'eau.*

4°. Couleurs et matières employées pour la fabrication et la décoration de la porcelaine, par exemple : céruse, salpêtre, alun bleu (sulfate de cuivre), plomb, résine, cendres blanches, feuilles d'or, etc., avec le prix de chaque article.

5°. Quantités de porcelaines fournies à l'empereur. Cette énumération occupe cinq pages in-4°. Nous y voyons des articles dont les nombres sont énormes. Par exemple : plats à fleurs, 31000; assiettes blanches avec des dragons bleus, 16000; coupes à fleurs, pour le vin, avec deux dragons au milieu des nuages, 18400; plats fond blanc, avec des fleurs bleues et des dragons tenant (dans leurs griffes) les deux mots *Fo,* 福 (bonheur) et *Cheou,* 壽 (longévité), 11250, etc., etc.

6°. Dépenses du gouvernement pour l'achat des matières employées dans la manufacture impériale.

7°. Catalogue et description de cinquante-sept sortes de porcelaines que l'on fournit pour l'usage du palais impérial.

Le Mémoire se termine par la description de vingt planches relatives à la fabrication, à la peinture et à la cuisson de la porcelaine, publiées en 1743 par *Thangying,* en vertu d'un décret de l'empereur *Khien-long.* Nous l'avons donnée en entier dans le livre V (pages 113 et suivantes).

Le deuxième ouvrage est intitulé *Thao-choue*, 陶說, ou Dissertations sur la Céramique. Il a été composé par *Tchou-thong-tch'ouen*, sous le règne de *Khien-long*, entre les années 1736 et 1795. Il se trouve à la Bibliothèque impériale, dans le neuvième volume de la Collection *Long-weï-pi-chou*. Il se compose de six livres dont voici le sommaire :

Livre I. État présent de la fabrication. Porcelaines de *Jao-tcheou* (dont dépendent *Feou-liang* et la ville de *King-te-tchin*). Description abrégée des vingt planches de *Thang-ing* relatives à la porcelaine. Ce sont celles dont l'explication termine l'ouvrage précédent.

Livre II. Dissertation sur la poterie dans la haute antiquité. — Examen des porcelaines antiques.

Livre III. Mémoire sur les porcelaines de la dynastie des *Ming* (1368-1649). Examen des porcelaines fabriquées sous les *Ming* à *Jou-tcheou*. Procédés de fabrication.

Livre IV. Dissertation sur les vases en général. Vases en poterie du temps de l'empereur *Chun* (2255-2205 avant J.-C.). — Vases des *Tcheou* (1122-255 avant J.-C.); — des *Han* (202 avant J.-C. à 220 de l'ère chrétienne); — des *Weï* (220 à 265); — des *Tsin* (265-419); — des dynasties *Nan-pe-tchao*, c'est-à-dire du Midi et du Sud (420-588).

Livre V. Vases des *Thang* (618-907), — des *Song* (960-1279), — des *Youen* (1260-1368).

Livre VI. Vases des *Ming* (1368-1649).

Le troisième ouvrage, intitulé *King-te-tchin-thao-lou*,

景德鎮陶錄, ou Histoire des porcelaines de *King-te-tchin*, en dix livres, a été publié en 1815 par *Tching-thing-kouëi*, qui l'a revu et complété.

On peut lire (pages CXVII et CXXI), dans la préface et la postface de l'ouvrage chinois, des détails pleins d'intérêt qui se rattachent à la composition de cet ouvrage et à sa publication.

La Bibliothèque impériale possède un petit Manuel de l'industrie chinoise intitulé *Thien-kong-khaï-wou*, dont il a déjà été parlé plus haut (page VII, note 1) et qui nous a fourni, de temps en temps, des détails importants sur la fabrication et la décoration de la porcelaine. Je le mentionne ici pour n'omettre aucune des sources originales où j'ai puisé (1).

---

(1) Les lecteurs parcourront sans doute avec intérêt la table des trois volumes dont se compose ce Recueil :

Livre I. — Grains; culture de toutes les céréales; irrigations.

Vêtements; éducation des vers à soie; récolte de la soie; tissage des étoffes; cachemire.

Teinture des étoffes; fabrication de toutes les couleurs propres à la teinture; bleu de *Polygonum tinctorium*, rouge de Carthame; jaune de *Sophora japonica*.

Van, moulin, bluteau; sels : sel de mer, de rivière, sel gemme; puits artésien pour extraire des eaux salines; sucres, miel, sucreries, glucose.

Livre II. — Art du potier et du tuilier; porcelaine. Métaux et alliages; trépieds, chaudières, figurines, canons, miroirs, monnaies. Bateaux et chars. — Métallurgie : haches, bêches, limes, ciseaux, scies, polissoirs, ancres, aiguilles, *tam-tams*. — Chaux, chaux d'écailles d'huîtres; houille. Aluns : alun blanc, rouge, jaune, vert. — Soufre; arsenic.

Huiles, huiles de graines; suif naturel. Fabrication du papier, papier de mûrier (*Broussonetia papyrifera*), papier de bambou.

Livre III. — Métaux : or, argent; cuivre rouge, jaune, blanc;

Après avoir étudié avec une grande attention le Mémoire inséré dans l'Histoire de *Feou-liang* et les Dissertations sur la Céramique (*Thao-choue*) de *Tchou-thong-tch'ouen*, j'ai reconnu avec plaisir que non-seulement les auteurs de l'Histoire des porcelaines de *King-te-tchin* (*King-te-tchin-thao-lou*) y avaient puisé tous les documents les plus importants, en les présentant d'une manière plus nette, plus élégante et plus méthodique, mais encore qu'ils avaient emprunté à un grand nombre d'autres ouvrages, dont ils rapportent les titres, une foule de détails curieux et inédits. Ma tâche se trouvait ainsi toute tracée ; je me mis donc en devoir de traduire en français le précieux ouvrage de *Tching-thing-kouei*. Mais je m'aperçus bientôt que sur les dix livres dont il se compose, sept seulement étaient de nature à instruire et intéresser les lecteurs européens, les livres huit, neuf et dix ne présentant qu'une série de citations en vers et en prose qui se rapportent soit à des porcelaines particulières, soit à certains fabricants dont il a déjà été parlé dans les livres précédents. Je dois dire toutefois que, tout en renonçant à traduire ces trois livres, j'en ai tiré, pour composer la présente préface, beaucoup de renseignements neufs et curieux.

J'ai peu de chose à dire maintenant sur le mode de

---

bronze, zinc, fer, étain, plomb, blanc de plomb (céruse), rouge de plomb.

Armes : arcs, boucliers, poudre, salpêtre, canons, fusils. Mines.

Cinabre, vermillon, encre, addition aux couleurs.

Eau-de-vie de grains, perles, diamants, jade, agate, cristal, verre.

traduction que j'ai adopté, car c'est le même que je suis depuis vingt-cinq ans, et qui a constamment obtenu l'approbation des meilleurs juges ; le seul qui puisse satisfaire à la fois les gens du monde et les sinologues de profession : je veux dire, une fidélité sévère, que j'ai tâché de concilier, autant que possible, avec les exigences de notre langue.

Dans un sujet si nouveau pour moi, si étranger à mes habitudes littéraires, et hérissé de difficultés graves et nombreuses qui tenaient aux procédés de fabrication, aux dénominations techniques des matières, à la description des formes, des ornements, des couleurs, des émaux, et plus encore aux termes d'atelier, je ne saurais avoir la prétention d'être toujours arrivé à une exactitude absolue ; mais si je me suis quelquefois trompé, j'ose espérer que ces difficultés mêmes me donneront des titres suffisants à l'indulgence des juges compétents.

Je ne terminerai point cette préface sans témoigner hautement mon estime et ma reconnaissance à un orientaliste d'un savoir aussi profond que rare, à qui je suis redevable d'un précieux supplément que lui seul en Europe était en état de me fournir, je veux dire à M. le Dr Hoffmann (professeur à Leyde) qui a bien voulu enrichir ce volume d'un Mémoire sur la porcelaine du Japon, dont l'histoire et la fabrication étaient jusqu'ici inconnues. Un tel travail, impossible à tout autre, n'a été qu'un jeu pour ce philologue éminent, qui se recommande en outre par une connaissance solide de la langue chinoise, et dont la grammaire et le dictionnaire japonais, depuis longtemps terminés et impatiemment attendus, doivent, bien mieux que l'expédition américaine du capitaine Perry, nous faire pénétrer au cœur du Japon, et en nous donnant l'intelligence de la littérature de ce pays, si étroitement fermé aux entreprises commerciales et scientifiques des Européens, nous apprendre à connaître son histoire, ses mœurs, son industrie, ses arts et sa merveilleuse civilisation.

Paris, 1er août 1855.

Stanislas JULIEN.

PRÉFACE

DE

M. SALVÉTAT.

La porcelaine dure, telle qu'on la fabrique en Chine, au Japon, en France, en Allemagne, si répandue maintenant, est assurément aujourd'hui la poterie par excellence. Cette considération explique suffisamment tout l'intérêt avec lequel on accueille généralement les écrits qui s'y rattachent.

Lorsque les porcelaines de la Chine et du Japon, fabriquées dans ces contrées depuis bien des années, comme on l'a pu voir dans le travail intéressant qui précède, lorsque ces porcelaines, dis-je, furent importées en Europe, d'abord par les Portugais, puis par les Hollandais, l'industrie des poteries d'art en reçut une rude atteinte. Ces porcelaines furent préférées pour la décoration des appartements aux plus belles poteries émaillées de Nevers et d'Italie. Et pendant longtemps, ce qui contribua surtout à maintenir à ces produits leur si grande valeur, la Chine et le Japon conservèrent le monopole de cette fabrication. Il faut arriver jusqu'en 1709 pour trouver en Europe la création d'un produit similaire (1); il faut franchir encore un espace de cinquante-cinq ans pour trouver en France l'établissement des premières pièces de porcelaine dure (2). En vain la translucidité de la pâte, le brillant et la dureté de la glaçure, la solidité, la blancheur de la poterie avaient frappé d'étonnement les amateurs et les fabricants, les procédés de cette belle fabrication étaient restés enveloppés du plus profond secret. En vain aussi cet éclat et cette richesse de couleurs et de décoration, qui caractérisent un meuble du plus grand luxe, avaient captivé l'attention des hommes compétents, l'ignorance la plus absolue couvrait d'un voile épais ces méthodes si simples et si élégantes auxquelles cependant les plus humbles potiers avaient journellement recours. C'est que la nature intime de la poterie avait échappé comme par miracle à la sagacité des savants. Hâtons-nous toutefois d'ajouter que les recherches n'étaient pas restées stériles : elles avaient, en effet, permis de créer en France (3) la porcelaine tendre si brillante, si limpide, plus agréable certes au point de vue décoratif que la porcelaine de Chine, mais aussi plus rayable et plus fragile que cette dernière; elles avaient conduit en même

---

(1) C'est à cette époque que Bottger parvint à obtenir une véritable porcelaine à pâte blanche, translucide, en tout semblable aux porcelaines de la Chine et du Japon.

(2) Guettard fit connaître en 1765 le kaolin d'Alençon, et Macquer en 1768 celui de Saint-Yrieix.

(3) Peut-être vers 1695 à Saint-Cloud, en 1735 à Chantilly, puis enfin à Vincennes en 1740, et à Sèvres en 1756.

temps (1), de l'autre côté du détroit, à la porcelaine tendre naturelle, à base de phosphate de chaux et d'argile.

C'est du 1er septembre 1712 que datent les premières notions exactes qu'on put posséder en Europe sur la fabrication de la porcelaine de la Chine; elles émanaient des missionnaires catholiques envoyés dans ces contrées pour y prêcher la religion chrétienne. Une première lettre écrite par le P. d'Entrecolles faisait connaître, avec des détails très-intéressants, les éléments qui composent les pâtes et les glaçures, et ces renseignements, très-instructifs, étaient complétés par une seconde lettre écrite du même pays, en 1722, c'est-à-dire dix années plus tard; ils n'amenèrent aucun résultat immédiat.

Les chimistes et les fabricants de faïence, la plus belle poterie qu'on eût alors, cherchaient de nouvelles pratiques industrielles pour arriver à imiter cette belle porcelaine; on fit même venir des matières premières de Chine, mais elles avaient déjà subi différentes préparations mécaniques qui les avaient réduites en une poudre fine indéterminable; d'ailleurs la pâte de la porcelaine chinoise était composée de matières différentes, qu'il fallait reconnaître et découvrir en Europe; il fallait ensuite déterminer les proportions dans lesquelles il convenait de les mélanger; à cette époque, les connaissances chimiques et minéralogiques, qui seules pouvaient soulever un

---

(1) Antérieurement à 1745 à Chelsea, puis en 1748 à Derby; plus tard, en 1751, à Worcester.

coin du voile, n'appartenaient qu'à très-peu de savants. Ces recherches n'aboutirent à rien, et le hasard, comme dans la plupart des découvertes, fit beaucoup plus en mettant du kaolin et du feldspath sous la main d'un homme de génie.

Aujourd'hui que les procédés pratiques à l'aide desquels on fabrique la porcelaine sont connus de tout le monde, les lettres du P. d'Entrecolles, écrites de la Chine, dans le premier quart du XVIIe siècle, peuvent nous paraître contenir des détails suffisants; mais, à l'époque de leur publication, ils étaient assurément trop obscurs pour jeter sur la nature intime de la porcelaine chinoise une lumière convenable. Les sources auxquelles ce Père a puisé, obscures par elles-mêmes en certains endroits, ne pouvaient pas toujours être interprétées avec une entière exactitude, et nous devons regarder comme une bonne fortune qu'un savant Sinologue ait bien voulu nous donner les moyens de présenter, d'une manière plus complète qu'on ne l'a fait jusqu'ici, la fabrication de la porcelaine chinoise, tant par la traduction exacte de documents publiés en Chine que par les diverses collections qu'il a fait parvenir en France (1) et que nous avons examinées, M. Ébelmen et moi.

On demeurera convaincu, par la lecture de l'ouvrage qui suit, que M. Stanislas Julien, bien qu'étranger à l'industrie et forcé de comprendre par lui-même et sans secours étranger, non-seulement une multitude de termes techniques usités dans les fa-

---

(1) Voyez page 215, § XII.

briques de porcelaine, mais encore toute la série des procédés et des manipulations, a rendu le texte chinois avec toute la clarté et toute la précision qu'on pouvait attendre d'un praticien consommé.

Les livres qui vont suivre traitent de la fabrication de la porcelaine en Chine, sous deux points de vue bien différents qu'il convient de séparer, savoir :

1°. L'histoire de la fabrication de la porcelaine dans l'empire chinois, c'est-à-dire la succession des diverses périodes qu'a présentées cette fabrication en Chine et principalement à *King-te-tchin*.

2°. La fabrication proprement dite, c'est-à-dire l'explication des procédés techniques, soit mécaniques, soit chimiques, à l'aide desquels des matériaux informes et presque sans valeur, offerts par la nature, sont transformés par le génie de l'homme en l'une des matières les plus riches et les plus précieuses.

M. Stanislas Julien, au commencement de ce livre, s'est renfermé, à dessein, dans l'histoire de la porcelaine ; il en a présenté d'une manière claire et méthodique les points les plus saillants, en traitant les diverses questions qui pouvaient intéresser les antiquaires, les artistes et les curieux.

Je profiterai de la liberté qu'il a bien voulu m'accorder d'ajouter quelques considérations techniques à ses aperçus savants sur l'histoire de la céramique chinoise, pour présenter une comparaison aussi exacte que possible des procédés suivis en Europe avec ceux qu'ont inventés les Chinois. Je résumerai les données fournies par le Traducteur, pour les mettre en parallèle avec les faits connus de la fabrication européenne. Cette comparaison sera conforme aux résultats que met en évidence notre travail sur les matières employées à la Chine dans la fabrication et la décoration de la porcelaine, travail présenté par M. Ébelmen et par moi (1) à l'Académie des Sciences.

COMPOSITION.

La porcelaine se compose, en Chine comme en Europe, de deux parties distinctes : l'une fusible, donnant à la poterie la transparence qui la caractérise ; l'autre infusible, qui lui donne la propriété de supporter, sans se fondre complétement, la température nécessaire pour transformer en verre l'élément fusible. Le rôle de chacune de ces deux matières n'a pas échappé, comme on le pourra voir, à la perspicacité des Chinois ; la composition et la nature des pâtes de la porcelaine ont été de tout temps, pour l'imagination de ces peuples pittoresques, l'objet de comparaisons souvent originales.

La partie argileuse des pâtes, c'est-à-dire l'élément infusible, se nomme *Kaolin ;* nous avons généralisé la signification de ce mot en l'employant pour séparer les terres à poteries de la terre à porcelaine. Le mot chinois paraît être emprunté dans le pays à une montagne qui est située à l'est de *King-te-tchin* (2), dans laquelle, d'après les auteurs, on trouve tout à la fois de l'argile blanche (terre à porcelaine) et du

---

(1) *Recueil des travaux scientifiques de M. Ébelmen.* (Mallet-Bachelier, 2 volumes in-8°, 1855.)

(2) Voyez page 250, ligne 11.

feldspath ou pétrosilex. Nous appelons kaolin, en France, toute argile sans coloration persistante au feu, servant à la confection de la porcelaine et provenant de l'altération des roches alumineuses et alcalines.

La partie fusible de la pâte est fournie par une roche de nature pétrosiliceuse, qui se trouve dans le commerce, ainsi que les *kaolins*, sous forme de briquettes, qu'on nomme *pe-tun-tse*. C'est encore sous cette forme qu'on livre à la consommation les pâtes préparées, qui prennent alors le nom de *Pe-tun-tse*. Ce nom, que le P. d'Entrecolles avait expressément réservé pour désigner la partie fusible des pâtes, n'offre donc pas ce caractère exclusif, et, s'il ne convient pas de modifier les expressions françaises de *kaolin* et de *pétuntsé*, que l'usage a consacrées, il m'a paru convenable de présenter ici le véritable sens de ces expressions dans la langue à laquelle nous les avons empruntées.

C'est du kaolin que la porcelaine tire toute sa fermeté; il en est comme le nerf. Au sujet de la tentative que firent, sans succès, les Européens de fabriquer de la porcelaine avec du *pétun* seul, les Chinois disaient : « Ils voulaient avoir un corps dont les chairs » se soutinssent sans ossements. »

« Les ouvriers m'ont dit, » écrit le P. Ly, Chinois d'origine, rattaché depuis longtemps à la religion chrétienne : « Quelques-unes des matières sont prises pour les os, les autres pour le corps de la porcelaine ; si vous vous servez seulement de la matière de kaolin pour former des vases, ils se fendent dans la fournaise, parce que la nature du kaolin est trop dure; si, au contraire, les vases sont formés seulement d'autres matières, sans mélange de kaolin, ils se dissolvent dans le feu (comme les fleurs se fanent sous l'ardeur du soleil), parce que leur nature est trop faible et que ces matières ne peuvent supporter l'action du feu pendant vingt-quatre heures. »

Un premier fait ressort des détails contenus dans les textes chinois. Il y a des matières qu'on retire du sol, comme des sables, et qu'on soumet au lavage, pour en extraire les matières argileuses qui forment la partie la plus ténue. Les autres matières, provenant des rochers, sont réduites en poudre, et la poussière est soumise de même à la lévigation dans l'eau, pour en séparer les parties grossières. La portion la plus ténue, desséchée légèrement, est ensuite employée avec l'argile de kaolin, pour la confection des pâtes de diverses qualités.

Tous ces détails sont parfaitement d'accord avec ce qui se passe dans la fabrication de la porcelaine dure européenne. Ici, comme en Chine, on soumet au lavage les kaolins bruts, pour en retirer la matière argileuse que l'on mêle ensuite, pour composer des pâtes à porcelaine, avec des sables quartzeux et feldspathiques, réduits en poudre impalpable par le broyage et la lévigation.

Les analyses des matières envoyées par le P. Ly, sous l'inspiration de M. Stanislas Julien, ont confirmé ces présomptions.

Les kaolins bruts donnent au lavage une argile très-blanche, douce au toucher, possédant une plasticité comparable à celle du kaolin argileux de Saint-Yrieix, infusible même au grand feu des fours de Sèvres.

Le résidu du lavage renferme beaucoup de quartz parfaitement reconnaissable à ses caractères minéralogiques, de même qu'à son infusibilité, des cristaux de feldspath partiellement décomposés et beaucoup de lamelles de mica. On y rencontre des agrégats de quartz et de feldspath dans lesquels le quartz est disposé comme dans la variété de granit connue des minéralogistes sous le nom de granit *graphique*.

La richesse des kaolins bruts, en argile pure, n'est pas constante ; elle dénote parmi ces kaolins des variétés analogues à celles que nous désignons sous les noms de kaolins *argileux*, kaolins *caillouteux* et kaolins *sablonneux*, et les analyses chimiques que nous avons faites présentent avec les matières de Saint-Yrieix la plus grande analogie de composition.

Les ouvrages chinois font connaître différentes carrières qui contiennent du kaolin. Tous les échantillons que nous avons examinés, laissant dans les résidus du lavage d'abondantes parcelles de mica, prouvent que ces kaolins proviennent de la décomposition de véritables roches granitiques. On sait qu'à Saint-Yrieix, les kaolins doivent particulièrement leur origine à l'altération des pegmatites, roches composées uniquement de quartz et de feldspath.

L'exploitation et le lavage des kaolins se fait à ciel ouvert. Les figures représentent bien ces opérations telles qu'elles sont pratiquées chez nous. Je regarde comme inutile d'y insister davantage.

La matière fusible des pâtes à porcelaine affectait, dans les envois du P. Ly, deux formes différentes : tantôt avec l'aspect de roches présentant tous les caractères chimiques et minéralogiques des pétrosilex, dureté, cassure conchoïde et quelquefois esquilleuse, fusibilité en émail blanc ; tantôt avec l'apparence de poudres impalpables, agglomérée sous forme de briquettes parallélipipédiques. La composition et la densité de ces substances prouvent qu'elles sont identiques ; elles offrent la plus grande analogie avec la roche que nous trouvons en grande quantité dans les environs de Saint-Yrieix, et qui fournit dans la fabrication de Sèvres, sans aucune addition, la couverte de la porcelaine dure : seulement, il y a cette différence que les roches de Saint-Yrieix sont cristallines ; celles de Chine, au contraire, sont compactes et amorphes : du reste il est probable que ces dernières appartiennent toutes à la même formation géologique et peut-être aussi à la même masse éruptive.

En Chine on extrait le pétrosilex avec la masse et la pointrolle, exactement comme le feraient des mineurs européens. Les morceaux détachés sont mis dans des mortiers où, par le moyen de certains leviers mus par l'eau et dont la tête est de pierre armée de fer, on les pulvérise ; les roches sont ainsi *bocardées*.

La poussière est jetée dans un grand bassin rempli d'eau, on l'agite avec une pelle de fer. Après quelques instants de repos, la partie la plus grossière s'est précipitée au fond du bassin, et la plus fine reste en suspension en communiquant à l'eau l'apparence d'une crème. On l'enlève pour la verser dans un second bassin. On répète cette lévigation tant que l'eau qui surnage est trouble, on reporte au bocard le résidu de l'opération.

Quant à la partie fine obtenue par décantation et jetée dans le second bassin, elle se précipite lentement au fond de l'eau ; on décante le liquide clair qui surnage, et le dépôt est enlevé sous forme de pâte qu'on raffermit dans des espèces de caisses à fond de briques sur lequel on étend une toile. La matière à raffermir, qui a la consistance d'une bouillie épaisse, est répandue sur cette toile et recouverte d'une seconde étoffe semblable à la première, puis enfin chargée de briques bien sèches dont le poids exerce encore une pression qui fait écouler l'eau. M. Al. Brongniart voyait dans cette pratique l'application du principe de la presse à pâte, donnée comme invention il y a près de vingt ans. C'est la masse raffermie et débitée sous forme de petites briquettes qu'on livre au commerce.

On conçoit sans peine que cette méthode de raffermissement soit généralement adoptée pour les kaolins, les pétrosilex et même les pâtes toutes préparées.

Les argiles et les pétrosilex sont en Chine mélangés en proportions variables avec la nature du produit. En général, la porcelaine est plus siliceuse que la porcelaine de Sèvres. Mais cette dernière, avec les porcelaines allemandes, est la poterie la plus alumineuse de toutes les poteries connues ; comparées aux porcelaines du commerce, soit françaises, soit étrangères, les porcelaines de Chine présentent peu de différences comme corps de pâte, et ce fait résulte des analyses comparatives que nous avons réunies. Le texte dit aussi, ce qui se trouve conforme à la vérité, que, pour les porcelaines grossières, on augmente la proportion du pétrosilex ; pour les porcelaines fines, au contraire, on force la quantité d'argile. Je ne crois pas hors de propos de présenter ici, sous forme de tableaux synoptiques, les compositions de diverses variétés de pâtes de porcelaine chinoise et des différentes porcelaines qui se fabriquent en Europe.

PORCELAINES DE CHINE.

	1	2	3	4	5	6
Silice............	69,00	70,00	73,30	69,00	70,50	63,50
Alumine..........	23,60	22,20	19,30	21,30	20,70	28,50
Oxyde de fer......	1,20	1,30	2,00	3,40	0,80	0,80
Chaux............	0,30	0,80	0,60	1,10	0,50	0,60
Magnésie..........	0,20	traces	traces	traces	traces	traces
Oxyde de manganèse.	0,10	0,00	»	»	»	»
Potasse...........	3,30	3,60	2,50	3,40	6,00	5,00
Soude............	2,90	2,70	2,30	1,80		

PORCELAINES D'EUROPE.

	1	2	3	4	5	6
	SÈVRES.	FOECY.	PARIS.	LIMOGES.	VIENNE.	SAXE.
Silice.......	58,00	66,20	71,90	70,20	57,70	58,10
Alumine.....	34,50	28,00	22,00	24,00	36,80	36,70
Oxyde de fer.	»	0,70	0,80	0,70	0,70	0,70
Chaux.......	4,50	traces	0,80	0,70	1,60	0,20
Magnésie....	»	traces	0,00	0,10	1,40	0,40
Alcalis......	3,00	5,10	4,50	4,30	1,80	3,40
	100,00	100,00	100,00	100,00	100,00	100,00

Les résultats mis en évidence par ces tableaux concordent avec les résumés généraux que je viens de présenter. J'ajouterai que les détails artistiques que peuvent recevoir les pâtes de porcelaine ne se conservent purs et déliés qu'avec des pâtes qui résistent bien à de hautes températures, c'est-à-dire qui sont fortement alumineuses : aussi voyons-nous les produits des manufactures qui sont, comme les fabriques de Sèvres, de Vienne et de Saxe, soutenues par des souverains, et dont par conséquent les produits cherchent à devenir des objets d'art, présenter une forte proportion d'alumine. Analyse-t-on une porcelaine commerciale, on voit, au contraire, la proportion d'alumine baisser sensiblement, et c'est ce qu'on remarque dans la porcelaine de Chine. Il faut encore ajouter à cette pratique l'emploi, dans cette dernière localité, de kaolins ferrugineux qui diminuent sensiblement la valeur du produit fabriqué.

FAÇONNAGE DES PATES.

Pour confectionner la pâte, on lave de nouveau le pétrosilex et l'argile, en rejetant les résidus sableux qui résultent de ce lavage : on marche et on foule ce mélange dans un bassin bien pavé et cimenté ; il est probable que ce pétrissage au pied, ou marchage, que le P. d'Entrecolles dit être très-fatigant, s'opère quelquefois au moyen de buffles : c'est ce que représentent plusieurs planches des albums que possède le Musée céramique de Sèvres. On sépare cette masse de pâte en plusieurs petits morceaux qu'on bat ou qu'on pétrit de nouveau et qu'on roule sur des plaques d'ardoise. La pâte est alors préparée pour être façonnée, soit sur le tour, soit sur ou dans des moules, suivant la forme de la pièce. Nous pouvons donc constater, d'après l'inspection des figures, l'opération de l'ébauchage, du moulage à la housse et du tournassage ; ces opérations semblent mises en pratique par une succession d'ouvriers.

Remarquons tout de suite beaucoup de ressemblance entre les diverses variétés de tour dont les Chinois font usage et celui de nos potiers de terre et de grès. La tête du tour se trouve entre les jambes du tourneur; il est aidé par un jeune garçon qui met en mouvement la roue dentée faisant fonction de volant, tantôt avec le pied en se maintenant en équilibre au moyen d'une corde fixée dans le plafond, tantôt avec la main en se tenant accroupi, tantôt enfin, assis à côté du tourneur, au moyen d'une courroie plate enroulée sur la circonférence; quelquefois encore le tourneur seul met son tour en mouvement avec un long bâton qui fait tourner le volant.

Tous les vases qui se font en deux ou plusieurs pièces et les anses ou garnitures à reliefs se collent au moyen de barbotine.

Ces dernières pièces sont moulées; les moules sont faits avec de la terre jaune et grasse, et pour détacher la pièce qu'on y a moulée, il faut les approcher du feu. Ce fait permet de supposer que les moules ne sont pas établis avec une terre très-absorbante.

Donc, en Chine comme chez nous, la porcelaine est façonnée par l'ébauchage, le tournassage et le moulage avec toutes ses variétés, pourvu que ce moulage s'applique à de la pâte malléable; il n'est pas dit un mot du moulage en barbotine, c'est-à-dire du coulage qui reste comme un procédé particulier à la fabrication européenne. Je m'empresse de dire que les connaissances technologiques que cette remarque retire aux fabricants chinois sont assurément bien compensées par la haute idée que nous devons prendre de leur habileté en pensant à la dextérité dont ils ont dû faire preuve pour fabriquer, d'une manière presque commerciale, les grandes potiches qu'ils nous ont envoyées, ou les tasses minces qu'on nomme, d'après eux, *coquille d'œuf*. On n'a pu reproduire, même à Sèvres, ces dernières pièces qu'en les ébauchant à l'aide du coulage, procédé très-simple qui a permis, dans le cas spécial qui nous occupe, d'éviter le retirement de la couverte que présentaient souvent les pièces ébauchées sur le tour et finies par le tournassage.

Les procédés très-variés à l'aide desquels on termine les pièces de porcelaine tournassées ou moulées, et que M. A. Brongniart, dans son *Traité des Arts céramiques*, étudie sous le nom général de *rachevage*, c'est-à-dire le sculptage, le collage, l'évidage, le garnissage, sont pratiqués à la Chine et présentent la plus grande analogie avec ce qui se fait en Europe. La gravure à la pointe et les heureux effets que ce genre de travail peut offrir, la sculpture en relief sur pâte, que Sèvres a poussée dans ces derniers temps au plus haut degré de perfection, et que tout le commerce imite aujourd'hui, le découpage des pièces à jour qu'on nomme chez nous réticulées : tels sont les procédés qu'en Chine on emploie de la manière la plus heureuse.

Un fait particulier se présente dans la fabrication chinoise, c'est la confection des pieds des pièces, qui se terminent toujours sur la pièce crue et enduite de couverte. Cette coutume de mettre la glaçure avant de finir l'objet en fabrication, la méthode suivie pour appliquer cette couverte et la composition de la glaçure m'ont paru présenter, en dehors des procédés de décoration dont nous parlerons plus loin, les points de dissemblances les plus saillants entre la fabrication de la Chine et les manipulations correspondantes usitées en Europe. L'application directe de la couverte sur le cru, ainsi que les tours de main spéciaux décrits pour la confection de la glaçure, sont des sujets que l'examen des planches permet d'approfondir. Il peut déjà paraître surprenant que les Chinois, si ingénieux dans mille autres circonstances, aient laissé passer inaperçu tout le parti qu'on peut tirer de la porosité du dégourdi de porcelaine. Cette propriété offre, comme on sait, le moyen de recouvrir de sa glaçure également et promptement, c'est-à-dire économiquement, toute poterie à pâte absorbante, quel que soit le fini de la forme, quelle que soit la nature de la glaçure. On a d'autant plus lieu d'être surpris de l'ignorance dans laquelle ils demeurent, que les fabricants japonais pratiquent, ainsi qu'on le voit par le Mémoire de M. Hoffmann, la mise en couverte économique et rapide au moyen de l'immersion. Au reste, le principe sur lequel repose le procédé de l'immersion a la plus grande analogie avec celui qui sert de base au procédé de fabrication par coulage, méthode inconnue des Chinois, ainsi que nous l'avons déjà dit.

GLAÇURE, OU COUVERTE.

Mais avant d'entrer dans les détails des procédés techniques, occupons-nous de la comparaison des glaçures des porcelaines de Chine et de celles de l'Europe, au point de vue de leur composition chimique.

En Europe, la glaçure de la porcelaine se compose généralement, et le fait est certain pour la manufacture de Sèvres, de pegmatite pure, finement broyée et posée par immersion sur la porcelaine dégourdie. En Allemagne, quelques matières ont été mêlées au feldspath pour en modifier la fusibilité ; souvent on leur ajoute du kaolin ou de la pâte pour les rendre plus infusibles. A Sèvres, depuis longtemps, disons-nous, on ne se sert plus que de pegmatite de Saint-Yrieix, et si, dans l'origine de la fabrication, on s'est servi d'une couverte artificielle, c'est qu'on ne connaissait pas la simplification que procurait l'emploi des roches éruptives de la Haute-Vienne. Vers 1780, on composait la couverte avec un mélange de 20 parties de sable de Fontainebleau, 24 parties de biscuit de porcelaine et 6 parties de craie ; cette composition, assez difficile à fondre, avait l'inconvénient de faire coque d'œuf, et l'on y a renoncé. Quoi qu'il en soit, c'est avec la fabrication actuelle que nous comparons la fabrication chinoise, et je crois être parfaitement fondé dans les conclusions que j'émets ici. Si l'addition de la chaux ou d'autres matières employées pour modifier la fusibilité des substances vitreuses dont on enduit la porcelaine pour lui donner le glacé que le commerce réclame, ne se présente en Europe que comme exceptionnelle, en Chine, au contraire, on ne cite que dans des cas particuliers l'emploi des pétrosilex purs, sans aucune addition. La généralité des porcelaines chinoises et japonaises est recouverte de glaçures composées, obtenues par des mélanges de matériaux variés dans des proportions déterminées par la nature du produit. La matière que les Chinois ajoutent au pétrosilex pour le rendre plus fusible est la chaux : c'est ce qui résulte clairement et de la traduction des livres chinois et de l'analyse que nous avons faite soit des couvertes cuites arrachées à des pièces terminées, soit des échantillons envoyés par le P. Ly indiqués comme chaux, et bien spécifiés comme devant entrer dans la composition de la couverte. Nous devons dire encore que c'est la *chaux* seule qui nous a paru devoir agir dans le mélange incinéré des feuilles de fougère et de chaux, à cause de la quantité minime pour laquelle les cendres de fougère entrent dans le mélange. Du reste, ces cendres ne contiennent que de la silice et quelques faibles quantités d'acide phosphorique. Je ne suppose pas qu'il faille attribuer une influence quelconque aux sels solubles abandonnés par elles. D'ailleurs certains passages qui traitent de la couverte, semblent indiquer qu'on se borne quelquefois à composer la glaçure en mêlant du limon calcaire au feldspath quartzeux qui fait la base de l'émail. Il est dit aussi que le mélange de chaux caustique et de cendres est, avant d'être mêlé au pétrosilex, finement broyé et lavé, en sorte qu'on enlève soigneusement, pour les mêler au pétrosilex, les croûtes carbonatées que l'acide carbonique de l'air forme à la surface. Cette pratique n'a peut-être pour but que d'obtenir un calcaire bien pur : on semble donner à entendre que c'est la croûte de calcaire régénéré qui est l'élément utile, et que les cendres de fougère qui tombent au fond du bassin dans lequel le lavage est effectué, sont rejetées comme étant sans emploi.

Quoi qu'il en soit de la véritable action des cendres

de fougère, quoi qu'il en soit du rôle réel de l'incinération des fougères et de la chaux, en ne concluant que d'après les chiffres bruts donnés par les analyses, il est évident que la présence de la chaux, qui n'existe qu'en proportion très-minime dans les couvertes actuelles des porcelaines européennes, et qui se trouve au contraire dans des proportions considérables dans la couverte des porcelaines de Chine, quelquefois le quart de son poids, établit une différence bien saillante entre ces deux productions similaires.

La manière de mettre les pièces en couverte, très-clairement décrite, diffère assez notablement de celle qu'on suit en Europe pour que nous nous y arrêtions un instant. On sait que la terre à porcelaine, de même que toutes les argiles, est délayable dans l'eau, mais qu'elle cesse de l'être, lorsqu'on l'a soumise à une température capable de la faire rougir. C'est sur cette propriété, résultat de l'observation journalière, qu'est basée la méthode expéditive et d'une application facile à l'aide de laquelle on met en couverte les porcelaines d'Europe. Avant le trempage, les pièces sont amenées à l'état qu'on nomme *dégourdi* : cette première cuisson les rend indélayables et absorbantes. Par une simple immersion dans l'eau tenant en suspension la couverte finement broyée, elles se couvrent d'une couche uniforme et d'une épaisseur convenable, si pour un temps donné les proportions de couverte et d'eau, relativement à l'épaisseur de la pièce, ont été judicieusement établies.

En Chine, ce procédé si simple n'est pas connu. C'est sur la pièce crue, si facilement altérable dans sa forme, qu'on verse la couverte en bouillie, par aspersion ou par immersion. Supposons une tasse : on la prend par le dehors en la tenant de biais au-dessus du bassin dans lequel la couverte est délayée ; on en jette dedans autant qu'il en faut pour l'arroser partout intérieurement : c'est l'aspersion. Pour le dehors, on procède par immersion en la plongeant dans la couverte; l'ouvrier la maintient en équilibre avec une très-grande adresse au moyen de la main et d'un petit bâton. Comme le pied était resté massif, on reporte la tasse sur le tour pour le creuser et le terminer. On y place une marque en couleur, puis enfin on donne une couche de couverte sur cette dernière partie mise à nu.

Quelquefois les pièces sont si délicates, qu'on ne pourrait les mettre en couverte par ces procédés sans les briser. Alors on met la glaçure incolore ou colorée (rouge ou bleue) par insufflation, en imprégnant de couverte une gaze tendue à l'extrémité d'un tuyau de bambou; on souffle à l'autre extrémité du tuyau trois, quatre et jusqu'à dix-huit fois pour en asperger la pièce en dépouillant la gaze de la couverte adhérente.

Ces diverses méthodes, que je ne sache pas avoir été pratiquées, au moins pour la porcelaine, ailleurs qu'à la Chine, mériteraient d'être expérimentées. Dans tous les cas, elles ne pourraient assurément réussir qu'entre des mains très-habiles ou très-exercées; peut-être aurait-on plus de chance de succès en opérant sur des pièces qui n'auraient pas été complétement desséchées.

L'ensemble de tous les détails si précis que nous venons d'indiquer ne peut permettre de regarder comme erroné le fait que nous signalons ici; il n'est pas permis de supposer qu'on aurait omis de parler d'une cuisson préliminaire analogue à ce que nous nommons *dégourdi*. Cette opinion ne peut être soutenue, parce que l'achevage du pied de la pièce, c'est-à-dire l'opération de creuser la cavité de ce pied, ne se pratique qu'après la mise en couverte, et que cette opération serait presque impossible sur une pièce dégourdie. D'ailleurs, comme nous l'avons déjà dit, cette première cuisson est indiquée dans l'ouvrage japonais traduit par M. le Dr Hoffmann.

CUISSON.

La porcelaine est alors prête à cuire. On la transporte aux fours, qui sont ordinairement situés dans une partie de la ville assez éloignée des ateliers et qui appartiennent à des gens qui n'ont d'autre industrie que celle de cuire la porcelaine. Les ouvriers portent en équilibre sur leurs épaules deux planches longues chargées de porcelaine.

Il paraît, d'après les planches qui représentent la fabrication des étuis, qu'on ne les fait pas sur le tour, mais qu'ils sont façonnés à la main avec des colombins, comme cela se pratique encore dans certains pays par les potiers de terre ; l'un malaxe la terre, un autre forme les colombins, un troisième enfin fait les cazettes. Leur fond est saupoudré de sable et de résidus de kaolin pour que les pièces n'y adhèrent pas ; les étuis en pile se servent mutuellement de couvercles ; chaque grande pièce a son étui. Les petites tasses et les autres menus ustensiles sont réunis plusieurs dans le même étui ; mais pour qu'ils ne se déforment pas, chacun est placé sur un petit rondeau convenablement terré. L'encastage proprement dit se fait avec un soin tout particulier; car les pièces ayant été mises en couverte en cru, sont d'une grande fragilité. L'encasteur ne touche pas la porcelaine avec les doigts, mais il l'enlève avec un cordon qu'il tient d'une main, tandis que de l'autre, il la manœuvre avec une petite fourchette de bois à deux branches auxquelles sont attachés les deux bouts du cordon : il pose alors avec beaucoup de précaution, d'adresse et de célérité la pièce dans l'étui sur son rondeau particulier.

Le sol du four est garni d'une couche épaisse de gravier pour y asseoir solidement les piles d'étuis ; les deux étuis du bas de chaque pile, celui qui la termine et ceux qui sont sous la cheminée, sont vides parce que la porcelaine n'y cuirait pas. On place au milieu la porcelaine la plus fine; à l'entrée, près du foyer, celle dont la couverte est la plus dure ; enfin, dans le fond, la plus grossière. Les piles sont liées par des accots. Quand l'enfournement est fait, on mure la porte.

Ainsi l'encastage et l'enfournement ne paraissent pas différer de ces mêmes opérations pratiquées en Europe.

Les fours, si l'on en juge par les différentes figures que j'ai vues, diffèrent au contraire beaucoup de ceux dont nous faisons usage. Ils ont la forme d'espèces de cloches qui, avant l'époque à laquelle le P. d'Entrecolles écrivait sa première lettre, c'est-à-dire avant 1712, n'avaient que 2 mètres de largeur; placés à la suite les uns des autres, au nombre de trois à cinq, sur un terrain montant, ils communiquent entre eux. Les planches d'un album que possède le Musée céramique de Sèvres font voir qu'à l'extrémité inférieure de cette série se trouve le foyer ou alandier à trois bouches antérieures et une latérale; il paraît servir aux cinq chambres; au sommet de chacune d'elles sont cinq ouvertures pour le dégagement des produits de la combustion. Les figures que nous avons eues sous les yeux ne s'accordent donc pas avec les descriptions que donne le P. d'Entrecolles. Au contraire, d'après les définitions qu'il présente, on serait tenté de rapprocher ces appareils des anciens fours de Vienne ou de Berlin, et cette interprétation se trouve justifiée par la nécessité de ne rien mettre ni dans les piles de devant ni dans celles de derrière, ou de placer dans les premières des porcelaines grossières à couverte très-peu calcaire, et dans les dernières, au contraire, des porcelaines fusibles ou minces à glaçure très-chargée de chaux.

Lorsque la porte est murée, on commence la cuisson par le petit feu, qui dure vingt-quatre heures. Pendant le grand feu, deux hommes jettent constamment du bois dans le foyer; il y a sur ce four cinq petites ouvertures qu'on couvre de quelques pots cassés. Si l'on présume que la porcelaine est cuite, on découvre celle des ouvertures qui est près de la cheminée, et, par le moyen d'une pince, on ouvre un étui pour juger de l'état de la cuisson. La trouve-t-on complète, on cesse le feu, puis on mure entièrement toutes les ouvertures. On défourne, suivant le volume des pièces, trois ou cinq jours après l'extinction des feux.

Nous avons déjà dit que les détails du four donnés

par le P. d'Entrecolles, s'appliquent tout aussi bien aux fours d'Allemagne qu'aux fours à grès de Saveignies. Les figures des fours annexées à cet ouvrage paraissent donc être celles d'appareils très-probablement plus anciens que ceux que décrit ce missionnaire.

DÉCORATION.

La décoration des porcelaines chinoises devient surtout très-intéressante quand on compare aux méthodes que nous employons, les procédés dont se servent les habitants du Céleste Empire.

Les procédés dont on se sert en Europe pour décorer la porcelaine sont très-variés : tantôt on emploie des pâtes diversement colorées, tantôt on introduit la matière colorante dans la couverte, tantôt enfin on applique les couleurs sur la surface de la porcelaine blanche; les deux premiers modes de décoration exigent l'application d'une température aussi élevée que celle qui est nécessaire pour la cuisson de la porcelaine elle-même. Les couleurs employées sont dites *de grand feu*. Quand on peint, au contraire, sur la surface de la porcelaine, on n'emploie que des couleurs qui n'exigent pour leur vitrification qu'une température beaucoup plus basse que les précédentes : ce sont les couleurs dites *de moufle*, les seules qui aient présenté jusqu'à présent, pour la peinture sur porcelaine, des ressources comparables à celles que fournit la peinture à l'huile. C'est avec l'assortiment des couleurs de moufle, tel qu'il a été composé et perfectionné dans ces cinquante dernières années, qu'on est arrivé à reproduire sur porcelaine, avec une très-grande exactitude, les œuvres de plusieurs des maîtres les plus illustres.

Les matières employées à la décoration des porcelaines par les Chinois peuvent être classées, comme celles dont on fait usage en Europe, en deux grandes divisions : 1° celles qu'on peut assimiler aux couleurs de grand feu; 2° celles qui ont plus d'analogie avec les couleurs de moufle.

Nous nous occuperons d'abord des premières.

La peinture en bleu sous couverte, appliquée tout récemment avec tant de succès à la décoration de la porcelaine de Sèvres, jouit en Chine d'une très-grande vogue. Elle présentait naguère encore un caractère presque distinctif des porcelaines de Chine et du Japon. C'est un moyen prompt et économique de décorer la porcelaine en l'ornant de traits ou de figures d'un agencement souvent heureux. L'application du bleu se fait sur le cru, au pinceau; la matière colorante est du peroxyde de manganèse cobaltifère, qu'on fait griller et broyer. La préparation de la matière est parfaitement décrite dans l'ouvrage chinois. Ce bleu résiste bien au feu, en conservant une assez grande netteté, à cause de la température à laquelle il cuit, température plus basse que celle qu'on est obligé de produire dans les fours de Sèvres. Les propriétés chimiques et physiques de la matière qui donne le bleu se trouvent si bien d'accord avec celles que nous avons découvertes dans les échantillons de matière bleue envoyés et dénommés par le P. Ly, que nous pouvons regarder comme parfaitement établie la synonymie de cette substance.

La variété des fonds colorés de grand feu a fait la

réputation de la porcelaine de Chine tout aussi bien peut-être que l'originalité des décors et la richesse harmonieuse des peintures. Les analyses de ces couleurs que j'ai pu faire, les synthèses que j'ai tentées, souvent avec succès, permettent de regarder comme suffisamment exactes la plupart des prescriptions données par les livres chinois, au moins pour celles dont la synonymie était facile.

Quelques-uns des fonds de couleur de grand feu des Chinois n'ont pas encore été reproduits sur les porcelaines européennes. Je citerai particulièrement la couleur d'un vert bleuâtre clair qui est connue sous le nom de *céladon*, si recherchée des amateurs, et les fonds rouges, tantôt orangés, tantôt tirant sur le violet, qui doivent leur couleur à du protoxyde de cuivre. Ces tons sont ou d'une grande délicatesse ou d'un grand éclat; il y aurait un véritable intérêt à les reproduire pour les appliquer sur nos porcelaines. Ce n'est pas ici le lieu de donner les prescriptions qui rendent probable et peut-être possible leur reproduction. Nous nous bornons à faire connaître les ouvrages où nous avons consigné des recherches assez anciennes (1). Nous regrettons que les instructions détaillées données par M. Brongniart, à différentes époques, à des voyageurs partant pour la Chine, ou les lettres que j'ai moi-même adressées à des personnes résidant dans ce pays lointain, n'aient pas conduit sur ce sujet à des notions plus complètes que

---

(1) *Recueil des Travaux scientifiques de M. Ébelmen;* tome I, pages 347 et suivantes; — et A. Brongniart, *Arts céramiques*, 2ᵉ édition, 1854.

celles que nous avons acquises d'après l'examen ou l'analyse des pièces qu'il nous était permis d'étudier. Le manque de ces matières isolées, l'absence de matériaux bruts ou préparés, comme nous les avions trouvés dans l'envoi du P. Ly, pour ce qui concerne la décoration en couleurs de moufle, peuvent faire penser, ainsi qu'on l'a dit souvent, qu'on ne fait plus maintenant en Chine ces fonds dont les procédés seraient perdus.

On trouve encore dans les fonds particuliers aux Chinois certaines nuances qui paraissent accidentelles comme les céladons et les rouges, et qui prouvent que la fabrication de ces peuples doit beaucoup au hasard; une même couverte conduit à des résultats différents, dans des circonstances variées : il est bien démontré pour moi, maintenant, que des essais empiriques ont seuls pu faire découvrir la plupart des fonds dont nous cherchons l'imitation. Cette observation s'applique surtout aux couleurs obtenues par des mélanges, en proportions variables, de terres ferrugineuses, manganésiennes et cobaltifères à de la couverte blanche toute préparée. Il est évident que des couvertes colorées par de semblables mélanges ne peuvent toujours présenter une coloration identique, que la composition de l'atmosphère du four peut la faire varier, et qu'elle sera plus ou moins verdâtre, plus ou moins noire, suivant la composition propre des matériaux employés à leur confection et les proportions dans lesquelles ces éléments auront été mélangés.

Le fond laqué de la Chine présente aussi, comme les couleurs que nous venons d'énumérer, des variations dans sa nuance; tantôt il est clair, tantôt il est foncé, souvent il est comme bronzé. Ces différences tiennent aux proportions d'oxyde de fer qui entrent dans la composition du fond, comme encore aux influences du gaz qui l'enveloppe pendant la cuisson. Une atmosphère oxydante paraît convenir pour donner de la chaleur à la nuance de cette couverte. La description des ouvrages chinois relative à ces fonds est d'une exactitude parfaite : elle indique très-bien, de plus, comment on exécute sur ces fonds les réserves qui permettent d'obtenir des cartels à dessins bleus, etc. Le procédé même à l'aide duquel on prépare cette couleur est tellement précis, qu'on ne saurait conserver aucun doute sur la synonymie du mot *Tse-kin-chi*, qui désigne la substance employée pour obtenir cette couleur (1). C'est évidemment le nom d'une terre ferrugineuse, et cette supposition explique parfaitement bien les colorations des couvertes dans la composition desquelles elle entre. On sait d'ailleurs qu'en France on l'imite parfaitement en ajoutant à la couverte blanche ordinaire beaucoup d'oxyde de fer. Le mica brun, coloré par l'oxyde de ce métal, réussit de même parfaitement bien.

Le minerai de cobalt tel qu'on le trouve en Chine, c'est-à-dire le peroxyde de manganèse cobaltifère, mêlé simplement à la couverte blanche, donne des glaçures bleues au grand feu, tantôt pâles et tantôt foncées; suivant les dosages employés et suivant la richesse en cobalt du minerai dont on se sert, on a des bleus plus ou moins violacés.

---

(1) Voyez le texte page 206, note 2.

Lorsqu'on examine attentivement la manière dont les noirs ont été préparés sur la porcelaine de Chine, on voit que tous ne sont pas faits par la même méthode; dans quelques cas, le noir est le résultat de l'épaisseur considérable d'une couverte colorée dans la masse; dans d'autres, c'est par la superposition de plusieurs couleurs de tons différents que la teinte a pris une intensité qui la fait paraître noire. Quelquefois le noir résulte de la superposition du brun de laque sur une couverte bleue; quelquefois encore c'est par la superposition inverse du bleu sur le brun laque.

Nous terminerons ici l'examen des principaux fonds de grand feu qui caractérisent les porcelaines chinoises; il est évident qu'il y a dans la fabrication bien des procédés qui permettent d'établir des produits intéressants, originaux et très-recherchés. Mais ces procédés ne sont souvent que des modifications matérielles apportées aux procédés plus généralement mis en usage.

Cependant nous ferons remarquer, parce que ce fait établit encore un point de divergence entre la fabrication de l'Europe et celle des contrées orientales, que, parmi les couleurs de fonds particulières à la Chine, il en est qui ont été bien évidemment appliquées sur biscuit, c'est-à-dire sur porcelaine déjà cuite au grand feu. En les regardant de près, on voit qu'elles sont tressaillées, et que les tressaillures très-fines forment un réseau dont les mailles sont très-rapprochées.

L'analyse de ces couleurs, ou simplement l'essai qu'on en peut faire en les touchant avec l'acide fluorhydrique, permet de constater dans leur composition une assez forte proportion d'oxyde de plomb. Ceci les rapproche tout naturellement des couleurs dont on se sert pour la décoration et sur lesquelles nous allons revenir; on pourrait les appeler *couleurs de demi-grand feu*. Nous ne leur trouvons pas d'analogue dans nos couleurs. Il suffira de les citer pour faire comprendre celles que nous qualifions ainsi; ce sont : le violet, le bleu turquoise, le jaune et le vert. Le jaune et le vert sont principalement réservés pour les vases, les potiches, etc. Le violet et le bleu turquoise peuvent être remarqués plus particulièrement sur les pièces décoratives représentant des chimères aux formes bizarres et contournées.

Tout en constatant qu'on ne fait en Europe rien qui rappelle ces productions, nous nous hâtons de dire qu'il serait facile de les imiter, car le vert et le bleu turquoise doivent leurs couleurs au cuivre, le jaune au plomb et à l'antimoine, le violet à l'oxyde de manganèse peu cobaltifère.

Nous sommes convaincu que quelques essais par synthèse conduiraient immédiatement à l'imitation de ces sortes de produits; j'ajouterai que j'ai fait depuis quelque temps des couleurs fusibles qu'il est facile d'appliquer sur les biscuits des porcelaines de Sèvres (1). Mais comme elles cuisent à basse température, elles diffèrent considérablement des couleurs analogues préparées par les Chinois ; d'ailleurs il

---

(1) On trouvera les moyens de les préparer dans la deuxième édition du *Traité des Arts céramiques*, par M. Brongniart, tome II, page 692.

entre du borax dans leur composition. Les dosages auxquels j'ai donné la préférence pourraient toutefois servir de point de départ. On pourrait bien évidemment supprimer le borax et diminuer l'oxyde de plomb en ajoutant du nitre. Ces modifications rapprocheraient sans doute ces principes colorants des produits similaires employés en Chine.

Le texte dont la traduction va suivre fait connaître l'existence de cette série de couleurs; elles établissent un passage bien naturel entre celles qui cuisent au grand feu et celles que nous comparons aux couleurs de moufle.

Ces dernières peuvent nous occuper maintenant, et comme nous continuons la comparaison que nous avons commencée entre la porcelaine de la Chine et les produits similaires européens, je commencerai par rappeler brièvement en quoi consistent les couleurs qui composent en Europe, et principalement à Sèvres, la palette dont se servent les peintres. Je dirai quelques mots des principales conditions auxquelles elles doivent satisfaire. On saisira sans peine les différences sur lesquelles il me reste encore à fixer l'attention.

Ces couleurs doivent pouvoir se fixer solidement à la surface de la porcelaine et acquérir en même temps, par la fusion, le glacé qui est une des conditions indispensables de l'éclat des peintures. On les produit toutes en mélant, soit un oxyde, soit un composé de différents oxydes métalliques colorants avec un flux vitreux ou *fondant*, dont la composition varie avec la nature de la couleur qu'il s'agit de développer. Celui qui est le plus généralement employé porte le nom de *fondant aux gris*. Il sert pour les gris, les noirs, les rouges, les bleus, les jaunes ; on le compose en fondant ensemble :

Minium.	6 parties.
Sable siliceux.	2 »
Borax fondu.	1 »

Les couleurs s'obtiennent ordinairement en mêlant ensemble, en poids, 3 parties de fondant avec 1 partie d'oxyde métallique, en sorte que la composition peut s'exprimer ainsi d'une manière générale :

Silice.	16,7
Oxyde de plomb.	50,0
Borax.	8,3
Oxydes colorants.	25,0
	100,0

Tantôt le mélange des oxydes et du fondant est fondu ou fritté avant l'emploi ; tantôt, au contraire, les oxydes sont simplement mélangés avec le fondant : la couleur obtenue est immédiatement employée sans fusion ni calcination préalable. Si la couleur doit être produite par une combinaison de l'oxyde avec le flux, comme dans le cas de l'emploi de l'oxyde de cobalt, il est nécessaire de fondre préalablement les oxydes avec les fondants, afin que les couleurs aient le ton à l'emploi ; mais si la coloration est propre à l'oxyde lui-même, et que celui-ci ne doive être que disséminé et non à l'état de combinaison dans le flux, on ne doit pas fondre avant l'emploi : les couleurs variées que produit le peroxyde de fer sont dans ce cas ; si l'on fondait le peroxyde de fer avec les flux, la couleur serait notablement altérée, et la deuxième fusion qu'elle éprouverait pendant la cuisson de la peinture l'altérerait encore davantage.

L'assortiment des couleurs dont nous venons d'indiquer succinctement le mode de préparation et la composition, suffit pour reproduire les chefs-d'œuvre de la peinture à l'huile. Toutes ces couleurs doivent pouvoir fondre en même temps, et présenter après la cuisson un glacé suffisant et bien uniforme : cette condition est de rigueur.

Les peintures que nous offrent les couleurs chinoises sont loin de présenter ces conditions d'égalité dans l'épaisseur et le glacé des couleurs ; les unes sont brillantes, parfaitement fondues et posées à une épaisseur assez grande pour faire saillie sur la surface de la porcelaine : les couleurs roses obtenues de l'or, les bleus, les verts, les jaunes sont dans ce cas ; d'autres, telles que les rouges de fer et les noirs, se présentent presque toujours complétement ternes ou seulement un peu glacées dans les minces : leur épaisseur est toujours beaucoup plus faible que celle des couleurs glacées. Les peintures chinoises ont du reste un caractère tout différent des nôtres : ni les figures, ni les chairs ne sont modelées ; des traits rouges ou noirs définissent tous les contours ; les tons ne se dégradent pas ; les couleurs sont posées par teintes plates sur lesquelles le peintre revient quelquefois pour faire un damassé, soit avec la même couleur, soit avec des couleurs différentes ou des métaux, mais le mélange sur la palette des diverses couleurs broyées, procédé qui donne tant de ressources à nos peintres, ne paraît pas être en pratique chez eux. L'aspect de leurs peintures, examinées de près, rappelle celui des mosaïques en vitraux qu'on fabriquait avec tant d'art au XIIIe siècle, et dans lesquelles tout le dessin et tout le modelé des figures et des accessoires n'étaient produits que par des traits rouges ou bruns appliqués sur des fragments de verre blanc ou coloré.

Quand on considère l'épaisseur des couleurs employées, et malgré cela le peu d'intensité, dans bien des cas, du ton obtenu, on est conduit à admettre que ces couleurs comparativement aux nôtres ne contiennent sans doute qu'une bien petite proportion de principes colorants. Cette conclusion a été complétement vérifiée par nos expériences : elles prouvent que les couleurs dont les Chinois ont su tirer un parti si remarquable, au point de vue de l'éclat et de l'harmonie de la décoration, ont beaucoup plus d'analogie avec les matières vitrifiées, connues sous le nom d'*émaux*, qu'avec toute autre substance.

Quelle que soit l'origine des couleurs qui servent en Chine à la décoration des porcelaines, elles présentent toutes, en même temps qu'une grande simplicité, un caractère de généralité qui ne peut échapper ; le fondant, qui n'est pas distinct dans la couleur, est toujours composé de silice, d'oxyde de plomb dans des proportions peu variables, et d'une quantité plus ou moins grande d'alcalis (soude et potasse). Ce fondant maintient en dissolution, à l'état de silicates, quelques centièmes seulement d'oxydes colorants; leur nombre est excessivement restreint. Les matières colorantes sont l'*oxyde de cuivre* pour les verts et verts bleuâtres, l'*or* pour les rouges, l'*oxyde de cobalt* pour les bleus, l'*oxyde d'antimoine* pour les jaunes, l'*acide arsénique* et l'*acide stannique* pour les blancs. L'oxyde de fer et les oxydes de manganèse impur, qui donnent, l'un du rouge et l'autre du noir, font seuls exception, et c'est sans doute parce qu'il est impossible d'obtenir ces couleurs par voie de dissolution, au moyen des oxydes que nous venons de désigner.

Cette composition spéciale des couleurs de la Chine entraîne des habitudes spéciales dans les peintures qu'elles servent à produire, et c'est d'elle que les objets de porcelaine fabriqués par les Chinois et les Japonais tirent leur aspect distinctif.

Quelques couleurs s'appliquent directement, telles que le commerce les fournit; d'autres au contraire exigent, avant de pouvoir être employées, une addition variable fixée par l'expérience, préalablement sans doute; on les ramène de la sorte à se développer toutes à une température déterminée. L'assortiment rapporté de Canton, enlevé sur la table d'un peintre chinois, nous donne l'exemple d'une palette toute préparée. Les additions avaient dû être faites, et nous voyons que la céruse ajoutée l'a été pour la plupart en petite quantité, si même celle que l'analyse nous a fait découvrir ne provient pas d'un commencement d'altération de la couleur pendant le broyage.

Je craindrais de donner à cette Préface une étendue trop considérable, en comparant successivement chacune des couleurs chinoises que nous avons examinées, avec celle qui lui correspond dans la palette en usage soit en Europe, soit dans la manufacture de Sèvres en particulier. Je me bornerai donc à rappeler en quelques mots et d'une manière générale les différences essentielles qui distinguent les deux assortiments. Nous pourrons de la sorte apprécier naturellement l'aspect opposé des porcelaines européennes et des produits similaires fabriqués soit en Chine, soit au

Japon, aspect si opposé, qu'il est impossible, même à première vue, de confondre les productions des deux pays.

Nous venons de dire qu'en Europe les couleurs pour peindre la porcelaine dure sont formées par un mélange de certains oxydes et de certains fondants. Nous avons rappelé que les couleurs de la Chine diffèrent complétement tant pour la nature des éléments du fondant, que pour les proportions de l'oxyde colorant.

Nous ne trouvons pas des différences moins tranchées quand nous envisageons l'état dans lequel se présente la matière colorante dans ces deux sortes de couleurs. Enfin les deux assortiments ne peuvent plus être comparés quand on vient à établir le parallèle entre les substances employées, dans les deux cas, comme principes colorants.

Nous avons vu que les oxydes employés dans la palette des Chinois étaient restreints à l'oxyde de cuivre, à l'or, à l'antimoine, à l'arsenic, à l'étain et à l'oxyde de cobalt impur, qui donne tantôt du bleu, tantôt du noir; enfin à l'oxyde de fer, qui fournit une nuance de rouge. Nous voyons que dans les couleurs d'Europe, où l'on fait usage des divers oxydes que nous venons de citer, on tire un très-grand parti de substances inconnues des Chinois. On modifie la nuance de l'oxyde de cobalt pur en le combinant à l'oxyde de zinc ou à l'alumine, quelquefois à l'alumine et à l'oxyde de chrome; l'oxyde de fer pur fournit une dizaine de rouges nuancés du rouge orangé au violet de fer très-foncé; on obtient des ocres pâles ou foncés, jaunes ou bruns, en combinant diverses proportions d'oxyde de fer, d'oxyde de zinc et d'oxyde de cobalt ou de nickel : les bruns se préparent en augmentant la dose de l'oxyde de cobalt contenu dans la composition qui fournit les ocres ; les noirs, par la suppression de l'oxyde de zinc dans les mêmes préparations. Nous varions les nuances de nos jaunes par des additions soit d'oxyde de zinc ou d'étain pour les éclaircir, soit d'oxyde de fer pour les rendre plus foncés. L'oxyde de chrome, pur ou combiné à l'oxyde de cobalt ou aux oxydes de cobalt et de zinc, donne des verts jaunes et des verts bleuâtres qui peuvent varier du vert pur au bleu presque pur. L'or métallique nous fournit le pourpre de Cassius, que nous transformons ensuite, à volonté, en violet, en pourpre ou en carmin. Nous citerons encore l'oxyde d'urane, les chromates de fer, de baryte, de cadmium, qui donnent d'utiles couleurs, et nous terminerons en indiquant l'application toute récente des métaux inoxydables au feu, dont la découverte et la préparation exigent des connaissances en chimie que les Chinois sont loin de posséder.

Tous ces différents principes colorants se trouvent dans les couleurs européennes à l'état de simple mélange ; dans les couleurs des Chinois, les oxydes sont, au contraire, dissous, et cette circonstance nous permet de les rapprocher d'une autre sorte de produits qui, répandus à la Chine, se présentent fréquemment aussi dans l'industrie d'Europe.

En effet, nous avons trouvé dans les composés vitreux qui sont désignés en France sous le nom d'*émaux*, non-seulement la même coloration obtenue par les mêmes oxydes, mais une composition de fondant analogue et quelquefois identique. Les émaux transparents sont effectivement, comme on sait, des composés vitreux dont la composition est variable en vertu de la fusibilité qu'ils doivent offrir, et colorés par quelques centièmes d'oxydes. Les bleus sont fournis par l'oxyde de cobalt, les verts par du deutoxyde de cuivre, les rouges par de l'or; les émaux opaques, enfin, jaunes ou blancs, doivent leur coloration et leur opacité soit à l'antimoine, soit aux acides arsénieux ou stanneux isolés ou mélangés.

Le rapprochement auquel nous a conduit l'examen des couleurs employées en Chine entre celles-ci et les émaux, a été pleinement confirmé par la manière dont ces couleurs se sont comportées à la cuisson. On a fait l'essai, sur des porcelaines de Chine et sur des porcelaines d'Europe, des assortiments de M. Itier et de celui du P. Ly. Sur la porcelaine de Chine, les couleurs se sont développées à une température inférieure à la température du feu de retouche des peintures de fleurs à la manufacture de Sèvres : elles n'ont pas écaillé. Mais, sur la porcelaine de Sèvres, bien qu'elles fussent développées, elles se sont toutes détachées par écailles. On savait depuis longtemps, par suite d'expériences directes, que les émaux ne pouvaient servir à la décoration des porcelaines d'Europe, précisément à cause du grave défaut que nous venons de signaler.

Quelle que soit la cause qui détermine, sur les porcelaines européennes, le défaut d'adhérence des émaux, nous pensons qu'elle réside dans la différence de nature de la couverte des deux porcelaines. Nous avons vu, dans le commencement de cette Préface, que la pâte plus fusible des porcelaines de Chine devait être recouverte d'une glaçure plus fusible que celle dont on se sert en Europe, et c'est l'introduction de la chaux dans la couverte qui, diminuant l'infusibilité de cette glaçure, modifiant peut-être sa dilatabilité, en rapproche les propriétés physiques des propriétés des émaux.

Si l'aspect des porcelaines chinoises est différent de celui de nos productions, si l'harmonie de leurs peintures paraît plus variée, c'est, suivant nous, le résultat forcé des méthodes employées en Chine. Toutes les couleurs dont on se sert sont peu colorées; elles n'ont de valeur que sous une certaine épaisseur qui donne à leurs peintures un relief impossible à obtenir par d'autres moyens; l'harmonie de leurs peintures est la conséquence de la nature et de la composition de leurs émaux.

Nous n'avons plus à dire actuellement que quelques mots des appareils au moyen desquels on cuit les couleurs tendres ou de demi-grand feu. Le texte chinois, de même que les figures qui nous ont passé sous les yeux, sépare les moufles en deux divisions : les moufles ouvertes et les moufles fermées. Les premières sont assez semblables aux fourneaux des émailleurs. Je ne sache pas qu'on en ait fait usage, ailleurs qu'en Allemagne, pour cuire en Europe les porcelaines décorées. Les chances de casse limitent, du reste, même à la Chine, l'emploi de ces sortes de fourneaux à la cuisson des pièces de petites dimensions. Les grandes pièces sont cuites dans des fourneaux fermés, dont les dispositions se rapprochent assez de celles des fourneaux que nous nommons *moufles*. Il paraît toutefois que ces moufles ont une forme arrondie qui les ferait ressembler à des fours à porcelaine d'une petite dimension.

Ainsi la décoration chinoise nous offre de grandes différences avec la décoration européenne. Il est vivement à désirer, et nous espérons que cette publication pourra contribuer à satisfaire nos vœux, que la fabrication moderne fasse encore de nouveaux progrès, en s'inspirant des belles poteries que les Chinois nous ont léguées, et que les colorations au grand feu soient étudiées au point de vue pratique. Déjà plusieurs fabricants, à Paris, à Limoges, à Toulouse, ont présenté des résultats intéressants. Mais je crois possible d'arriver à plus de variété. Si l'on peut cuire à volonté, comme je le crois praticable, dans des atmosphères oxydantes, dans des atmosphères réductrices ou même dans des atmosphères neutres, on triplera par cela seul les résultats possibles avec les silicates métalliques colorés; on ajoutera sans doute beaucoup aux ressources que ces éléments peuvent fournir à la décoration. Et si la température à laquelle on cuit aujourd'hui les porcelaines européennes était trop élevée, la présence de la chaux dans la glaçure des porcelaines chinoises et la plus grande fusibilité de leurs pâtes prouveraient la possibilité de les imiter. Les indications précieuses répandues dans l'ouvrage traduit par M. Stanislas Julien et les connaissances que nous possédons en chimie, nous donnant sur les Chinois une grande supériorité, permettent d'espérer qu'on trouvera bientôt, dans l'emploi des méthodes que cette traduction peut mettre à notre portée et de quelques composés nouveaux, des éléments assez puissants pour enrichir et peut être pour régénérer la porcelaine européenne. La lecture de ce volume conduirait alors à des résultats immédiats qui satisferaient la noble ambition du savant Traducteur.

Si les fabricants entrent enfin dans la voie ouverte par plusieurs industriels de France et d'Allemagne, qui reproduisent très-bien la porcelaine décorée de la Chine et du Japon, on peut espérer de les voir tirer parti d'une manière originale des ressources de coloration mises à leur disposition par des notions scientifiques bien plus étendues que celles que possèdent les Chinois ou les Japonais, et sur lesquelles cette publication doit, dans un avenir prochain, fixer l'attention.

Je crois devoir terminer ici l'exposé sommaire de tous les sujets intéressants pour le praticien éclairé que présente cet ouvrage et que je n'ai pu qu'effleurer. M'étant surtout placé dans cette Préface au point de vue comparatif des procédés généraux employés en Chine et chez nous, je ne pouvais ni ne devais entrer dans des détails qui eussent fait double emploi soit avec le texte même, soit avec les notes ou les renvois que ce livre contient, et qui auraient eu, dans tous les cas, l'inconvénient de donner à mon travail une étendue démesurée.

Mais si le lecteur a bien compris le but que nous voulions atteindre, en traitant parallèlement de l'industrie de la Chine et de l'Europe, il verra les avantages qu'il peut retirer de l'étude attentive des procédés indiqués dans l'ouvrage qu'on va lire pour obtenir certains fonds de couleur au grand feu. La reproduction du céladon tel qu'on le fait en Chine, celle des beaux rouges et bleus flammés, si recherchés des amateurs, l'imitation des craquelures larges ou serrées, conduiraient à des bénéfices d'autant plus certains que ces produits ont un caractère d'une originalité toute particulière, une très-grande vogue, et que, jusqu'à ce jour, on n'a pas encore pu réussir à les reproduire en Europe.

Sèvres, 1er décembre 1855.

Alphonse SALVÉTAT.

TRADUCTION

DE LA

PRÉFACE DE L'OUVRAGE CHINOIS [1].

Depuis que *Tchou-t'ong-tch'ouen,* 朱桐川 (1), de l'arrondissement de *Haï-yu* (dans la province du *Tche-kiang*), a publié son Mémoire intitulé *T'ao-choue,* 陶說 (Dissertations sur la Céramique), on a eu un livre spécial sur *la Céramique,* qui peut suppléer aux omissions des anciens sages (écrivains). L'auteur remonte aux temps des empereurs *Yao* (2357-2258 avant J.-C.) et *Chun* (2255-2205 avant J.-C.), et arrivant aux temps modernes, il fait connaître en détail les vases appelés *Kouan-khi* (les vases à l'usage des magistrats), *Ko-khi* (les vases du frère aîné, c'est-à-dire de *Tchang*), *Ting-khi* (les vases de l'arrondissement de *Ting-tcheou*), *Jou-khi* (les vases de *Jou tcheou*) (2), etc. Il a examiné avec soin une multitude d'ouvrages et n'a rien laissé échapper d'intéressant. Mais il était à regretter qu'il ne donnât que des renseignements incomplets

---

(1) Histoire des porcelaines de *King-te-tchin.* (Voyez plus haut, page LXX, ligne 30.)

(2) A l'aide de la Table générale, on pourra trouver la description de ces différentes porcelaines.

sur les porcelaines de *King-te-tchin*. Or, pour ce qui regarde les détails minutieux et délicats de la fabrication, il est vrai de dire que nul Mémoire, nul écrit spécial ne pouvait les fournir d'une manière complète.

La place de Sous-Préfet du district de *Feou-liang* étant devenue vacante, j'en fus investi et je me rendis à mon nouveau poste. Le pays dont l'administration m'était confiée embrassait, en long et en large, quelque dizaines de lis (plusieurs lieues), et il renfermait plusieurs milliers d'individus qui se livraient à la fabrication de la porcelaine. Ces ouvriers, provenant des diverses parties de l'empire, vivaient pêle-mêle, et l'on peut dire que les bons et les méchants habitaient ensemble; de sorte que le magistrat chargé de maintenir l'ordre avait fort à faire pour les surveiller.

Dans les moments de loisir que me laissaient les affaires publiques, je me promenais *incognito* et j'entrais dans les fabriques pour examiner les hommes honnêtes ou vicieux et m'assurer du zèle des uns et de la paresse des autres. Il est résulté de là qu'à force de voir et d'entendre, je me suis rendu familiers les détails les plus minutieux et en même temps les plus précis de la fabrication. J'avais eu l'intention de rédiger un ouvrage spécial sur les travaux qui ont pour objet la porcelaine dans les manufactures de *King-te-tchin*, mais mes fonctions ne m'en avaient pas laissé le loisir.

Heureusement que lorsque j'arrivai dans cette ville pour observer les mœurs de ses habitants, je fis la connaissance d'un lettré estimable, nommé *Tching-thing-kouei*. Je l'appelai dans *le Pavillon de l'est* (dans ma bibliothèque) pour faire l'éducation de mon second fils.

Un jour qu'il donnait sa leçon (en ma présence), il me montra un ouvrage manuscrit qu'avait laissé son ancien maître *Lan-pin-nan,* surnommé *Wen-hio,* sur la fabrication de la porcelaine, et m'en demanda mon avis. Parmi les faits qu'il rapportait, un grand nombre n'étaient pas encore parvenus à ma connaissance. Or, comme l'auteur était né dans le pays de *King-te-tchin,* que, depuis la jeunesse jusqu'à l'âge mûr, il avait constamment étudié le travail de la porcelaine, et avait jour par jour consigné par écrit toutes ses observations, on ne pouvait comparer son ouvrage à ceux qu'on rédige à l'aide de faits recueillis de côté et d'autre. Quoique le style de son manuscrit se sentît un peu de la négligence d'une ébauche et que son travail fût encore incomplet, on pouvait le comparer à une pièce de bois qui a été taillée avec soin et à laquelle il ne manque plus que la couleur et le vernis.

En conséquence, je chargeai promptement *Tching-thing-kouéï* d'y faire les additions et les retranchements nécessaires en suivant le plan primitif de l'auteur.

Il a divisé l'ouvrage en dix sections, où, grâce aux extraits qu'il a faits d'une multitude de Mémoires, il a décrit complétement tous les genres de porcelaines. Mais comme ce livre traitait spécialement des travaux céramiques des manufactures de *King-te-tchin,* je lui ai donné le titre général de *King-te-tchin-thao-lou,* 景德鎮陶錄 (Histoire des porcelaines de *King-te-tchin*).

Les saints hommes de l'antiquité, en inventant et fabriquant des vases, n'ont eu en vue que l'utilité et l'intérêt du peuple, et ils ont pensé que dans la confection des ustensiles qui lui servent chaque jour pour boire et manger, il n'était pas nécessaire de déployer toutes les ressources de l'esprit et du talent. Mais depuis que notre auguste empereur comble les ouvriers de bienfaits et rétribue libéralement leur travail, sans leur imposer de pénibles fatigues, le peuple vit en paix et son bien-être s'accroît sans cesse; il travaille avec ardeur, et les vases qui sortent de ses mains ne laissent rien à désirer. La population de *King-te-tchin* augmente à vue d'œil, et les porcelaines qu'elle produit acquièrent chaque jour plus de finesse et de beauté. Il n'y a personne qui ne fasse tous ses efforts et ne tressaille de joie. Grâce à l'époque prospère où nous vivons, ces heureux effets éclatent en tous lieux sans qu'on en aperçoive la cause.

Maintenant que cet ouvrage est achevé, ne peut-on pas dire qu'il suppléera aux lacunes du livre de *Thong-tch'ouen*, et que ceux qui ont du goût pour les choses qui intéressent notre époque, le parcourront souvent avec plaisir?

Cette préface a été écrite dans le dixième mois de la vingtième année de la période *Kia-khing* (1815), par *Lieou-ping*, natif de *Kouang-te-fou*, Sous-Préfet du district de *Feou-liang*.

TRADUCTION

DE LA

POSTFACE DE L'OUVRAGE CHINOIS.

―――

Depuis la dynastie des *Tch'in*, 陳 (557-588), les porcelaines de *King-te-tchin* sont renommées dans tout l'empire, et jusqu'à ce jour elles ont été louées avec éclat par une multitude d'écrivains. Mon maître, *Keng-yu-sien-sing*, 耕餘先生, regrettait vivement qu'on ne leur eût point consacré une histoire particulière. Après avoir examiné avec soin les opinions des différents auteurs, et avoir vérifié lui-même les procédés de leur temps, il rassembla les matériaux du présent ouvrage, mais il mourut avant d'y avoir mis la dernière main, de sorte que ce précieux travail resta oublié pendant vingt ans dans un vieux coffre.

Moi, *Thing-kouei*, qui avais étudié pendant longtemps sous sa direction, je fus affligé de voir que mon maître vénéré avait usé sa vie en se livrant avec une ardeur immodérée à ses travaux littéraires. Ce n'est pas tout : un fils qui n'avait pas encore vu le jour au moment de sa mort, avait été enlevé en bas âge; de sorte qu'il n'avait point laissé d'héritier.

Madame *Wang*, la femme de mon maître, resta ainsi seule et persévéra dans son veuvage. Ayant recueilli le livre laissé par son époux et ne sachant qui consulter autour d'elle, elle me pria de le revoir et de le compléter, comme l'aurait fait mon maître s'il eût vécu plus longtemps. Mais je me sentais trop faible et trop dénué d'instruction pour oser me comparer à lui et accepter une telle tâche.

Dans la seizième année de la période *Kia-khing* (1811), *Lieou-ping*, surnommé *Khe-tch'aï-sien-sing*, de l'arrondissement de *Kouang-te* (dans la province du *Kiang-nan*), étant venu administrer cette ville, m'appela dans sa maison (en qualité de précepteur). Dans les moments de loisir que lui laissaient ses fonctions, il aimait à parler avec moi de littérature, et plus d'une fois il exprima le regret qu'on n'eût publié aucun ouvrage spécial sur les porcelaines de *King-te-tchin*. Je lui présentai alors l'ouvrage posthume de mon maître. Il se leva tout à coup, transporté de joie, et m'ordonna de le compléter promptement et de le faire graver. C'était, hélas! ce que je demandais jour et nuit dans mes prières, et que jusque-là je n'avais pu obtenir. Peut-être sera-ce une consolation pour mon maître vénéré. Quoique convaincu de mon ignorance et de mon incapacité, je n'ai pu me dispenser de retoucher avec zèle les six livres qu'il avait laissés. Maintenant l'ouvrage se trouve divisé en dix sections. J'ai placé en tête les planches relatives à la porcelaine et les explications qui se rapportent à chacune d'elles. J'ai rejeté à la fin deux sections intitulées *Thao-lou-yu-lun* ou *Considérations supplémentaires au sujet de la porcelaine*, où il est mention de divers objets dont mon maître n'avait pas eu le temps de s'occuper. Quant aux huit autres sections, je les ai classées et augmentées en me conformant aux divisions primitives de mon maître. J'ai passé sous silence les questions que je ne connaissais pas assez, n'osant faire sans fondement aucune addition ou suppression.

Pour ce qui regarde l'origine des porcelaines de *King-te-tchin*, l'activité laborieuse des ouvriers, la beauté et l'utilité des vases qui sortent de leurs mains, quoique je ne puisse me flatter d'avoir donné des détails complets, cependant j'ose dire que j'en ai présenté un résumé suffisant. J'ignore ce que pensera mon maître du travail de son humble disciple.

Écrit, avec un sentiment de respect, le premier jour de la huitième lune de la vingtième année de la période *Kia-khing* (1815), par son disciple et compatriote *Tching-thing-kouei*, 鄭廷桂.

 # LIVRE PREMIER.

EXAMEN DES ANCIENNES PORCELAINES.

HISTOIRE
ET
FABRICATION DE LA PORCELAINE
EN
CHINE ET AU JAPON.

LIVRE PREMIER.
EXAMEN DES ANCIENNES PORCELAINES (1).

1. *TONG-NGEOU-THAO.*

東甌陶

Porcelaines de la partie orientale de *Ngeou* (*Tong-ngeou*).

Par le mot *Tong-ngeou* on entend ici *Youeï*, qui jadis dépendait du pays de *Min* (*Fo-kien*); aujourd'hui c'est *Wen-tcheou-fou*, dans la province du *Tche-kiang*. Depuis les *Tsin* (265-419 de J.-C.), on y fabriquait déjà de la porcelaine. La porcelaine de *Ngeou* était bleue, et, à cette époque, elle était fort renommée. C'est là ce qui a fait dire au poëte *Thou-you-chun* : « Les vases choisis de porcelaine brillante proviennent de *Tong-ngeou.* »

Lo-yu dit, dans son Livre sur le Thé : « Les vases de *Ngeou-youeï* sont de couleur bleue. Leurs bords supérieurs ne sont pas roulés (en dehors); le pied seul est roulé. Ils sont peu

---

(1) Les Notes qui ne portent point de signature appartiennent au Traducteur.

profonds et contiennent un demi *kin* (une demi-livre) (1) et au-dessous. »

2. KOUAN-TCHONG-YAO.

關中窯

Porcelaines du pays de *Kouan-tchong*.

Les vases que l'on fabriquait sous les premiers *Weï* (220-265 de J.-C.) venaient de *Kouan-tchong*, qui répondait à *Hien-yang* et autres lieux du département de *Si-ngan-fou*. Cette porcelaine était destinée à être offerte à l'empereur.

3. LO-KING-THAO.

洛京陶

Porcelaines de la capitale de *Lo*.

C'étaient aussi des vases qu'on fabriquait sous les pre-

---

(1) En Chine, on vend au poids les liquides et souvent les grains; mais le *kin* (la livre chinoise) n'est pas employé directement comme mesure de capacité. Lorsqu'on dit qu'un vase ne contient qu'un *kin*, il y a certainement *riz* sous-entendu, car, en Chine, une livre de riz est une chose si bien définie, comme volume, qu'on doit la mentionner comme mesure.

S'il s'agit d'une livre de *riz*, voici le calcul que je fais : 1 *ching* de *riz* mondé pèse 1 *kin* (une livre) et 3 *liang* (onces) de la dynastie actuelle des *Thsing*. 1 *ching* = $\frac{53}{100}$ de litre. 1 *kin* de riz mondé représente un volume de $\frac{45}{100}$ de litre. Si l'auteur a voulu dire un *kin* d'eau, le vase aurait $\frac{6}{10}$ de litre. Il est bien entendu que je calcule avec les valeurs de la dynastie actuelle.

Note de M. NATALIS RONDOT.

OBSERVATION. — Toute difficulté disparaît si, avec l'auteur des *Mémoires sur la Céramique* (*Thao-choue*, liv. V, fol. 2), on lit *ching*, 升 (mesure de $\frac{53}{100}$ de litre), dont la forme chinoise a bien pu être prise, par erreur, pour le mot *kin*, 斤 (*livre* chinoise qui est de 16 onces).

miers *Weï* (220-265 de J.-C.). Ce pays répond aujourd'hui au district de *Lo-yang*, dans la province de **Ho-nan**.

La résidence impériale avait d'abord été établie dans le pays de *Yun-tchong* (province du *Chen-si*); plus tard, on la transporta dans le pays de *Lo*, qui pour cette raison fut appelé *Lo-king* ou la capitale de *Lo* (plus connue dans la suite sous le nom de *Lo-yang*). Tous les vases qu'on y fabriquait étaient destinés à l'usage de l'empereur.

4. *CHEOU-YAO.*

壽窰

Porcelaines de *Cheou*.

C'étaient des porcelaines qu'on fabriquait sous la dynastie des *Thang* (618-907). *Cheou* répondait à l'arrondissement de *Cheou-tcheou* dans la province actuelle du *Kiang-nan*. Ces vases étaient de couleur jaune. *Lo-yu*, l'auteur du Livre sur le Thé, les considère comme fort médiocres.

« Quand la porcelaine est jaune, dit-il, le thé liquide paraît de couleur brune; elle ne convient pas pour l'usage du thé. »

5. *HONG-TCHEOU-YAO.*

洪州窰

Porcelaines de *Hong-tcheou*.

C'était aussi sous les *Thang* que l'on fabriquait les porcelaines de *Hong-tcheou*, qui répondait au département actuel de *Nan-tchang-fou* (dans la province du *Kiang-si*). On lit dans l'ouvrage intitulé *Khe-kou-yao-lun*: « Les vases de *Hong-tcheou*, pays situé sur la rive droite du fleuve *Kiang*, sont de couleur noir-jaune. »

« La porcelaine de *Hong-tcheou*, dit le livre intitulé *Tch'a-king* (le Livre sur le Thé), donne une apparence noire au thé qu'on y infuse. Elle est encore bien au-dessous de celle de *Cheou-tcheou*. »

6. *YOUEI-YAO.*

越窰

Porcelaines de *Youeï*.

Ce fut sous la dynastie des *Thang* (618-907) qu'on commença à fabriquer de la porcelaine dans l'arrondissement de *Youeï-tcheou*, qui répondait à *Tchao-hing-fou* dans la province actuelle du *Tche-kiang*.

Sous les dynasties des *Souï* (581-618) et des *Thang* (618-907), ce pays s'appelait *Youeï-tcheou*. La porcelaine bleue qu'on y fabriquait a joui pendant un temps d'une grande estime.

On lit dans le Livre du Thé : « En fait d'écuelles, on met au premier rang celles de *Youeï-tcheou*. »

Cette porcelaine ressemble tantôt au jade et tantôt à la glace. Lorsqu'elle est bleue, elle convient mieux au thé, auquel elle donne une teinte verte. La porcelaine de *Hing* ne saurait lui être comparée (voir n° 35, *Hing-yao*). L'auteur cite ensuite plusieurs passages en vers qui montrent que, du temps des *Thang*, la porcelaine de *Youeï-tcheou* était un objet excessivement recherché.

On lit dans l'ouvrage intitulé *Thang-chi-sse-khao* : « Ce sont véritablement les porcelaines de *Youeï* qui ont donné naissance à celles du prince *Tsien*, 錢氏, qu'on appelait *Pi-se-yao* (*littéralement* porcelaines de couleur cachée) (1). »

---

(1) On verra plus bas, n° 11, à l'article *Pi-se-yao*, le motif qui leur avait fait donner ce nom.

7. *TING-YAO.*

鼎 窯

Porcelaines de *Ting-tcheou.*

Ces porcelaines se fabriquaient sous la dynastie des *Thang* (618-907), dans l'arrondissement de *Ting-tcheou*, qui répondait au district actuel de *King-yang-hien*, dépendant du département de *Si-ngan-fou* (province du *Chen-si*).

Lo-yu, dans son Mémoire sur le Thé, parle des écuelles de porcelaine de *Ting* comme étant inférieures aux vases de *Youeï*, mais fort supérieures à ceux des arrondissements de *Cheou-tcheou* et de *Hong-tcheou*.

8. *OU-YAO.*

婺 窯

Porcelaines de *Ou.*

C'étaient des porcelaines qu'on fabriquait aussi sous les *Thang*, dans l'arrondissement de *Ou-tcheou*, qui répondait à *Kin-hoa-fou* (aujourd'hui ville départementale de la province du *Tche-kiang*).

L'auteur du Livre sur le Thé place les vases de *Ou* au-dessous des porcelaines de *Ting*, mais bien au-dessus de celles de *Cheou-tcheou* et de *Hong-tcheou* (citées n°s 4 et 5).

9. *YO-YAO.*

岳 窯

Porcelaines de *Yo.*

Sous la dynastie des *Thang*, on fabriquait aussi de la porcelaine à *Yo-tcheou-fou*, dans la province (actuelle) du *Hou-nan*. Tous ces vases étaient de couleur bleue. Suivant l'auteur du Livre sur le Thé, ils étaient inférieurs à ceux de

Ou; cependant la couleur bleue est très-convenable pour le thé (qu'elle fait paraître vert) (voir n° 6).

10. *CHOU-YAO.*

蜀窯

Porcelaines du pays de *Chou*.

C'étaient des porcelaines qu'on fabriquait sous les *Thang* (618-907) à *Ta-i*, ville du département de *Khiong-tcheou*, dans la province du *Sse-tch'ouen*. Elles étaient minces, solides et gracieuses. Elles étaient de couleur blanche, et rendaient un son clair.

A cette époque, elles étaient fort estimées. Le poëte *Thou-chao-ling* (le même que *Thou-fou*) s'exprime ainsi dans une pièce de vers où il demande une tasse de porcelaine de *Ta-i*: « A *Ta-i*, on fabrique de la porcelaine légère et solide. Quand on la frappe, elle rend un son plaintif comme les coupes en jade de la ville de *Kin-tch'ing* (1). Les tasses blanches de Votre Seigneurie effacent l'éclat de la neige. Envoyez-moi promptement une de ces tasses dans mon humble cabinet d'étude. » Dans la première phrase, le poëte vante la matière de cette porcelaine; dans la seconde, le son qu'elle rend; dans la troisième, sa couleur. On peut, d'après ce passage, se faire une idée de la beauté des porcelaines de *Chou*.

REMARQUE. — L'ouvrage intitulé *Tchoue-keng-lo* cite un auteur qui parle des porcelaines de *Sou* 續. Je soupçonne que c'est une faute pour *Chou*, 蜀. L'auteur de l'ouvrage intitulé *Thang-chi-sse-khao* se trompe encore davantage, lorsqu'il place la porcelaine de *Ta-i* au-dessous de celle de *Youeï-tcheou*.

---

(1) Ville départementale de *Tch'ing-tou-fou*, dans la province du *Sse-tch'ouen*.

11. PI-SE-YAO.

秘色窰

Littéralement porcelaines de couleur cachée (1).

C'étaient des porcelaines qu'on fabriquait dans les pays de *Ou* et de *Youeï*. Lorsque *Tsien-lieou* régnait (907 de J.-C.), il ordonna de fabriquer de la porcelaine à *Youeï-tcheou* pour l'usage du palais. Elle était uniquement destinée au souverain, et comme les particuliers n'avaient pas le droit d'en faire usage, on l'appela, pour cette raison, *Pi-se-yao* (porcelaine de couleur cachée). Sous le rapport de la forme, elle ressemblait à celle qu'on appelait *Youeï-yao*, ou porcelaine du pays de *Youeï*, mais elle était plus pure et plus brillante.

On lit dans l'ouvrage intitulé *Thang-chi-sse-khao* : « Parmi les objets que *Kien*, roi de *Chou*, offrit à *Tchou-liang* pour lui témoigner sa reconnaissance, il y avait des tasses à angles dorés, 金稜椀 (*Kin-ling-ouan*). » « Les tasses à angles dorés, était-il dit dans la lettre d'envoi, ont l'éclat des tasses appelées *précieuses* (*P'ao-ouan*, 寶椀). Les porcelaines appelées *Pi-se* (*littéralement* de couleur cachée) ont le son des porcelaines bleues. »

Il résulte de ce passage qu'à cette époque *Pi-se* (*littéralement* couleur cachée) était le nom d'une espèce de porcelaine. Autrement, si les pays de *Ou* et de *Youeï* avaient eu seuls le privilége de la fabriquer pour l'offrir à l'empereur, comment le roi de *Chou* aurait-il pu en prendre pour l'offrir à *Tchou-liang*, comme marque de reconnaissance?

REMARQUE. — Suivant l'ouvrage *Youen-tchaï-pi-heng*, la

---

(1) Ces porcelaines étaient ainsi appelées parce que, étant exclusivement destinées à l'usage de l'empereur, elles étaient comme *cachées* au vulgaire.

porcelaine appelée *Pi-se* existait déjà du temps des *Thang*. Elle n'a point commencé sous le règne de *Tsien-lieou* (roi de *Ou* et de *Youeï*); seulement ce prince fut le premier qui la fit fabriquer exprès pour l'offrir à l'empereur. Pourrait-on supposer que lorsqu'il devint roi de *Chou* (1), il n'y avait plus d'anciens vases de porcelaine de l'époque des *Thang* (qui cessèrent de régner en l'an 907)?

Le poëte *Siu-in* a composé une pièce de vers de sept syllabes, en offrant à l'empereur des tasses à thé de l'espèce appelée *Pi-se*, qui avaient été fabriquées à *Yu-yao* (ville dépendant de *Chao-hing-fou*, dans la province du *Tche-Kiang*.) On voit, par là, qu'il y en avait déjà du temps des *Thang*, et que l'observation que nous venons de faire n'a rien d'inexact; seulement l'auteur de l'ouvrage *Tchoue-keng-lou* a émis le soupçon que c'étaient des porcelaines de *Youeï*; c'est une grave erreur.

Sous la dynastie des *Song* du sud (1127-1279), la fabrication des porcelaines appelées *Pi-se-yao* fut transférée à *Yu-yao* (dans la province du *Tche-kiang*); mais au commencement de la dynastie des *Ming* (1368), elle cessa complétement.

12. *THSIN-YAO*.

秦窰

Porcelaines de *Thsin*.

C'étaient des porcelaines qu'on fabriquait sous la dynastie des *Thang*. Le pays de *Thsin* répondait à *Thsin-tcheou*, dans la province actuelle du *Kan-sou*. La tradition nous apprend que les vases qui provenaient de *Thsin* étaient tous des écuelles et des tasses. La plupart étaient d'un blanc pur. Il y en avait aussi avec des poissons en relief (*Th'o-*

---

(1) *Tsien-lieou* mourut en 932. (*Li-taï-wang-nien-piao*.)

yu, 凸魚) et des veines imitant les rides de l'eau (*Chouï-wen*, 水紋).

13. *TCH'AÏ-YAO.*
柴窯
Porcelaines de *Tch'aï*.

C'étaient des porcelaines qu'on fabriquait au commencement de la période *Hien-te* (954) du règne des *Tcheou* des cinq petites dynasties.

Elles provenaient du nord, savoir de *Tching-tcheou*, dans la province du *Ho-nan*. Ce pays était favorable à la fabrication de la porcelaine. On les appela *Tch'aï-yao*, parce que *Tch'aï* était le nom de famille de l'empereur *Chi-tsong*, de la dynastie des *Tcheou*. A cette époque, on les nommait aussi *Yu-yao* ou porcelaines impériales. Mais quand les *Song* furent montés sur le trône (l'an 960 de J.-C.), on commença à les distinguer par le nom de *Tch'aï-yao*. Ces porcelaines étaient bleues comme le ciel, brillantes comme un miroir, minces comme du papier et sonores comme un *King* (instrument de musique en pierre). Elles étaient lustrées et d'une finesse charmante. Il y en avait qui se distinguaient par la finesse de leur craquelure et la pureté de leur couleur. Elles effaçaient, par leur beauté, toutes les porcelaines précédentes; seulement un grand nombre de ces porcelaines avaient sous le pied une terre grossière de couleur jaune (1).

On lit dans l'ouvrage intitulé *Thang-chi-sse-khao* : « Les porcelaines appelées *Tch'aï-yao* ont pris naissance dans le

---

(1) L'auteur veut parler de la terre jaune, qui sert de support aux porcelaines pendant la cuisson, et dont une partie reste attachée au pied du vase. C'est ce que nous apprend le texte chinois, liv. IV, fol. 10.

pays de *Pien* (aujourd'hui **Khaï-fong-fou**, dans la province du **Ho-nan**). » La tradition rapporte qu'à cette époque (vers 954), l'empereur *Chi-tsong*, ayant été prié d'indiquer le modèle (c'est-à-dire la couleur) des vases qu'on devait fabriquer pour son usage, écrivit sur le placet : « Qu'à l'avenir on donne aux porcelaines la teinte azurée du ciel, après la pluie, telle qu'elle apparaît dans les intervalles des nuages. »

Les personnes qui jugent aujourd'hui du mérite des différentes porcelaines, les classent constamment ainsi : 1° *Tch'aï-yao*, les porcelaines de *Tch'aï*; 2° *Jou-yao*, celles de *Jou-tcheou*; 3° *Kouan-yao*, celles des magistrats; 4° *Ko-yao*, celles du frère aîné, c'est-à-dire de *Tchang* aîné; 5° *Ting-yao*, celles de *Ting-tcheou*; mais depuis bien longtemps les porcelaines de *Tch'aï* sont devenues introuvables. Lorsqu'on a le bonheur de se procurer un vase brisé ou seulement de menus fragments de cette espèce de porcelaine, on en fait des ornements de bonnet, des chapelets, des objets de curiosité. Ils sont en effet dignes d'une grande estime.

Suivant une opinion ancienne, « les fragments de porcelaine de *Tch'aï* éblouissaient les yeux comme des pierres précieuses, et leurs éclairs auraient pu détourner une flèche (*sic*). »

Il est possible, ajoute l'auteur, qu'elles fussent brillantes comme des diamants; quant à *détourner une flèche*, on n'est pas obligé de le croire. Ces expressions emphatiques montrent combien ces porcelaines étaient rares et estimées.

14. THANG-I-YAO.

唐邑窯

Porcelaines de *Thang-i*.

C'étaient des porcelaines qu'on fabriquait du temps des *Song*. *Thang-i* répondait au district actuel de *Thang-hien*, dépendant de *Nan-yang-fou* (dans la province du *Ho-nan*). Jadis on vantait la porcelaine bleue de *Thang-i*; mais, sous le rapport de la matière et de l'émail, elle était loin d'égaler la porcelaine de *Jou-tcheou*.

15. *TENG-TCHEOU-YAO.*

鄧州窯

Porcelaines de *Teng-tcheou*.

C'étaient aussi des porcelaines qu'on fabriquait sous les *Song*. *Teng-tcheou* répondait à l'arrondissement actuel du même nom, qui dépend de *Nan-yang-fou* (dans la province du *Ho-nan*). Toutes les porcelaines qui en provenaient étaient bleues; mais elles n'avaient pas le lustre et l'éclat de celles de *Jou-tcheou*.

16. *YAO-TCHEOU-YAO.*

耀州窯

Porcelaines de *Yao-tcheou*.

Yao-tcheou dépend aujourd'hui du département de *Si-ngan-fou* (dans la province du *Chen-si*). C'étaient aussi des porcelaines bleues qu'on fabriquait sous la dynastie des *Song*; mais sous le rapport de la couleur et de la matière, elles étaient fort inférieures à celles de *Jou-tcheou*. Quelque temps après, on y fabriqua des vases de porcelaine blanche qui étaient fort remarquables; mais ils manquaient de solidité et de grâce, et se brisaient facilement. C'était là ce qu'on appelait *Hoang-pou-tchin-khi*, 黃浦鎮器, c'est-à-dire des vases du village de *Hoang-pou*.

17. *OU-NI-YAO.*

烏泥窯

Porcelaines de pâte noire.

C'étaient des porcelaines qu'on fabriquait à *Kien-ning*,

dépendant de *Kien-ning-fou* (dans la province du *Fo-kien*). Ce genre de porcelaine prit naissance sous les *Song*. La terre qu'on employait était noire (probablement bitumineuse). La matière étant grossière, elles manquaient de poli, et l'émail était d'un ton sec. Elles étaient aussi de couleur bleue.

L'auteur de l'ouvrage intitulé *Ping-hoa-pou* confond dans la même estime les vases de pâte noire (*Ou-ni-yao*), ceux de *Long-thsiouen*, ceux de *Kiun* (*Kiun-yao*) et de *Tchang* (*Tchang-yao*) (1).

Suivant l'auteur de l'ouvrage intitulé *Po-kou-yao-lan*, ils doivent être mis au-dessous des porcelaines appelées *Siang-yao* et *Tong-yao*.

On lit dans un écrit intitulé *Chi-tsing-ji-tcha* : « Les porcelaines de *pâte noire* qu'on fabrique à *Kien-ngan* sont de la dernière qualité. » Cette opinion sévère ne paraît pas absolument vraie. Peut-être y a-t-il une grande différence entre les porcelaines qu'on fabrique aujourd'hui à *Kien-ngan* et celles qui en provenaient autrefois.

18. *YU-HANG-YAO.*

餘杭窯

Porcelaines de *Yu-hang*.

C'étaient aussi des porcelaines qu'on fabriquait sous les *Song*. Ce pays répondait au district actuel de *Yu-hang*, dépendant de *Hang-tcheou-fou* (dans la province du *Tchekiang*). Elles ressemblaient pour la couleur aux porcelaines appelées *Kouan-yao*; mais elles n'avaient ni les mêmes *veines* (craquelures) ni le même brillant.

On lit dans l'ouvrage intitulé *Ye-youen-tchaï-pi-heng* :

---

(1) Il serait prématuré de faire connaître ici les caractères chimiques qui différencient ces diverses porcelaines; on les retrouvera plus loin.

A. SALVÉTAT.

« Les nouvelles porcelaines qu'on fabrique au bas de l'autel de la banlieue, ont déjà été comparées aux anciennes porcelaines appelées *Kouan-yao* (porcelaines des magistrats) et *Nei-yao* (porcelaines du palais), mais elles leur sont bien inférieures. Quant aux porcelaines de pâte noire (*Ou-ni-yao*) et à celles de *Yu-hang*, on peut encore moins les comparer aux porcelaines des magistrats (*Kouan-yao*).

19. *LI-CHOUI-YAO*.

麗水窰

Porcelaines de *Li-choui*.

C'étaient aussi des porcelaines qu'on fabriquait sous la dynastie des *Song* (960-1279). L'expression *Li-choui* désigne ici le district de *Li-choui-hien*, dans l'arrondissement de *Tch'ou-tcheou* (province du *Tche-kiang*). Ces porcelaines s'appelaient aussi *Tch'ou-yao* ou porcelaines de *Tch'ou-tcheou*. Elles étaient lourdes et épaisses, et ressemblaient par leur couleur à celles de *Long-thsiouen*. Il y en avait de pâles et de foncées; mais elles étaient bien inférieures à ces dernières sous le rapport du travail et de la forme.

20. *SIAO-YAO*.

蕭窰

Porcelaines de *Siao*.

Elles provenaient du village appelé *Pe-thou-tchin* (ou village de la terre blanche), situé dans le district de *Siao-hien* du département de *Siu-tcheou-fou* (dans la province du *Kiang-nan*). Un auteur dit : « Les porcelaines de *Pe-thou*,

白土窰 (*Pe-thou-yao*), se fabriquaient aussi du temps des *Song* (960-1279). Elles étaient faites avec une terre blanche. Ces vases étaient extrêmement minces et brillants. Tous étaient de couleur blanche; ils étaient fort beaux sous le rapport du travail et de la forme. »

On lit dans l'ouvrage intitulé *I-kien-tchi* : « Dans le village appelé *Pe-thou-tchin*, du district de *Siao-hien*, il y a environ trente fours où l'on cuit des vases blancs, c'est-à-dire de porcelaine blanche. La plupart des fabricants portent le nom de famille *Tseou*; ils sont sous les ordres d'un directeur général. Les ouvriers sont au nombre de plusieurs centaines. Ces porcelaines sont d'une belle fabrication. »

21. *KI-TCHEOU-YAO.*

吉州窰

Porcelaines de *Ki-tcheou*.

C'étaient des porcelaines du marché de *Yong-ho*, qui existait sous les *Song* (960-1279) dans l'arrondissement de *Ki-tcheou*, aujourd'hui *Lou-ling-hien*, dépendant de *Ki-ngan-hien* (dans la province du *Kouang-si*).

Jadis il y avait cinq manufactures (*littéralement* fours), qui toutes fournissaient des porcelaines blanches et violettes (1). Parmi ces dernières, il y en avait qui étaient du même genre que celles qu'on appelait *Tse-ting*, 紫定 (c'est-à-dire porcelaines violettes de *Ting-tcheou*). Les plus belles porcelaines de ces cinq manufactures étaient celles que fabriquait la famille *Chou*.

---

(1) Il est probable que ces porcelaines violettes étaient fabriquées à l'état de biscuit, et colorées ensuite avec un émail plombeux coloré par le manganèse. Cette considération reporterait à l'année 960 de notre ère les glaçures plombifères; ce n'est qu'en 1283 qu'un potier de Schelestadt trouva le procédé de vernir la poterie au moyen du plomb, et put créer une fabrication véritablement industrielle.

A. SALVÉTAT.

Chou-hong fabriquait des objets de curiosité (1). Sa fille, nommée *Chou-kiao*, excellait encore davantage dans la céramique. Ses cruches (*Lou*), ses jarres (*Ong*) se vendaient presque aussi cher que les porcelaines appelées *Ko-yao* (porcelaines du frère aîné, c'est-à-dire de *Tchang* aîné.) Ses grands vases lagènes pour mettre des fleurs, valaient chacun plusieurs onces d'argent; les petits étaient ornés de fleurs. Cependant, on lit dans l'ouvrage intitulé *Khe-kou-yao-lun* : « Ces porcelaines sont épaisses et d'une matière grossière; elles ne méritent pas une grande estime. »

Suivant l'ouvrage intitulé *Thang-chi-sse-khao*, les vases de la manufacture de *Ki-tcheou* ressemblent beaucoup à ceux de *Ting-tcheou*. On les tire aujourd'hui du village de *Yong-ho*, dans le département de *Ki-ngan-fou*.

La tradition rapporte qu'un jour les ouvriers ayant fabriqué des vases de porcelaine, et les ayant mis au four au moment où un ministre, appelé *Song-wen*, vint à passer, ils se changèrent tous en jade. Les ouvriers eurent peur que cet événement n'arrivât à la connaissance de l'empereur. Ils murèrent aussitôt l'ouverture du four et cessèrent d'y faire cuire de la porcelaine. Ils s'enfuirent à *Jao-tcheou*. C'est pourquoi à *King-te-tchin*, il y avait dans l'origine un grand nombre d'ouvriers en porcelaine, du village de *Yong-ho*.

Nous ferons remarquer que ce fait remonte au commencement de la dynastie des *Youen* (qui ont commencé à régner en 1260). Mais depuis que les *Ming* ont encouragé la fabrication de la porcelaine, tous les ouvriers appartiennent au pays de *Tchang-nan* (ancien nom de *King-te-tchin*).

---

(1) Ce passage donne bien l'idée que les glaçures plombifères étaient appliquées, à l'époque en question, d'une manière réellement industrielle.

A. SALVÉTAT.

22. *KIEN-YAO*.

建窯

Porcelaines de *Kien*.

C'étaient des porcelaines de l'ancien arrondissement de **Kien-tcheou**. Elles ont pris naissance sous la dynastie des *Song* (960-1279). Ce pays répondait au district actuel de **Kien-yang**, dépendant de **Kien-ning-fou** (dans la province du **Fo-kien**). La manufacture fut d'abord établie à **Kien-ngan**; plus tard, on la transféra à **Kien-yang**. Lorsque les *Youen* montèrent sur le trône (en 1260), elle était encore florissante.

La plupart des bols (*Ouan*, 盌) et des tasses (*Tsien*, 琖) qui en provenaient, étaient évasés; ils étaient minces, d'un noir pâle, et luisants. Il y en avait qui étaient semés de gouttes et de perles jaunes (1), de la couleur du poil de lièvre (*Hoang-thou-pan-ti-tchou*, 黃兔斑滴珠). Les plus grands étaient les seuls vrais.

Du temps des *Song* (960-1279), pour le thé, on estimait les bols (*Ouan*) évasés, et l'on mettait au premier rang les tasses de **Kien-ngan**, appelées *Thou-hao-tsien*, 兔毫琖 (*littéralement* tasses *poil-de-lièvre*).

On lit dans l'ouvrage intitulé *Thang-chi-sse-khao* :

---

(1) Le commerce des objets de curiosité n'offre que rarement des pièces présentant le caractère des gouttes et des perles. Le Musée céramique de Sèvres possède quelques échantillons intéressants de ce genre de fabrication, qu'on pourrait attribuer à des accidents de cuisson.

A. SALVÉTAT.

« Parmi les anciennes porcelaines de *Kien-ngan*, il y en a de minces qui ressemblent d'une manière extraordinaire à des vases des *Song*. »

23. *SIANG-YAO*.

象窯

Porcelaines de *Siang*.

C'étaient des porcelaines qu'on fabriquait après que les *Song* eurent passé dans le sud de la Chine (après l'an 1227). On ne connaît pas le pays d'où elles provenaient. Il y en avait à *raies de pattes de crabes* (蟹爪紋, *Hiaï-tchao-ouen*) (1). On estimait particulièrement celles qui étaient blanches et d'un beau poli. Celles qui étaient jaunes et d'une matière grossière, étaient de la dernière qualité.

On lit dans l'ouvrage intitulé *Thang-chi-sse-khao* : « Suivant quelques auteurs, les vases de *Siang* sortaient du district actuel de *Siang-chan*, dans le département de *Ning-po-fou* (province du *Tche-kiang*). A bien examiner les porcelaines de *Siang*, elles ressemblaient à celles de *Ting-tcheou*; seulement il y en avait beaucoup qui étaient d'une matière grossière, et de plus, sous le rapport du poli et du lustre, elles étaient décidément inférieures aux porcelaines de *Ting-tcheou*. Du reste, elles étaient encore au-dessous des porcelaines appelées *P'ong-yao*, que fabriquait *P'ong-kiun-p'ao* dans un village de *Ho-tcheou* (province du *Chan-si*). »

---

(1) Cette définition s'applique peut-être aux vases que nous nommons, en Europe, vases flammés, et qui sont très-estimés des amateurs. Il existe différentes espèces de crabes dont les pattes sont comme ornées de fins rubans de couleurs diverses, bleue, jaune, rouge, orange, d'un très-bel effet.

A. SALVÉTAT.

24. *YU-TSE-YAO.*

楡次窰

Porcelaines de *Yu-tse*.

C'étaient des porcelaines de l'ouest (*Si-yao*, 西窰). Le pays de *Yu-tse* répondait au district actuel du même nom, qui dépend de *Thaï-youen-fou* (province du *Chan-si*). Depuis la dynastie des *Thang* (618), on y fabriquait déjà de la porcelaine. Mais ces vases étaient faits alors avec une argile grossière. Ils étaient massifs et d'une simplicité antique.

25. *P'ING-YANG-YAO.*

平陽窰

Porcelaines de *P'ing-yang*.

C'étaient aussi des porcelaines de l'ouest que l'on fabriquait à *P'ing-yang-fou* (dans la province du *Chan-si*). On y faisait de la porcelaine sous les dynasties des *Thang* (618-907) et des *Song* (960-1279). Il y avait un four en briques qui était grand et pouvait contenir beaucoup de vases. Il y avait, en outre, un four en terre qui était petit et ne pouvait en contenir qu'un nombre médiocre. L'argile dont on se servait était blanche, mais l'émail manquait de pureté. C'est pourquoi la couleur de ces vases ne mérite pas d'être mentionnée.

26. *SO-TCHEOU-YAO.*

宿州窰

Porcelaines de *So-tcheou*.

C'étaient des porcelaines qu'on fabriquait sous la dynastie des *Song* (960-1279). Le pays de *So-tcheou* répondait à l'arrondissement actuel du même nom, dépendant de *Fong-*

yang-fou (dans la province du *Kiang-nan*). Ces vases ressemblaient, pour la couleur, à ceux de *Ting-tcheou*. A cette époque, on en faisait un commerce immense. Lorsque les vases de *Ting-tcheou* furent devenus un peu rares, dans le nord, beaucoup de personnes les vendaient pour des vases de *Ting-tcheou*; mais il est certain qu'ils étaient bien loin d'égaler les véritables porcelaines de *Ting-tcheou*.

27. *SSE-T'CHEOU-YAO.*

泗州窰

Porcelaines de *Sse-tcheou*.

A *Sse-tcheou*, dans la province du *Kiang-nan*, on fabriquait aussi de la porcelaine sous la dynastie des *Song* (960-1279). En général, les vases qui provenaient de ce pays, ressemblaient, pour la couleur, aux porcelaines de *Ting-tcheou*; seulement ils n'eurent point alors de réputation. Beaucoup de personnes, avides de bon marché, les achetaient pour tenir lieu des vases de *Ting-tcheou*.

Il y a des personnes qui disent que les vases de *Sse-tcheou* peuvent être mis exactement au même rang que ceux de *So-tcheou*.

28. *P'ONG-YAO.*

彭窰

Porcelaines de *P'ong* (nom d'homme).

C'étaient des porcelaines que fabriquait *P'ong-kiun-p'ao* 彭均寶, sous la dynastie de *Youen* (1260-1367), dans l'arrondissement de *Ho-tcheou* (province du *Kiang-nan*). La terre dont il faisait usage était fine, blanche et onctueuse. Ces vases étaient minces; ceux qui étaient d'un blanc uni étaient les plus estimés. Sous le rapport de la façon, ils imitaient les anciens vases de *Ting-tcheou* du genre appelé

Tche-yao, 折腰 (1). Ils étaient d'une forme correcte et régulière. A cette époque, on les vantait beaucoup sous le nom de *P'ong-yao*. Les plus beaux pouvaient aller de pair avec ceux de *Ting-tcheou*. Pour cette raison, on les appelait aussi *Sin-ting-khi*, 新定器, c'est-à-dire nouveaux vases de *Ting-tcheou*.

On lit dans l'ouvrage intitulé *Khe-kou-yao-lun* : « Les porcelaines de *P'ong-kiun-p'ao*, 彭均寶, qui vivait sous les *Youen* (Mongols de la Chine), imitaient les anciennes porcelaines de *Ting-tcheou*; elles avaient la forme appelée *Tche-yao*, 折腰 (*littéralement* ceinture comprimée). L'argile dont on se servait était fine et blanche; ils ressemblaient parfaitement aux vrais vases de *Ting-tcheou*, et les courtiers de commerce les donnaient communément pour des vases de *Ting-tcheou*. Comme ils étaient fabriqués à *Ho-tcheou* (province du *Kiang-nan*), on les appelait encore *Ho-yao*, 霍窯, ou porcelaines de *Ho-tcheou*. »

On lit dans l'ouvrage intitulé *Thang-chi-sse-khao* : « Ces porcelaines étaient fabriquées par *P'ong-kiun-p'ao*, qui était un ouvrier doreur du temps des *Youen* (1260-1367). Elles imitaient les vases de *Ting-tcheou*, et ressemblaient à ceux qu'on appelait *Pe-ting*, 白定 ; seulement, si on les comparait à ceux dont les bords étaient bleus, elles paraissaient manquer de lustre et de poli. Elles étaient exces-

---

(1) L'expression *tche-yao* signifie tantôt *plier sa ceinture*, c'est-à-dire se courber en saluant; tantôt *ceinture* (c'est-à-dire milieu du corps) *mince* et comme *comprimée*. C'est dans ce sens qu'on dit *Tche-yao-fong*, guêpe dont le corselet est rétréci, étranglé. (Cf. *Pei-wen-yun-fou*, liv. XVII, fol. 158, verso.) Je crois que dans cet endroit l'expression *tche-yao* veut dire que les vases dont il s'agit étaient étroits et comme comprimés au centre.

sivement fragiles, et il était fort difficile de les conserver longtemps. »

Dans les magasins de porcelaines anciennes, on les donnait souvent pour des porcelaines de *Ting-tcheou*, et à moins d'être un connaisseur habile, il était impossible d'en faire la différence.

29. *SIOUEN-TCHEOU-YAO.*

宣州窯

Porcelaines de *Siouen-tcheou*.

C'étaient des porcelaines qu'on fabriquait sous les *Youen* (1260-1367) et sous les *Ming* (1368-1661). Elles provenaient de *Siouen-tcheou* (province du *Kiang-nan*). La terre dont on se servait était d'une nature plastique; elles étaient fort minces et de couleur blanche.

30. *LIN-TCH'OUEN-YAO.*

臨川窯

Porcelaines de *Lin-tch'ouen*.

C'étaient des porcelaines qu'on fabriquait au commencement de la dynastie des *Youen* (1260). *Lin-tch'ouen* répondait au district actuel du même nom qui dépend de *Fou-tcheou-fou* (province du *Kiang-si*). La terre qu'on employait était une argile plastique de fine qualité; ces vases étaient minces et la plupart blancs avec une légère nuance de jaune. Il y en avait avec des fleurs grossièrement peintes.

31. *NAN-FONG-YAO.*

南豊窯

Porcelaines de *Nan-fong*.

Ces vases provenaient du district de *Nan-fong-hien*, dépendant aujourd'hui de *Kien-tchang-fou*, dans la province du *Kiang-si*. On y fabriquait de la porcelaine sous la dynastie des *Youen* (1260-1367). La terre dont on se servait était une argile plastique de fine qualité. Ces vases étaient un peu épais, et un grand nombre étaient ornés de fleurs bleues. Il y en avait dont la couleur ressemblait à celle des vases appelés *Thou-ting* (ou vases communs de *Ting-tcheou*).

On lit dans les Mémoires intitulés *Tsiang-ki* : « Comment se fait-il que ceux qui se livraient jadis à la fabrication de cette porcelaine aient obtenu un si grand succès (*littéralement* se soient élevés comme le soleil)? Mais aujourd'hui beaucoup de fabricants de l'arrondissement de *Jao-tcheou* sont accablés de dettes. J'en trouve plusieurs causes. Par exemple, les manufactures de *Lin-tch'ouen*, de *Kien-yang* et de *Nan-fong* exerçaient une sorte de monopole. »

D'après ce passage, tous les bénéfices qu'auraient pu faire les fabricants de porcelaine de *King-te-tchin*, étaient enlevés par ces trois villes. On voit par là que les porcelaines de *Lin-tch'ouen* et de *Nan-fong* étaient pareillement renommées du temps des Youen (1260-1367).

32. *LONG-CHANG-YAO*.

隴上窰

Porcelaines de l'est de *Long*.

Ce sont des porcelaines que l'on fabriquait à l'est du pays de *Long* et qui prirent naissance sous les *Ming* (1368-1661). Ce pays comprenait le district de *Hoa-ting-hien* et autres lieux dépendant de *P'ing-liang-fou* (dans la province du *Chen-si*). Quelques auteurs disent qu'elles étaient blanches ; d'autres disent qu'elles ressemblaient aux porcelaines de l'ouest (*Si-yao*, 西窰). En général, ces porcelaines sont d'une matière grossière, d'un travail médiocre et ne méritent aucune estime.

On lit dans l'ouvrage intitulé *Tsaï-khieou-hia-tchi* : « Dans le district de *Hoa-ting*, dépendant de *P'ing-liang*, on fabriquait, sous les *Ming*, des vases de porcelaine. C'était jadis la partie orientale du pays de *Long*. »

33. *NGEOU-YAO*.

歐窰

Porcelaines de *Ngeou* (nom d'homme).

C'étaient des porcelaines qui étaient fabriquées, sous le règne des *Ming* (1368-1661), par un homme du district de *I-hing*, dépendant de *Tch'ang-tcheou-fou*, dans la province du *Kiang-nan*. Comme son nom de famille était *Ngeou*, tout le monde les appelait *Ngeou-yao*, c'est-à-dire porcelaines de *Ngeou*. Il y avait des pièces qui, pour la craquelure, ressemblaient aux porcelaines connues sous le nom de *Ko-yao*, 哥窰, ou porcelaines de *Tchang* ainé ; d'autres, pour la couleur, ressemblaient aux porcelaines dites *Kouan-yao*, 官窰 et *Kiun-yao*, 均窰. Il y avait beaucoup de pièces ornées d'émaux ; c'étaient, par exemple, des vases à mettre des fleurs, des supports de boîtes, etc. Les porcelaines dont l'émail était veiné de rouge ou de bleu étaient les plus belles et les plus estimées. Les porcelaines de *Thang*, 唐窰, fabriquées à *Tchang-nan*, en étaient une imitation.

On lit dans l'ouvrage appelé *Thang-chi-sse-khao* : « Dans les manufactures de *I-hing*, il y avait des ouvriers qui fabriquaient spécialement des vases du genre *Ou*, qu'on appelait *Tse-cha-ou* (littéralement *Ou* en sable brun, c'est-à-dire en terre sablonneuse de couleur brune). »

Suivant le catalogue des vases *Ou*, pour le thé, par *Yang-tse* (*Yang-tse-ming-ou-sse*), parmi les fabricants renommés de vases du genre *Ou*, on cite particulièrement :

1°. *Chi-ta-pin*, 時大賓;

2°. *Li-tchong-fang*, 李仲芳;

3°. *Siu-yeou-thsiouen*, 徐友泉;

4°. *Tch'in-tchong-meï*, 陳仲美;

5°. *Tch'in-siun-khing*, 陳俊卿.

« Je ferai observer, ajoute l'auteur que nous traduisons, que les vases du genre *Ou* du district de *I-hing*, bien qu'appartenant à la céramique, n'étaient point de la même espèce que les vases de porcelaine ; c'est pourquoi nous ne les avons point admis dans le présent ouvrage où nous ne nous occupons que des véritables vases de porcelaine. »

34. *HONG-FONG-YAO*.

横峰窰

Porcelaines de *Hong-fong*.

Le pays de *Hong-fong* répondait au district de *Hing-ngan*, dépendant de *Kouang-sin-fou* (dans la province du *Kiang-si*). Anciennement il faisait partie du village de *Thaï-p'ing* du district de *I-yang*.

Sous les *Ming*, un homme de l'arrondissement de *Tch'ou-tcheou*, nommé *Kiu-tchi-kao*, vint en ce pays et y fonda une manufacture de porcelaine.

Dans la période *Kia-tsing* (1552-1566), comme la famine avait poussé le peuple au désordre, on changea le nom du village où était la manufacture de *Hong-fong*, et on en fit un district du nom de *Hing-ngan-hien*. Puis on transféra la fabrique à l'ouest du lac de *I-yang*, dans un endroit appelé *Ma-kang*. Les vases qui en provenaient s'appellent encore communément *Hong-fong-yao* ou porcelaines de *Hong-fong*; on les nomme aussi *I-khi*, 弋器, ou vases de *I*. Les *Ping*, 缾 (flacons), les *Kouan*, 罐 (pots), les *Kang*, 缸 (jarres), les *Yong*, 甕 (amphores), les *Pan*, 盤 (plats), les *Youen*, 盌 (bols), etc., qu'on fabrique à *Ma-kang*, sont extrêmement grossiers.

En faisant ci-dessus l'histoire des porcelaines antiques, nous n'avons commencé qu'à l'époque des *Tsin*, 晉 (265 après J.-C.). Ce fut sous cette dynastie qu'on fabriqua les vases de *Tong-ngeou*, 東甌, de *Kouan*, 關, et de *Lo*, 洛. Dans l'origine, on les désignait sous le nom général de *Thao-khi*, 陶器; c'est pourquoi nous avons fait usage du mot *Thao*. Quant aux autres, nous les avons tous appelés *Yao*, 窯. Or, jusqu'à l'époque des *Thang* (618), la porcelaine fut en grande vogue sous le nom de *Thao*, 陶; mais dès les premières années de cette dynastie, elle commença à recevoir le nom de *Yao*, 窯.

EXAMEN
DES
PORCELAINES
DE DIVERS ARRONDISSEMENTS ET DISTRICTS.

35. *HING-YAO.*

邢窯

Porcelaines de *Hing.*

Ces porcelaines proviennent du district de *Hing-thaï*, dé-dépendant de *Chun-te-fou*, dans la province du *Pe-tchi-li.* Depuis la dynastie des *Thang*, on y fabriquait déjà de la porcelaine. La terre qu'on employait était fine et d'une nature onctueuse. On estimait surtout les vases de couleur blanc uni. Anciennement, on les appelait *Pe-tse*, 白瓷, ou porcelaines blanches (de *Hing*). Maintenant il y en a aussi de différents modèles avec des dessins bleus.

On lit dans le Traité sur le Thé (de *Lo-yu*) : « Communément, on met la porcelaine de *Hing* au-dessus des vases de *Youeï*; mais la porcelaine de *Hing* ressemble à l'argent et à la neige; et comme elle est blanche, le thé y paraît de couleur rouge : elle semble donc ne pas valoir celle de *Youeï*. »

REMARQUE. — Dans le Livre du Thé, on ne parle de la porcelaine que pour l'appréciation du thé. Les vases de *Hing* sont aussi fort beaux et méritent d'être vus.

36. *TSE-TCHEOU-YAO.*

磁州窯

Porcelaines de *Tse-tcheou.*

Ces porcelaines ont pris naissance à *Tse-tcheou*, qui auciennement dépendait de *Tchang-te-fou*, dans la province du *Ho-nan*; maintenant il dépend de *Kouang-p'ing-fou*, dans la province du *Pe-tchi-li*.

Ce sont là les porcelaines qu'on appelle *Tse-khi*, 磁器.

On les a nommées ainsi, parce que la pâte qui sert à les fabriquer a pour base une pierre appelée *Tse-chi* ou pierre de l'arrondissement de *Tse-tcheou*. Les plus beaux vases de cette espèce ressemblent à ceux de *Ting*; seulement ils n'offrent point (de gouttes imitant) les traces des larmes (1). Il y en a aussi avec des fleurs ciselées ou des fleurs peintes. Ceux qui sont d'un blanc uni se vendent beaucoup plus cher que ceux de *Ting-tcheou*. Ils ont eu certainement de la réputation sous la dynastie des *Song*.

Aujourd'hui, par suite d'une erreur très-commune, on désigne généralement les vases de porcelaine par le mot *Tse-khi*. Les personnes qui emploient cette dénomination ignorent sans doute qu'elle s'applique particulièrement à l'espèce de porcelaine dont nous venons de parler.

37. *TE-HOA-YAO*.

德花窯

Porcelaines de *Te-hoa*.

C'est depuis les *Ming* qu'on a commencé à fabriquer des porcelaines à *Te-hoa*. Dans l'origine, ce nom désignait le district de *Te-hoa*, dépendant du département de *Thsiouen-tcheou-fou* (province du *Fo-kien*). Par suite d'un changement de circonscription, *Te-hoa* dépend mainte-

---

(1) L'auteur ne dit point si ce sont des gouttes accidentelles provenant de trop d'épaisseur dans quelques points de la couverte, ou si ce sont des ornements disposés avec intention.

A. Salvétat.

nant de l'arrondissement de *Yong-tchun-tcheou* (même province).

La plupart des coupes et des tasses qui en proviennent, ont les bords légèrement déprimés. On les appelle *Pe-tsè* (porcelaines blanches). Elles ont beaucoup de lustre et de poli; seulement elles sont fort épaisses. Cependant dans le nombre, il y en a de minces. Les statuettes de *Bouddha* qu'on y fabrique sont entrèmement belles. C'est là qu'on trouve aujourd'hui les porcelaines appelées *Kien-yao*, 建窯; mais elles sont loin de ressembler aux anciennes porcelaines du même nom.

38. *TCH'OU-YAO.*
處窯
Porcelaines de *Tch'ou.*

Le pays de *Tch'ou* répondait au département actuel de *Tch'ou-tcheou-fou* dans la province du *Tche-kiang*.

Dès le commencement de la dynastie des *Ming* (1368), on transféra en cet endroit la fabrication des porcelaines appelées *Long-thsiouen-khi,* 龍泉器, ou vases de *Long-thsiouen*, et dont l'inventeur était *Tchang,* 章. Mais de nos jours, on les a appelées vases *de Tch'ou* (處器, *Tch'ou-khi*). La terre dont elles sont faites est blanche et grossière, et elles ne sont ni cuites ni vernissées dans les règles. Il y a encore des personnes qui donnent à ces porcelaines le nom de *Long-thsiouen*; mais, en général, on ne saurait les comparer aux anciennes porcelaines de *Tchang* (章窯, *Tchang-yao*).

39. HIU-TCHEOU-YAO.

許州窰

Porcelaines de *Hiu-tcheou*.

C'étaient des vases que l'on fabriquait sous la dynastie des *Ming* (1368-1661), dans l'arrondissement de *Hiu-tcheou*, de la province du *Ho-nan*. On faisait usage de la pierre de *Tse-tcheou* (磁石, *Tse-chi*); c'étaient aussi des vases de porcelaine. Les uns étaient ornés de fleurs et les autres d'un blanc uni. Si on les compare aux vases fabriqués dans ces derniers temps à *Tse-tcheou*, on les trouve bien supérieurs. Quelques personnes disent que la fabrication de ces porcelaines a commencé sous les *Song* (960-1279).

40. HO-PE-YAO.

河北窰

Porcelaines du nord du fleuve Jaune.

C'étaient des porcelaines bleues qu'on a commencé à fabriquer depuis la dynastie des *Song* (960 de J.-C.). Le *Ho-pe* (*littéralement* nord du fleuve) répond au département actuel de *Weï-hoeï*, dans la province du *Ho-nan*. Anciennement il s'appelait *Ho-pe-ti* ou pays situé au nord du fleuve Jaune. Les vases qu'on y fabriquait ressemblaient pour la façon à ceux de *Jou-tcheou*; mais ils ne les égalaient ni pour l'émail, ni pour la matière. On peut tout au plus les mettre au même rang que les porcelaines de *Thang-i*, de *Teng-tcheou* et de *Yao-tcheou*.

41. HOAI-KHING-YAO.

懷慶窰

Porcelaines de *Hoaï-khing*.

Ces porcelaines proviennent de *Hoaï-khing-fou*, dans la

province du *Ho-nan*. Depuis les Ming (1368) jusqu'à nos jours (1815), on a continué à y fabriquer de la porcelaine.

42. *I-YANG-YAO.*

宜陽窯

Porcelaines de *I-yang*.

Ce sont des porcelaines du temps des Ming (1368-1661). Ce pays répond au district de *I-yang*, dans la province du *Ho-nan*. Maintenant on y fabrique encore de la porcelaine.

43. *TENG-FONG-YAO.*

登封窯

Porcelaines de *Teng-fong*.

Ces porcelaines ont pris naissance à l'avénement des Ming (1368). *Teng-fong* désigne le district du même nom, qui dépend du département de *Ho-nan-fou* (dans la province du *Ho-nan*). Maintenant on y fabrique encore de la porcelaine.

44. *CHEN-TCHEOU-YAO.*

陝州窯

Porcelaines de *Chen-tcheou*.

Chen-tcheou désigne ici l'arrondissement du même nom dans la province du *Ho-nan*. On a commencé sous les Ming (1368-1661) à y fabriquer de la porcelaine. Maintenant cette même industrie y subsiste encore.

45. *YEN-TCHEOU-YAO.*

兗州窯

Porcelaines de *Yen-tcheou*.

Ce sont des porcelaines fabriquées depuis les Ming (1368).

Le nom de *Yen-tcheou* comprend ici les districts de *Tseou-hien* et de *I-hien*, qui dépendent du département de *Yen-tcheou-fou* (dans la province du *Chan-tong*). Maintenant on y fabrique encore de la porcelaine.

46. *P'ING-TING-YAO*.

平定窯

Porcelaines de *P'ing-ting*.

Ce sont des porcelaines qu'on appelle aujourd'hui porcelaines de l'ouest (*Si-yao*, 西窯). Depuis les *Song* (960), on fabriquait déjà de la porcelaine dans l'arrondissement de *P'ing-ting-tcheou*. La terre dont on se servait était noire (probablement bitumineuse) et d'une nature grossière, et la couleur (de l'émail) était blanche avec une légère teinte de noir. Ces vases étaient épais et massifs. Les plats et les bols n'avaient aucune espèce de mérite. On les appelait communément 侷器, *Koua-khi*.

47. *HO-TCHEOU-YAO*.

霍州窯

Porcelaines de *Ho-tcheou*.

Ce sont aussi des porcelaines appelées aujourd'hui *Si-yao*, 西窯 (porcelaines de l'ouest). Le commencement de leur fabrication remonte aux *Thang* (618-907) et aux *Song* (960-1279). La terre qu'on employait était fine et leur surface paraissait onctueuse. Ces vases étaient minces et, en grande partie, de couleur blanche. Ils étaient plus beaux que ceux qu'on fabriquait à *P'ing-yang* (dans la province du *Chan-si*). A cette époque, pour les distinguer, on les appelait *Ho-khi* (ou vases de *Ho-tcheou*).

48. KOUANG-YAO.

廣窰

Vases dits *Porcelaines* de *Kouang* (*Kouang-tong*).

Ce sont des vases qu'on a commencé à fabriquer dans le district de *Yang-kiang*, dépendant de *Tchao-khing-fou* dans la province de *Kouang-tong*. Ils ressemblent aux porcelaines d'Europe. C'est pourquoi on lit dans la description (de la province de Canton) : « Dans le district de *Yang-kiang*, de la province de *Kouang-tong*, on fabrique de la porcelaine. » « J'ai vu, ajoute notre auteur, des vases de cette provenance, des *Lou* (jarres — lisez 罏, au lieu de 爐, réchauds), des *Ping* (vases lagènes), des *Tsien* (tasses), des *Thie* (plats), des *Ouan* (écuelles), des *Pan* (cuvettes), des *Ou* (vases en forme de carafe), des *Ho* (boîtes), etc. Ils étaient élégamment peints et agréables à la vue; mais, sous le rapport de la finesse, de la grâce et du poli, ils étaient bien au-dessous des beaux vases de porcelaine. On y remarque toujours des endroits où le manque d'émail laisse la matière à nu (ce qu'on appelle des *sourcils entaillés* et des *os découverts*). Ce sont des défauts qui inspirent le dégoût. »

Cependant les imitations qu'on en a faites à *King-te-tchin*, dans la manufacture de *Thang*, avaient de la grâce, du poli, et charmaient la vue. Elles étaient fort supérieures aux vases de *Kouang-tong* appelés *Kouang-yao*. En effet, ces derniers, ainsi que certains vases de *Tse-tcheou* et de *Hiu-tcheou*, etc., n'étaient point faits avec de la terre à porcelaine.

On lit dans l'ouvrage intitulé *Thao-tch'ing-ki-ssè* (Histoire de la Céramique) : « Il imite uniquement l'émail des porcelaines appelées *Kouang-yao* ou porcelaines de *Kouang-tong*, et une espèce particulière d'émail qui est ponctué de bleu. »

Notre auteur fait observer, en finissant, qu'on imitait aussi ces vases dans la manufacture fondée par *Thang*.

EXAMEN
DES
PORCELAINES ÉTRANGÈRES.

49. *KAO-LI-YAO.*
高麗窰
Porcelaines de la Corée.

Ce sont des porcelaines que l'on fabrique en Corée. J'ignore à quelle époque elles ont pris naissance. Elles sont extrèmement minces et leur émail ressemble un peu à celui de *King-te-tchin*. Il y en a d'un bleu pâle qui ressemblent à celles de *Long-thsiouen*; d'autres ont de petites fleurs et ressemblent aux porcelaines dites *Pé-ting*, c'est-à-dire vases blancs de *Ting* du temps des *Song* du nord (1004-1127). Si elles sont ornées de branches de fleurs blanches, elles n'ont dans ce royaume (Corée) qu'une valeur médiocre. En général, elles ressemblent pour la forme aux porcelaines de *Youeï*, de *Jou-tcheou* et à celles qu'on appelle *Pi-se-yao* (littéralement porcelaines de couleur cachée). Mais les tasses en forme de courge, appelées *Tsun*, 尊, et les jarres en forme de lion, du nom de *Lou*, 鑪, sont regardées comme fort remarquables.

50. *TA-CHI-YAO.*
大食窰
Porcelaines des Arabes.

Ce sont des vases fabriqués par les Arabes. On fait l'*os* (l'excipient) avec du cuivre, et à l'aide de certains ingrédients, on compose et l'on y applique des ornements gracieux de toutes couleurs. Les personnes qui ont vu des bols, des tasses, des vases lagènes et des boîtes de ce genre de porcelaine, disent qu'ils ressemblent beaucoup aux vases à incrustations, 嵌器, *K'ien-khi* (ou ornés d'émaux), de *Fo-lang* (de France) (1). J'ignore à quelle époque ils ont pris naissance.

51. *FO-LANG-K'IEN-YAO.*

佛郎嵌窯

Porcelaines à incrustations (ornées d'émaux) de *Fo-lang* (de France).

On les appelle aussi *Kouei-koue-yao*, 鬼國窯 (porcelaines du royaume des démons); ce sont précisément les vases qu'on nomme aujourd'hui *Fa-lan*, 發籃, et plus incorrectement, *Fa-lang*, 法瑯 (émaux). Ces porcelaines (sic) sont très-petites; pour la forme, elles ressemblent aux vases appelés *Lou-khi*, 爐器 (lisez 鑪器). Leur excipient est également en cuivre; et à l'aide d'ingrédients de couleur, 色藥 (*Se-yo*), on y incruste des ornements de diverses couleurs qui, après avoir passé au feu, paraissent pleins de charme et d'éclat.

On lit dans l'ouvrage intitulé *Thang-chi-sse-khao* : « Maintenant des hommes de la province du *Yun-nan*, qui sont

---

(1) Ce fait présente par lui-même une très-grande importance pour l'histoire des progrès industriels des peuples. On sait qu'on fait à la Chine de l'émaillage sur cuivre avec une grande perfection. Il paraîtrait résulter de ce passage et de l'article qui suit, que les Chinois n'ont fait ces émaux qu'en imitation des produits que l'Europe, et peut-être la France, leur envoyait sous forme d'échange.

A. SALVÉTAT.

établis dans la capitale, fabriquent une grande quantité de tasses pour le vin (eau-de-vie de riz), qui ressemblent aux *vases à incrustations* (c'est-à-dire ornés d'émaux) de *Fo-lang* (de France) ; on les appelle *Koueï-koue-k'ien*, ou *vases à incrustations*, 嵌, c'est-à-dire *émaux*, du royaume des démons. »

52. *YANG-TSE-YAO.*

洋磁窰

Porcelaines (*sic*) ornées d'émaux.

Ce sont des objets qu'on a commencé à fabriquer dans le royaume du *Kou-li*, 古里, qui est baigné par la mer occidentale. On ne sait pas à quelle époque ils ont pris naissance. Leur os (excipient) est également en cuivre

Ces vases sont fort minces ; on y incruste de l'émail opaque et l'on fait cuire (1).

Il y en a qui offrent des ornements de diverses couleurs, qui leur donnent un aspect charmant. Si on les frappe, ils rendent le son du cuivre. On les appelle communément *Yang-tse* (émaux), mais sous le rapport du poli, de la grâce et de la beauté, ils sont loin d'égaler les véritables porcelaines (de Chine). Maintenant à *Kouang-tong* (Canton), on en fait de nombreuses imitations.

On lit dans l'ouvrage intitulé *Thang-chi-sse-khao* : « Bien

---

(1) On comprend facilement, d'après ce passage, qu'il est question des émaux incrustés ou cloisonnés, qu'on appelle aussi chez nous *émaux byzantins*. J'ai vu plusieurs pièces de ce genre de travail, rapportées de Chine, qui joignaient aux qualités d'une œuvre d'art un grand mérite industriel.

A. SALVÉTAT.

que les vases appelés *Yang-tse* et autres du même genre aient de belles couleurs et plaisent aux yeux, cependant ils manquent d'élégance, de poli et de finesse. C'est tout au plus s'ils peuvent servir dans l'appartement des femmes Ils sont certainement indignes de figurer avec honneur dans la maison des lettrés et des magistrats. »

LIVRE II.

ORIGINE DES PORCELAINES DE KING-TE-TCHIN.

LIVRE II.

ORIGINE DES PORCELAINES DE KING-TE-TCHIN.

53. *KING-TE-KHI.*

景德器

Vases de *King-te*.

On a commencé à les imiter (1) sous les *Youen* (Mongols de la Chine, 1260-1368). Primitivement, c'étaient des porcelaines fabriquées sous les *Song* du nord (1004-1127), dans le pays appelé aujourd'hui *King-te-tchin* (dépendant de l'arrondissement de *Jao-tcheou*, dans la province du *Kiang-si*).

54. *SONG-KHI.*

宋器

Vases des *Song*.

On a commencé à les imiter sous les *Ming* (qui montèrent sur le trône en 1368). Ce sont des vases ressemblant par

---

(1) Pour bien comprendre le mot *imiter*, qui est la traduction fidèle de l'expression chinoise, il faut admettre qu'en Chine, comme partout ailleurs, les objets antiques sont en grande estime, et qu'on a dû s'attacher, à *King-te-tchin*, à reproduire comme forme, comme décoration et comme matière même, des pièces fabriquées dans les siècles précédents, et qui étaient devenues trop chères ou introuvables.

A. SALVÉTAT.

leur forme antique aux porcelaines qu'on fabriquait jadis à *King-te-tchin*, après la période *King-te* (1004-1007), et qu'on expédiait (à la capitale) pour l'usage du palais. C'est pourquoi ces imitations s'appellent encore *Fa-song-khi*,

發宋器 (*littéralement* vases envoyés [au palais des] *Song*).

55. *SIANG-HOU-KHI*.

湘湖器

Vases du lac *Siang*.

On a commencé à les imiter dans la manufacture de *Thang-ing*. Primitivement on les achetait, sous les *Song*, au marché du lac *Siang* (1).

56. *HOU-THIEN-KHI*.

湖田器

Vases du village de *Hou-thien*.

On a commencé à les imiter sous les *Ming*. Dans l'origine, c'étaient des porcelaines qu'on fabriquait sous les *Youen* (Mongols de la Chine, 1260-1368), dans le voisinage de *King-te-tchin*.

57. *HONG-KHI*.

洪器

Vases de *Hong* (c'est-à-dire de la période *Hong-wou*).

On a commencé à les imiter dans la manufacture de *Thang-ing* (2). Anciennement c'étaient des vases qu'on fabri-

---

(1) Ce lac était situé dans le district de *Siao-chan*, dépendant du département de *Chao-hing-fou*, dans la province du *Tche-kiang*.

(2) *Thang-ing* vivait sous l'empereur *Khien-long* (1736-1795).

quait à la manufacture impériale, dans la période *Hong-wou* (1368-1398), sous la dynastie des *Ming*.

58. *YONG-LO-KHI.*
永樂器

Vases de la période de *Yong-lo* (1403-1424).

On a commencé à les imiter dans la manufacture de *Thang-ing*.

59. *SIOUEN-TE-KHI.*
宣德器

Vases de la période *Siouen-te* (1426-1435).

On les a imités dans la manufacture de *Nien-hi-yao*.

60. *TCH'ING-HOA-KHI.*
成化器

Vases de la période *Tch'ing-hoa* (1465-1487).

On les a imités dans la manufacture de *Nien-hi-yao*.

61. *TCHING-TE-KHI.*
正德器

Vases de la période *Tching-te* (1506-1521).

On les a imités dans la manufacture de *Thang-ing*.

62. *KIA-TSING-KHI.*
嘉靖器

Vases de la période *Kia-tsing* (1522-1566).

On les a imités dans la manufacture de *Thang-ing*.

63. *LONG-WAN-KHI.*

隆萬器

Vases des périodes *Long-khing* (1567-1572) et *Wan-li* (1573-1619).

Ils ont été imités dans la manufacture de *Thang-ing.*

Les vases ci-dessus (n⁰ˢ 53 à 63) se fabriquaient sous les *Ming*, dans la manufacture impériale.

64. *NGEOU-KHI.*

歐器

Vases de *Ngeou* (nom d'homme).

Ils ont été imités également dans la manufacture de *Thang-ing*. Dans l'origine, ils provenaient de la manufacture de *Ngeou*, qui existait sous les *Ming*, dans l'arrondissement de *I-hing* (province du *Tche-kiang*).

63. *KOUANG-KHI.*

廣器

Vases de *Kouang-tong*.

Ils ont été imités dans la manufacture de *Thang*. Ce sont des porcelaines qu'on fabriquait dans le district de *Kiang-yang* (1), de la province de *Kouang-tong*.

---

(1) Il y a une faute dans le texte, où on lit *Kiang-yang*, au lieu de *Yang-kiang*. Un autre passage de l'ouvrage chinois (liv. VII, fol. 15) nous apprend qu'il faut lire *Yang-kiang*, district dépendant du département de *Tchao-khing-fou*, dans la province du *Kouang-tong*. La géographie chinoise nous offre bien le nom de *Kiang-yang*, mais c'est aujourd'hui le chef-lieu du *Kiang-tou-hien*, dépendant de *Yang-tcheou-fou*, dans la province de *Kiang-sou*. Du reste, le mot *Kouang* pour *Kouang-tong* justifie tout à fait la correction que nous a suggérée le liv. VII, fol. 15.

66. *KIUN-KHI.*

鈞器

Vases de l'arrondissement de *Kiun-tcheou*.

On a commencé à les imiter sur la fin de la dynastie des *Song* (qui a cessé de régner en 1279). Primitivement c'étaient des porcelaines qu'on fabriquait à *Yu-tcheou* (1), au commencement de la dynastie des *Song* (960).

67. *TSOUI-KHI.*

碎器

Vases fendillés (craquelés) (2).

On a commencé à les imiter sous les *Youen* (Mongols de la Chine, 1260-1368). Primitivement c'étaient des porcelaines fabriquées sous les *Song*, dans le district de *Fen* (3),

---

(1) *Yu-tcheou* dépendait de *Khaï-fong-fou*, dans la province du *Ho-nan*. Dans le texte chinois, on lit par erreur 均, *Kiun*, au lieu du mot que nous avons adopté d'après un autre passage du texte original, liv. VI, fol. 6.

(2) Ce sont ces vases qui offrent sur leur glaçure des tressaillures très-régulièrement disposées. Ils ont en Europe une assez grande valeur. Les craquelures sont tantôt noires, tantôt rougeâtres. On sait, en Chine, le moyen de les faire naître à volonté. Nous verrons plus loin comment on modifie la composition de la couverte pour qu'elle se fendille pendant le refroidissement. On attribue en Europe le défaut de tressailler, qui devient dans ce cas une qualité précieuse, à des différences considérables de dilatabilité entre le corps de pâte et la glaçure vitreuse qui le recouvre.

A. Salvétat.

(3) Il y a une faute dans le texte, où on lit 分 au lieu de 汾.

dépendant de l'arrondissement de *Ki-tcheou* (province du *Chan-si*).

68. *TSE-KIN-YEOU-KHI.*

紫金釉器

Vases dont l'émail est couleur *feuille-morte* (1).

On a commencé à les imiter sous les *Ming* (1368-....), dans la manufacture impériale (2).

69. *KOUAN-KOU-KHI.*

官古器

Vases anciens à l'usage des magistrats.

Ce sont les vases les plus finement travaillés, qui proviennent de *King-te-tchin*. On les appelle généralement *Kouan-kou*, 官古. Ils sont très-variés de modèle et de forme. Leur fabrication a pris naissance sous la dynastie des *Ming*.

On choisit les matières les plus fines, les plus pures et les plus belles, exactement comme pour les vases de la manufacture impériale qui sont destinés aux magistrats. On les appelle ainsi, parce qu'ils sont dignes de servir aux magistrats.

---

(1) *Voyez*, liv. VI, le chapitre des différentes sortes d'émail, n° 1.

(2) Aujourd'hui, on connaît bien en France à quelles espèces de porcelaine s'applique la désignation de *Tse-kin*. On les imite parfaitement dans plusieurs fabriques. La coloration brune, qui se rapproche assez de l'aspect de l'or bruni, paraît être due à du peroxyde de fer vernissé par un silicate alumino-calcaire et alcalin. Nous reviendrons plus loin sur ce sujet.

A. SALVÉTAT.

Parmi les vases appelés aujourd'hui *Kouan-kou* (anciens *vases* pour les magistrats), les uns sont peints avec du bleu de troisième qualité appelé *Hoen-chouï-tsing*, 混水青; d'autres portent des dessins bleu-pâle; il y en a enfin qui imitent les porcelaines célèbres de l'antiquité, et dont l'émail est comme glacé (ou ressemble à de la glace).

On se tromperait gravement si l'on supposait que ce sont les vraies porcelaines dites *Kouan-yao*, 官窑 (porcelaines à l'usage des magistrats), que l'on fabriquait sous les *Song* (960-1279), dans les pays de *Pien* (1) et de *Hang* (2).

70. *KIA-KOUAN-KOU-KHI.*
假官古器

Faux vases antiques à l'usage des magistrats.

Ils ont pris naissance sous la dynastie des *Ming* (1368-....). Ce ne sont point des imitations des porcelaines de *Pien* et de *Hang* (*voir* l'article précédent) qui étaient destinées aux magistrats. A en juger d'après l'apparence, ces porcelaines de *King-te-tchin*, qui sont fines et minces, et qui sont destinées fictivement à remplacer les vases antiques à l'usage des magistrats, 官古 (*Kouan-kou*), leur sont bien inférieures sous le rapport de la matière et de la couleur; seulement, elles offrent les mêmes modèles de fleurs. Il y a des hommes qui se livrent uniquement à la fabrication de cette

---

(1) Ce mot désigne l'arrondissement de *Pien-tcheou*, aujourd'hui *Khaï-fong-fou*, dans la province du *Ho-nan*.

(2) Ce mot désigne *Hang-tcheou-fou*, nom d'un département et de la capitale de la province du *Tche-kiang*.

espèce de vases qu'on appelle (à tort) *Tchong-kouan-kou,*

充官古 (c'est-à-dire pouvant tenir lieu des *vases* antiques à l'usage des magistrats).

71. *CHANG-KOU-KHI.*

上古器

Vases de la haute antiquité.

Ils ont pris naissance sous les *Ming*, dont la dynastie est montée sur le trône en 1368. Les porcelaines de *King-te-tchin*, d'une finesse de second ordre, portent le nom général de *Chang-kou-khi*, 上古器, ou vases de la haute antiquité. Elles sont fort remarquables sous le rapport de la matière et du travail. Si on les appelle *Chang-kou* (de la haute antiquité), c'est qu'ordinairement on estime les *vases antiques;* ce nom ne vient donc point de ce qu'elles imitent (véritablement) les modèles de vases de la dynastie des *Song* (960-1279). Il y a des auteurs qui disent que, pour la finesse de la matière, elles semblent l'emporter de beaucoup sur les porcelaines de la période *King-te* (des *Song*, 1004-1007).

72. *TCHONG-KOU-KHI.*

中古器

Vases de la moyenne antiquité.

Depuis la dynastie des *Ming* (1368), les porcelaines de *King-te-tchin* s'appellent généralement *Tchong-kou-khi* (vases de la moyenne antiquité). Ce sont des porcelaines d'une certaine finesse, mais inférieures à celles qui précèdent. En effet, sous le rapport de la matière, elles sont loin d'égaler celles qu'on appelle *Chang-kou-khi* ou vases de la haute antiquité. C'est pourquoi on leur a appliqué le nom de *Tchong-kou* (moyenne antiquité), expression qui, comme la précédente (*Chang-kou,* haute antiquité), indique le degré d'estime qu'on y attache.

73. *YEOU-KOU-KHI.*

沏古器

Vases antiques émaillés.

C'est une contrefaçon des vases appelés *Tchong-kou-khi* (vases de l'antiquité moyenne, n° 72). Ceux qu'on a fabriqués dans ces derniers temps et qu'on fabrique encore aujourd'hui, ne diffèrent ni par les modèles de fleurs, ni par la couleur de l'émail, des *Tchong-kou* (vases de la moyenne antiquité, n° 72); mais la matière qui forme le corps de ces vases n'est pas d'une belle qualité. Dès qu'on a vu paraître les *Yeou-kou-khi* (vases antiques, émaillés), les vrais *Tchong-kou* (vases de la moyenne antiquité) ont acquis une grande valeur.

74. *TCH'ANG-KOU-KHI.*

常古器

Vases antiques, ordinaires, ou pour l'usage ordinaire.

Ce sont des vases un peu grossiers qui sortent des fabriques de *King-te-tchin.* On les désigne par le terme général de *Tch'ang-kou* (*littéralement* antiques, ordinaires). Ils ne sont remarquables ni par la matière ni par le travail, et ne sont propres qu'aux usages ordinaires de la vie. Si on les appelle antiques (*Kou*), c'est uniquement pour les distinguer des vases communs appelés *Fan-mao,* 飯冒, etc. Les fabricants de vases *antiques émaillés* (*Yeou-kou-khi,* n° 72), font en même temps des vases *antiques ordinaires* (*Tch'ang-kou-khi*).

75. *SIAO-KOU-KHI.*

小古器

Petits vases antiques.

Ce sont de petits vases de forme arrondie, comme des *Tsien*, 琖 (tasses), des *Peï*, 盃 (coupes), des *Ouan* (bols), des *Thie*, 碟 (assiettes), etc., que l'on fabrique particulièrement à *King-te-tchin*. Sous le rapport de la matière et de la façon, ils ressemblent aux *Tchong-kou* (vases de la moyenne antiquité, n° 72); mais si on les compare aux *Tch'ang-kou* (vases *antiques ordinaires*, n° 74), ils leur sont supérieurs d'un degré. Vulgairement, on leur donne aussi la qualification d'*antiques* (*Kou*).

76. *FAN-KHI.*

飯器

Vases pour le riz.

Ce sont les vases les plus grossiers et les plus médiocres de *King-te-tchin*. Ils sont lourds et épais, et leur façon accuse la maladresse et la négligence de l'ouvrier. On les appelle en général *Fan-ho*, 飯貨 (*littéralement* marchandise pour le riz); le peuple les désigne par le terme de *Tcha-mao*, 渣冒 (vases faits avec des résidus grossiers de pâte) et par d'autres noms du même genre.

77. *TSEU-FA-KHI.*

子法器

Vases appelés *Tseu-khi* et *Fa-khi*

Il y a des fabricants qui font uniquement de ces sortes de

vases. On en voit de grands et de petits, de porcelaine fine et de porcelaine grossière. Chacun de ces vases (du genre *Tseu-chi* ou *Fa-chi*) participe de la forme appelée *Li-chi* (forme de poire, — voir l'article suivant). Ceux qu'on appelle *Tseu-chi-khi*, 子式器, sont larges et droits en haut; la partie inférieure va en diminuant jusqu'à la base, qui est plate.

Les vases appelés *Fa-chi-khi*, 法式器, ont une ouverture légèrement élargie; ils sont comprimés au centre, et la partie inférieure est droite.

Les vases dits *Tseu-chi* sont d'une forme un peu allongée; les vases *Fa-chi* sont légèrement aplatis.

78. *TSEU-LI-KHI.*

子梨器

Vases appelés *Tseu-li-khi.*

Les vases de *King-te-tchin*, qu'on appelle actuellement *Tseu-fa-khi* (ou vases *Tseu-chi* et *Fa-chi*), ont été changés par quelques fabricants en vases *Tseu-li-khi* (ou vases *Tseu-chi* et *Li-chi*). Dans le genre *Tseu-chi*, il y en a de grands et de petits, de fins et de grossiers. Ceux qu'on appelle *Li-chi* (forme de poire) ont une ouverture aplatie et une forme ronde; ils ressemblent un peu à une poire; quelques-uns de ces derniers participent de la forme du *K'ing* (instrument de musique en pierre sonore).

79. *THO-TAI-KHI.*

脫胎器

Littéralement vases sans embryon (excipient de la glaçure) (1).

Les fabricants de *King-te-tchin*, qui s'appliquent spécia-

---

(1) Il n'y a pas de difficulté pour saisir à quelle espèce de produit

lement à faire de ces vases, en vendent qu'on appelle *Pouan-tho-taï*, 半 脫 胎, c'est-à-dire demi *tho-taï* (vases dont l'embryon (1) a été enlevé à moitié); ils sont extrêmement minces. Il y en a qu'on appelle *Tchin-hio-taï*, 眞 脫 胎, ou vrais *Tho-taï*, qui sont minces comme du papier. Ils sont d'une finesse et d'une beauté admirables.

L'expression *tho-taï* (ôter l'embryon, l'intérieur) veut dire qu'on enlève (*tho*) la matière qui constitue le vase brut (*taï*), et qu'ils semblent purement faits avec de l'émail.

80. *TIEN-PE-KHI*.

填白器

Vases appelés *Tien-pe-khi*.

Cette espèce de vases, ainsi que les *Tho-taï* (n° 79), ont pris naissance sous la dynastie des Ming (1368-....). On en distingue deux sortes, les uns d'un travail fin et délicat, les autres d'un travail grossier.

---

s'applique cette désignation. On sait qu'on fait en Chine des tasses aussi minces qu'une coquille d'œuf : on a pu les imiter à Sèvres, principalement dans ces dernières années. La pâte enduite de couverte est si mince, qu'il semble que le tourneur ait tout enlevé. Il faut pour faire ces pièces sur le tour une habileté très-grande. Il y a moins de difficultés à vaincre pour les obtenir par le coulage. Toutefois ces pièces, qui étonnent par leur légèreté, offrent encore dans leur fabrication des tours de mains délicats.

A. Salvétat.

(1) Le mot *taï* (*littéralement* embryon), désigne, comme on le verra plus bas, la matière qui constitue le corps ordinaire d'un vase de porcelaine brute, et sur laquelle on applique la couverte; dans le cas dont il s'agit, cette matière est réduite à la moitié de son épaisseur. Dans le cas suivant, elle paraît tout à fait supprimée, et (quoique cela semble presque impossible) le vase ne se compose plus que de glaçure.

L'expression *Tien-pe* (*littéralement* remplir le blanc) indique que ce sont des vases entièrement blancs que l'on doit couvrir (*littéralement* remplir), orner de peintures (1).

Anciennement, on écrivait *Tien-pe*, 甜白, épithètes qui exprimaient peut-être la pureté (la blancheur *pure*) de ces vases.

81. *YANG-KHI.*

洋器

Vases pour les étrangers (*littéralement* vases des mers).

On appelle ainsi les vases qui sont spécialement destinés à être vendus au delà des mers.

Les marchands, qui sont la plupart de Canton, les achètent pour les revendre aux **diables des mers** (c'est-à-dire aux peuples étrangers, — Européens ou Américains), qui les portent dans leurs marchés. Les formes de ces vases témoignent la plupart d'une habileté fort remarquable, mais les modèles changent presque chaque année.

82. *TONG-TSING-KHI.*

東青器

Vases bleu oriental.

Ce sont des porcelaines provenant de *King-te-tchin*, où certains fabricants s'appliquent spécialement à imiter les

---

(1) Pour bien saisir à quels vases l'auteur applique cette dénomination, il faut ne pas perdre de vue que la majeure partie des pièces de porcelaine chinoise est ornée de décorations en bleu sous couverte.

A. SALVÉTAT.

vases *bleu oriental*. On en distingue de fins et de communs, de grands et de petits. Les plus beaux sont ceux qui sortent des fabriques où l'on fait en même temps les vases appelés *Kouan-kou*, 官古, c'est-à-dire vases antiques à l'usage des magistrats. Quelques personnes les désignent, par erreur, sous le nom de *Tong-tsing* (1), 冬青, ou 凍青. Mais, en général, ils ont absolument le même émail que les vases qu'ils sont destinés à imiter.

83. *TSI-HONG-KHI*.

霽紅器

Vases rouges comme le soleil qui apparaît après la pluie (2).

Il y a peu de potiers (3) qui soient capables de fabriquer les vases appelés *Tsi-hong*. Personne ne se livre spécialement à ce genre de travail. Il n'y a que ceux qui fabriquent les beaux vases dits *Kouan-kou*, 官古 (vases antiques pour les magistrats), qui sachent les imiter.

---

(1) Dans la première expression, le mot *tong* veut dire *hiver*; dans la seconde, *glace*; ces deux mots ont été employés à tort pour *tong* orient, oriental.

(2) Ce nom que nous développons ici, signifie littéralement : *Tsi* (ciel clair après la pluie), *hong* (rouge), *khi* (vases).

(3) Cette opinion est conforme à ce que nous savons des difficultés qu'on éprouve à maintenir à une haute température, en présence d'un excès d'air, l'oxyde de cuivre à l'état de silicate de protoxyde. Nous aurons occasion de revenir plus loin sur cet intéressant sujet.

A. SALVÉTAT.

84. *TSI-TSING-KHI.*

霽青器

Vases bleus comme le ciel après la pluie.

Ce sont aussi les fabricants de *Kouan-kou* (vases antiques pour les magistrats) qui s'occupent en même temps de les imiter. A *King-te-tchin*, il n'y a aucune manufacture où l'on fabrique spécialement les vases appelés *Tsi-tsing-khi*, 霽青器. Ceux qui ont toute la finesse et la beauté désirables peuvent être mis au nombre des porcelaines du premier ordre; ils jouissent communément de la même estime que les beaux vases appelés *Tsi-hong-khi* (n° 83). Aujourd'hui on écrit par erreur *Tsi-tsing*, 濟青 (1).

85. *LONG-THSIOUEN-KHI.*

龍泉器

Vases de *Long-thsiouen*.

Dans l'origine, il y avait à *King-te-tchin* des potiers qui se livraient spécialement à la fabrication de ce genre de vases; mais maintenant il n'y a plus que les fabricants de *Kouan-kou* et de *Kouan-tchong-kou* (vases antiques et vases de la moyenne antiquité, à l'usage des magistrats) qui s'appliquent à les imiter.

Ceux qui font des 碎器, *Tsouï-khi* (vases craquelés),

---

(1) Cette expression est fort incorrecte, car le premier mot signifie *passer une rivière*.

56 LIVRE DEUXIÈME.

imitent aussi l'émail des vases de *Long-thsiouen* (1); mais, soit qu'on les fabrique d'une manière spéciale, soit qu'on les fabrique avec d'autres vases, on en distingue de fins et de communs, de grands et de petits, de couleur pâle et de couleur foncée.

86. *PE-TING-KHI.*

白定器

Vases blancs, appelés *Pe-ting*.

Les potiers qui se livrent spécialement à la fabrication des vases appelés *Pe-ting*, par exemple des *Mi*, 盌 (coupes), des *Peï*, 盃 (tasses), des *Ouan*, 盌 (bols), des *Thie*, 碟 (assiettes), etc., font, en outre, une multitude de petits objets de curiosité, fins et communs. Dans chaque ma-

---

(1) Sous la dynastie des *Song*, *Long-thsiouen* était un district dépendant de *Tch'ou-tcheou-fou*, dans la province du *Tche-kiang*. *Long-thsiouen* est donc le nom d'une localité renommée dans laquelle on fabriquait une assez grande quantité de produits. On verra plus loin que ces porcelaines étaient généralement de couleur bleue, pâle ou foncée. Le P. d'Entrecolles leur attribue la couleur *vert-olive* et ne paraît pas avoir compris que *Long-thsiouen* fut un nom de lieu. En traitant le même sujet dans mon Introduction, j'ai discuté cette question de couleur, et je crois avoir montré, par des témoignages irrécusables, que la *couleur bleue* était le caractère dominant des porcelaines anciennes qui provenaient de *Long-thsiouen*. Cependant, comme du temps du P. d'Entrecolles, cette porcelaine se nommait aussi *Tsing-ko* (mot à mot *fruit vert*, — suivant lui « fruit qui ressemble à l'*olive* »), il peut se faire qu'à cette époque on ait donné le nom de « porcelaines de *Long-thsiouen* » à des pièces qui offraient une coloration verte ou verdâtre. M. Natalis Rondot a fait la même observation à l'époque où il se trouvait en Chine.

nufacture, il n'y a pas de potier qui n'en fabrique. On en voit aussi avec des fleurs bleues.

87. *JOU-KHI.*

汝器

Vases de *Jou-tcheou.*

A *King-te-tchin*, les fabricants de grands vases appelés *Kouan-kou* (vases antiques à l'usage des magistrats), etc., imitent la plupart la glaçure et la couleur des porcelaines nommées *Jou-yao* (porcelaines de *Jou-tcheou*).

Les plus belles de ce genre s'appellent vulgairement *Yu-kouo-thien-tsing*, 雨過天靑 (vases ayant la teinte bleue du ciel après la pluie).

88. *KOUAN-YAO-KHI.*

官窑器

Vases appelés *Porcelaines des magistrats.*

Depuis l'origine, il y a eu à *King-te-tchin* des potiers qui se livraient spécialement à l'imitation de ces sortes de vases ; maintenant ils ne sont plus fabriqués que par les potiers qui imitent les *Tsouï-khi*, 碎器 (vases craquelés). Ceux qu'on imite à la manufacture impériale sont encore plus beaux.

89. *KO-KHI.*

哥器

Vases appelés *Ko-khi* ou vases du frère aîné (1).

A *King-te-tchin*, il n'y a aucun potier qui se livre spé-

---

(1) Voyez n° 93, l'article intitulé *Ko-yao.*

cialement à cette fabrication. Il n'y a que les fabricants de vases craquelés qui les imitent; ce qui leur a fait donner le nom général de *Ko-yao-hou*, 哥 窯 戶 (fabricants de porcelaines appelées *Ko-yao*).

Les anciens fabricants savaient distinguer l'origine de ces porcelaines ; aujourd'hui ceux qui imitent les vases appelés *Ko-yao*, se contentent de les faire d'après un modèle convenu, mais ils ignorent complétement d'où vient le nom de ces vases (1).

---

(1) Nous voyons dans le texte chinois, liv. 6, fol. 5, que les *Ko-yao* (ou porcelaines du frère aîné) se fabriquaient sous les *Song* (960-1279). Il y avait deux frères dont le nom de famille était *Tchang*, 章, qui avaient chacun leur fabrique particulière. L'aîné avait pour nom d'enfance *Sing-i* ; on appelait ses porcelaines *Ko-yao* ou porcelaines du frère aîné pour les distinguer de celles du frère cadet, dont le petit nom était *Sing-eul*, et qu'on désignait par l'expression *Tchang-yao* ou porcelaines de *Tchang*.

LIVRE III.

EXAMEN DES PORCELAINES ANTIQUES QUE
L'ON IMITE A KING-TE-TCHIN.

LIVRE III.

EXAMEN DES PORCELAINES ANTIQUES QUE L'ON IMITE A KING-TE-TCHIN.

90. *TING-YAO.*

定窰

Porcelaines de *Ting-tcheou.*

C'étaient des porcelaines qu'on fabriquait sous les *Song* (960-1279). Elles provenaient de *Ting-tcheou*, dépendant de la province du *Tchi-li*. On distinguait les vases de *Ting* du Sud et les vases de *Ting* du Nord. L'argile dont on se servait était fine et grasse; ces vases étaient fort minces. On en distinguait différentes espèces, savoir : 1° des porcelaines unies d'une blancheur éclatante; 2° avec des fleurs en relief; 3° avec des fleurs gravées en creux; 4° avec des fleurs moulées; 5° avec des fleurs peintes. La plupart de ces fleurs étaient des *Mou-tan* (*Paeonia-mou-tan*), des *Hiouen-hoa* (*Hemerocallis fulva*), des *Feï-fong-hoa* (*littéralement* fleur semblable au phénix volant), etc. Le cachet dominant des vraies porcelaines de *Ting* était la blancheur de l'émail et l'éclat du poli. Le corps du vase était blanc, et on le recouvrait d'émail. Celles qui semblaient porter des traces de larmes étaient réputées belles. On les appelait communément *Fen-*

ting, 粉定, et *Pe-ting*, 白定 (1). Les vases qui étaient d'une matière grossière et légèrement jaune, étaient fort peu estimés. On les appelait vulgairement *Thou-ting*, 土定 (*littéralement* vases de *Ting* en terre).

Le poëte *Sou-tong-po* dit, dans une ode sur le Thé : « Les porcelaines à fleurs, de *Ting-tcheou*, sont comme du jade rouge ciselé. »

On lit dans le Mémoire intitulé *Tsiang-ki* : « Les vases de porcelaine de *King-te-tchin* portent le nom de *Jao-yu*, c'est-à-dire jade de *Jao-tcheou*. Ils sont dignes de lutter avec les vrais vases de *Ting*, en porcelaine rouge. »

On voit par là que, parmi les vases de *Ting*, il y en avait aussi de rouges. On fabriquait encore des *Tse-ting*, 紫定 (*Ting* bruns), des *He-ting*, 黑定 (*Ting* noirs); mais à cette époque on n'estimait que les *Ting* rouges (*Hong-ting*), 紅定, et les blancs (*Pe-ting*).

On lit dans l'ouvrage intitulé *Thang-chi-sse-khao* : « Parmi les anciens vases de *Ting-tcheou*, les plus beaux étaient ceux des périodes *Tching-ho* (1111-1117) et *Siouen-ho* (1119-1125). » Pour ce qui est des vases de couleur, il y en avait dont l'émail, appliqué à la brosse, offrait des raies fines comme *les soies de bambou* (2), 竹絲刷紋 (*Tchou-sse-choua-wen*).

Ceux qui ont été fabriqués après que les *Song* eurent passé dans le Sud (1127), s'appellent *Nan-ting* (*Ting* du Midi);

---

(1) Le mot *fen* veut dire *farine*; *ting* est un nom de pays (*Ting-tcheou*) : comme si l'on disait porcelaines de *Ting-tcheou*, couleur de farine. Dans le nom suivant, *Pe-ting*, la première syllabe veut dire *blanc*.

(2) On appelle ainsi les fibres les plus fines du bambou, avec lesquelles on fait des tissus dont on se sert dans l'industrie. Suivant le dictionnaire *P'ing-tseu-louï-pien* (liv. 201, fol. 17), on appelle aussi *soies de bambou* les fibres déliées de l'écorce du mûrier à papier.

les *Pe-ting* ou *Ting* des *Song* du Nord (960-1126) sont plus estimés que ceux du Midi.

Les porcelaines à fleurs ciselées étaient fort belles ; celles dont le fond était blanc et luisant, étaient aussi très-élégantes. Dans les manufactures de *Nan-tchang*, où l'on imitait les *Ting-khi* (vases de *Ting-tcheou*), on se servait d'une *farine de pierre*, de *Tsing-thien* (1), pour former l'*os* (le corps du vase). Cette matière était grossière et d'un grain peu serré. Ces porcelaines s'appelaient aussi *Fen-ting*, 粉定 (*Ting* couleur de farine). Les *Tse-ting*, 紫定 (*Ting* bruns) et les *Tse-he-ting*, 紫黑定 (*Ting* noir-brun), semblaient couverts de vernis et ne jouissaient d'aucune estime (2).

91. *JOU-YAO.*

汝窯

Porcelaines de *Jou-tcheou*.

Jou-tcheou dépendait aussi de *Pien-king* (3). Les *Song*, voyant que les vases blancs (les porcelaines blanches) de

---

(1) Probablement un pétrosilex altéré, partiellement transformé sous certaines influences en kaolin impur.
A. Salvétat.

(2) Ces deux derniers produits semblent plutôt devoir être rangés parmi les grès que parmi les véritables porcelaines ; toutefois on sait qu'il existe des porcelaines de la Chine à couverte brune ou brun-noir. Le peu d'estime dont elles jouissaient peut tenir à la mauvaise qualité de la glaçure.
A. Salvétat.

(3) Suivant la *Géographie universelle* de *Khien-long*, *Khaï-fong-fou* (nom d'un département et de son chef-lieu, dans la province du *Kan-sou*) portait, au commencement de la dynastie des *Kin* (1115), le nom de *Pien-king*.

Ting-tcheou avaient souvent des *pailles* (1) et ne pouvaient servir, ordonnèrent aussitôt d'établir à *Jou-tcheou* une manufacture pour les porcelaines bleues. La terre qu'on employait pour ces vases était fine et luisante comme du cuivre (2); il y en avait d'épais et de minces; leur teinte approchait de celle du bleu du ciel après la pluie. L'émail brillant et épais ressemblait à de la graisse figée.

Il y en avait de deux espèces, les uns à os (excipient) de cuivre et *sans veines*; les autres à os (excipient) de cuivre avec *des veines imitant les œufs de poissons* (3). Suivant l'ouvrage intitulé *Khe-kou-yao-lun*, ceux qui offraient dans le vernis *des yeux (boutons)* de *Tsong (Aralia)* imitant les raies des *pattes de crabes*, étaient encore plus beaux (4).

« Au nord du fleuve Jaune, dit l'ouvrage *Tchoue-kenglou*, dans toutes les fabriques des arrondissements de *Thang*, de *Teng* et de *Yao*, on imita ces porcelaines; mais celles de *Jou-tcheou* occupent le premier rang. »

---

(1) *Pailles* doit se comprendre ici sans doute par *fentes*, c'est-à-dire solutions de continuité. On rencontre ce défaut dans presque tous les produits céramiques : il provient ou d'une dessiccation trop rapide ou de coups de feu. Le mot chinois signifie littéralement *barbe des épis* de blé, de riz ou autres grains.

A. Salvétat.

(2) Cette expression ne semble devoir être comprise que comme une de ces expressions exagérées auxquelles conduit l'imagination des peuples orientaux. Je ne pense pas qu'il puisse être question ici de cuivre émaillé (voir *Ta-chi-yao*, n° 50) ni des poteries de grès cérame.

A. Salvétat.

(3) Il est fait allusion ici, sans doute, aux vases craquelés à veines très-rapprochées et très-régulières.

A. Salvétat.

(4) Les pièces de cette sorte sont extrêmement rares.

A. Salvétat.

Sous le pied de chaque vase, on peignait des fleurs de *Tchi-ma* (sésame). A cette époque (sous les *Song*, 960-1279), ces porcelaines jouissaient d'une haute estime.

On lit dans l'ouvrage intitulé *Thang-chi-sse-khao* : « Sous le rapport de la matière et de la façon, les vases de *Jou-tcheou* paraissent plus brillants que ceux qu'on appelle *Kouan-yao*, 官窰 (porcelaines des magistrats). Les plus minces sont les plus estimés. On réduit en poudre de la cornaline (1) (*Ma-nao*) et on la combine avec la matière de l'émail. Leur couleur ressemble à celle des vases *Ko-khi*, 哥器 (vases de *Tchang* aîné), mais elle est plus foncée. Ceux qui approchent un peu du blanc des coquilles d'œuf sont regardés comme véritables. C'est là ce qu'on appelle *couleur bleu pâle*, 淡青色 (*Tan-tsing-se*) ; mais ceux qui n'ont aucunes veines sont regardés comme les plus beaux.

92. *KOUAN-YAO*.

官窰

Littéralement porcelaines des magistrats.

Dans les périodes *Ta-kouan* (1107-1110) et *Tching-ho* 1111-1117) de la dynastie des *Song*, l'empereur établit lui-même à *Pien-liang* une fabrique de porcelaines, et ordonna par un décret qu'on leur donnât le nom de *Kouan-yao*, 官窰, ou porcelaines des magistrats. La terre qu'on employait était fine et luisante ; le corps des vases était

---

(1) La cornaline est de la calcédoine rouge ; c'est de la silice presque pure ; on se rend facilement compte de l'effet qu'elle doit produire en mélange avec la matière de l'émail ; on sait qu'elle blanchit au feu. (Voyez page 91, notes 2 et 3.)

A. Salvétat.

mince, et leur couleur bleue avec une légère nuance de rose; leur teinte était tantôt foncée, tantôt pâle. Il y en avait avec des veines comme celles des pattes de crabes, 蟹爪紋 (*Hiaï-tchao-wen*), une ouverture brune, 紫口 (*Tse-kheou*), et un pied couleur de fer, 鐵足 (*Thie-tso*).

Dans la période de *Ta-kouan* (1107-1110), on aimait surtout trois sortes d'émail :

1º. *Blanc de lune*, 月白 (*Youeï-pe*);

2º. *Bleu pâle*, 粉青 (*Fen-tsing*);

3º. *Vert foncé*, 大綠 (*Ta-lou*).

Mais, après la période de *Tching-ho* (1111-1117), on ne fit usage que de l'émail bleu, soit pâle, soit foncé.

OBSERVATION. — Après que les *Song* eurent passé dans le sud de la Chine (1127 de J.-C.), un homme nommé *Chao-tch'ing-tchang*, ayant été nommé intendant du parc impérial du Nord, voulut faire revivre les règlements légués par l'ancienne cour; et, en conséquence, il établit une fabrique de porcelaine dans l'hôtel du *Sieou-neï-sse* (directeur des palais de la capitale). Les vases qui en sortaient s'appelaient *Neï-yao*, 內窰 (porcelaines de l'Intérieur); on les nomma aussi *Kouan-yao*, 官窰 (porcelaines des magistrats, c'est-à-dire du gouvernement). Elles étaient faites avec une terre très-épurée; leur façon était d'une finesse extrême, et l'émail avait beaucoup de transparence et d'éclat. Ces porcelaines jouissaient alors d'une grande estime.

Dans la suite, on établit, en outre, au bas de l'autel de la banlieue, une nouvelle fabrique dont les produits furent aussi appelés *Kouan-yao* (porcelaines des magistrats). Elles ne différaient, ni par la forme, ni par la façon, de celles de la fabrique précédente; mais elles étaient loin d'égaler les anciennes porcelaines (des *Song* du Nord, *Khieou-yao*) et celles de l'Intérieur (*Neï-yao*).

On lit dans l'ouvrage intitulé *Thang-chi-sse-khao* : « Le mérite des anciens vases appelés *Kouan-khi* (*littéralement* vases des magistrats), devait consister dans l'épaisseur du biscuit et la couleur de l'émail. Ceux qui étaient d'une couleur blanche, et minces comme du papier, étaient bien inférieurs aux faux vases de *Jou-tcheou*. Ils étaient tous fabriqués à *Long-thsiouen*. Leur émail n'avait aucunes veines. »

Quant aux porcelaines appelées *Pi-se-tse*, 秘色瓷 (*littéralement* porcelaines de couleur cachée, voyez n° 11), qu'on fabriquait à *Yu-yao* du temps des *Song* du Sud (de 1127 à 1279), les hommes d'aujourd'hui les désignent, en général, sous le nom de *Kouan-yao*, 官器 (porcelaines des magistrats), et montrent par là qu'ils ne savent pas distinguer le vrai du faux.

93. *TONG-YAO.*

東窯

Porcelaines de l'Orient.

On appelle ainsi les porcelaines des fabriques particulières qu'on avait établies à *Tong-king* (*littéralement* à la capitale de l'Est), sous les *Song* du Nord (960-1126). Elles étaient situées à *Tchin-lieou* et autres lieux dépendants du département actuel de *Khaï-fong-fou* (dans la province du *Ho-nan*). La terre dont on se servait était fine et noire (1). Ces vases

---

(1) Colorée alors par des matières bitumineuses.

A. SALVÉTAT.

étaient grossiers et massifs, et leur couleur était d'un bleu pâle. Il y en avait de diverses nuances de bleu. Un grand nombre avaient une ouverture brune et un pied couleur de fer. Ils étaient sans veines. Si on les compare aux vases appelés *Kouan-yao*, 官窯 (porcelaines des magistrats), ils étaient moins rouges et moins luisants. C'est par erreur que, dans l'ouvrage appelé *Thang-chi-sse-khao*, on appelle ces porcelaines *Tong-yao*, 董窯. Le même ouvrage dit encore : « Les vases appelés *Tong-yao*, 董窯, ressemblaient aux *Kouan-yao*, 官窯 (porcelaines des magistrats); mais ils en différaient, en ce qu'ils étaient grossiers et massifs, et manquaient de poli et d'éclat. Cette confusion vient de ce que les mots *Tòng*, 董, *et tông*, 東, ont presque le même son. »

L'auteur de l'ouvrage *Thang-chi-sse-khao* n'a pris que la moitié des renseignements du *Khe-kou-yao-lun*, et a répété une erreur qui provient uniquement de la prononciation (les deux mots ci-dessus ne diffèrent que par l'accent).

OBSERVATION. — Quoique les vases appelés *Tong-khi*, 東器 (vases des fabriques de l'Orient), eussent une ouverture brune et un pied (couleur) de fer, sans avoir de raies imitant celles des pattes de crabes, 蟹爪紋, ils étaient loin d'égaler les vases appelés *Kouan-yao* (porcelaines des magistrats). Comment l'auteur *Thang-chi* a-t-il pu dire qu'ils leur ressemblaient? L'ouvrage intitulé *Thao-tch'ing-ki-sse* (l'Histoire de la Céramique) les appelle aussi *Tong-yao*, 東窯 (porcelaines de l'Orient); et il nous apprend que les porcelaines bleues de l'Orient étaient de deux sortes (*pâles* et *foncées*). *Thang-chi*, parlant de la

couleur bleue des porcelaines de l'Orient, 東青色,
écrit par erreur *Tong-tsing*, 冬青, expression où le
mot *tong*, 冬 (hiver), est pris pour *tong*, 東 (orient).

Or les vases appelés *Tong-tsing-khi*, 東青器
(vases bleus de l'Orient), qu'on imite aujourd'hui, n'ont
ni *ouverture brune* ni *pied* (couleur) *de fer*. Quelquefois on
ajoute à ces vases des ornements de diverses couleurs.

94. *LONG-THSIOUEN-YAO.*
龍泉窯
Porcelaines de *Long-thsiouen*.

C'étaient des vases qu'on fabriquait au commencement
de la dynastie des *Song*, près du marché de *Lieou-thien*,
dans le district de *Long-thsiouen*, dépendant de *Tch'ou-
tcheou-fou* (province du *Tche-kiang*). Ils étaient faits avec
une argile fine et blanche. Ils étaient grossiers et épais,
et leur couleur était d'un bleu extrêmement foncé. Il y en
avait aussi de diverses nuances de bleu et sans craquelures.

Il y avait un genre de bol, 盆 (*Pen*), sous le pied duquel
on voyait deux poissons. En dehors, il y avait deux anneaux
en cuivre qui servaient d'anses. Ils étaient épais et solides;
on pouvait les manier et les frotter; ils ne se brisaient pas
aisément; seulement la façon en était un peu commune et
ils n'avaient guère la grâce et l'élégance des vases anciens.

Dans la manufacture de *Thang*, qui se trouve à *King-
te-tchin*, quelques personnes imitent l'espèce de vases (bleus)
appelés *P'ao-chao*, qu'on fabrique à *Long-thsiouen;* ils sont
encore plus beaux (que les vrais). Suivant l'ouvrage *Khe-
kou-yao-lun*, il y en avait aussi de minces.

On lit dans l'ouvrage *Thung-chi-sse-khao* : « Les anciens vases de *Long-thsiouen* sont d'un bleu extrêmement foncé. Les plus beaux peuvent lutter avec ceux qu'on appelle *Kouan-khi* (vases pour les magistrats), et *Ko-khi* (vases de *Tchang* aîné) ; seulement ils n'ont point, comme ces derniers, des veines, 紋片 (craquelures), un *os* (biscuit) *brun* et un *pied* (couleur) *de fer* (1). »

95. KO-YAO.

哥窯

Porcelaines du frère aîné.

C'étaient des porcelaines qu'on fabriquait sous les *Song* (960-1279). Elles provenaient de la fabrique établie à *Long-thsiouen*, dans un endroit appelé *Lieou-thien*. Dans l'arrondissement de *Tch'ou-tcheou*, il y avait deux frères dont le nom de famille était *Tchang*, 章. L'aîné et le cadet travaillaient séparément. Le premier avait pour petit nom *Sing-i*, 生一, et le second, *Sing-eul*, 生二. A cette époque on appelait les porcelaines de l'aîné *Ko-yao*, 哥窯, pour les distinguer de celles du frère cadet. La terre qu'il employait était fine et brune. Ses porcelaines étaient extrêmement minces, et tantôt de couleur pâle, tantôt de couleur foncée. Il y en avait à *ouverture brune* et à *pied* (couleur) *de fer*. Elles offraient beaucoup de veines brisées, et paraissaient avoir des fêlures cachées, comme celles dont l'émail imite les œufs de poisson. On n'en estimait que deux sortes, celles qui étaient couleur de riz, et celles d'un bleu pâle dont l'émail était parfaitement pur.

---

(1) Voyez plus haut, n° 85, note 1.

On lit dans l'ouvrage intitulé *Thang-chi-sse-khao* : « Dans les anciens vases appelés *Ko-yao*, 哥窯, c'est-à-dire porcelaines de *Tchang* l'aîné, les veines cachées (1) du fond (*littéralement* de la matière) ressemblaient à des œufs de poisson ; dans les porcelaines anciennes à l'usage des magistrats (*Kouan-yao*, 官窯), les veines cachées du fond (*littéralement* de la matière) ressemblaient aux raies des pattes de crabes, 蟹爪紋.

» Quant aux veines des vases appelés *Tsouï-khi*, 碎器 (vases fendillés, craquelés), elles offraient de grandes ou de petites cassures (2). Les anciens vases craquelés, du genre appelé *Ko-yao* (porcelaines du frère aîné), les plus remarquables par leur couleur, ressemblent aux porcelaines nommées *Kouan-khi*, 官器, ou porcelaines des magistrats ; on les appelle aussi *Pe-ki-tsouï*, 百圾碎. Aujourd'hui, on distingue seulement ceux qui ont des veines cachées. »

Le même ouvrage dit encore : « Leur émail est loin d'égaler celui des vases appelés *Kouan-yao*, c'est-à-dire porcelaines à l'usage des magistrats. »

Nous ferons observer que sur la fin de la dynastie des

---

(1) On sait que les Chinois savent produire à volonté les tressaillures de la couverte des porcelaines truitées. On connaît des vases qui montrent le craquelage sur une couverte épaisse, interrompu par deux zones de peinture. Ne seraient-ce pas ces vases qu'on dit présenter des veines cachées? La tressaillure semble, en effet, disparaître sous la glaçure des parties qui ne présentent pas de craquelé.
A. SALVÉTAT.

(2) Ces vases ont reçu en France le nom de porcelaines truitées.
A. SALVÉTAT.

Youen (Mongols de la Chine), on fit de nouveau des vases du genre *Ko-khi*, 哥器 (vases du frère aîné). La terre dont on se servait était grossière et d'une nature sèche; ils n'étaient pas non plus d'une belle couleur. Suivant l'ouvrage intitulé *Khe-kou-yao-lun*, on les appelait anciennement *Ko-yao*, 哥窯 (porcelaines du frère aîné); pour ces dernières porcelaines (*Ko-yao*), on tirait aussi de *Hang-tcheou* la terre dont on se servait.

96. TCHANG-LONG-THSIOUEN-YAO.

章龍泉窯

Porcelaines de *Tchang*, fabriquées à *Long-thsiouen*.

Ces vases étaient fabriqués par *Tchang-sing-eul*, 章生二, frère cadet de *Sing-i*, 生一. C'étaient là les anciens vases de *Long-thsiouen*. On les appelait encore *Tchang-yao*, 章器 (porcelaines de *Tchang*). Quelques personnes les appelaient aussi *T'chou-khi*, 處器 (vases de *Tch'ou-tcheou*). C'étaient des porcelaines bleues faites avec une terre fine et grasse; elles avaient peu d'épaisseur. Il y en avait de bleu pâle et de bleu foncé. Leurs nuances étaient très-variées. Le pied était aussi couleur de fer. Seulement, ils n'avaient point de veines. Si on les compare aux anciens vases de *Long-thsiouen* sous le rapport de l'exécution, on les trouve plus petits, plus gracieux et plus habilement fabriqués. Jusqu'à présent, les habitants de *Wen-tcheou* et de *Tch'ou-tcheou* les appellent encore *Tchang-yao*, 章窯, porcelaines de *Tchang*.

On lit dans l'ouvrage intitulé *Thang-chi-sse-khao* : « Les

vases de porcelaines des deux frères (*Sing-i*, 生一, et *Sing-eul*, 生二), étaient tous bleus, les uns pâles, les autres foncés. Tous avaient le pied (couleur) de fer. »

J'ai entendu dire, autrefois, qu'on en voit rarement avec un pied brun. Les vases appelés *Ko-yao* (porcelaines du frère aîné) avaient seuls des veines; ceux du frère cadet, appelés *Tchang-yao*, 章窰, n'en avaient pas. C'était là ce qui les faisait distinguer. On lit dans l'ouvrage intitulé *Tch'un-fong-thang-souï-pi*: « Les porcelaines bleues de *Tchang* sont d'un ton pur comme le plus beau jade. Elles jouissent d'une grande estime. Elles sont du même genre que celles qu'on nomme *Kouan-yao* (porcelaines à l'usage des magistrats).

OBSERVATION. — Les véritables étaient fabriquées avec une argile blanche, et couvertes extérieurement d'un émail bleu pâle, avec de légers reliefs ressemblant aux gouttes de rosée.

Au commencement de la dynastie des *Ming* (1368), cette fabrique fut transférée à *Tch'ou-tcheou* (dans la province du *Tche-kiang*). Les porcelaines bleues de cette manufacture étaient faites avec une terre blanche, mais elles étaient faiblement cuites. Elles étaient loin de valoir les porcelaines précédentes (1).

97. *KIUN-YAO.*

均窰

Porcelaines de *Kiun*.

C'étaient aussi des porcelaines qu'on fabriquait au com-

---

(1) C'est-à-dire celles qu'on fabriquait, sous le même nom, du temps des *Youen* (Mongols de la Chine).

mencement des *Song* (qui sont montés sur le trône en l'an 960); elles provenaient de *Kiun-taï*, 鈞台 (même pays que 均台). Sous les *Song*, ce pays s'appelait aussi *Kiun-tcheou*, 鈞州, ou l'arrondissement de *Kiun*, qui répondait à l'arrondissement actuel de *Yu-tcheou*, dans la province du *Ho-nan*. La terre dont on se servait était d'un grain fin, et il y avait cinq sortes d'émail, de couleur différente. Il y avait un émail (jaune) à veines imitant les *soies* (poils) *du lièvre*, 兔絲紋 (*Thou-sse-wen*); celui qui était d'un rouge vif comme le fard ou le cinabre était le plus estimé. On plaçait, au second rang, l'émail *bleu d'oignon* (bleu pâle), 葱翠 (*Tsong-tsouï*), et l'émail brun comme l'encre, 紫若墨 (*Tse-jo-me*). Lorsque ces trois sortes d'émail étaient d'une couleur pure et sans mélange, elles étaient considérées comme de premier ordre. On estimait particulièrement les vases qui portaient au-dessous du pied les caractères numériques *i*, 一 (un), *eul*, 二 (deux). Mais si le bleu et le noir étaient confondus ensemble, et avaient l'apparence de la *salive qui reste suspendue* (sic), cela montrait que les trois couleurs d'émail (mentionnées ci-dessus) n'étaient pas suffisamment cuites. Ce n'étaient point des porcelaines d'un genre particulier (mais d'un émail défectueux). L'émail des porcelaines de la manufacture de *Kiun* portait différents noms qui en exprimaient les nuances, par exemple :

1°. *Meï-tseu-tsing*, 梅子青 (bleu de prunes);

2°. *Kia-pi-pe*, 茄皮紫 (violet de peau d'aubergines);

3°. *Haï-tang-hong*, 海棠紅 (rouge de *Pyrus japonica*);

4°. *Tchou-kan*, 豬肝 (foie de porc);

5°. *Lou-feï*, 騾肺 (poumon de mulet);

6°. *Pi-ti*, 鼻涕 (mucus du nez);

7°. *T'ien-lan*, 天藍 (bleu de ciel), etc.

On lit dans les Mémoires de *Tsiang* : « Les nouvelles porcelaines de ces dernières années, avaient l'os (biscuit) en terre sablonneuse. L'émail ressemblait un peu à la matière de la pâte. Il y en avait cependant dont la façon était fort belle. Mais aucune de ces porcelaines n'avait de durée. »

L'ouvrage intitulé *Thang-chi-sse-khao* s'exprime ainsi à ce sujet : « La manufacture de *Kiun* fut fondée à *Yu-tcheou*, dont l'ancien nom était *Kiun-taï*. Le mot *Kiun*, 均, doit s'écrire 鈞 (*Kiun*); aujourd'hui, par suite d'une habitude invétérée, on suit généralement la première de ces deux orthographes. »

Parmi les porcelaines de cette manufacture, on regarde comme excessivement beaux les plats sous le pied desquels on a peint un glaïeul, 菖蒲 (*Tchang-pou*). »

« Quant aux autres objets en porcelaine, par exemple les vases (en forme de tonneau) pour s'asseoir, les petites jarres, les vases lagènes de forme carrée, les boîtes, les pots (*Kouan*), ils sont faits la plupart avec une argile jaune et sablonneuse; par conséquent ces vases n'ont pas une belle apparence. »

Je ferai observer que *Thang-chi* n'a voulu parler que des

anciens vases de la manufacture de *Kiun;* mais les vases de *Kiun* qu'on imite aujourd'hui à *King-te-tchin*, sont faits avec une terre excellente. Les *Ping* (vases lagènes) et les jarres pour le vin sont la plupart d'une beauté remarquable

98. *TSOUI-KHI-YAO.*

碎器窯

Porcelaines fendillées, c'est-à-dire craquelées.

C'étaient des vases qu'on fabriquait sous la dynastie des *Song* du Midi (1127-1279). Originairement c'était une espèce particulière de porcelaine qu'on fabriquait dans le village de *Yong-ho*, dépendant de *Liu-i*, ville de *Ki-ngan-tcheou* (dans la province du *Chen-si*). La terre dont on se servait était grossière et compacte; ces vases étaient épais et lourds. Il y en avait qui étaient couleur *blanc de riz* et *bleu pâle*. On prenait du *Hoa-chi*, 滑石 (1), on le réduisait en poudre et on le combinait avec l'émail. (Au sortir du four), les vases offraient des veines qui couraient en tous sens comme s'ils eussent été brisés en mille pièces. Avec de l'encre commune ou de la terre rouge (de l'ocre), on frottait les fêlures de l'émail; puis, le vase étant achevé, on enlevait en essuyant le superflu de la couleur. On voyait alors un réseau de charmantes veines rouges ou noires, imitant les fêlures de la glace. Il y avait aussi de ces vases où l'on ajoutait des fleurs bleues sur le fond uni, couvert de veines craquelées.

On lit dans l'ouvrage intitulé *Thang-chi-sse-khao :* « Dans les dernières années de la dynastie des *Song*, on fabriquait

---

(1) Le *Hoa-chi* offre quelquefois un mélange de stéatite et d'amphibole; d'autres fois, c'est de l'argile ferrugineuse ou du koalin impur.

A. Salvétat.

à *Ki-tcheou* des vases fendillés (craquelés) qui avaient aussi leur beauté. Aujourd'hui, c'est par erreur qu'on les appelle *Ko-yao*, 哥窰 (vases du frère aîné). A vrai dire, quoique les imitations ou contrefaçons des vases appelés *Ko-yao* (vases du frère aîné) eussent des veines brisées, elles ne ressemblaient point à celles dont les veines imitent *les œufs de poisson*. D'ailleurs elles ne pouvaient avoir un pied couleur de fer, et si on leur donnait un pied couleur de fer, elles ne pouvaient être sonores. Il n'y a donc que le nom de *Tsouï-khi*, 碎器 (vases craquelés) qui puisse leur convenir. »

OBSERVATION.—Les vases qu'on appelle *Thse-kheou-t'ie-tso*, 紫口鐵足 (à ouverture brune et à pied *couleur* de fer), peuvent la plupart être imités à *King-te-tchin*. Mais quoiqu'ils aient des veines imitant les œufs de poisson, 魚子紋, on n'a pas le droit d'en conclure qu'ils appartiennent aux espèces de vases appelés *Jou-yao* (porcelaines de *Jou-tcheou*) ni aux vases dits *Ko-khi* (vases de *Tchang* l'aîné), etc. En général, à *King-te-tchin*, on imite avec habileté les petits objets en porcelaine de forme arrondie qu'on appelle *Tcho-khi*, 琢器.

LIVRE IV.

EXAMEN DES PORCELAINES FABRIQUÉES
A KING-TE-TCHIN.

LIVRE IV.

EXAMEN DES PORCELAINES FABRIQUÉES A KING-TE-TCHIN, DEPUIS L'ORIGINE JUSQU'A NOS JOURS.

OBSERVATION.

Dans la première année de la période *Tchi-te* (583) de la dynastie des *Tchin*, l'empereur ordonna aux habitants du pays appelé aujourd'hui *King-te-tchin*, de lui envoyer en tribut, dans la ville de *Kien-kang*, des vases de porcelaine appelés *Yao*, 掏, et *Tsou*, 硴.

ÉPOQUE DES *THANG*, 唐.

99. *THAO-YAO.*
陶 窯

Porcelaines de *Thao* (nom d'homme).

C'étaient des vases du commencement des *Thang* (618). La terre dont on se servait était une argile blanche; le corps du vase était un peu mince; la couleur était blanche et luisante. Ces vases étaient fabriqués par un homme de la famille *Thao*, du village de *Tchong-sieou*, dépendant actuellement de *King-te-tchin*.

On lit dans l'Histoire de *King-te-tchin* : « Dans la période *Wou-te* (618-626), de la dynastie des *Thang*, un homme appelé *Thao-yu*, du village (de *Tchang-nan*), portait de la porcelaine dans le pays de *Kouan-tchong* (1). Ces vases s'appelaient *Kia-yu-khi* (2), 假玉器 (*littéralement* vases de jade factice); on les offrait en tribut à l'empereur. Dès lors la porcelaine de *Tchang-nan-tchin* (aujourd'hui *King-te-tchin*) devint célèbre dans tout l'empire. »

100. HO-YAO.

霍窯

Porcelaines de *Ho* (nom d'homme).

Cette porcelaine était aussi de couleur blanche. Ces vases étaient faits avec une argile grasse et avaient peu d'épaisseur. Les plus beaux étaient brillants et gracieux comme le jade. Le nom du fabricant était *Ho-tchong-thsou*, 雀仲初, originaire du village de *Tong-chan*.

A cette époque, on les appelait *Ho-khi*, 霍窯 (ou vases de *Ho*, c'est-à-dire de *Ho-tchong-thsou*).

L'Histoire de *King-te-tchin* rapporte que dans la quatrième année de la période *Wou-te* des *Thang* (621), l'empereur ordonna par un décret à *Ho-tchong-thsou* et autres habitants de *Sin-ping* (3), de fabriquer de ces vases et de les présenter pour l'usage du palais.

---

(1) Aujourd'hui *Si-ngan-fou*, nom d'un département et du chef-lieu principal de la province du *Chen-si*.

(2) On voulait dire par là qu'ils étaient si beaux, qu'on aurait pu les prendre pour des vases de jade.

(3) Ce pays répondait au *Pin-tcheou* actuel, nom d'un département et d'un chef-lieu de deuxième ordre, dépendant du département de *Si-ngan-fou*, dans la province du *Chen-si*.

DYNASTIE DES *SONG*, 宋.

101. *KING-TE-YAO.*
景德窯

Porcelaines de *King-te.*

C'étaient des porcelaines fabriquées sous les *Song*, dans la période *King-te* (1004-1007). La terre qu'on employait était une argile blanche et plastique; ces vases avaient peu d'épaisseur et étaient d'un ton poli et luisant.

L'empereur *Tchin-tsong* (même période) ordonna d'écrire, sous le pied des vases présentés au palais pour son usage, les quatre mots *King-te-nien-tchi*, 景德年製, c'est-à-dire fabriqué dans la période *King-te* (1004-1007).

Ces vases se distinguaient à la fois par l'éclat de l'émail, la finesse de la matière et l'élégance de la forme. A cette époque, les imitations qu'on en faisait à l'envi, circulaient dans tout l'empire. Dès ce moment, on commença à les appeler généralement porcelaines de *King-te-tchin*; de sorte que le nom de *Nan-tchang-tchin* (que le même pays portait auparavant) ne tarda pas à tomber dans l'oubli.

102. *SIANG-HOU-YAO.*
湘湖窯

Porcelaines du marché de *Siang-hou.*

A vingt lis (deux lieues) au sud-est de *King-te-tchin*, se tenait le marché de *Siang-hou*, c'est-à-dire du lac *Siang*.

Du temps des *Song*, on y fabriquait aussi de la porcelaine. La terre dont on se servait était d'une nature plastique; ces vases aussi avaient peu d'épaisseur. Il y en avait de deux couleurs : les uns appelés *Mi-se-yao*, 米色窯, porcelaines *couleur de riz*; les autres, *Fen-tsing-yao*, ou porcelaines *couleur bleu pâle*, 粉青.

On lit dans les Mémoires intitulés *Tsiang-ki* : « Ces vases étaient beaux et luisants; mais, dans le temps, on n'y attachait pas un grand prix. Cependant *Thang-kong* s'exprime ainsi dans son histoire de la fabrication de la porcelaine, intitulée *Thao-tch'ing-ki-sse* : « Dans la manufacture impériale, on imite les deux espèces d'émail des *Song* (*couleur de riz* et *bleu pâle*). On a réussi à obtenir la vraie teinte des porcelaines qu'on fabriquait anciennement dans la manufacture de *Siang-hou*. » Le village et le marché qui existaient dans ce pays sont aujourd'hui déserts. On y voit encore les fondements d'une manufacture qui est en ruines depuis la dynastie des *Ming* (1).

ÉPOQUE DES *YOUEN*, 元, OU MONGOLS DE LA CHINE
(1260-1368).

On changea le titre du magistrat qui, sous les *Song*, inspectait la porcelaine de *King-te-tchin*, en celui de *Ti-ling*. Après la période *Thaï-ting* (1424-1427), c'était l'administrateur général de la province qui inspectait la porcelaine. Lorsque les fabricants avaient reçu une commande (pour le palais), ils lui fournissaient les objets demandés; dans le cas contraire, ils payaient un impôt et fabriquaient pour leur compte. C'est pourquoi il n'y avait que les ma-

---

(1) Elle a commencé à régner en 1368.

nufactures du peuple qui fussent florissantes, mais il n'y en a pas eu beaucoup dont le nom soit parvenu jusqu'à nous.

On lit dans les Mémoires intitulés *Tsiang-ki* : « Les vases de *King-te-tchin*, faits de terre plastique, 埏埴, sont d'une parfaite blancheur et sans défauts. »

D'après ce témoignage, on voit que sous les *Youen* (Mongols de la Chine), on estimait les vases de couleur blanche.

Le même auteur dit encore : « Les vases blancs et bleus dont on fait usage dans les provinces du *Tche-kiang*, du *Hou-pe*, du *Sse-tch'ouen* et du *Kouang-tong*, sortent des manufactures de *King-te-tchin*. »

On voit par cette citation que sous les *Youen* (1260-1368), il y avait à la fois des porcelaines bleues et des porcelaines blanches.

Le même ouvrage nous apprend encore qu'à cette époque, on avait le talent de *mouler*, de *peindre*, et de *ciseler* des fleurs (sur les vases de porcelaine).

Ce passage montre que la porcelaine des *Youen* se distinguait déjà par des ornements peints et ciselés.

Nous terminerons par une dernière citation : « Dans chaque manufacture, il y avait un registre (pour inscrire la porcelaine fabriquée); ceux qui en faisaient clandestinement étaient soumis à une peine sévère. N'est-ce pas là une preuve évidente que la porcelaine payait des droits au fisc? »

Tsiang-kong, auteur du livre cité plus haut, avait pour petit nom *Ki*; il vivait sous les *Youen* (Mongols de Chine, 1260-1368).

103. *TCH'OU-FOU-YAO.*
樞府窯
Porcelaines pour l'usage de l'empereur.

C'étaient des vases que, du temps des *Youen*, on présentait pour l'usage de l'empereur. Ils étaient fabriqués et fournis par de simples particuliers (1). Aussitôt qu'il arrivait une commande, on se mettait en devoir de l'exécuter. La terre qu'on employait devait être fine, blanche et plastique. On aimait que ces vases eussent peu d'épaisseur. Ils avaient, la plupart, un petit pied et des fleurs moulées. Il y en avait aussi qui étaient rehaussés d'or ou ornés de fleurs en émail. Les vases à grand pied étaient unis et brillants. Il y avait encore des *Ouan*, 盌 (bols) à pied élevé, des *Thie*, 碟 (plats), appelés *Pou-chun*, 浦唇, *Long-hien*, 弄弦, etc.; des *Pan* (bassins), appelés *Ma-ti-pan*, 馬蹄盤, des *Yu* (écuelles) du nom de *Choua-kio-yu*, 奕角盂, et enfin des vases de toute espèce de noms et de formes.

Dans l'intérieur de ces vases, on peignait les mots *Tch'ou-fou*, 樞府, c'est-à-dire (porcelaines pour) le palais. A cette époque, les particuliers en faisaient des imitations; mais lorsqu'il s'agissait de vases destinés à être présentés à l'empereur, sur mille on en choisissait dix, sur cent on en choisissait un seul. On voit par là que les simples particuliers ne pouvaient atteindre à la perfection requise.

104. HOU-T'IEN-YAO.

湖田窯

Porcelaines du marché de *Hou-t'ien*.

Sur le bord du rivage méridional de la rivière qui baigne *King-te-tchin*, il y avait un marché appelé *Hou-t'ien-chi*.

---

(1) On voit par ce passage que les porcelaines destinées au palais ne sortaient pas toujours de la manufacture impériale.

Au commencement de la dynastie des *Youen* (1260), on y fabriquait aussi de la porcelaine. La terre dont on se servait était dure et tenace ; les vases étaient d'une matière grossière, et la plupart d'un noir jaune. Ceux qui devaient être d'un blanc pâle, *Hiao-pe*, 澆白, avaient aussi une légère teinte noir-jaune.

A cette époque, les vases qu'on fabriquait dans les pays situés à l'est et à l'ouest du *Tche-kiang*, avaient la grâce et l'élégance des porcelaines antiques.

On lit dans les Mémoires de *Tsiang* (qui vivait sous les *Youen*) : « Si, sur les vases qu'on fabrique à l'est et à l'ouest du *Tche-kiang*, on voit dominer la couleur *noir-jaune*, on reconnaît qu'ils proviennent de la manufacture de *Hou-t'ien*, située au sud de la rivière *Tchang-chouï*. »

Aujourd'hui, on ne trouve plus aucun vestige de la manufacture ni du marché. Le village de *Hou-t'ien* subsiste encore, et parfois on rencontre des porcelaines de cette manufacture.

ÉPOQUE DES *MING*, 明.

105. *HONG-YAO.*
洪窯

Porcelaines de la période *Hong-wou* (1368-1398).

Dans la deuxième année de la période *Hong-wou* (1369), on établit une manufacture à *King-te-tchin*, au pied du mont *Tchou-chan*, dans le but d'y faire fabriquer des porcelaines pour l'usage du palais ; on les appelait *Kouan-tse* 官瓷 (*littéralement* porcelaines des magistrats), pour les distinguer de celles qui sortaient des fabriques du peuple.

Outre les fours pour les grandes jarres ornées de dragons, il y en avait vingt appelés *Tsing-yao* (fours pour les vases bleus), *Se-yao* (fours pour les vases de diverses couleurs), *Fong-ho-yao* (fours à feu ventilé), *Hia-yao* (fours pour les cazettes), *Lan-kouang-yao* (fours à flamme étendue), etc.

Dans la période *Siouen-te* (1426-1435), on changea la moitié des fours appelés *Long-kang-yao* (fours pour les jarres ornées de dragons), en fours dits *Tsing-yao* (fours pour les vases bleus); et bientôt le nombre des fours de la manufacture impériale fut porté à cinquante-huit. La plupart de ces fours étaient comme dispersés, parmi ceux des hommes du peuple, en dehors de la manufacture impériale. Ce fut dans la période *Tching-te* (1506-1521) qu'on commença à les désigner sous le nom de *Yu-khi-tch'ang*, 御器廠 (manufactures des porcelaines impériales).

Les vases de la période *Hong-wou* (1368-1398) étaient faits avec une argile fine et grasse; ils avaient peu d'épaisseur. On en voyait de bleus et de noirs, mais ceux qui étaient d'un blanc pur étaient regardés comme les plus beaux. Voici comment on procédait : On faisait sécher les vases crus pendant un an. On les remettait sur le tour, on les amincissait et l'on y appliquait l'émail. On attendait qu'ils fussent bien secs, puis on les mettait au four. Si, par hasard, l'émail avait coulé, on l'enlevait à l'aide d'une molette (montée sur le tour), on appliquait de nouvel émail, puis on les cuisait une seconde fois (1). De là venait que l'émail était luisant comme une couche de graisse figée. Ces vases ne se brisaient pas aisément. Voilà des procédés qu'on ne pouvait imiter dans les manufactures des particuliers.

---

(1) Ce détail est intéressant en ce qu'il fait remonter à l'année 1368 l'application qu'on a faite en Chine du tour à polir, pour la fabrication de la porcelaine dure.

A. SALVÉTAT.

Quant aux vases colorés, les plus beaux étaient les *Ou* 壺 (flacons), les *Tsien*, 琖 (coupes), noirs-bleus et rehaussés d'or.

106. *YONG-YAO.*
永窰

Porcelaines de *Yong*.

Ce sont des vases fabriqués pendant la période *Yong-lo* (1403-1424), dans la manufacture impériale. Ils sont faits d'une argile fine et tenace. On estime ceux qui sont épais, mais il y en a de minces comme les *Tho-taï* (1), 脫胎. C'est à cette époque qu'on a commencé à faire des vases d'un blanc pur, des vases ornés de différentes couleurs, des vases ciselés à la pointe, et des vases dans le genre *Kong-yang* (2), 拱樣.

On lit dans l'ouvrage *Thang-chi-sse-khao* : « Parmi les vases de la période *Yong-lo*, il y a des tasses à bords déprimés appelées *Ye-cheou-peï*, 厭手盃, au fond desquelles on a peint deux lions qui jouent en faisant rouler une boule; on les met au premier rang. Celles qui offrent, au fond, les deux oiseaux *Youen-ing* (symbole de l'amour), viennent en second ordre; enfin, celles dont le fond est orné de fleurs, sont placées au troisième rang.

Les tasses qui offrent en dehors des fleurs bleues, d'une teinte très-foncée, sont d'une exécution fine et élégante.

---

(1) Voyez le n° 79.

(2) D'après l'Encyclopédie *Khe-tchi-king-youen*, liv. 36, fol. 20, au lieu de cette orthographe incorrecte, il faut lire *Kong-yang*, 供養 (offrir), c'est-à-dire vases pour les sacrifices.

Celles qu'on a faites dans la suite pour les imiter sont loin d'avoir le même mérite. On attache une très-grande valeur aux vases de la période *Yong-lo*, qui sont d'un rouge vif (1).

107. *SIOUEN-YAO.*

宣窯

Porcelaines de la période *Siouen-te.*

Ce sont des vases fabriqués pendant la période *Siouen-te* (1426-1435) dans la manufacture impériale de *King-te-tchin*; ils sont faits avec une argile rouge et plastique.

L'os (c'est-à-dire le corps du vase cru) est comme du cinabre et tous les matériaux sont de fine qualité (2). On estime beaucoup ceux qui sont ornés de fleurs bleues; et parmi ces derniers, on préfère ceux qui sont d'une teinte pâle. Quant aux peintures de différentes couleurs, on les aime épaisses et foncées. On regarde comme des porcelaines ordinaires celles qu'on désigne par le mot *Tien-pe*, 甜白

(faute pour *Tien-pe*, 塡白, c'est-à-dire dont le fond blanc est destiné à recevoir des peintures), et *Tsong-yen*, 椶眼

---

(1) Rien ne dit que ce rouge soit obtenu au grand feu ou bien à la moufle; il y a cependant une grande différence entre ces deux couleurs et un mérite moins réel à faire le rouge à la moufle que le rouge au grand feu.
A. Salvétat.

(2) Ces produits sembleraient devoir être rangés plutôt parmi les grès cérames que parmi les porcelaines. On sait qu'en Chine on fabrique les premiers avec une grande perfection, et qu'on les recouvre d'émaux colorés qui font le plus bel effet. Les grès rouges sont très-estimés.
A. Salvétat.

[*littéralement* à boutons d'*Aralia* (1)]; mais on met au nombre des vases précieux ceux qui sont d'un rouge vif. Tous ces derniers sont luisants, solides, et ne se brisent pas aisément.

On lit dans l'ouvrage intitulé *Thang-chi-sse-khao* : « Dans la période *Siouen-te* (1426-1435), on fabriquait, à la manufacture impériale, des coupes rouges appelées *Tsi-hong*, 祭紅 (écrit ailleurs *Tsi-hong*, 霽紅), dont l'anse était ornée d'un poisson rouge (2). On réduisait en poudre une pierre précieuse de couleur rouge qui venait d'Occident et on l'incorporait à l'émail (3). Au sortir du feu, la forme du poisson se détachait avec éclat du milieu de l'*os* (4); l'émail était brillant et épais. Il y avait des salières et des petits vases dans le genre *Ou*, dont le couvercle avait pour bou-

---

(1) Dans le texte chinois, liv. 5, fol. 8, il est dit que cet émail ressemble à la peau chagrinée d'une orange.

(2) Ce passage peut s'appliquer indistinctement au rouge grand feu comme au rouge de moufle : la pierre précieuse de couleur rouge venant de l'Occident, serait, dans le premier cas, du protoxyde de cuivre natif (cuivre oxydulé); dans le second cas, ce serait du colcothar.

A. SALVÉTAT.

(3) Dans une autre partie de l'ouvrage (liv. 6, fol. 2), on parle de poudre de cornaline (*Ma-nao*, 瑪瑙) que l'on faisait entrer dans la composition de l'émail. C'est ici le lieu de faire observer que, parmi les couleurs destinées à peindre sur porcelaine, que M. Itier a rapportées de Chine et offertes à la manufacture de Sèvres, il en est une appelée *P'ao-chi-hong*, 寶石紅 (*littéralement* rouge de pierre précieuse), qui, d'après l'analyse de M. Salvétat, n'est autre chose que de l'*oxyde de fer avec du fondant*.

(4) On appelle ainsi le corps du vase avant qu'il ait reçu l'émail. C'est un terme d'atelier. Voyez *Khe-tchi-king-youen*, liv. 36, fol. 14, lin. 7.

ton un nœud de bambou; ils étaient fort jolis. Les vases bleu de ciel appelés *Tsi-tsouï-khi*, 霽翠器, étaient encore plus beaux et plus recherchés. Il y avait, en outre, des coupes (*Tsien*, 琖) blanches pour le thé, qui étaient brillantes comme le jade. Dans l'intérieur, on avait peint des fleurs mates, surmontées d'un dragon et d'un phénix en émail d'une petitesse exquise, et au bas des fleurs on avait gravé en creux les mots : « Fait dans la période *Siouen-te* (1426-1435) de la grande dynastie des Ming (*Ta-ming-siouen-te-nien-tchi*, 大明宣德年製). » Leur surface était granulée comme la chair de poule ou l'écorce de l'orange appelée *Kio*, 橘. Il y avait en outre des vases qui étaient fendillés comme la glace, 氷裂紋, d'autres avaient des raies rouges comme le sang d'anguille, 鱔血紋 (1). Ils pouvaient presque aller de pair avec les porcelaines appelées *Kouan-yao* (porcelaines des magistrats), et *Jou-yao* (porcelaines de *Jou-tcheou*). Quant aux « écuelles en argile pure ornées de grillons », 蟋蟀盆, elles étaient d'une finesse extraordinaire. Nous ferons observer qu'il n'y avait nul article de porcelaine de l'époque *Siouen-te* (1426-1435), qui ne fût charmant; les petits objets étaient les plus remarquables sous le rapport de l'art.

---

(1) On a vu plus haut, n° 98, qu'on rendait apparentes les craquelures des vases truités en les remplissant d'encre pour obtenir des veines noires. On se sert d'une matière rouge ou rose pour colorer le craquelage dont il est ici question.

A. Salvétat.

C'est l'époque où les porcelaines des *Ming* brillèrent d'un plus grand éclat.

Il y avait deux sortes de porcelaines du genre appelé *Tsi-hong*, 祭紅 [faute (sic) pour 霽紅] : les unes étaient d'un rouge vif, 鮮紅 (*Sien-hong*); les autres d'un rouge de pierre précieuse, 寶石紅 [*P'ao-chi-hong* (1)]. Ce que dit l'auteur du *Thang-chi-sse-khao*, s'applique aux vases dits *P'ao-chi-hong*. Il semble donc qu'il s'est trompé en leur appliquant, d'une manière générale, le nom de *Tsi-hong*, 祭紅 [faute (sic) pour 霽紅, *Tsi-hong*].

Les vases bleus de la période *Siouen-te* (1426-1435) étaient peints avec le bleu appelé *Sou-ni-po-tsing*, 蘇泥勃 [bleu de *Sou-ni-po* (2)]; voilà pourquoi ils étaient si beaux. Mais dans la période *Tch'ing-hoa* (1465-1487) ce bleu se trouva épuisé. On les voit tous cités dans les Mémoires sur la porcelaine qu'a publiés *Ouen-tchou-cho*, de la province du *Fo-kien*. Aujourd'hui il existe encore quelques vases de la période *Siouen-te*.

---

(1) Voyez page 91, notes 2 et 3. On fait ici la distinction des couleurs rouges. La différence capitale que ces deux colorations présentent, ressort d'une manière évidente du travail que nous avons publié, M. Ebelmen et moi, dans les *Annales de Chimie et de Physique*, tome XXXV, page 312.

A. SALVÉTAT.

(2) Nous n'avons trouvé, dans les nombreux échantillons qui nous ont été confiés jusqu'à présent, aucune matière désignée sous le nom de *Sou-ni-po*. Peut-être cette substance était-elle de l'arséniure ou du sulfarséniure de cobalt (?).

A. SALVÉTAT.

108. TCH'ING-HOA-YAO.

成化窰

Porcelaines de la période Tch'ing-hoa.

Ce sont des porcelaines fabriquées pendant la période Tch'ing-hoa (1465-1487), dans la manufacture impériale (de King-te-tchin). La terre dont on se servait était grasse et plastique. On estimait beaucoup les vases minces, et l'on mettait au premier rang ceux qui étaient ornés d'émaux (1). Quant au bleu qu'on employait, il était d'une qualité ordinaire. Sous le rapport de la couleur bleue, ils étaient loin d'égaler les vases de la période Siouen-te (1426-1435); mais par la peinture et les couleurs, ils surpassaient de beaucoup les porcelaines qui les ont précédés ou suivis. Leur mérite tenait à l'habileté des peintres et à la finesse des matières colorantes.

On lit dans l'ouvrage de Kouo-tseu-tchang, intitulé : Histoire de la Céramique (du pays) de Yu-tchang : « Parmi les porcelaines de la période Tch'ing-hoa (1465-1487), il y a des jarres et des tasses ornées de poules. Ce sont certainement les plus beaux vases pour mettre le vin. Dans la partie supérieure, on a peint la fleur Meou-tan (sorte de pivoine), et au bas une poule avec ses poussins qui sont pleins de vie et de mouvement. »

---

(1) Il y a en chinois Ou-tsaï, 五彩 (littéralement cinq couleurs); suivant le dictionnaire portugais-chinois de Gonçalvez, ce mot veut dire émaux. D'ailleurs la nature chimique que l'analyse a permis de reconnaître dans les couleurs employées à la Chine pour décorer la porcelaine, les rapproche des émaux proprement dits, c'est-à-dire des verres colorés par des oxydes métalliques dissous.

A. SALVÉTAT.

Il y a aussi des tasses à anses, ornées de raisins en émail, à bords évasés et à ventre aplati, qui sont extrêmement belles.

Ensuite viennent les *Thsieou-tsien,* 酒琖 (coupes pour le vin), ornées de personnages et de lotus; les petites coupes, *Tsien* 琖, ornées de sauterelles, les coupes pour le vin ornées de fleurs bleues et minces comme du papier, 紙薄. Leurs noms comme leurs formes étaient extrêmement variés. Les porcelaines d'une couleur pâle ou foncée, étaient remarquables par leur ton pur et brillant, non moins que par leur force et leur solidité. Celles qui étaient ornées d'émaux avaient une égale réputation. Il y avait aussi de petits plats, des boîtes à parfum et de petits pots d'une finesse et d'une élégance charmantes.

On lit dans l'ouvrage intitulé *Thang-chi-sse-khao* : « L'intendant de la bouche de l'empereur *Chin-tsong* (1573-1620) possédait une paire de tasses de la période *Tch'ing-hoa* (1465-1487) qui valaient 100 000 sapèques ou 1 000 onces d'argent (7 500 fr.). Telle était la valeur extraordinaire qu'on attachait à ces porcelaines, sur la fin de la dynastie des **Ming**. »

OBSERVATION. — Autrefois on classait ainsi par ordre de mérite les porcelaines des **Ming** : 1° celles de la période *Siouen-te* (1426-1435); 2° celles de la période *Tch'ing-hoa* (1465-1487); 3° celles de la période de *Yong-lo* (1403-1424); 4° celles de la période *Kia-tsing* (1522-1566); mais le coloris de la période *Siouen-te* (1426-1435) était loin d'égaler celui de la période *Tch'ing-hoa* (1465-1487; en effet, les peintures des porcelaines de cette dernière époque avaient un air de vie et de mouvement que nul peintre n'a pu imiter depuis.

109. *TCHING-YAO.*

正 窰

Porcelaines de la période *Tching-te.*

Ce sont des vases fabriqués à la manufacture impériale dans la période *Tching-te* (1506-1522). La terre qu'on employait était grasse et fine; les pièces étaient épaisses ou minces. Sous le rapport de la couleur, on les distinguait en porcelaines entièrement bleues et en porcelaines ornées de diverses couleurs. Les plus belles étaient celles d'une teinte rouge qu'on appelait *Tsi-hong,* 霽 紅.

Dans la suite, un homme du nom de *Ta-tang*, qui était gouverneur du *Yun-nan*, se procura du bleu appelé *Hoeï-tsing* (bleu de cobalt?) (1), provenant d'un royaume étranger, et qui était deux fois plus précieux que l'or (2). L'empereur ayant appris qu'il pouvait supporter l'action du feu, ordonna d'en faire usage pour décorer la porcelaine. Sa couleur était d'un ton antique et d'une grande beauté. De là

---

(1) Dans le *Pen-thsao-kang-mou*, liv. 10, fol. 17, le bleu *Hoeï-tsing* est appelé « bleu des *Hoeï-hoeï*, ou bleu des Musulmans qui sont des barbares occidentaux. » *Hoeï-tsing* est donc l'abréviation de *Hoeï-hoeï-tsing.*

On lit encore dans l'Encyclopédie *Thien-kong-khaï-wou*, liv. 2, fol. 15 : « Le *Hoeï-tsing* est un bleu foncé qui vient des pays occidentaux; le plus beau de cette espèce s'appelle *Fo-theou-tsing*, ou bleu de la tête de *Bouddha.* Quand le *Wou-ming-i* (manganèse cobaltifère) de première qualité sort du four, il ressemble au bleu *Hoeï-tsing*; mais s'il entre dans le *grand feu*, il ne peut, comme le bleu foncé des *Hoeï*, conserver sa couleur naturelle. »

(2) L'auteur veut dire, sans doute, qu'il fallait donner, par exemple, deux onces d'or pour une once de bleu *Hoeï-tsing.*

vient que parmi les porcelaines à fleurs bleues de la période *Tching-te* (1506-1521), il y en a beaucoup de fort estimées.

OBSERVATION. — Le bleu *Hoeï-tsing* (bleu de cobalt) tire son principal mérite de sa couleur foncée (1). A cette époque (1506-1521), les ouvriers de la manufacture impériale, poussés par une cupidité sordide, l'emportaient au dehors et le vendaient dans les fabriques particulières. Mais dans la période *Kia-tsing* (1522-1566), *Tchou-king-hien*, gouverneur de *King-te-tchin*, établit des règlements sévères qui peu à peu firent cesser cette coupable fraude.

Par l'expression *Tsi-hong*, 霽紅, on entend deux espèces de porcelaines rouges appelées *Sien-hong*, 鮮紅 (rouge vif) et *Pa'o-chi-hong*, 寶石紅 (rouge de pierre précieuse) (2).

110. *KIA-YAO.*

嘉窰

Porcelaines de la période *Kia-tsing*.

Ce sont des porcelaines fabriquées dans la manufacture impériale, pendant la période *Kia-tsing* (1522-1566). La terre qu'on employait était blanche et plastique. Elles étaient

---

(1) On ne peut être encore complétement fixé sur la véritable signification du mot *Hoeï-tsing*. Je n'ai pas eu d'échantillon de cette matière parmi ceux que les collections arrivées de Chine ont mis à ma disposition. Cependant les notes qui précèdent donneraient à penser que c'est un silicate de cobalt tout formé que les Chinois obtenaient par voie d'échange. (Voyez n° 109, note 1.)

A. SALVÉTAT.

(2) Voyez page 91, notes 2 et

luisantes et minces. A cette époque, la terre pour les porcelaines *Sien-hong* (rouge vif) vint à manquer; l'ancien mode de cuisson n'était plus le même qu'auparavant (1). A peine pouvait-on faire des vases couleur de *Fan-hong*, 礬紅器 (*littéralement* rouge d'alun) (2).

Les vases colorés en bleu par le *Hoeï-tsing*, 回青 (bleu de cobalt), étaient seuls en faveur, à cause de leur charmante teinte de bleu foncé. C'est pourquoi les vases à fleurs bleues de la période *Kia-tsing* (1562-1567) eurent aussi de la réputation. Il n'y en avait qu'un petit nombre qui fussent ornés d'émaux. Quant à la forme et à la façon, ils étaient loin d'égaler ceux des périodes *Siouen-te* (1426-1435) et *Tch'ing-hoa* (1465-1487).

On lit dans les Mémoires de *Kouo-tseu-tchang* (sur la porcelaine) : « Parmi les vases dont se servait l'empereur *Chin-tsong* (1573-1619), sur l'autel nommé *King-lou-tsiaotan*, il y avait de petites coupes blanches qu'on appelait *Tan-tsien*, 壇琖 (coupes de l'autel). Elles étaient d'un blanc pur comme celui du jade blanc, et d'une beauté

---

(1) Cette observation est complétement d'accord avec les conditions essentielles à remplir pour obtenir le rouge de cuivre au grand feu de porcelaine. Si l'atmosphère du four est trop réductrice, le cuivre passe à l'état de cuivre métallique; si l'atmosphère du four est trop oxydante, la coloration rouge disparaît et la couverte devient verdâtre (*Recueil des travaux scientifiques* de M. EBELMEN, tome I, page 437). Le protoxyde de cuivre seul donne un silicate d'une couleur rouge.

A. SALVÉTAT.

(2) L'analyse chimique a permis de constater dans le *Fan-hong* rapporté de la Chine, de l'oxyde de fer rouge à peu près pur. Ce serait ou de l'ocre jaune calcinée ou du colcothar provenant de la décomposition par la chaleur de la couperose verte *Tsao-fan*.

A. SALVÉTAT.

PORCELAINES FABRIQUÉES A KING-TE-TCHIN. 99

extraordinaire. » L'ouvrage intitulé *Thang-chi-sse-khao* rapporte que parmi les porcelaines bleues de la période *Kia-tsing* (1522-1566), on estimait celles qui étaient d'une couleur très-foncée.

On fabriquait, dans la manufacture impériale, des vases appelés *Tan-tsien*, 壇琖 (*littéralement* coupes d'autel), *Yu-pien-tsien*, 魚扁琖 (coupes aplaties, ornées de poissons), et des petites boites à fleurs, pour mettre du fard, qui méritent d'être classées parmi les plus jolis objets de curiosité.

111. *LONG-OUAN-YAO*.

隆萬窰

Porcelaines des périodes *Long-king* (1567-1572) et *Wan-li* (1573-1619).

Ce sont des porcelaines fabriquées, dans la manufacture impériale, sous le règne de *Mou-tsong* et de *Chin-tsong*. Elles étaient faites avec une argile grasse. Il y en avait d'épaisses et de minces, de bleues et de diverses couleurs; leur fabrication annonçait une habileté extraordinaire. On y voyait toute sorte d'ornements. L'émail était luisant et épais comme une couche de graisse figée. Il y en avait qui étaient comme *couvertes de grains de millet,* et dont la surface ressemblait à *la chair de poule,* 鷄皮 (*Khi-pi*); d'autres offraient, dans leur émail, une multitude de *petits boutons d'Aralia* (*Tsong-yen*, 棕眼), et avaient l'*apparence chagrinée d'une peau d'orange.* C'étaient des pièces charmantes.

On lit dans l'ouvrage intitulé *Thang-chi-sse-khao* : « Dans les périodes *Long-king* (1567-1572), et *Wan-li* (1573-1619), le bleu appelé *Hoeï-tsing* (bleu de cobalt) manquait déjà complétement. Aussi, sous le rapport des fleurs bleues, les porcelaines (de ces deux époques) n'égalaient point celles de la période *Kia-tsing* (1522-1566). D'un autre côté, l'argile de *Ma-tsang* se trouva aussi épuisée. La terre à porcelaine de *Jao-tcheou* devint peu à peu mauvaise; aussi, sous le rapport de la matière, les vases qu'on fabriqua depuis étaient fort inférieurs aux précédents. Ce n'est pas tout : les artistes s'adonnèrent à un genre licencieux, et l'on se mit à fabriquer des vases ornés de peintures libres (*littéralement* de jeux secrets), qui blessaient à la fois la bienséance et le bon goût. Ce fut à cette époque que les fabricants de *King-te-tchin* commencèrent à imiter cette manière détestable. Cependant on faisait encore de beaux vases rouges appelés *Tsi-hong-khi*, 祭紅器 (écrit ailleurs 霽紅器); mais ils étaient loin d'égaler les vases du même nom (et d'une autre époque), dont l'émail offrait un rouge vif (*Sien-hong*, 鮮紅), ou le rouge appelé *P'ao-chi-hong*, 寶石紅 (*littéralement* rouge de pierre précieuse). (Voyez page 91, notes 2 et 3.)

112. *LONG-KANG-YAO.*
龍䤴窰

Four pour les jarres ornées de dragons.

Dans la manufacture impériale établie sous les *Ming*, il y avait des fours ainsi nommés. On les appelait encore *Ta-long-kang-yao* (fours pour les grandes jarres ornées de dragons), ou simplement *Kang-yao* (fours pour les jarres). Telle était la forme de ces fours : En avant et en arrière ils étaient larges de six pieds. On pouvait y cuire les deux grandes espèces de jarres appelées *Ting-youen-kang,* 頂圓鋼 (jarres à tête ronde), et *Yu-kang,* 魚鋼 (jarres pour mettre des poissons), qui avaient cinq pouces d'épaisseur et six pieds de hauteur; mais on n'en cuisait qu'une à la fois. Pour les jarres appelées *Tse-kang,* 瓷鋼 (*littéralement* jarres en porcelaine), et qui étaient de trois sortes, on établissait dans chaque four deux supports en briques, et l'on y cuisait deux jarres. Sur la plupart de ces vases, on peignait des dragons au milieu des nuages, et quelquefois aussi des fleurs bleues. C'est pourquoi on donnait à ces fours le nom général de *Long-kang-yao* (four pour les jarres ornées de dragons).

Lorsqu'on les cuisait, pendant sept jours et sept nuits on entretenait un feu lent et faible.

L'expression chinoise dont on se sert pour caractériser ce feu, est empruntée à l'eau qui coule lentement et comme goutte à goutte. Avec un tel feu, l'humidité de la terre s'évapore peu à peu, et la porcelaine se sèche et cuit par degrés. Après cela, on chauffe avec vigueur pendant deux jours et deux nuits. Quand la cazette de la jarre était devenue rouge et qu'ensuite elle avait passé au blanc, qu'en avant et en arrière elle se trouvait transparente, alors on arrêtait le feu et l'on bouchait la porte du four.

Au bout de dix autres jours, le four étant refroidi, on ouvrait la porte et l'on retirait les vases.

Pour chaque four, on brûlait environ cent trente charges de bois (de pin). Si, par hasard, le temps était pluvieux, on augmentait quelquefois la quantité ordinaire.

Dans ces fours, on cuisait :

1°. Des jarres bleues pour mettre des fleurs, sur lesquelles étaient peintes les images précieuses (*sic*) de deux dragons, qui se jouaient au milieu des nuages;

2°. Des grandes jarres bleues ornées de deux dragons au milieu des nuages, et de fleurs de lotus;

3°. Des jarres de porcelaine blanche avec des fleurs bleues;

4°. De grandes jarres ornées de quatre dragons bleus, disposés circulairement, qui se jouent dans les eaux de la marée montante;

5°. Des jarres à fleurs bleues, pour mettre des poissons;

6°. Des jarres de porcelaine, couleur *vert de petits pois*, etc., etc.

113. *TSOUI-KONG-YAO.*

崔公窯

Porcelaines de *Tsouï-kong.*

Tsouï-kong était un homme qui vivait pendant les périodes *Kia-tsing* (1522-1566) et *Long-khing* (1567-1572). Il excellait dans la fabrication de la porcelaine. Il imitait en général les vases fabriqués d'après les anciens procédés des périodes *Siouen-te* (1426-1435) et *Tch'ing-hoa* (1465-1487). A l'époque où il vivait, ses produits jouissaient de la plus haute estime. On appelait ces vases *Tsouï-kong-yao-tse,* 崔公窯瓷, c'est-à-dire porcelaines de *Tsouï-kong*. Dans toutes les parties de l'empire, on les recherchait avec le plus vif empressement. Parmi ces vases, les tasses (*tsien,* 盞) étaient sensiblement plus grandes que celles des périodes *Siouen-te* (1426-1435) et *Tch'ing-hoa* (1465-1487); mais elles étaient tout à fait semblables pour la finesse et la beauté.

Les autres vases bleus ou de diverses couleurs étaient tous parfaitement semblables (à ceux des périodes ci-dessus); c'étaient les plus belles pièces des fabriques particulières.

114. *TCHEOU-YAO.*

周窯

Porcelaines de *Tcheou*.

Tcheou était un homme qui vivait pendant les périodes *Long-khing* (1567-1572) et *Wan-li* (1573-1619); son nom d'enfance était *Tan-thsiouem*, 丹泉; il était originaire de *Ou-men*. Étant venu à *Tchang-nan* (ancien nom du pays actuel de *King-te-tchin*), il se mit à fabriquer de la porcelaine et devint l'ouvrier le plus habile de son temps. Il excellait particulièrement dans l'imitation des porcelaines anciennes. Dès qu'il avait produit une pièce de porcelaine remarquable, les amateurs de toutes les parties de l'empire offraient à l'envi des prix énormes pour l'acquérir. *Tcheou* avait un caractère original; il avait l'habitude de porter lui-même ses porcelaines dans les villages de *Sou*, 蘇, de *Song*, 松, et de *Tch'ang*, 常, et les vendait (comme anciennes) aux antiquaires instruits; les plus habiles connaisseurs s'y trompaient eux-mêmes. Il avait le talent d'imiter les trépieds de *Ting*, 定鼎, les vases de *Ting* (*Ting-khi*, 定器), les trépieds et les réchauds de l'empereur *Wen-wang*, ainsi que les vases sacrés à figures d'animaux et à anses (ayant la forme du fer de la lance) *ki*, 戟耳彝. Ses imitations ressemblaient tellement aux vases originaux, qu'on ne pouvait en faire la différence. On offrait à l'envi jusqu'à mille onces d'argent (7500 fr.) pour les acquérir. On en parle encore avec admiration.

115. *OU-KONG-YAO.*

壺公窰

Porcelaines de *Ou-kong.*

Ce sont des porcelaines fabriquées par *Ou-kong*, qui vivait sous le règne de *Chin-tsong* (1573-1619). On l'avait surnommé *Ou-in-tao-jin*, 壺隱道人 (le religieux *Ou*, qui vit dans la retraite). Elles étaient remarquables à la fois par la finesse de la matière et l'éclat des couleurs. Tous les vases qui sortaient de ses mains étaient d'une beauté parfaite. Les plus renommés étaient les coupes appelées *Lieou-hia-tsien*, 流霞盞 (coupes ornées de nuages rouges), et *Louan-mou-peï*, 卵幕盃 (tasses coquille-d'œuf). Les coupes (*Tsien*, 盞) étaient éclatantes comme le vermillon. Les tasses (*Peï*, 盃) étaient charmantes de blancheur et d'éclat. Il y en avait dont une seule ne pesait qu'un demi *Chou*, 銖 (1). Les antiquaires de toutes les parties de l'empire se les disputaient et en offraient un prix énorme.

Il fabriquait aussi avec élégance des vases du genre appelé *Ou*, 壺, de couleur bleu pâle, comme les vases *Kouan-khi*, 官器 (vases des magistrats), et *Ko-khi*, 哥器 (vases de *Tchang* l'aîné) ; mais ils n'étaient pas fendillés comme la glace. Ses vases *Tse-kin-ou*, 紫金壺 (vases

---

(1) Suivant M. Natalis Rondot, le *Chou* pèse aujourd'hui 1^{gr},575.

du genre *Ou*, à émail *feuille-morte*) (1), ceux d'un rouge vif ressemblaient tous, pour la forme, aux *Ou*, 壺, antiques du pays de *I-hing*. Sous le pied de ces vases, on voyait les quatre mots *Ou-in-lao-jin*, 壺隱老人 (le vieillard *Ou*, qui vit dans la retraite) gravés en creux. La tradition rapporte qu'il s'appelait *Hao-chi-khieou*, 昊十九, mais on ne connaît pas le lieu de sa naissance.

116. *SIAO-NAN-YAO.*

小南窯

Porcelaines de (la rue) Siao-nan.

A *King-te-tchin*, il y a une rue appelée *Siao-nan-hiaï*, c'est-à-dire la petite rue du Sud. Dans les dernières années de la dynastie des *Ming*, on y fabriquait des vases de porcelaine, mais de très-petite forme, et bas comme une grenouille couchée. A cette époque, on les appelait *Hia-mou-yao*, 蝦蟆窯 (*littéralement* porcelaines [basses comme un] crapaud). Les vases qu'on y fabriquait étaient grossiers, mais de forme correcte. La terre qu'on employait était une argile jaune. Ils étaient fort minces et cependant très-solides. On faisait aussi un genre de petits bols (*Ouan*, 盌) de couleur blanche, avec une teinte bleue. Il y en avait encore deux autres espèces, savoir : 1° à fleurs bleues (c'é-

---

(1) On appelle fonds laque les couleurs de cette nuance. On verra plus loin la manière de les reproduire.

A. SALVÉTAT.

taient seulement des bouquets de *Lan* (Epidendrum); 2° à feuilles de bambou. Celles qui n'étaient point ornées de fleurs portaient, autour du bord extérieur, un ou deux cercles bleus. On les appelait *Pe-fan-khi* (*littéralement* vases pour le riz blanc). Il y avait des coupes à bords déprimés, peu profondes et entièrement blanches, imitant les bols (*Ouan*, 盌) des *Song*; elles furent fort à la mode pendant un temps. Elles sont encore aussi estimées sous la dynastie actuelle.

ÉPOQUE DES *THSING*, 清, OU TARTARES MANDCHOUS (1662-1816).

La fabrication de la porcelaine a continué jusqu'à ce jour (à *King-te-tchin*) avec le même succès. Les vases sont remarquables à la fois par la beauté (de la forme et de la matière), l'habileté des ouvriers et la finesse des couleurs. On y suit entièrement les procédés des anciens. On met au premier rang les vases ornés de fleurs; les genres et les modèles varient d'année en année, et presque de mois en mois. Mais ceux qui sont faits sous la direction de l'inspecteur de la porcelaine impériale, l'emportent de beaucoup sur ceux des anciens. Nous allons signaler les plus remarquables.

117. *KHANG-HI-NIEN-TS'ANG-YAO.*

康熙年臧窰

Porcelaines de *Thsang*, fabriquées sous le règne de *Khang-hi* (1662-1722).

Ce sont des porcelaines de la manufacture impériale

fabriquées par les soins de *Thsang-ing-siouen*, 臧應選, qui avait le titre de *To-li-kouan* (magistrat inspecteur et directeur).

La terre dont on se servait était d'une nature grasse. Ces porcelaines étaient brillantes et minces; on en trouvait quatre espèces qui étaient considérées comme les plus belles, savoir, celles dont l'émail était :

1°. Vert de peau de serpent (*Che-pi-lou*, 蛇皮綠);

2°. Jaune d'anguille (*Chen-yu-hoang*, 鱔魚黃);

3°. Couleur du bleu appelé *Ki-tsouï* (吉翠);

4°. Parsemé de points jaunes (黃點班, *Hoang-tien-pan*). C'étaient les plus beaux de tous.

Les autres vases jaune pâle (澆黃, *Hiao-hoang*), violet pâle (*Hiao-tse*, 澆紫), vert pâle (*Hiao-lou*, 澆綠); ceux dont l'émail rouge ou bleu était soufflé (*Tchouï-hong-khi*, 吹紅器, *Tchouï-tsing-khi*, 吹青器), avaient aussi leur mérite et leur beauté. Quelque temps après, on vit paraître les porcelaines de *Thang* qui imita encore ces couleurs d'émail.

Thang-kong, dans son histoire intitulée *Fong-ho-chin-tch'ouen* (Histoire de l'Esprit qui préside au feu *des fours à porcelaine*), rapporte que *Thsang-kong* inspectait jadis la poterie. Chaque fois, il voyait cet esprit qui lui donnait des conseils, et protégeait ses ouvrages au milieu du four embrasé.

Ses porcelaines (ajoute naïvement l'auteur de notre ouvrage) devaient naturellement être plus fines et plus parfaites (*sic*).

118. *YONG-TCHING-NIEN-NIEN-YAO.*
雍正年年窰

Porcelaines de *Nien*, fabriquées dans la période *Yong-tching* (1723-1735).

Ce sont des vases de la manufacture impériale (de *King-te-tchin*). *Nien-hi-yao*, inspecteur des écluses de *Hoaï-ngan*, ayant été chargé de diriger les travaux de la manufacture impériale de *King-te-tchin*, choisissait lui-même les matériaux, et fabriquait (c'est-à-dire faisait fabriquer) les porcelaines qui lui étaient commandées par ordre supérieur, et il leur donnait un haut degré de finesse et d'élégance.

Le 2e et le 16e jour de chaque mois, le directeur adjoint de la manufacture expédiait les porcelaines de couleur à leur destination. Quand elles étaient arrivées à la douane, il adressait un placet à l'empereur et demandait de nouveaux ordres. C'était lui qui, pendant toute l'année, avait le contrôle de la caisse de la douane.

Les vases du genre de *Tcho-khi*, 琢器, étaient la plupart de couleur d'œuf et de forme arrondie. Leur fond était blanc et brillant comme l'argent. Tous offraient à la fois des ornements bleus et de diverses couleurs; quelques-uns étaient ornés de fleurs peintes, ciselées ou mates. C'est véritablement à cette époque qu'on a commencé à imiter les anciens (*sic*) et à inventer de nouveaux procédés.

On lit dans l'ouvrage intitulé *Wen-fang-sse-khao* : « Au commencement de la période *Yong-tching* (1723), *Tsou-fou-yen-kong*, surnommé *Hi-yao*, fabriquait de la porcelaine.

» Sur les vases de la manufacture impériale on écrit *Yen*, 嚴, au lieu de *Nien*, 年; de plus, on l'appelle *Tsou-fou*. Je crois que c'est une erreur. »

« *Yen-kong*, dit l'ouvrage intitulé *I-tchi* (Histoire de la ville de *King-te-tchin*), a rédigé de nouveau l'histoire de l'inscription gravée sur pierre pour le temple du dieu de la porcelaine. »

Cette table de pierre subsiste encore aujourd'hui.

119. *KHIEN-LONG-NIEN-THANG-YAO.*

乾隆年唐窯

Porcelaines de *Thang-kong*, fabriquées dans la période *Khien-long* (1736-1795).

Ce sont des porcelaines de la manufacture impériale, fabriquées sous la direction de *Thang-ing*, 唐英, officier attaché au département des Affaires intérieures (c'est-à-dire des Affaires du palais impérial).

Thang-kong était venu s'établir dans la manufacture, dans la sixième année de *Yong-tching* (1727). A cette époque il y avait un directeur adjoint nommé *Nien*, qui jouissait d'une grande réputation. Au commencement du règne de *Khien-long* (1736), il fut chargé d'aller contrôler le péage des ponts dans le pays de *Hoaï*. Dans la huitième année (1743), il fut envoyé à *Khieou-kiang* pour surveiller les opérations de la douane. Tous deux dirigeaient les travaux de la porcelaine. *Thang-kong* connaissait à fond la nature des terres ou argiles, et les différentes sortes de feu. Il apportait un grand soin dans le choix des matériaux ; aussi les vases qui se fabriquaient par ses soins, étaient-ils tous d'une finesse, d'un éclat et d'une pureté parfaits. Il savait, en outre, imiter toutes les porcelaines antiques les plus renommées et ne manquait jamais de leur donner le même degré d'élégance et de beauté. Il imitait aussi tous les genres d'émaux les plus célèbres, et les reproduisait avec une rare habileté. Rien ne manquait à la perfection de ses porcelaines. Ce n'est pas tout : il avait nouvellement mis en œuvre, une multitude de procédés ingénieux ; savoir :

1°. (L'émail) violet d'Europe, *Yang-tse*, 洋紫 ;

2°. (L'émail) bleu appelé *Fa-tsing*, 法青 ;

3°. Les vases à fond d'argent bruni, *Mo-in*, 抹銀 ;

4°. Les fonds noirs émaillés, *Thsaï-choui-me*, 彩水墨 ;

5°. Le noir éclatant d'Europe, *Yang-ou-kin*, 洋烏金 ;

6°. La manière de peindre avec de l'émail, *Fa-lang-hoa-fa*, 法瑯畫法 ;

7°. Les fonds noirs, avec l'émail d'Europe, *Yang-thsaï-ou-kin*, 洋彩烏金 ;

8°. Les fleurs blanches sur un fond noir, *He-ti-pe-hoa*, 黑地白花 ;

9°. Les dessins en or sur fond noir, *He-ti-miao-kin*, 黑地描金 ;

10°. Les porcelaines bleu de ciel, *Tsing-lan*, 天藍 ;

11°. L'émail qui change au feu, *Yao-pien*, 窯變, etc.

Ces vases étaient faits avec une argile blanche et grasse. Il y en avait d'épais et de minces, mais tous d'un ton luisant. A cette époque, les produits de la manufacture impériale avaient atteint la plus grande perfection.

Quelque temps après, en vertu d'un décret spécial, *Thang* composa vingt-deux planches représentant les procédés de la fabrication, et les accompagna chacune d'une explication détaillée, puis il les présenta à l'empereur. Le savant *Li-kiu-laï* de *Lin-tchouen* a mis à la collection des planches de *Thang-kong* une préface où il dit : « Seul, il délibéra sur la fleur et le fruit (c'est-à-dire sur les qualités brillantes et les qualités solides de la porcelaine), et il trouva dans son esprit les ressources dont il avait besoin. Il reprit la fabrication, longtemps interrompue, des *Long-kang*, 龍鋼 (jarres ornées de dragons) et des porcelaines de *Kiun*, 鈞窯 (*Kiun-yao*), et fit revivre les procédés des anciens. Grâce à lui, les fonds *d'azur foncé* et de *rouge éclatant* reparurent de nouveau et excitèrent l'admiration. *Thang* trouva dans son propre génie la plupart des merveilleux procédés qu'il mit en usage. »

LIVRE V.

EXPLICATION DES PROCÉDÉS RELATIFS A LA FABRICATION DE LA PORCELAINE.

LIVRE V.

EXPLICATION DES PROCÉDÉS RELATIFS A LA FABRICATION DE LA PORCELAINE (1).

Dans le cinquième mois de la huitième année de la période *Khien-long* (1743), *Thang-ing*, secrétaire attaché au département des affaires intérieures et directeur de la douane de *Khieou-kiang*, ayant été chargé, en vertu d'un décret spécial, de classer méthodiquement et d'expliquer avec clarté vingt planches relatives à la fabrication de la porcelaine, qu'il avait tirées de la bibliothèque du Palais, en rédigea la description qui suit et la mit sous les yeux de l'empereur.

Suivant avec soin l'ordre des opérations qui y étaient représentées, il en a rédigé un résumé et y a ajouté des observations supplémentaires. Par là, il a consacré le souvenir des labeurs auxquels est due la renommée brillante des vases de porcelaine.

---

(1) Extrait des Annales de *Feou-liang*, liv. 8, fol. 37-43.

L'explication de ces planches rédigée par *Thang-ing*, à la demande de l'empereur *Khien-long*, se trouve dans les Annales de *Feou-liang* et dans les Mémoires sur la Céramique intitulés *Thao-choue*; mais les éditeurs de ces ouvrages n'ont point reproduit les figures qui s'y rapportent. Nous tâcherons de représenter les opérations principales à l'aide des planches qui accompagnent le texte que nous avons traduit, et de divers albums relatifs au même sujet que possède la Bibliothèque impériale.

I.

On recueille les pierres (de *pétrosilex*) et l'on fabrique la pâte, c'est-à-dire les briques de *Pé-tun* (vulgo *Pe-tun-tse*) (1).

Ces pierres se tirent des deux montagnes *P'ing-li* et *Kou-keou*, dans le district de *Khi-men*, dépendant de l'arrondissement de *Hoeï-tcheou*, dans la province du *Kiang-nan* (2).

---

(1) Nous ferons observer une fois pour toutes que l'expression *Pe-tun-tse* désigne les tablettes ou carreaux de matière blanche dont on va parler, et que la pâte blanche s'appelle *Pe-tun*. Le mot *Tse* (*vulgo* fils), qui termine le mot *Pe-tun-tse*, sert à former des substantifs diminutifs. Ainsi *Pe-tun* signifie la matière blanche et *Tse* ajouté à *Pe-tun* indique des portions, des carreaux de pâte, des briquettes de *Pe-tun*. Il y a des carreaux de pâte de différentes couleurs; pour les distinguer, on fait précéder le mot *Tun-tse* du nom de la couleur. On dit, par exemple, *Hoang-tun-tse*, des carreaux de pâte jaune, etc.

(2) L'analyse et l'examen minéralogique ont permis de reconnaître la véritable nature des pierres dont il est ici question : ce sont de véritables *pétrosilex*. Ceux qui ont été analysés provenaient de localités très-variées. Les pierres désignées sous le nom de *Khi-men*, dans le *Kiang-nan*, arrondissement de *Hoeï-tcheou*, ont donné à l'analyse les nombres ci-dessous, que nous mettons en regard de la composition de la pegmatite de Saint-Yrieix :

	KHI-MEN.	SAINT-YRIEIX.
Perte au feu............	2,94	0,40
Silice.................	76,20	76,10
Alumine...............	13,60	15,37
Oxyde de fer...........	traces.	0,13
Oxyde de manganèse....	traces.	»
Chaux.................	0,12	0,17
Magnésie..............	traces.	traces.
Potasse...............	3,28	2,84
Soude.................	5,05	4,58
Perte.................	»	0,41
	101,19	100,00

La pegmatite de Saint-Yrieix, dans la fabrication de la porcelaine

Ces montagnes sont éloignées de deux cents lis (vingt lieues) des manufactures de porcelaine. On pratique des excavations pour se procurer ces pierres. Les meilleures sont celles qui, étant fendues en deux, présentent des fleurs noires (1) ressemblant par leur forme à la plante *Lou-kio-tsaï*, 鹿角菜.

Les habitants du pays, profitant des courants qui descendent des montagnes, établissent des roues (hydrauliques) qui font mouvoir des pilons pour broyer finement cette matière. Ensuite ils la nettoyent, l'épurent, et en forment des espèces de briques qu'ils appellent *Pe-tun* ou *pâte blanche* (2). Cette pâte est d'un blanc pur et d'un grain fin. On l'emploie pour fabriquer les vases appelés *Tho-taï* (3), et *Tien-pe*, des porcelaines de forme arrondie et du genre *Tcho-khi*, avec des fleurs bleues, etc.

Il y a, en outre, plusieurs espèces de terres nommées

---

de Sèvres, joue le même rôle que la roche de *Khi-men*. La même pierre de *Khi-men* est consignée dans le catalogue de la collection Alcock; seulement le nom de lieu est écrit *Ke-mun*; c'est évidemment une différence de prononciation. Il n'est dit nulle part si les échantillons analysés proviennent de la montagne de *P'ing-li* ou de celle de *Kou-keou*.

A. Salvétat.

(1) Les Chinois entendent par là les variétés à dendrites : la synonymie est facile à établir. C'est de l'oxyde de manganèse qui forme ces dendrites. La manufacture de Sèvres possède plusieurs variétés de cette roche légèrement manganésifère.

A. Salvétat.

(2) Dans les ateliers de *King-te-tchin*, c'est ainsi qu'on appelle les *pâtes de terre* avec lesquelles on fabrique de la porcelaine.

(3) A l'aide de la Table générale, on trouvera l'orthographe chinoise et l'explication de cette expression, qui désigne des porcelaines extrêmement minces. Le mot *Tien-pe* s'applique à des porcelaines blanches qui sont destinées à être ornées de peintures.

Kao-ling (1), ***Yu-hong*** et ***Tsien-nan***, d'après les pays d'où on les tire. Elles proviennent toutes de divers endroits du dé-

---

(1) Les noms des localités qui fournissent ces kaolins sont nouveaux pour nous. Nous ne connaissons encore que les kaolins de *Tong-kang*, dans le *Feou-liang-hien*, et ceux de *Si-kang* dans la même province. Le kaolin de *Tong-kang* est aussi cité par M. Rutherford Alcock dans la collection qu'il a fait parvenir en France. C'est par suite de la prononciation anglaise qu'il écrit *Tun-keang*.

La collection de l'École des Mines contient ces mêmes matières brutes et lavées sous les désignations de *Tong-pou-kao-ling-teng* (*teng* pour *tun*), *Tong-pou-thou-si-kang-teng* et *Si-kang-thou*.

La composition des kaolins de *Si-kang* et de *Tong-kang*, comparée à celle de Saint-Yrieix, prouve l'identité de ces matières.

	TONG-KANG.	SAINT-YRIEIX (argileux).
Eau	11,2	12,62
Silice	50,5	48,37
Alumine	33,7	34,95
Oxyde de fer	1,8	1,26
Magnésie	0,8	traces.
Potasse	1,9	2,40
Soude	»	
Perte	0,1	0,40
	100,0	100,00

	SI-KANG.	SAINT-YRIEIX (caillouteux).
Eau	8,2	7,2
Silice	55,3	56,9
Alumine	30,3	31,6
Oxyde de fer	2,0	0,5
Magnésie	0,4	»
Chaux	»	0,5
Potasse	1,1	3,4
Soude	2,7	
	100,0	100,1

Les préparations mécaniques indiquées dans l'explication de cette planche sont bien exactement décrites et se rapportent à ce qui se pratique en Europe. Il n'y a de différence que la forme de briques sous laquelle le commerce chinois exige qu'on lui présente les matières à porcelaine. A. SALVÉTAT.

partement de *Jao-tcheou-fou*, dans la province du *Kiang-si*. On les recueille et on les travaille comme le *Pe-tun*; mais dans la fabrication de la porcelaine, elles n'ont d'utilité qu'autant qu'elles sont mêlées et combinées (avec le pétrosilex). On peut toutefois les employer seules pour faire des vases communs et grossiers.

La planche montre la manière de se procurer les pierres (le *pétrosilex* pour le *Pe-tun*), de les broyer avec des pilons, et de les faire fondre, au milieu de l'eau, dans des paniers (d'un tissu peu serré).

La récolte des pierres (des fragments de *pétrosilex*) et le (premier) travail de la pâte n'exigent pas d'autres soins.

Observations de *Thang-ing*. — Dans le commencement, la *terre* à porcelaine (le *Pe-tun*) qu'on employait dans les manufactures de *King-te-tchin*, se tirait d'une montagne appelée *Ma-tsang*, à *Sin-tching-tou*, dépendant de *Feou-liang*. Mais elle se trouva épuisée dans la période *Wan-li* (1573-1619). Alors on en tira successivement de trois autres endroits du même district, savoir : de *Ou-men*, de *Tho-tchi* et de *Khi-men* (1).

---

(1) Ce passage fait connaître de nouveaux noms de gisements de pétrosilex : les uns sont épuisés, les autres en voie d'exploitation. Il est probable que tous ces gisements, réunis dans le même district de *Feou-liang*, appartiennent à une seule et même formation géologique. Les analyses qui ont été faites de nombreuses roches pétrosiliceuses, faisant partie de l'envoi du P. Ly, conservé à la manufacture de Sèvres, conduisent à cette conclusion. (*Annales de Chimie et de Physique*, tome XXXI, page 265.)

Thang-ing cite le nom de la montagne *Ma-tsang*. La collection de l'École des Mines renferme une roche désignée par le nom de *Ma-chi*; comme *chi* signifie pierre brute, cette roche provient peut-être de la montagne *Ma-tsang*; elle renferme des points nombreux et brillants de pyrite cubique.

A. Salvétat.

LIVRE CINQUIÈME.

Extrait du P. d'Entrecolles (1). — « Du *Pe-tun-tse*. —
» La matière de la porcelaine se compose de deux sortes de
» terres, l'une appelée *Pe-tun-tse*, et l'autre qu'on nomme
» *Kao-lin* : celle-ci est parsemée de corpuscules brillants;
» l'autre est simplement blanche et très-fine au toucher.
» En même temps qu'un grand nombre de grosses barques
» remontent la rivière de *Jao-tcheou* à *King-te-tchin*, pour

---

(1) Ces extraits sont tirés du tome II, pages 213-246, de la *Description de la Chine*, par le P. Duhalde; Paris, 1736; 4 vol. in-4°. Nous avons fait usage du Mémoire du P. d'Entrecolles toutes les fois que nous y avons trouvé des renseignements propres à éclaircir ou à compléter les données des auteurs chinois. Le P. Duhalde nous apprend de quelle manière il a été rédigé, et les détails qu'il nous fournit sont de nature à inspirer la confiance. « Le P. d'Entrecolles, dit-il, avait une église dans *King-te-tchin*, et parmi ses chrétiens il en comptait plusieurs qui travaillaient à la porcelaine ou qui en faisaient un grand commerce. C'est d'eux qu'il a tiré des connaissances exactes de toutes les parties de ce bel art. Outre cela, il s'est instruit de ses propres yeux et a consulté les livres qui traitent de cette matière, et surtout les Annales de *Feou-liang* (dont dépend *King-te-tchin*). »

Le Mémoire du P. d'Entrecolles avait deux grands défauts aux yeux des sinologues et des fabricants; il ne donne point l'orthographe chinoise des noms, des matières et des couleurs, et comme ce Père n'était ni chimiste ni minéralogiste, il omet presque constamment la synonymie scientifique de ces mêmes noms. J'ai donné moi-même, entre parenthèses, tous les caractères chinois qui désignent non-seulement les matières premières (terres et couleurs), mais encore les différentes sortes d'émail, et les noms des genres de porcelaines les plus remarquables et des procédés divers qu'exige leur ornementation. Le second défaut a été corrigé par moi à l'aide des déterminations scientifiques fournies anciennement par MM. Ébelmen et Salvétat, d'après l'examen et souvent d'après l'analyse chimique des matières premières que j'avais fait venir, il y a près de onze ans, pour la manufacture de Sèvres, matières dont on trouvera, dans le livre VI, le catalogue et la synonymie.

Enfin, toutes les fois que les expressions employées par le P. d'Entrecolles me paraissaient obscures (par exemple, *huile* pour *émail* ou *glaçure*), j'ai tâché d'en donner le sens entre parenthèses.

» se charger de porcelaines, il en descend de *Khi-men*, pres-
» que autant de petites qui sont chargées de *Pe-tun-tse* et
» de *Kao-lin*, réduits en forme de briques; car *King-te-tchin*
» ne produit aucuns des matériaux propres à la porcelaine.

» Les briques de *Pe-tun-tse*, dont le grain est si fin, pro-
» viennent de quartiers de roches qu'on tire des carrières,
» et auxquels (c'est-à-dire à la pâte desquels) on donne
» cette forme. Toute espèce de pierre n'est pas propre à
» former le *Pe-tun-tse*; autrement, il serait inutile d'en
» aller chercher à vingt ou trente lieues dans la province
» voisine. La bonne pierre (pour le *Pe-tun*), disent les
» Chinois, doit tirer un peu sur le vert.

» Voici quelle est la première préparation : on se sert
» d'une massue de fer pour briser ces quartiers de pierre;
» après quoi on met les morceaux brisés dans des mortiers,
» et au moyen de certains leviers qui ont une tête de pierre
» armée de fer, on achève de les réduire en une poudre
» très-fine. Ces leviers jouent sans cesse, ou par le travail
» de l'homme ou par le moyen de l'eau.

» On jette ensuite cette poussière dans une grande jarre
» remplie d'eau, et on la remue fortement avec une pelle
» de fer. Quand on la laisse reposer quelques moments, il
» surnage une espèce de crème épaisse de quatre à cinq
» doigts; on la lève et on la verse dans un autre vase plein
» d'eau. On agite ainsi plusieurs fois l'eau de la première
» urne, recueillant à chaque fois le nuage qui s'est formé
» jusqu'à ce qu'il ne reste plus que le gros marc que son
» poids précipite d'abord. On le tire et on le pile de nouveau.

» Quant à la seconde urne, où a été jeté ce que l'on a
» recueilli de la première, on attend qu'il se soit formé au
» fond une espèce de pâte. Lorsque l'eau paraît au-dessus
» fort claire, on la verse par inclination, pour ne pas trou-
» bler le sédiment, et l'on jette cette pâte dans de grands
» moules propres à la sécher. Avant qu'elle soit tout à fait
» durcie, on la partage en petits carreaux.

» Cette figure et sa couleur lui ont fait donner le nom
» de *Pe-tun-tse* (1).

» Les moules où se jette cette pâte sont des espèces de
» caisses fort grandes et fort larges. Le fond est rempli de
» briques, placées selon (dans le sens de) leur hauteur, de
» telle sorte que la superficie soit égale. Sur le lit de bri-
» ques ainsi rangées, on étend une grosse toile qui remplit
» la capacité de la caisse. Alors on y verse la matière qu'on
» couvre peu après d'une autre toile sur laquelle on met un
» lit de briques couchées à plat, les unes auprès des autres.
» Tout cela sert à exprimer l'eau plus promptement, sans
» que rien (ne) se perde de la matière de la porcelaine qui,
» en se durcissant, reçoit aisément la figure des briques.

» Les Chinois étant accoutumés à altérer leurs marchan-
» dises, et à faire entrer du marc dans les carreaux de
» *Pe-tun-tse*, on est obligé de les purifier encore à *King-
» te-tchin*, avant de les mettre en œuvre. »

II.

On lave et on épure la terre molle (de *Kao-lin*).

OBSERVATIONS. — Quoique les détails qui suivent s'appliquent au travail du *Kao-lin*, cette expression ne se trouve
point (à l'article II) dans le texte des Annales de *Feou-liang*,

---

(1) L'orthographe des livres est 白不, que l'on prononce *Pe-
tun*. Le mot *Pe* signifie blanc; mais les auteurs chinois qui ont écrit
sur la porcelaine n'expliquent point le sens de la seconde syllabe, qui
se prononce ordinairement *Go* ou *Nie*. Ils se contentent de dire que,
dans les ateliers de porcelaine, il se prononce comme le mot 敦,
Tun. On voit dans le livre VII, qu'il y a des *Tun* (carreaux) de pâte
jaune, 黃不 (*Hoang-tun*), et des *Tun* de pâte rouge, 紅不
(*Hong-tun*).

ni dans l'ouvrage intitulé *Thao-choue*, d'où ce chapitre est tiré presque en entier. Seulement le texte chinois, dont nous avons donné plus haut la traduction (voyez page 119, lignes 3-7), a dit, comme le fait le P. d'Entrecolles, que la pâte du *Kao-lin* se travaille et se moule en petits carreaux comme celle du *Pe-tun* (carreaux qu'on appelle *Pe-tun-tse*) (1).

Pour fabriquer de la porcelaine, on a d'abord besoin d'une terre molle comme de la boue (*Ni-thou,* 泥土) qu'on épure au moyen de l'eau. La meilleure est celle qui est fine et sans mélange. Car si la terre (de *Kao-lin*) offre des petites pierres brillantes (2) comme des étoiles, la pâte n'aura pas un grain serré, et les vases qu'elle aura servi à fabriquer ne manqueront pas de se fêler et de se fendre.

Voici la manière de laver et d'épurer cette terre. Ordinairement, on fait tremper la terre molle (de *Kao-lin*) dans une grande jarre remplie d'eau; on la remue avec un râteau

---

(1) Nous ferons remarquer que tous les échantillons de kaolin lavé que le Musée céramique renferme sont sous forme de briquettes.
A. SALVÉTAT.

(2) On comprend facilement que les pierres brillantes comme les étoiles désignées ici indiquent le mica, et que les matières étrangères à grain grossier sont les résidus quartzeux du granite transformé. La définition donnée par *Thang-ing* de la terre à porcelaine ne paraît cependant pas pouvoir s'appliquer aux gisements de *Tong-kang* et de *Si-kang* que nous connaissons, et qui se trouvent dans des formations granitiques de granite graphique en décomposition. On ne saurait dire des échantillons que nous ont fait connaître les envois successifs du P. Ly : « La meilleure est celle qui est fine et sans mélange ».

Les lignes qui suivent expliquent d'une manière très-lucide les procédés de lavage par tamisage et décantation à l'aide desquels on débarrasse la matière à porcelaine des impuretés qui l'altèrent; ces procédés sont ceux usités en Europe. J'en dirai autant du raffermissement de la terre qui s'opère à l'aide de l'absorption par le contact avec un corps poreux.
A. SALVÉTAT.

en bois. On enlève le sédiment et on le jette dans un tamis de crin très-serré, pour recueillir la partie la plus fine qui doit recevoir une seconde épuration.

On la met dans un sac de soie fine à deux compartiments (*littéralement* à deux étages) pour opérer encore la séparation de la partie la plus fine. Puis on la dépose dans une caisse en terre cuite pour que l'eau s'égoutte et que la pâte s'épaississe.

Cela fait, on prend une caisse en bois, au fond de laquelle on dispose successivement plusieurs étages de briques nouvellement cuites (1). A mesure qu'on forme chaque étage, on étend une toile fine, sur laquelle on verse la pâte épaissie; on l'enveloppe avec cette toile que l'on serre fortement; puis on met par-dessus un nouvel étage de briques dont la pression fait égoutter l'eau.

Lorsque l'eau est complétement égouttée, la pâte se trouve faite. On la met alors sur une grande pierre plate, et on la bat, en la retournant plusieurs fois, avec une pelle de fer, jusqu'à ce que la matière soit devenue bien condensée et bien compacte, et par conséquent propre à la fabrication des vases de porcelaine. Nulle espèce de porcelaine ne peut être faite sans cette pâte. Seulement les proportions varient suivant le genre des vases qu'on veut faire (2).

---

(1) Le procédé décrit ici s'applique à la pâte toute préparée; il a été pratiqué à Sèvres pour raffermir la pâte, il y a une dizaine d'années; on faisait usage de briques de plâtre; on y a renoncé parce que la dessiccation était trop lente et les briques de plâtre trop promptement altérées; on en est revenu au raffermissement dans les coques.

La fin de l'explication de cette planche donne la description du malaxage et du pétrissage à la main tel qu'il se pratique en Europe.

A. Salvétat.

(2) On a donné (*Annales de Chimie et de Physique*, tome XXXI, page 275) les analyses des pâtes comparées à celles de Sèvres. Nous les mettons en regard en les supposant cuites; nous avons indiqué

La planche représente fidèlement et en grands détails la forme des appareils et des instruments ainsi que la manière de s'en servir pour laver et épurer la pâte.

Extrait du P. d'Entrecolles. — « Le *Kao-lin* qui entre
» dans la composition de la porcelaine demande un peu
» moins de travail que les *Pe-tun-tse*. La nature y a plus de
» part. On en trouve des mines au sein des montagnes qui
» sont couvertes en dehors d'une terre rougeâtre. Ces
» mines sont fort profondes; on y trouve par grumeaux la
» terre en question, *dont on fait des quartiers en forme de*

que le rapport donné par le P. Ly de 1 partie de *Kao-lin* pour 2 parties de *Pe-tun-tse* ne s'accordait pas tout à fait avec l'analyse des pâtes préparées, et nous avons indiqué celui de 1 à 1 comme étant plus d'accord avec l'analyse; ce sont ces mêmes proportions que donne le P. d'Entrecolles pour les pâtes de première qualité.

	PATES DE QUALITÉ				PATES de Sèvres.
	1re.	2e.	3e.	4e.	
Silice............	69,0	70,0	73,3	69,0	58,0
Alumine...........	23,6	22,2	19,3	21,3	34,5
Oxyde de fer.......	1,2	1,3	2,0	3,4	»
Chaux............	0,3	0,8	0,6	1,1	4,5
Magnésie..........	0,2	traces.	»	»	»
Oxyde de manganèse.	0,1	0,0	»	»	»
Potasse...........	3,3	3,6	2,5	3,4	3,0
Soude............	2,9	2,7	2,3	1,8	»

Le P. d'Entrecolles suppose que, pour les porcelaines grossières, on augmente dans la composition des pâtes la proportion du *Pe-tun-tse*: il ne paraît pas que cet usage soit général d'après les analyses qui précèdent; mais il est incontestable que la qualité de la porcelaine se trouve liée à la plus ou moins forte proportion de l'oxyde de fer qu'elle renferme et qui entraîne une coloration du produit plus ou moins désagréable. Le P. d'Entrecolles finit ce chapitre par un exposé très-net des préparations mécaniques qu'on fait subir à la pâte une fois qu'elle est composée.

A. Salvétat.

» carreaux (1), en observant la même méthode que j'ai
» observée par rapport aux *Pe-tun-tse.*

» C'est du *Kao-lin* que la porcelaine fine tire toute sa
» fermeté; il en est comme les nerfs. Ainsi c'est le mé-
» lange d'une terre molle qui donne de la force aux *Pe-tun-*
» *tse* (lesquels se tirent des plus durs rochers).

» Un riche marchand chinois m'a conté que des Anglais
» ou Hollandais (le nom chinois *Hong-mao*, hommes à
» cheveux rouges, désigne les deux nations), firent acheter,
» il y a quelques années, des *Pe-tun-tse* qu'ils emportèrent
» dans leur pays pour faire de la porcelaine, mais que,
» n'ayant point emporté de *Kao-lin*, leur entreprise échoua,
» comme ils l'ont avoué depuis. Sur quoi le marchand chi-
» nois disait en riant : *Ils voulaient avoir un corps dont les*
» *chairs se soutinssent sans ossements.* »

OBSERVATIONS du P. d'Entrecolles (sur les quatre élabo-
rations du *Kao-lin* et du *Pe-tun-tse*).

« 1°. Le premier travail consiste à purifier de nouveau
» le *Kao-lin* et le *Pe-tun-tse* du marc qui y reste quand on
» le vend (2).

» On brise les *Pe-tun-tse* et on les jette dans une grande
» urne pleine d'eau. Ensuite, avec une large spatule, on
» achève, en remuant, de les dissoudre (c'est-à-dire de les
» *mettre en suspension*). On les laisse reposer quelques mo-
» ments, après quoi on ramasse ce qui surnage, et ainsi
» du reste, de la manière qu'il a été dit ci-dessus.

---

(1) L'ouvrage chinois dit aussi qu'on fait des *carreaux* de *Kao-lin*.
(Voyez page 123, lignes 3-7.)

(2) Il arrive souvent, dit le P. d'Entrecolles, que les Chinois, qui
sont fort enclins à la fraude, mêlent des sédiments dans les pains de
Kao-lin et de *Pe-tun-tse*. Des gens qui roulent des petits grains de
pâte (de farine) dans de la poudre de poivre et qui les vendent pour
du poivre véritable, n'ont garde de vendre des *Pe-tun-tse* sans y mêler
du marc.

» 2°. Pour ce qui est des pièces (carreaux) de *Kao-lin*, il n'est pas nécessaire de les briser. On les met, tout simplement, dans un panier fort clair qu'on enfonce dans une urne remplie d'eau. Le *Kao-lin* s'y délaye aisément de lui-même. Il reste d'ordinaire un marc qu'il faut jeter.

» Ces deux matières de *Kao-lin* et de *Pe-tun-tse* étant ainsi préparées, il en faut faire un juste mélange.

» On met autant de *Kao-lin* que de *Pe-tun-tse* pour les porcelaines fines : pour les moyennes, on emploie quatre parties de *Kao-lin* sur six de *Pe-tun-tse*. Le moins qu'on en mette, c'est une part de *Kao-lin* sur trois de *Pe-tun-tse*.

» 3°. Après ce premier travail, on jette cette masse dans un grand creux, bien pavé et cimenté de toutes parts. Puis on la foule et on la pétrit jusqu'à ce qu'elle se durcisse.

» 4°. De cette masse ainsi préparée, on tire différents morceaux qu'on étend sur de larges ardoises. Là on les pétrit et on les roule en tous sens, en observant soigneusement qu'il ne s'y trouve aucun vide, ou qu'il ne s'y mêle aucun corps étranger. Un cheveu, un grain de sable, perdrait tout l'ouvrage. Faute de bien façonner cette masse, la porcelaine se fêle, éclate, coule et se déjette. »

PORCELAINE BLANCHE (1).

Toute espèce de terre blanche pour porcelaine, s'appelle *Ngo-thou*, 堊 土. On l'emploie pour faire les vases les plus fins et les plus beaux.

Dans toute la Chine, il n'y a que fort peu d'endroits d'où on la tire, savoir :

Dans le nord, 1° à *Ting-tcheou*, dépendant de *Tchin-ting-fou* (province du *Pe-tchi-li*); 2° à *Hoa-ting*, dépendant de

---

(1) Extrait de la petite Encyclopédie *Thien-kong-khaï-we*, liv. 2, fol. 10.

P'ing-liang-fou (province du *Chen-si*); 3° à *P'ing-ting*, dépendant de *Thaï-youen-fou* (province du *Chan-si*); 4° à *Yu-tcheou*, dépendant de *Khaï-fong-fou* (province du *Ho-nan*).

Dans le midi, on la trouve : 1° à *Te-hoa*, dépendant de *Thsiouen-kiun* (province du *Fo-kien*); 2° à *Ou-youen* et à *Khi-men*, dépendant de *Hoeï-kiun* (province du *Kiang-nan*) (1).

Dans les manufactures de *Te-hoa*, on ne fabrique que des divinités en porcelaine, des personnages façonnés avec art et des objets de fantaisie qui n'ont aucune utilité réelle.

La porcelaine qui provient des arrondissements de *Tchin-ting-fou* et de *Khaï-fong-fou*, a quelquefois une nuance de jaune. Mais celle de tous les autres districts est loin d'égaler celle de *Jao-tcheou*, dans le *Kiang-si*. Les deux espèces de porcelaine de *Li-chouï* et de *Long-thsiouen*, dépendant de l'arrondissement de *Tch'ou-tcheou*, dans le *Tche-kiang*, reçoivent l'émail après la cuisson (2). Les tasses et les bols qui sont d'un noir bleu, comme du vernis, s'appellent *Tch'ou-yao*, c'est-à-dire porcelaines de l'arrondissement de *Tch'ou*.

Sous les dynasties des *Song* (960-1279) et des *Youen* (1260-1368), au bas de la montagne *Hoa-lieou*, du pays de *Long-thsiouen*, il y avait un homme de la famille *Tchang* qui fabriquait de la porcelaine fort estimée. C'est là ce

---

(1) Ce passage fait connaître d'autres localités que celles que nous connaissons comme propres à fournir des terres à porcelaines. Il est probable que l'analyse indiquerait pour ces terres des compositions analogues à celles que nous avons présentées plus haut.

A. SALVÉTAT.

(2) Cette indication est intéressante, car nulle part il n'est dit qu'on cuise les porcelaines pour les mettre en couverte. Cette note indique l'existence d'un procédé particulier aux fabriques de *Li-chouï* et de *Long-thsiouen*. Il est singulier qu'on ne trouve nulle part l'indication du posage par immersion sur dégourdi, procédé si simple, si commode, si expéditif.

A. SALVÉTAT.

que les amateurs appellent *Ko-yao* ou *porcelaine du frère aîné* (1).

Quant à la porcelaine que recherchent avidement les peuples étrangers qui habitent en dehors des quatre frontières de la Chine, elle se fabrique à *King-te-tchin*, dépendant du district de *Feou-liang*, dans l'arrondissement de *Jao-tcheou*.

Depuis une époque très-reculée (1004 après J.-C.) jusqu'à nos jours, on a constamment fabriqué de la porcelaine à *King-te-tchin*; mais ce pays ne produit point la *terre* (2) blanche dont on a besoin. On la tire de deux montagnes de *Ou-youen* et de *Khi-men*, dont l'une s'appelle *Kao-ling* (3); elle fournit une terre qui ressemble au riz *non glutineux*. Elle est d'une nature ferme et dure.

L'autre s'appelle *Khaï-hoa-chan* (4); elle fournit une terre qui est comme le *riz glutineux*. Elle est d'une nature souple

---

(1) Voyez page 70, n° 95.

(2) Le mot *terre* est une expression adoptée pour désigner la pâte de *Kao-ling* et celle de *Pe-tun*, ou bien la combinaison de ces deux pâtes.

(3) Ces termes sont applicables au pétrosilex. La comparaison avec le riz non glutineux empêche toute confusion avec ce que nous nommons kaolin. On doit remarquer que les caractères de la substance dont il s'agit s'appliquent à une matière qui n'est pas plastique; sa nature dure et ferme indique sa résistance au broyage. Ce serait donc par suite d'une méprise qu'on aurait donné en Europe le nom de kaolin à la terre argileuse extraite de la montagne de *Kao-ling*. Aujourd'hui que cette expression est généralement admise, il y aurait inconvénient à la remplacer par une nouvelle.

A. SALVÉTAT.

(4) *Khaï-hoa-chan* est sans doute le nom de la montagne qui fournit la terre de *Kao-lin*, qui est plastique, c'est-à-dire analogue au riz glutineux. Les lignes qui suivent donnent raison à cette interprétation. La pâte de porcelaine est formée par la réunion de ces deux matières diverses; et comme on les réunit par portions égales, les analyses que nous avons données plus haut se trouvent vérifiées.

A. SALVÉTAT.

et molle. C'est en combinant ces deux *terres*, qu'on fabrique les vases de porcelaine.

On façonne ces deux sortes de terres (après une première épuration) sous forme de briques carrées (portant chacune une estampille qui permet de distinguer le *Kao-ling* du *Pe-tun*). De petits bateaux transportent ces briques à *King-te-tchin*.

Lorsqu'on veut faire des vases de porcelaine, on prend une portion égale de chacune de ces *terres* (briques de terre), et on les pile, pendant un jour, dans un mortier. Ensuite on les jette dans une jarre remplie d'eau pour les épurer. La partie qui surnage forme une matière fine; on la recueille et on la met dans une autre jarre. La partie qui est tombée au fond forme un sédiment épais. On recueille une seconde fois la partie qui flotte à la surface de l'urne où l'on a jeté la matière fine, et on la met encore tremper dans une autre (une troisième) jarre, où l'on écume une dernière fois l'espèce de crème qui surnage et qui sert à faire la plus fine porcelaine.

La partie qui est tombée au fond (de la troisième jarre) donne une matière de *finesse moyenne*.

Quand la matière a été ainsi épurée, on construit avec des briques, tout contre le four, un bassin carré long, afin de profiter de la chaleur du voisinage. Puis on y jette la pâte, et on laisse évaporer l'humidité (1). Enfin on la pétrit avec de l'eau pure, pour fabriquer des *vases crus*.

III.

On brûle des cendres (de chaux et de fougère) et on les combine avec la matière de l'émail.

Pour faire toute espèce de porcelaine, on a besoin d'é-

---

(1) Ce passage met hors de doute que l'application de la chaleur est usitée en Chine pour favoriser le raffermissement des pâtes.

A. Salvétat.

mail, et, en général, nulle eau d'émail, 釉水 (émail liquide), ne peut se faire sans cendres. Ces cendres pour l'émail, *Yeou-hoeï*, 釉灰, se tirent de *Lo-ping-hien*, qui est situé à cent quarante lis (quatorze lieues) au sud de *King-te-tchin*. On prend une pierre d'un blanc bleu (1), et une herbe appelée *Fong-weï-thsao* (de la fougère) (2), et l'on en fait des lits alternatifs. On brûle l'herbe et on fait calciner la pierre ; puis, avec de l'eau, on les lave et on les épure. On obtient ainsi des *cendres* pour l'*émail* (釉灰); on prend alors de la pâte fine de *Pe-tun* que l'on mêle avec les *cendres* pour l'*émail*, on en forme un liquide plus ou moins épais et où l'une et l'autre matière domine plus ou moins, suivant la qualité de la porcelaine qu'on veut faire. On met cette matière dans une jarre. On passe un morceau de bois courbe dans les anses d'une petite chaudière en fer pour verser plus commodément.

Cette petite chaudière se nomme *Pen*, 盆 (*tasse*, suivant le P. d'Entrecolles). Avec dix *pen* de *pâte fine* (de *Pe-tun*)

---

(1) Cette pierre est, d'après les analyses que j'ai eu occasion de faire et d'après les renseignements que nous a transmis le P. Ly, un calcaire compacte, légèrement coloré par de la pyrite disséminée dans la masse.
A. Salvétat.

(2) Le P. Ly appelle *Lang-tchy-thsao* les fougères dont on parle ici. Il reste toujours à rendre compte de l'effet de ces herbes ou de leurs cendres dans la couverte. Il est évident que, d'après les analyses connues, le mélange provenant de ces cendres et de la chaux ne semble agir que comme chaux. Le mélange envoyé par le P. Ly était formé par de la chaux calcinée, en partie régénérée à l'état de calcaire par l'acide carbonique de l'air.
A. Salvétat.

et un *pen* de chaux, on fabrique l'émail de la porcelaine de première qualité (1).

(1) Il reste une très-grande incertitude relativement aux proportions dans lesquelles on mêle la chaux et le pétrosilex pour composer la couverte ; bien qu'il résulte des différents textes que nous avons sous les yeux, que ces proportions sont variables pour chaque espèce de porcelaine, nous rapporterons ici les analyses des couvertes faites et cuites, arrachées à des vases :

Silice..................	68,0	64,1
Alumine................	12,0	10,2
Oxyde de fer............	traces.	traces.
Chaux..................	14,0	21,0
Potasse et soude.........	6,0	5,1

et nous compléterons les indications données par *Thang-ing*, qui se sert de mesures en volumes, par celles tirées du catalogue de la collection Rutherford Alcock, qui donne les proportions en poids.

Pour 1 liv. $\frac{1}{3}$ de pétrosilex, on ajoute 2 onces de mélange de cendres et de chaux pour les porcelaines de bonne qualité, 2 $\frac{3}{4}$ de mélange pour la porcelaine de qualité intermédiaire, et 4 onces du mélange pour les porcelaines de qualité inférieure. On peut même mettre encore plus de chaux. Puisque le passage du livre de *Thang-ing* dit : « Si la pâte fine de *Pe-tun-tse* et la chaux mêlée de cendres sont combinées en proportions égales (par volumes), ou si la chaux domine, on forme un émail grossier » ; c'est sans doute à un mélange de cette nature que se rapportait la deuxième analyse donnée plus haut.

L'analyse a confirmé la nature pétrosiliceuse de la matière vitrescible qu'on ajoute à la chaux ; on a trouvé pour celle nommée *Yeou-ko* :

Eau...................	2,3
Silice.................	75,9
Alumine...............	14,2
Oxyde de fer...........	0,8
Chaux.................	0,5
Oxyde de manganèse.....	0,3
Magnésie..............	traces.
Potasse................	2,8
Soude.................	3,5
	100,3

A. Salvétat.

Avec sept ou huit parties de pâte fine (de *Pe-tun*) et deux ou trois parties de chaux (et de cendres), on forme l'émail de seconde qualité.

Si la pâte fine (de *Pe-tun*) et la chaux (mêlée de cendres) sont combinées par parties égales, ou si la chaux est en plus grande quantité que la pâte fine (de *Pe-tun*), on forme un émail grossier.

Sur la planche, on voit une petite chaudière de fer qui flotte au milieu de la jarre; c'est le vase que l'on nomme *Pen*.

ÉMAIL (1).

Toutes les fois qu'on veut faire de l'émail pour la porcelaine blanche de *Jao-tchin* (probablement *King-te-tchin*, qui dépend de *Jao-tcheou*), on prend un liquide épais formé avec la vase du goulet du petit port (2), et on le mêle avec de la cendre de feuilles de pêcher ou de bambou, et l'on obtient une sorte de bouillie claire et pure qui ressemble à de l'eau où l'on a lavé du riz. Puis on la met dans une jarre (3).

Lorsqu'on veut passer un vase à l'émail, on commence par mouiller les bords intérieurs et extérieurs. Pour cela, avec le doigt, on les enduit d'émail dans toute leur cir-

---

(1) Extrait de l'Encyclopédie *Thien-kong-khaï-we*, liv. 2, fol. 10.

(2) Cette vase doit être siliceuse; elle peut être très-feldspathique: elle servirait alors de fondant.
A. Salvétat.

(3) Dans l'arrondissement de *Thsiouen-kiun*, pour (faire l'émail) des divinités en porcelaine, on prend de l'eau où l'on a fait bouillir des feuilles de pin, et on la mêle avec l'eau épaisse provenant de la vase ci-dessus. Quant à l'émail de la porcelaine bleue, j'ignore sa composition.

conférence; après quoi, cette matière coule et s'étend sur toutes les parties du vase.

Extrait du P. d'Entrecolles. — « Outre les barques
» chargées de *Pe-tun-tse* et de *Kao-lin*, dont le rivage de
» *King-te-tchin* est bordé, on en trouve d'autres remplies
» d'une substance blanchâtre et liquide. Je savais depuis
» longtemps que cette substance était l'huile (l'*émail*) qui
» donne à la porcelaine sa blancheur et son éclat; mais j'en
» ignorais la composition que j'ai enfin apprise... Cette
» huile ou ce vernis (émail) se tire de la pierre la plus
» dure.

» Quoique l'espèce de pierre dont se font les *Pe-tun-tse*
» puisse être employée indifféremment pour en tirer de
» l'*huile* (c'est-à-dire une partie de la matière de l'émail),
» on fait choix pourtant de celle qui est la plus blanche et
» dont les taches sont les plus vertes. L'histoire de *Feou-*
» *liang*, bien qu'elle ne descende pas dans le détail, dit
» que la bonne pierre pour l'huile (l'émail) est celle qui
» a des taches semblables à celles des feuilles de cyprès
» (*Pe-chou-ye-pan,* 柏樹葉斑), ou qui a des marques
» rousses sur un fond un peu brun, à peu près comme le
» linaire, *Yu-tchi-ma-thang* (玉枝馬唐?) (1).

» Il faut d'abord bien laver cette pierre, après quoi on y
» apporte les mêmes préparations que pour le *Pe-tun-tse*.
» Quand on a, dans la seconde urne, ce qui a été tiré de
» plus pur de la première après toutes les façons ordi-
» naires, sur cent livres environ de cette crème, on jette

---

(1) Ce nom chinois manque dans l'édition du même ouvrage (*Feou-liang-hien-tchi*, liv. 8, fol. 8) que possède la Bibliothèque impériale de Paris.

» une livre de *Chi-kao* (gypse fibreux) (1) qu'on a fait
» rougir au feu et qu'on a pilé.

» Cette *huile* de pierre (c'est-à-dire cette pâte de pétro-
» silex pour l'émail) ne s'emploie jamais seule. On y en
» mêle une autre qui en est comme l'âme et dont voici la
» composition. On prend de gros quartiers de chaux vive,
» sur lesquels on jette avec la main un peu d'eau pour les
» dissoudre et les réduire en poudre. Ensuite on fait une
» couche de fougère sur laquelle on met une couche de
» chaux amortie (éteinte). On en met ainsi alternative-
» ment plusieurs les unes sur les autres ; après quoi on
» met le feu à la fougère.

» Lorsque tout est consumé, l'on partage ces cendres
» sur de nouvelles couches de fougère sèche ; cela se fait
» cinq ou six fois de suite. On peut le faire plus souvent et
» l'huile (la glaçure) en est meilleure.

» Autrefois, dit l'histoire de *Feou-liang*, on y em-
» ployait le bois d'un arbre dont le fruit s'appelle *Se-tse*,
» 澁子 (2). A en juger par l'âcreté du fruit quand il
» n'est pas mûr et par son petit couronnement, il semble
» que c'est une espèce de nèfle. On ne s'en sert plus main-
» tenant, apparemment parce qu'il est devenu fort rare.
» Peut-être est-ce faute de ce bois que la porcelaine qui se
» fait n'est pas si belle que celle des premiers temps. La

---

(1) Le rôle du *Chi-kao* me paraît être tout mécanique ; il facilite la précipitation ou le dépôt des matières fines tenues en suspension dans l'eau (*Annales de Chimie et de Physique*, tome XXXI, page 248). L'analyse et l'examen minéralogique nous ont appris que le *Chi-kao* n'est autre chose que du gypse fibreux.

A. SALVÉTAT.

(2) Suivant M. Decaisne, l'arbre qui produit ce fruit est le *Diospyrus-kaki*.

» nature de la chaux et de la fougère contribue aussi à la
» bonté de l'huile (de l'émail), et j'ai remarqué que celle
» qui vient de certains endroits est bien plus estimée que
» celle qui vient d'ailleurs.

» Quand on a des cendres de chaux et de fougère jus-
» qu'à une certaine quantité, on les jette dans une urne
» remplie d'eau. Sur cent livres, il faut y dissoudre une
» livre de *Chi-kao* (gypse fibreux), bien agiter ce mélange;
» ensuite le laisser reposer jusqu'à ce qu'il paraisse sur la
» surface un nuage ou une croûte (crème) qu'on ramasse
» et qu'on jette dans une seconde urne, et cela à plusieurs
» reprises (1).

» Quand il s'est formé une espèce de pâte au fond de la
» seconde urne, on en verse l'eau par inclination, on con-
» serve ce fond liquide, et c'est la seconde huile (la se-
» conde matière d'émail) qui doit se mêler avec la précé-
» dente. Par un juste mélange, il faut que ces deux espèces
» de purée soient également épaisses. Afin d'en juger, on
» plonge à diverses reprises, dans l'une et dans l'autre, de
» petits carreaux de *Pe-tun-tse*. En les retirant, on voit
» sur leur superficie si l'épaississement est égal de part et
» d'autre. Voilà ce qui regarde la qualité de ces deux
» sortes d'*huile* (c'est-à-dire de matière d'*émail*).

» Pour ce qui est de la quantité, le mieux qu'on puisse
» faire, c'est de mêler dix livres d'*huile de pierre* (c'est-à-
» dire de pâte liquide de pétrosilex) avec une mesure
» d'*huile* (de matière d'émail) faite de cendres de chaux et

---

(1) Cette pratique semblerait avoir pour objet de purifier la chaux en la débarrassant des oxydes de fer ou de manganèse qu'elle peut contenir. On voit que la boue essentiellement calcaire qui tombe au fond du vase ne sert qu'à introduire dans le pétrosilex fondu la quantité de chaux nécessaire pour en augmenter la fusibilité.

A. SALVÉTAT.

» de fougère. Ceux qui l'épargnent n'en mettent jamais
» moins de trois mesures.

» Les marchands qui vendent cette *huile* (matière d'é-
» mail), pour peu qu'ils aient d'inclination à tromper, ne
» sont pas fort embarrassés à en augmenter le volume :
» ils n'ont qu'à y jeter de l'eau, et pour couvrir leur
» fraude, y ajouter du *Chi-kao* (gypse fibreux) en propor-
» tion (1), de manière à empêcher la matière d'être trop
» liquide. »

IV.

On fabrique les cazettes.

Quand les vases crus de porcelaine entrent dans le four, il faut absolument qu'ils soient dans un état de propreté parfaite, car si la moindre particule de sédiment ou de gravier s'y attachait, ils deviendraient sales et tachés. Ce n'est pas tout : ils seraient exposés à des coups de feu qui les endommageraient gravement. Voilà pourquoi on est obligé de mettre les vases crus dans des espèces d'enveloppes ou de boîtes qu'on appelle *Hia* (des cazettes). L'argile dont on fait ces caisses se tire du village de *Li-chun* qui est situé au nord-est de *King-te-tchin*. On en distingue de trois couleurs, savoir : de la noire, de la rouge et de la blanche. En outre, on tire du mont *Pao-chi-chan* une espèce de sable jaune-noir; on le détrempe dans l'eau et on en fait une pâte. Ces caisses permettent aux porcelaines

---

(1) Si le plâtre est en quantité un peu forte dans ce mélange, la réaction se complique, car ce corps agit alors chimiquement en ajoutant au pétrosilex la quantité de chaux qu'il renferme; à haute température, l'acide sulfurique se dégage. On sait qu'en Allemagne plusieurs manufactures emploient des glaçures dans la composition desquelles il entre une certaine quantité de gypse.

A. Salvétat.

de supporter l'action du feu sans se fondre. Voici la manière de les fabriquer. On se sert d'un tour qui ressemble au tour ordinaire. La pâte n'a pas besoin d'être très-fine. Quand les caisses d'argile crue sont légèrement sèches, on les *tourne* un peu, puis on les met au four. On les cuit à vide une fois, et alors elles peuvent remplir leur destination. L'encastage s'appelle *Tou-hia*, 鍍匣. Les ouvriers qui fabriquent les cazettes se servent habituellement de la même pâte grossière pour faire au tour des écuelles communes à l'usage des hommes de leur propre village qui se livrent à la fabrication des vases crus.

Dès qu'un vase de porcelaine a été peint (1) et émaillé, on le met dans une cazette; mais il est essentiel de ne point le presser alors avec les mains, car, lorsque plus tard on le retirerait du four, il présenterait des gerçures et manquerait de rondeur et de régularité.

Les cazettes se fabriquent avec une argile grossière. On met au fond un support d'argile pour porter un seul vase. Le creux qui existe sous le pied se remplit avec du sable.

On ne met qu'un grand vase dans une cazette, mais on peut en mettre jusqu'à dix de petite dimension.

Les bonnes cazettes peuvent aller jusqu'à dix fois au feu (2), tandis que les mauvaises se brisent au bout de

---

(1) Il est évident qu'il ne peut être question ici que de peinture en bleu sous couverte, genre de décoration dans lequel les Chinois excellent.

A. Salvétat.

(2) Cette déclaration ne donne pas une très-haute idée de la bonne qualité des étuis dont on se sert à *King-te-tchin*. On a eu à Sèvres des étuis qui ont subi sans s'altérer trente-six à quarante passages au grand feu de nos fours, qui cuisent à une température beaucoup plus élevée que ceux de la Chine.

A. Salvétat.

deux ou trois fois. Dès que toutes les cazettes ont été enfournées, on allume le feu.

Extrait du P. d'Entrecolles. — « Dans une espèce de
» vestibule qui précède le fourneau, on voit un tas de
» caisses et d'étuis faits de terre et destinés à renfermer la
» porcelaine (1). Chaque pièce de porcelaine, pour peu
» qu'elle soit considérable, a son étui, les porcelaines qui
» ont des couvercles comme celles qui n'en ont pas. Ces
» couvercles, qui ne s'attachent que faiblement à la partie
» d'en bas, durant la cuisson, s'en détachent aisément
» par un petit coup qu'on leur donne. Pour ce qui est des
» petites porcelaines, comme sont les tasses à thé, elles
» ont une caisse commune à plusieurs.

» Ces étuis ont au dedans une espèce de petit duvet de
» sable; on le couvre de poussière de *Kao-lin*, afin que le
» sable ne s'attache pas trop au pied de la coupe que l'on
» place sur ce lit de sable, après l'avoir pressé, en lui
» donnant la figure du fond de la porcelaine, laquelle ne
» touche point aux parois de son étui. Le haut de cet étui
» n'a point de couvercle; un second étui de la figure du
» premier, garni pareillement de sa porcelaine, s'enchâsse
» dedans de telle sorte qu'il le couvre tout à fait, sans
» toucher la porcelaine d'en bas. Et c'est ainsi qu'on rem-
» plit le fourneau de grandes piles de caisses de terre,
» toutes garnies de porcelaines.

» Pour ce qui regarde les petites pièces de porcelaines,
» qui sont renfermées dans de grandes caisses rondes, cha-

---

(1) Le P. d'Entrecolles décrit ici d'une manière fort claire ce qui est relatif à la confection des étuis, ainsi que le terrage des pièces, leur encastage; l'enfournement, la disposition des pièces dans le four suivant leur forme et la composition soit de leur couverte, soit du corps de pâte, sont parfaitement indiqués.

A. Salvétat.

» cune est posée sur une soucoupe de terre de l'épaisseur
» de deux écus et de la largeur de son pied; ces bases sont
» aussi semées de poussière de *Kao-lin*. Quand ces caisses
» sont un peu larges, on ne met point de porcelaine au
» milieu, parce qu'elle y serait trop éloignée des côtés;
» que par là elle pourrait manquer de force, s'ouvrir et
» s'enfoncer, ce qui ferait du ravage dans toute la colonne.
» Il est bon de savoir que ces caisses ont le tiers d'un pied
» en hauteur, et qu'en partie elles ne sont pas cuites, non
» plus que la porcelaine. Néanmoins on remplit entièrement
» celles qui ont déjà été cuites et qui peuvent encore servir.

» Il ne faut pas oublier la manière dont la porcelaine
» se met dans ces caisses : l'ouvrier ne la touche pas immé-
» diatement avec la main; il pourrait ou la casser (car
» rien n'est plus fragile), ou la faner ou lui faire des iné-
» galités. C'est par le moyen d'un petit cordon qu'il la tire
» de dessus la planche; ce cordon tient d'un côté à deux
» branches un peu courbées d'un fourchette de bois, qu'il
» prend d'une main, tandis que de l'autre il tient les deux
» bouts du cordon, croisés et ouverts, selon la largeur de
» la porcelaine. C'est ainsi qu'il l'environne, qu'il l'élève
» doucement et qu'il la pose dans la caisse sur la petite
» soucoupe. Tout cela se fait avec une vitesse incroyable.

» J'ai dit que le bas du fourneau a un demi-pied de gros
» gravier. Ce gravier sert à asseoir plus sûrement les co-
» lonnes de porcelaine, dont les rangs, qui sont au milieu
» du fourneau, ont au moins sept pieds de hauteur; les
» deux caisses qui sont au bas de chaque colonne sont
» vides, parce que le feu n'agit pas assez en bas et que le
» gravier les couvre en partie. C'est par la même raison
» que la caisse qui est placée en haut de la pile demeure
» vide. On emplit ainsi tout le fourneau, en ne laissant
» de vide qu'à l'endroit qui est immédiatement sous le
» soupirail.

» On a soin de placer au milieu du fourneau les piles

» de la fine porcelaine ; dans le fond, celles qui le sont
» le moins, et à l'entrée on met celles qui sont un peu
» fortes en couleur, qui sont composées d'une matière où
» il entre autant de *Pe-tun-tse* que de *Kao-lin*, et auxquelles
» on a donné une *huile* faite (un *émail* fait) avec la pierre
» qui a des taches un peu noires ou rousses, parce que cette
» *huile* (cet *émail*) a plus de corps que l'autre. Toutes ces
» piles sont placées fort près les unes des autres, et liées
» en haut, en bas et au milieu avec quelques morceaux de
» terre qu'on leur applique, de telle sorte pourtant que la
» flamme ait un passage libre pour s'insinuer de tous côtés.

» *De la terre propre à la fabrication des caisses.* — Toute
» terre n'est pas propre à construire les caisses qui doivent
» renfermer la porcelaine. Il y en a de trois sortes dont
» l'on fait usage : l'une qui est jaune et assez commune;
» elle domine par la quantité et fait la base. L'autre s'ap-
» pelle *Lao-thou* (年 土), c'est-à-dire *terre forte*. La troi-
» sième, qui est une terre huileuse, se nomme *Yeou-thou*
» (油 土). Ces deux sortes de terre se tirent, en hiver,
» de certaines mines fort profondes, où il n'est pas pos-
» sible de travailler en été. Si on les mêlait par parties
» égales, ce qui coûterait un peu plus, les caisses dure-
» raient longtemps. On les apporte toutes préparées (con-
» fectionnées) d'un gros village qui est au bas de la rivière,
» à une lieue de *King-te-tchin*.

» Avant la cuisson, elles sont jaunâtres ; quand elles
» sont cuites, elles sont d'un rouge fort obscur. Comme
» on va à l'épargne, la terre jaune y domine, et c'est ce
» qui fait que les caisses ne durent guère que deux ou trois
» fournées, après quoi elles éclatent tout à fait....

» Il faut prendre garde de ne pas remplir le four de
» caisses neuves, qui n'ont pas encore servi. Il en faut
» mettre la moitié qui aient déjà été cuites. Celles-ci se

» placent en haut et en bas ; au milieu des piles se mettent
» celles qui sont nouvellement faites. Autrefois, selon
» l'Histoire de *Feou-liang*, toutes les caisses se cuisaient à
» part dans un fourneau avant qu'on ne s'en servît pour
» y faire cuire de la porcelaine : sans doute parce qu'alors
» on avait moins égard à la dépense qu'à la perfection de
» l'ouvrage. Il n'en est pas tout à fait de même aujour-
» d'hui, et cela vient apparemment de ce que le nombre
» des ouvriers en porcelaine s'est multiplié à l'infini. »

V.

Pour faire les vases arrondis, on *pare* et l'on ajuste les moules.

Lorsqu'on fabrique des vases ronds, il en faut souvent des centaines et des milliers de chaque forme. Or il est impossible de les faire parfaitement semblables, à moins de se servir d'un moule. Ce moule doit être exactement semblable au modèle ; mais il est impossible de calculer d'avance, avec précision, les dimensions qu'ils pourront avoir. Lorsqu'un vase est fait (cuit), il se trouve toujours, par le retrait de la pâte, un peu plus petit que le modèle. En effet, si la pâte d'un vase cru est d'un grain lâche, après avoir passé au feu, elle se resserrera ; si elle est d'une nature spongieuse, elle deviendra compacte. De cette manière, un vase cru de 1 pied (10 pouces chinois), se trouvera réduit à 7 ou 8 pouces. Cela tient à la loi du retrait naturel de la pâte. Si vous voulez qu'un vase cru soit conforme au modèle, il est nécessaire que le moule ait été paré à plusieurs reprises. C'est pourquoi on ne dit pas *fabriquer* un moule, mais le *parer* (1). Si un moule de vase n'est pas paré d'a-

---

(1) Il faut tenir compte aussi de ce que le moule s'altère avec le nombre des pièces qu'il fournit ; il est indispensable alors de le ramener à ses dimensions primitives.

A. SALVÉTAT.

vance à plusieurs reprises, au sortir du fourneau la pièce ne pourra jamais avoir les dimensions voulues.

Les ouvriers qui se livrent à ce genre de travail ont besoin de connaître parfaitement le feu (la température) du four, et la nature de la pâte qu'ils emploient. Munis de cette double connaissance, ils peuvent ajouter ou retrancher de la matière pour faire, avec précision, un moule parfaitement juste. Aujourd'hui, dit l'auteur chinois, dans toute la ville de *King-te-tchin*, l'opinion publique ne cite que deux ou trois ouvriers qui excellent à faire les moules.

On divise les vases de porcelaine crue en deux classes (1):

1°. *In-khi,* 印器, ou *vases moulés*, par exemple les vases carrés, ronds, etc., ceux qu'on appelle *Ping* (vases lagènes), *Yong* (amphores), *Lou* (cassolettes), *Ho* (boîtes), etc., etc.

Quant aux ouvrages moulés qu'on fait pour l'empereur, par exemple des plaques de paravent, des candélabres, etc., on commence par faire des moules d'argile jaune, lesquels se divisent en deux, tantôt de haut en bas, tantôt au centre; quelquefois aussi le moule est d'une seule pièce. S'il s'agit de faire un vase, on pétrit de la pâte blanche, et on le moule. Après avoir détaché la pièce du moule, on enduit et l'on unit les points de suture avec de la barbotine, et quand le vase sort du four, il paraît sans aucune fente et comme fait d'une seule pièce.

2°. Les vases dits *Youen-khi*, ou vases d'une seule pièce.

Les milliers de tasses, d'assiettes, etc., dont on a besoin chaque jour pour les usages de la vie, forment les neuf dixièmes de la fabrication, et les vases moulés un dixième.

---

(1) Extrait de la petite Encyclopédie *Thien-kong-khaï-we*, liv. 2, fol. 11.

Les vases d'une seule pièce se font sur le tour (1).

Le vase étant achevé, on le remet sur le tour et l'on forme les cercles. Après avoir tracé les cercles, on se met à écrire des légendes ou à peindre des ornements. Cela fait, on lance avec la bouche quelques gorgées d'eau sur le vase et l'on y applique l'émail.

Extrait du P. d'Entrecolles. — « *Manière de faire les*
» *moules.* — Quand on a le modèle de la porcelaine qu'on
» désire, et qui ne peut s'imiter sur la roue, entre les mains
» du potier, on applique sur ce modèle de la terre propre
» pour les moules. Cette terre s'y imprime, et le moule se
» fait de plusieurs pièces dont chacune est d'un assez gros
» volume. On le laisse durcir quand la figure y est impri-
» mée.

» Lorsqu'on veut s'en servir, on l'approche du feu pen-
» dant quelque temps; après quoi, on le remplit de la ma-
» tière de porcelaine, à proportion de l'épaisseur qu'on
» veut lui donner. On presse avec la main dans tous les
» endroits, puis on présente un moment le moule au feu.
» Aussitôt la figure empreinte se détache du moule par
» l'action du feu, laquelle consume (absorbe) un peu de
» l'humidité qui collait cette matière au moule.

» Les différentes pièces d'un tout, tirées séparément, se
» réunissent ensuite avec de la matière de porcelaine un
» peu liquide (avec de la barbotine); j'ai vu faire ainsi des
» figures d'animaux qui étaient toutes massives. On avait
» laissé durcir cette masse, et on lui avait donné ensuite la
» figure qu'on se proposait; après quoi, on la perfection-
» nait avec le ciseau, ou on y ajoutait des parties travail-

---

(1) Ici l'auteur décrit la forme du tour et tous les détails relatifs au tournage des pièces. Nous croyons devoir supprimer ce passage, qui nous a paru n'offrir aux ouvriers européens rien de nouveau ni d'intéressant.

» lées séparément. Ces sortes d'ouvrages se font avec grand
» soin; tout y est recherché.
   » Quand l'ouvrage est fini, on lui donne le vernis (l'é-
» mail) et on le cuit. On le peint ensuite de diverses cou-
» leurs, et on y applique l'or; puis on le cuit une seconde
» fois. Des pièces de porcelaines ainsi travaillées se ven-
» dent extrêmement cher.
   » Tous ces ouvrages doivent être mis à l'abri du froid.
» Leur humidité doit les faire éclater quand ils ne sèchent
» pas également. C'est pour parer à cet inconvénient qu'on
» fait quelquefois du feu dans les laboratoires.
   » Les moules se font d'une terre jaune et grasse qui est
» comme en grumeaux. Je la crois assez commune; on la
» tire d'un endroit qui n'est pas éloigné de *King-te-tchin*.
» Cette terre se pétrit, et quand elle est un peu durcie, on
» en prend la quantité nécessaire pour faire un moule et on
» la bat fortement. Quand on lui a donné la figure qu'on
» souhaite, on la laisse sécher, après quoi on la façonne
» sur le tour.
   » S'il arrive que ces moules s'écorchent, ou qu'il s'y fasse
» la moindre brèche, ils ne sont plus en état de servir, si
» ce n'est pour des porcelaines de la même figure, mais
» d'un plus petit volume. On les met alors sur le tour et
» on les rabote, afin qu'ils puissent servir une seconde
» fois (1). »

VI.

Tournage des vases de forme arrondie (*Youen-khi*, 圓 器).

La façon des vases varie beaucoup (*littéralement* n'est pas *une*).

---

(1) Les moules creux, aussi bien que les moules sous forme de noyaux, doivent de même être ramenés aux dimensions primitives.
A. Salvétat.

Pour ceux qui sont *carrés* (***Fang***, 方), à côtes (***Pan***, 瓣), à angles (***Ling***, 稜), à cornes (***Kio***, 角), il y a des ouvriers qui *incrustent* (*Siang*, 鑲), qui *cisèlent* (*Tiao*, 雕), qui *moulent* (*In*, 印), qui *ratissent* (*Sio*, 削).

Les vases ronds (comme les tasses, les soucoupes) se fabriquent sur le tour; mais les vases grands ou petits de cette espèce, sont confiés à deux classes d'ouvriers :

1°. Ceux qui tournent les grands vases font des vases appelés *Pan* (cuvettes), *Ouan* (écuelles), *Tchong* (cruches), *Thie* (plats), ayant depuis $0^m,33$ jusqu'à $0^m,66$ ou 1 mètre.

2°. Ceux qui tournent les petits vases font les mêmes ustensiles, depuis $0^m,33$ et au-dessous.

La roue est une sorte de table ronde, en bois (traversée par un axe vertical, dont l'extrémité inférieure est enfoncée en terre); on place au-dessous un mécanisme qui permet de la faire tourner sans interruption. Alors les pièces que l'on tourne ne sont ni trop épaisses, ni trop minces, ni aplaties, ni déjetées.

C'est à un ouvrier en bois (menuisier ou charpentier) qu'est confié le soin de construire ce tour, et d'y faire, suivant les circonstances, les changements et les réparations nécessaires. Il y a en outre l'ouvrier appelé *Ni-tsiang*, 泥匠, c'est-à-dire l'*ouvrier pour la pâte*, qui pétrit la pâte, l'arrondit en boule, et la place sur le tour.

L'ouvrier tourneur, assis sur un appui qui fait partie du tour, pousse la roue avec un bâton de bambou et la fait tourner. Des deux mains, il appuie sur la masse de pâte, et la modèle à volonté. Il la déprime ou l'allonge, la resserre ou l'étend en largeur, jusqu'à ce qu'il ait saisi avec exactitude la forme et la dimension du vase rond qu'il veut faire. Que le vase soit grand ou petit, il ne se trompe pas de l'épaisseur d'un cheveu.

OBSERVATION. — Le Mémoire du P. d'Entrecolles n'offre aucun détail qui puisse servir à compléter la description ci-dessus.

VII.

Fabrication des vases appelés *Tcho-khi*, 琢器.

Les vases appelés *P'ing*, 餅, *Louï*, 罍, *Tsun*, 罇, *I*, 彝, portent le nom générique de *Tcho-khi*, 琢器. Ceux (de cette espèce) qui sont ronds, se fabriquent par le même procédé que les autres vases de forme arrondie.

A l'aide du tour, on tourne le vase cru; puis on attend qu'il ait été séché au soleil. Alors on le remet sur le tour, et on le tourne avec la lame. Quand on a bien arrêté la forme du vase, on l'asperge d'eau avec un gros pinceau de poil de chèvre, on le lave, et on le polit, de manière à le rendre parfaitement propre et luisant; ensuite on y applique de l'émail soufflé et on le met au four. On obtient ainsi un vase de porcelaine blanche.

Si on le peint avec du *liao* (du bleu) et qu'on le recouvre d'un émail, on a alors un vase appelé *Tsing-hoa-khi*, 青花器, c'est-à-dire un vase à fleurs bleues (ou à ornements bleus).

S'il s'agit de poser des incrustations sur un vase *carré* (*Fang*), à *angles* (*Ling*), à *cornes* (*Kio*), on enveloppe de la pâte dans une toile, on l'aplatit en la pressant sous une planche unie, et on la coupe par morceaux, que l'on colle sur le vase avec de la barbotine (1).

---

(1) *Littéralement* avec la pâte même de la porcelaine, délayée comme de la colle.

Il y a en outre les vases appelés *In-pei*, 印坯 (c'est-à-dire vases crus moulés), qui sortent du moule avec la forme qu'ils doivent avoir. On s'y prend exactement comme pour poser des incrustations (*Siang*, 鑲) sur des vases carrés (*Fang*, 方) ou des vases moulés (*In*, 印). On les lave, on y fait des additions, on les ratisse, on les polit, exactement comme les vases du genre *Tcho-khi*, 琢器.

Pour toutes ces sortes de vases, qui doivent être burinés à la pointe, ciselés ou sculptés, il faut attendre qu'ils soient secs dans toute leur épaisseur. On les confie alors à des artistes spéciaux qui les façonnent et les finissent d'après un modèle déterminé.

EXTRAIT DU P. D'ENTRECOLLES. — « Quand ces pièces
» ainsi collées (avec la matière même de la porcelaine dé-
» layée dans l'eau) sont tout à fait sèches, on polit avec le
» couteau, en dehors et en dedans, l'endroit de la réunion,
» qui par le moyen du vernis (de l'émail) dont on le couvre,
» s'égalise avec tout le reste. C'est ainsi qu'on applique aux
» vases des anses, des oreilles et autres pièces rapportées.

» Ceci regarde principalement la porcelaine qu'on forme
» sur les moules ou entre les mains, telles que sont les
» pièces cannelées ou celles qui sont d'une figure bizarre,
» comme les animaux, les grotesques, les idoles, etc.
» Ces sortes d'ouvrages moulés se font en trois ou quatre
» pièces, qu'on ajoute les unes aux autres et que l'on per-
» fectionne ensuite avec des instruments propres à creuser,
» à polir et à rechercher les différents traits qui échappent
» au moule.

» Pour ce qui est des fleurs et des autres ornements qui
» ne sont point en relief, mais qui sont comme gravés, on

» les applique sur la porcelaine avec des cachets et des
» moules. On y applique aussi des reliefs tout préparés, à
» peu près de la même manière qu'on applique des galons
» d'or sur un habit. »

VIII.

On recueille la matière bleue (*Tsing-liao*, 青料), c'est-à-dire la matière de l'azur (*manganèse cobaltifère*).

Les porcelaines ornées de fleurs bleues, qu'elles soient de forme arrondie (*Youen-khi*) ou du genre appelé *Tcho-khi* (qui comprend les formes carrées, à angles, etc.), se distinguent par époques : par exemple, en porcelaines de *Siouen-te* (1426-1435), de *Tch'ing-hoa* (1465-1487), de *Kia-tsing* (1522-1566) et de *Wan-li* (1573-1619). Toutes sont peintes en bleu. Le grand émail appelé *Tsi-tsing*, 霽青 (c'est-à-dire bleu de ciel après la pluie), a besoin aussi d'azur que l'on combine avec la matière de l'émail. Cette matière bleue se tire des montagnes des deux arrondissements *Kin-kiun* et *Hoa-kiun*, dépendant de *Chao-hing-fou*, dans la province du *Tche-kiang* (1). Ceux qui le recueillent vont sur

---

(1) Tous les détails qu'on va lire s'accordent bien avec ce que nous savons du minerai de manganèse cobaltifère que nous avons examiné, mais qui provenait de *Yun-nan*. C'est la première fois que nous trouvons les noms de *Kiu-kiun*, de *Sin-kiun* et de *Hoa-kiun*, et c'est aussi la première fois que nous voyons citées comme fournissant du cobalt les montagnes du *Kiang-si* et du *Kouang-tong*, ou les villes de *Chang-i* et de *Kao-i*.

Cependant les caractères indiqués ici sont si précis et si bien d'accord avec ceux que nous avons reconnus dans la matière que nous avons étudiée, qu'il est impossible de ne pas confondre ces deux sub-

ces montagnes et le ramassent dans des excavations. Ils lavent le minerai (à l'aide de paniers à claire-voie) dans l'eau des ruisseaux des montagnes pour enlever la terre qui y adhère. Il est d'un jaune noirâtre. Les morceaux qui sont gros et arrondis forment le premier choix. On les appelle *Ting-youen-tse*, 頂圓子 (c'est-à-dire morceaux ronds de première qualité). On les distingue par les noms des endroits d'où ils proviennent. Les marchands les apportent dans les lieux où sont les fours à porcelaine. Là on les ensevelit dans la terre du fourneau (1) et on les fait rôtir pendant trois jours. Puis on les retire et on les lave avec soin. On les vend alors aux fabricants qui ont besoin de s'en approvisionner.

Il y a une espèce d'azur qu'on tire des montagnes du *Kiang-si* et du *Kouang-tong,* mais il est d'une couleur pâle

---

stances. Nous avons trouvé dans le *Tsing-hoa-liao* du *Yun-nan* :

Perte au feu (eau et oxygène)....	20,00
Silice, résidu insoluble..........	37,46
Oxyde de cuivre................	0,44
Alumine......................	4,75
Oxyde de cobalt................	5,50
Oxyde de manganèse............	27,50
Oxyde de fer..................	1,65
Chaux........................	0,60
Magnésie.....................	traces.
Acide arsénieux................	traces.
Oxyde de nickel, soufre.........	traces.

L'ouvrage chinois indique que, par le grillage, cette matière perd de son poids de 20 à 30 pour 100. Nous avons trouvé 20 pour 100.

A. Salvétat.

(1) Ce procédé est bien décrit par d'Entrecolles. Voyez plus bas, page 153.

et il ne peut supporter l'action du feu. Il n'est bon qu'à peindre des vases communs.

La planche montre en détail la manière de recueillir le bleu; mais l'artiste n'a point figuré la manière de le rôtir dans le gravier du four.

DE LA COULEUR BLEUE (1).

En général, la matière pour peindre en bleu se tire de la pierre *Wou-ming-i*, 無名異 (manganèse cobaltifère). Cette matière ne vient pas à une grande profondeur. Elle est répandue d'ordinaire à la surface de la terre; dans le cas contraire, pour la découvrir on n'a pas besoin de creuser à plus de $0^m,33$ ou 1 mètre. Elle se trouve dans toutes les provinces de l'empire. On en distingue trois qualités :

1°. *Chang-liao*, 上料, ou le bleu de première qualité (bleu du manganèse cobaltifère de premier choix);

2°. *Tchong-liao*, 中料, ou le bleu de seconde qualité (bleu du manganèse cobaltifère de second choix);

3°. *Hia-liao*, 下料, ou le bleu de dernière qualité (bleu du manganèse cobaltifère de troisième choix).

Avant de s'en servir, on le fait passer au rouge-cerise au milieu d'une masse de charbon de terre. Au sortir du feu, la matière de première qualité présente un bleu vif; la seconde qualité paraît légèrement bleue; la dernière qualité approche du gris de terre (2).

---

(1) Extrait de l'Encyclopédie *Thien-kong-khaï-we*, liv. 2, fol. 12.

(2) Ceci n'est vrai qu'autant qu'il s'agit de ce bleu appliqué sur porcelaine et recouvert d'émail. Le minerai grillé ne prend qu'une teinte noirâtre sans nuance de bleu.

A. Salvétat.

Sur chaque livre de bleu de premier choix qu'on a fait ainsi griller, on n'en retrouve plus guère que sept onces.

Le second et le troisième choix éprouvent une réduction proportionnée à leur qualité.

On se sert toujours du bleu de première qualité pour peindre les vases de porcelaine extrêmement fine ou représenter des dragons et des phénix sur les vases destinés à l'empereur. C'est pourquoi il faut dépenser 24 onces d'argent (180 fr.) pour en acheter un *chi* (un boisseau chinois) de première qualité; la moitié de cette somme (90 fr.) pour un *chi* de la seconde qualité, et le tiers de 10 onces (25 fr.) pour un *chi* de dernière qualité.

Tout le plus beau bleu qu'on emploie à *King-te-tchin*, se tire des montagnes des arrondissements de *Kiu-kiun* et de *Sin-kiun*. On l'appelle *Tche-liao*, 浙料, c'est-à-dire bleu (*littéralement* matière) du *Tche-kiang*.

Celui des villes *Chang-i* et *Kao-i* est de seconde qualité; celui qu'on trouve en divers endroits dépendant de la ville de *Fong* est de la dernière qualité.

Lorsqu'on a rôti à grand feu la matière du bleu, on la pile très-fin dans un mortier en porcelaine non vernissé; ensuite on la délaye dans l'eau pour l'employer à peindre. Au moment où on la broie et où on la délaye, elle est de couleur noire; mais quand elle a été exposée à l'ardeur du feu, elle devient d'un bleu vif.

Extrait du P. Duhalde. — « Les Annales de *King-te-
» tchin* disent qu'anciennement le peuple ne se servait que
» de porcelaine blanche; c'est apparemment parce qu'on
» n'avait pas encore trouvé aux environs de *Jao-tcheou* un
» azur moins précieux que celui qu'on emploie pour la belle
» porcelaine, lequel vient de loin et se vend assez cher (1).

---

(1) Je crois qu'il s'agit ici du bleu appelé *Hoeï-tsing*, 回青 (bleu de cobalt). Voir pages 155 et 96, note 1.

» *Préparation de l'azur.* — On l'ensevelit dans le gra-
» vier qui est de la hauteur d'un demi-pied dans le four-
» neau. Il s'y rôtit pendant vingt-quatre heures ; ensuite,
» on le réduit en une poudre impalpable, ainsi que les au-
» tres couleurs, non sur le marbre, mais dans de grands
» mortiers de porcelaine dont le fond est sans vernis
» (émail), de même que la tête du pilon qui sert à le
» broyer.

» *Observations à ce sujet.* — 1°. Avant de l'ensevelir dans
» le gravier du fourneau où il doit être rôti, il faut le bien
» laver, afin d'en retirer la terre qui y est attachée.

» 2°. Il faut l'enfermer dans une caisse à porcelaine
» bien lutée.

» 3°. Lorsqu'il est rôti, on le brise, on le tamise, on le
» met dans un vase vernissé, on y répand de l'eau bouil-
» lante ; après l'avoir un peu agité, on en ôte l'écume qui
» surnage ; ensuite on verse par inclination (c'est-à-dire
» en inclinant le vase). Cette préparation de l'azur avec
» de l'eau bouillante doit se renouveler jusqu'à deux fois.
» Après quoi, on prend l'azur ainsi humide et réduit en
» une espèce de pâte fort déliée pour le jeter dans un mor-
» tier où on le broie pendant un temps considérable.

» *Lieux où se trouve l'azur.* — On m'a assuré, dit le
» P. d'Entrecolles, que l'azur se trouvait dans les mines de
» charbon de terre ou dans des terres rouges voisines de ces
» mines. Il en paraît à la superficie de la terre, et c'est un
» indice assez certain qu'en creusant un peu avant dans
» le même lieu, on en trouvera infailliblement. Il se pré-
» sente dans la mine par petites pièces, grosses à peu près
» comme le gros doigt de la main, mais plates et non pas
» rondes. L'azur grossier est assez commun, mais le fin est
» très-rare ; et il n'est pas aisé de le discerner à l'œil.
» Il faut en faire l'épreuve, si l'on ne veut pas y être
» trompé.

» *Manière d'éprouver l'azur.* — Cette épreuve consiste à
» peindre une porcelaine et à la cuire. On vend deux
» taëls (15 fr.) la boîte du beau *liao* (bleu) qui n'est que
» de dix onces.

» *De l'application du bleu.* — Quand on veut que le
» bleu couvre entièrement le vase, on se sert de *Liao*,
» 料, ou d'azur, préparé et délayé dans l'eau à une juste
» consistance, et on y plonge le vase.

» Pour ce qui est du bleu soufflé, appelé *Tsouï-tsing*
» (lisez *Tchouï-tsing*, 吹青), on y emploie le plus bel
» azur préparé de la manière que j'ai expliquée : on le
» souffle sur le vase, et quand il est sec, on donne le ver-
» nis (émail) ordinaire, ou seul, ou mêlé de *Tsouï-yeou*,
» 碎油 (1), si l'on veut que la porcelaine ait des veines
» (c'est-à-dire soit craquelée).

» *Manière de souffler le bleu* (2). — On a du bleu tout
» préparé ; on prend un tuyau dont une des ouvertures est
» couverte d'une gaze fort serrée. On applique doucement
» le bas du tuyau sur la couleur dont la gaze se charge ;
» après quoi, on souffle dans le tuyau, contre la porcelaine
» qui se trouve ensuite toute semée de petits points *bleus*.
» Cette sorte de porcelaine est encore plus chère et plus

---

(1) C'est-à-dire l'*émail qui se fendille*, et dans lequel, pour obtenir cet effet, on a broyé de la stéatite (*Hou-chi*). Il résulte d'analyses faites à Sèvres que le *Hoa-chi* du *Sse-tchouen*, rapporté par M. Itier, est un mélange d'amphibole blanc, de dolomie et de stéatite.

(2) Le bleu se soufflant comme le rouge, j'ai transcrit les détails qui s'appliquent à cette dernière couleur, en substituant le mot *bleu* au mot *rouge*.

» rare que celle dont la couleur n'a point été soufflée, parce
» que l'exécution en est plus difficile, si l'on veut garder
» toutes les proportions réquises.

» En soufflant le bleu, les ouvriers prennent une pré-
» caution pour conserver la couleur qui ne tombe pas sur
» la porcelaine, et n'en perdre que le moins possible.
» Cette précaution consiste à placer le vase sur un piédes-
» tal, et d'étendre sous le piédestal une grande feuille de
» papier, qui sert durant quelque temps. Quand l'azur
» est sec, ils le retirent en frottant le papier avec une
» petite brosse (1). »

HOEÏ-TSING.

回青

Bleu de cobalt (2).

« Cette expression désigne une matière (colorante) des contrées occidentales, appelée communément en chinois *Ta-tsing*, 大青 (*littéralement* grand bleu). Le plus beau

---

(1) L'explication de cette planche confirme en tout point ce que nous venons d'avancer au sujet du *Tsing-hoa-liao* (oxyde de manganèse cobaltifère); elle concorde pleinement avec ce que nous avons écrit au sujet de cette matière avant d'avoir eu connaissance de ce manuscrit (*Annales de Chimie et de Physique*, tome XXXV, page 320), tant sur la nécessité de l'essai que sur la manière dont cette substance se comporte au feu. Nous trouverions même dans la fugacité de la coloration de nos peintures sous couverte, la preuve que les Chinois cuisent leurs porcelaines à une température bien moins élevée que nous, si ce fait ne résultait pas d'une manière péremptoire de la composition des couvertes dont ils recouvrent leur poterie.

A. SALVÉTAT.

(2) Extrait de l'Encyclopédie *Thien-kong-khai-we*, liv. 2, fol. 14.

s'appelle *Fo-theou-tsing*, 佛頭青 (bleu de la tête du Bouddha) (1).

» Le bleu de première qualité que l'on tire de la pierre *Wou-ming-i*, 無名異 (2), ressemble, au sortir du feu, au bleu *Hoeï-tsing* (bleu de cobalt). Sans être le *grand bleu* (c'est-à-dire le bleu de cobalt), il peut entrer dans un fourneau à haute température et conserver sa couleur naturelle ».

Anciennement, le bleu des *Hoeï* (c'est-à-dire des Mahométans) ou *Hoeï-tsing*, était apporté en tribut, des royaumes étrangers (3). Le bleu appelé *Po-tang-tsing*, 陂塘青, se tirait de *Lo-p'ing* (dans la province du *Chan-tong*). Mais dans la période *Kia-tsing* (1522-1566) la mine fut fermée.

Le bleu appelé *Chi-tseu-tsing* (4), 石子青 (*littéra-*

---

(1) Tout ce qui est dit ici du *Hoeï-tsing* laisse encore dans l'obscurité la véritable nature de cette matière. Nous n'avons examiné aucune substance des noms de *Ta-tsing*, *Fo-theou-tsing*, *Hoeï-tsing*, *Wou-ming-i*, *Po-tang-tsing*, *Chi-tseu-tsing*, *Kiao-tsing*, *Thao-tsing*, *Chang-tsing*, *Tchong-tsing*, *Hoen-chouï* et *Tche-liao*, de sorte qu'il n'est pas possible d'en établir la synonymie, même vraisemblable.

A. SALVÉTAT.

(2) Suivant les déterminations de MM. Al. Brongniart et Dufrénoy, ce serait le *manganèse cobaltifère*, dont le Musée d'Histoire naturelle possède plusieurs échantillons avec le même nom chinois.

(3) Extrait de l'Histoire de *Feou-liang*, liv. 8, fol. 10. Une note de M. Natalis Rondot m'apprend que les Chinois font maintenant un grand usage du bleu de cobalt, qu'ils appellent *Hoeï-tsing*, et qu'ils le tirent d'Angleterre.

(4) La note de M. N. Rondot, qui s'applique au *Chi-tseu-tsing*, me paraît laisser encore douteuse la véritable nature du *Hoeï-tsing*.

A. SALVÉTAT.

PROCÉDÉS RELATIFS A LA FABRICATION DE LA PORCELAINE.   157

lement bleu de petites pierres) (1) se tire de divers endroits de l'arrondissement de *Chouï-tcheou* (dans la province du *Kiang-si*). Ce bleu cessa d'être employé aussitôt que le bleu *Hoeï-tsing*, 回青 (bleu de cobalt), eut paru dans les fabriques de porcelaine.

Le bleu *Hoeï-tsing* (bleu de cobalt) se brise à coups de marteau; celui qui offre des raies d'un rouge vif (2), est de première qualité; celui qui a des petites étoiles (paillettes) argentées, est de deuxième qualité. On appelle *Kiao-tsing*, 敲青 (littéralement *bleu battu*), le bleu dont on peut obtenir trois onces par livre (de matière brisée au marteau).

Après avoir concassé le *Hoeï-tsing*, on recueille les menus débris, et on les broie très-fin avec un rouleau; puis on les jette dans un vase rempli d'eau. Par ce moyen, on sépare le bleu des matières étrangères, et on l'obtient parfaitement pur.

On appelle ce bleu *Thao-tsing*, 陶青 (*littéralement* bleu pour la porcelaine). On en obtient cinq ou six onces sur une livre (c'est-à-dire sur seize onces de matière concassée) (3).

---

(1) M. Natalis Rondot dit à cette occasion (*Étude pratique du Commerce d'Exportation*, page 81) : « On exploite dans les montagnes du *Haï-nan* des mines de cobalt arsenical, que les Chinois appellent *Tsing-chi* (pierre bleue) ou *He-chi* (pierre noire). On l'emploie grillé et pulvérisé pour colorer le verre en bleu. »

(2) Nous avons en effet remarqué, mais dans les fragments de *Tsing-liao*, des parties rouges dont la nature nous est inconnue.

A. SALVÉTAT.

(3) L'auteur chinois décrit ensuite, en grand détail, les précautions qu'on prend dans les ateliers pour empêcher les ouvriers de dérober l'azur. Il indique aussi les soins qu'exige le pilage pour que cette matière précieuse ne puisse jaillir et se disperser en partie pendant ce travail.

On pile le *Hoeï-tsing* (cobalt) pendant trois jours.

Nous avons vu plus haut que par livre de *Kiao-tsing* (ou *bleu concassé*), on pouvait obtenir trois onces (ou trois seizièmes de livre) de bleu propre à la peinture. Anciennement, on n'en employait qu'une once, quelquefois même à peine six dixièmes d'once.

Quand le bleu *Hoeï-tsing* est pur, il n'a pas une couleur concentrée. Si le *bleu de petites pierres* (*Chi-tseu-tsing*, 石子青) y domine, sa couleur devient foncée et n'a point d'éclat.

Lorsqu'à une once de *Hoeï-tsing* (bleu de cobalt), on ajoute un dixième d'once de *Chi-tsing* (bleu de petites pierres), le bleu qu'on obtient s'appelle *Chang-tsing*, 上青 (bleu supérieur); si l'on y ajoute quatre ou six dixièmes d'once, on l'appelle *Tchong-tsing*, 中青 (bleu moyen); si l'on n'y ajoute qu'un dixième d'once, on l'appelle *Hoen-chouï*, 混水 (*littéralement* eau trouble).

Lorsqu'on compte la quantité de bleu, on note seulement celle du *Hoeï-tsing* (du bleu de cobalt); on ne tient pas compte du *Chi-tsing* (bleu de petites pierres).

Lorsqu'on peint avec du *bleu moyen* (*Tchong-tsing*), les traits du pinceau sont nets et distincts.

Si l'on se sert du bleu supérieur (*Chang-tsing*) mêlé au *Hoen-chouï*, qui ne renferme qu'un dixième de bleu commun), la couleur est pure et brillante.

Lorsque le bleu pur a été appliqué sur un vase cru, il a une *couleur cendrée*; mais s'il y a excès de *bleu de petites pierres*, sa *couleur est noire*.

Lorsque le bleu pur de cobalt (*Hoeï-tsing*) est appliqué par empâtement, les vases peuvent être brillants, mais ils ne sont pas *bleus*; ils ont la couleur de l'encre appelée *Hoeï-me* (c'est-à-dire l'encre fabriquée à *Hoeï-tcheou*).

Quand le bleu *Hoeï-tsing* (bleu de cobalt) vint à manquer, on se servit du *Tche-liao*, 浙料, ou bleu du *Tche-kiang* (tiré de la pierre *Wou-ming-i*, 無名異 (manganèse cobaltifère), mais cette couleur était loin d'être aussi belle que la première.

IX.

On choisit la matière de l'azur.

Lorsqu'on s'est procuré la matière de l'azur, il est important de la bien choisir. Il y a des hommes spéciaux appelés *Liao-hou*, 料戶, qui s'acquittent de cette opération. La matière qui est d'un vert tirant sur le noir, qui a du lustre et de l'éclat, forme le *premier choix* (*Chang-siouen*, 上選). On l'emploie pour peindre des fleurs bleues sur la porcelaine fine, destinée à imiter les vases anciens appelés *Tsi-tsing*, 霽青 (*littéralement* bleu de ciel après la pluie).

La matière qui, bien que d'un vert noirâtre, a peu de lustre et d'éclat, n'est bonne qu'à peindre les vases communs. Quant à celle qui manque tout à fait de lustre et d'éclat, elle est fort pauvre en couleur, et paraît passée et fanée, après l'épuration. Aussi doit-on la mettre au rebut, comme n'étant bonne à rien. Voici la manière dont on emploie l'azur. Après avoir peint un vase de porcelaine crue, on l'émaille et on le met au four. Au sortir du four, il offre une couleur bleue du plus vif éclat. Si l'azur n'était pas couvert d'émail, les peintures bleues auraient une teinte noire. Si le feu du four était un peu trop fort, la plupart des fleurs bleues disparaîtraient. Il y a une espèce d'azur qu'on appelle *Kieou-tsaï-pien*, 韭菜邊 (*littéralement* bords de ciboule), qui est d'une pureté parfaite, et que le feu du fourneau ne saurait altérer. C'est pourquoi on est obligé de l'employer pour les dessins fins et délicats.

X.

On moule les pièces de porcelaine crue et l'on pile la couleur.

Lorsqu'un vase rond, grand ou petit, a été façonné à la main, il conserve encore beaucoup d'humidité. On attend qu'elle soit évaporée, puis on prend un moule bien paré et on l'applique sur le vase ; avec la main, on presse l'argile sur les parois du moule, de manière qu'elle ait partout une épaisseur uniforme (1). Après quoi, on détache la pièce du moule, et on la fait sécher à l'ombre en attendant qu'elle puisse être tournée et polie à la lame. Toute porcelaine crue ne doit pas être séchée au soleil ; autrement, elle ne manquerait pas de se fêler et de se fendre. (Voyez la Description de la planche V et les Extraits supplémentaires.)

Broyage des couleurs. — La couleur qu'on emploie pour peindre la porcelaine doit être broyée dans l'eau extrêmement fin. Si elle était grossièrement broyée, elle formerait des aspérités et n'aurait point de fraîcheur.

Dans chaque urne qui sert à piler, on met dix onces de matière colorante (le mot *Liao*, 料, *matière,* désigne en général l'azur). Des ouvriers spéciaux la pilent sous forme d'une bouillie liquide. Ce n'est qu'au bout d'un mois qu'elle

---

(1) Nous donnons en France le nom de *moulage à la housse* à ce mode de façonnage, qui est employé dans un grand nombre de cas.

A. Salvétat.

est propre à sa destination. L'urne se pose sur un banc un peu bas. A la tête de ce banc est adaptée une petite colonne en bois, laquelle est surmontée d'une planche horizontale percée à son extrémité d'un trou rond par où passe le haut du manche du pilon. L'ouvrier, assis en face de l'urne sur le banc même, fait jouer le pilon avec ses deux mains; à ce travail, il gagne par mois trois *mas* d'argent (2 fr. 25 c.). Il y a des ouvriers qui manœuvrent un pilon de chaque main. Ceux qui pilent jusqu'à la deuxième veille de la nuit reçoivent double salaire. Ce métier fait subsister beaucoup de vieillards, d'enfants et de gens infirmes.

XI.

Des fleurs bleues qu'on peint sur les vases de forme arrondie.

Chaque espèce de vases ronds, ornés de fleurs bleues, se fabrique par centaines et par milliers. Si les peintures ne sont pas identiques, il en résulte une irrégularité choquante. C'est pourquoi celui qui est chargé de l'esquisse n'étudie pas l'art d'appliquer les couleurs; et, d'un autre côté, celui qui pose les couleurs n'apprend point à esquisser. Par ce moyen, on exerce leur main à un seul objet et l'on ne divise point leur attention. Ceux qui esquissent et ceux qui peignent sont placés à part dans le même atelier, afin que leur travail soit uniforme.

Parmi les autres ouvriers, ceux qui gravent à la pointe, ceux qui cisèlent, ceux qui sculptent, paraissent se rattacher au même genre, et cependant chacun d'eux travaille comme s'il exerçait un art spécial; ceux qui émaillent et cuisent au feu de moufle, exercent en réalité une profession différente, et cependant ils semblent se rapprocher des peintres.

Les filets des bords des vases et les cercles bleus qu'on trace au-dessous, viennent de la main du tourneur. Les inscriptions qu'on trace sous le pied des vases et les légendes des contours, sont du ressort de celui qui fait les lettres en creux. Pour ce qui regarde les fleurs, les oiseaux, les poissons et les plantes, tout le mérite consiste à bien imiter la nature.

Quant aux porcelaines qui imitent les vases anciens des périodes *Siouen-te* (1426-1435), *Tch'ing-hoa* (1465-1488) et *Wan-li* (1573-1619), on met au premier rang celles dont les légendes se distinguent par une grande érudition.

On voit, par les détails précédents, ce qui distingue les vases appelés *Tsing-hoa*, 青花 (*vases à fleurs bleues*), de ceux qu'on nomme *Ou-tsaï*, 五彩, c'est-à-dire *vases ornés d'émaux*.

Extrait du P. d'Entrecolles. — « Le travail de la
» peinture est partagé dans un même atelier entre un
» grand nombre d'ouvriers. L'un a soin uniquement de
» former le premier cercle coloré qu'on voit près des bords
» de la porcelaine; l'autre trace des fleurs que peint un
» troisième; celui-ci est pour les eaux et les montagnes;
» celui-là pour les oiseaux et pour les animaux. »

XII.

Fabrication et peinture des vases appelés *Tcho-khi*, 琢器.

L'ouvrage intitulé *Thao-choue* ne donne que deux lignes sur cette planche, et les Annales de *Feou-liang*, cinq lignes qui n'offrent que des réflexions générales, tout à fait dépourvues d'intérêt au point de vue de l'histoire et de la fabrication. Nous les supprimerons à l'exemple de l'auteur de l'ouvrage intitulé *King-te-tchin-thao-lou* (Histoire des Porcelaines de *King-te-tchin*), qui, en général, a emprunté aux deux ouvrages ci-dessus, l'explication des treize planches qui accompagnent son ouvrage. (Voyez page 147, § VII.)

XIII.

On émaille par immersion et par insufflation.

Les vases ronds, les vases appelés *Tcho-khi* (ceux qui sont, par exemple, carrés, hexagones, octogones, etc.), ceux qui sont ornés de fleurs bleues, ou les imitations des *Kouan-khi* (vases à l'usage des magistrats), des *Ko-khi* (vases du frère aîné de la famille *Tchang*), des *Jou-khi* (vases de *Joutcheou*), et des *Ting-khi* (vases de l'arrondissement de *Tingtcheou*), doivent tous être émaillés avant d'être mis au four. Voici la manière d'appliquer l'émail. Anciennement, quand il s'agissait d'émailler des vases carrés de forme allongée ou à angles (par exemple, hexagones, octogones), on y appliquait l'émail avec un pinceau, mais il n'était pas étendu partout d'une manière égale. Quant aux vases arrondis, grands ou petits, et aux vases complétement ronds du genre *Tcho-khi*, 琢器, on les plongeait dans une urne remplie d'émail, mais comme ils étaient lourds, on courait le risque d'en briser un grand nombre. Aussi était-il difficile d'obtenir ainsi des vases entiers et sans défauts (1).

Maintenant les plus petits vases de forme arrondie se plongent dans une urne remplie d'émail. Pour ce qui re-

---

(1) Rien ne dit dans ce texte qu'on fasse dégourdir la pièce avant de la mettre en couverte. Comme on fait le pied après que la pièce a été mise en glaçure, il est probable qu'on met en couverte avant toute cuisson; d'après ce détail, les Chinois émailleraient en cru, pratiquant ainsi d'une manière courante l'une des opérations les plus délicates.

A. SALVÉTAT.

garde les vases *Tcho-khi* et les grands vases ronds, on les émaille par insufflation. On prend un tube de bambou d'un pouce de diamètre et long de sept pouces. On couvre l'une des extrémités d'une gaze fine, et on la trempe dans l'émail qu'on projette sur le vase, en soufflant par le bout opposé. Suivant la dimension du vase ou la nature de l'émail, on souffle un plus ou moins grand nombre de fois. Il y a des vases sur lesquels on s'y reprend depuis trois ou quatre fois, jusqu'à dix-sept ou dix-huit fois pour appliquer l'émail. On voit par ce qui précède comment on distingue les vases qui doivent être émaillés par insufflation ou par immersion.

Extrait du P. d'Entrecolles. — « Il y a beaucoup
» d'art dans la manière dont l'*huile* (l'*émail*) se donne à la
» porcelaine, soit pour n'en pas mettre plus qu'il ne faut,
» soit pour la (le) répandre également de tous les côtés.
» A la porcelaine qui est fort mince et fort déliée, on donne
» à deux fois deux couches légères d'*huile* (d'*émail*); si ces
» couches étaient trop épaisses, les faibles parois de la
» tasse ne pourraient les porter et ils plieraient sur-le-
» champ. Ces deux couches valent autant qu'une couche
» ordinaire d'*huile* (d'*émail*), telle qu'on la donne à la
» porcelaine fine qui est plus robuste. Elles se mettent
» l'une par aspersion et l'autre par immersion. D'abord on
» prend la tasse par le dehors, et, la tenant de biais sur
» l'urne où est le vernis (l'*émail*), de l'autre main, on jette
» dedans autant de *vernis* (d'*émail*) qu'il en faut pour l'ar-
» roser partout. Cela se fait de suite à un grand nombre de
» tasses. Les premières se trouvant sèches en dedans, on
» leur donne l'*huile* (l'*émail*) de la manière suivante : On
» tient une main dans la tasse, et, la soutenant avec un
» petit bâton sous le milieu de son pied, on la plonge
» dans le vase plein de *vernis* (d'*émail*), d'où on la retire
» aussitôt. »

XIV.

On tourne les vases crus et l'on creuse le dessous du pied.

Quand la dimension exacte d'un vase rond a été déterminée au moyen du moule, pour le rendre lisse et poli, on a besoin de le tourner. C'est pourquoi il y a des ouvriers tourneurs. Dans l'intérieur de l'atelier, on établit *un tour pour tourner* qui par sa forme ressemble au *tour pour façonner à la main*. Seulement, au centre, on plante un mandrin en bois dont la grosseur est proportionnée à la grandeur du vase cru. Sa tête, qui est ronde, doit être enveloppée de bourre de soie ou de coton, de peur d'endommager l'intérieur du vase. On prend le vase cru, on l'applique sur la tête du mandrin et l'on fait tourner la roue. A l'aide d'une lame d'acier, on ratisse le vase pendant qu'il tourne, et alors il devient lisse et poli tant en dedans qu'en dehors. L'épaisseur ou la finesse de ses parois dépendent de l'habileté ou de la maladresse du tourneur. C'est pourquoi le tourneur est l'un des ouvriers les plus importants.

Passons au creusement du pied (1). Au moment où l'on façonne le vase à la main sur le tour, on laisse toujours une poignée en pâte, longue de deux ou trois pouces, afin de tenir aisément le vase pour le peindre ou y souffler l'émail. Quand le souffleur et le peintre ont achevé leur tâche, on enlève sur le tour cette espèce de poignée, on creuse le dessous du pied du vase, et on y écrit une inscription au pinceau ou bien on y grave des lettres en creux.

EXTRAIT DU P. D'ENTRECOLLES. — « J'ai dit, plus haut,

---

(1) Les détails dans lesquels l'auteur entre au sujet de l'achevage du pied des pièces, prouvent de la manière la plus évidente que la glaçure est mise sur le cru.

A. SALVÉTAT.

» que le pied de la porcelaine demeurait massif. En effet,
» ce n'est qu'après qu'elle a reçu l'*huile* (l'*émail*), et qu'elle
» est sèche, qu'on la met sur le tour, pour creuser le pied;
» après quoi, on y peint un petit cercle et souvent une
» lettre chinoise.

» Quand cette peinture est sèche, on vernisse le creux
» qu'on vient de faire sous la tasse, et c'est la dernière
» main qu'on lui donne; car, aussitôt après, on la porte
» du laboratoire au fourneau pour la faire cuire. »

XV.

Les porcelaines crues étant terminées, on les met au four.

Telle est la forme du four : il est rond et allongé. Par sa forme, il ressemble à un vase *Ong*, 瓮, muni de son couvercle. Il a environ dix pieds de hauteur et de largeur. Sa profondeur et sa longueur sont du double, c'est-à-dire ont environ vingt pieds (1).

On construit par-dessus un hangar couvert en briques que l'on appelle *Yao-p'ong*, 窑棚 (hangar de la porcelaine). Le tuyau de la cheminée, qui a vingt pieds de hauteur, est placé derrière, et s'élève au-dessus du toit du hangar.

Quand la fabrication des vases crus est terminée, on les met dans les cazettes (voyez page 137, § IV) et on les porte aux ouvriers du four. Pour les enfourner, on empile les cazettes, et on les range d'une manière régulière, en laissant

---

(1) Il y a quelque analogie entre ces fours et les anciens fours employés à Vienne, en Autriche, pour la cuisson de la porcelaine dure. La disposition de ces appareils amène dans l'enfournement des précautions qui vont être décrites avec tous les détails suffisants.

A. Salvétat.

entre les colonnes des interstices pour que la flamme pénètre librement partout. Le feu du four se distingue de trois manières : le feu antérieur, le feu central, le feu postérieur. Le feu *antérieur* est très-ardent; le feu *central* est modéré; le feu *postérieur* est faible.

Toutes les fois qu'on enfourne des vases crus, on donne à chaque espèce de porcelaine une place dans le four, calculée d'après la mollesse ou la dureté de l'émail. Quand toute la capacité du four est complétement remplie de vases crus, on commence à allumer le feu. Puis on mure la porte du four avec des briques, en laissant seulement un trou carré par lequel on jette, sans interruption, des morceaux de bois de pin (de la longueur de $0^m,33$).

Lorsque les cazettes qui remplissent l'intérieur du four offrent une couleur rouge-vermillon, on cesse de chauffer, et, après un jour et une nuit, on commence à ouvrir le four.

XVI.

Les vases de porcelaine étant cuits, on ouvre le four.

La perfection de la porcelaine dépend, en grande partie, de la température du four. On compte, en général, trois jours depuis la mise en feu jusqu'au défournement.

Le quatrième jour, dès le grand matin, on ouvre le four. Les cazettes qui, dans le four, enveloppent et recouvrent les vases de porcelaine, conservent encore une teinte rouge, de sorte qu'on ne peut en approcher. Mais les ouvriers qui ouvrent le four, se font, avec de la toile pliée en dix, des espèces de gants qu'ils arrosent avec de l'eau froide, afin de protéger leurs mains contre la chaleur. De plus, avec des linges mouillés, ils enveloppent leur tête, leur figure et leur dos : ils peuvent alors entrer dans le four, et en retirer les vases de porcelaine.

Quand la porcelaine est défournée, ils profitent de la

chaleur du four pour y mettre de nouveaux vases crus. L'humidité de ces vases étant promptement absorbée par la chaleur du four, on ne craint pas de les voir, en sortant du four, fêlés, fendus ou percés.

Le dessin de la planche fait voir les ouvriers qui sont enveloppés de linges, ce sont les défourneurs; d'autres portent du bois sur leurs épaules, ce sont les chauffeurs.

Extrait du P. d'Entrecolles. — « *Construction des fourneaux.* — On place les fourneaux au fond d'un assez
» long vestibule, qui sert comme de soufflet, et qui en est
» la décharge. Il a le même usage que l'arche des verreries.
» Les fourneaux sont présentement plus grands qu'ils
» n'étaient autrefois. Alors, selon un livre chinois, ils
» n'avaient que six pieds de hauteur et de largeur. Main-
» tenant ils sont hauts de deux brasses, et ont près de
» quatre brasses de profondeur. La voûte, aussi bien que le
» corps du fourneau, est assez épaisse pour qu'on puisse
» marcher par-dessus, sans être incommodé par le feu. En
» dedans, cette voûte n'est ni plate, ni disposée en pointe.
» Elle va en s'allongeant et elle se rétrécit à mesure qu'elle
» approche du grand soupirail qui est à l'extrémité et par
» où sortent les tourbillons de flamme et de fumée.

» Outre cette gorge, le fourneau a, dans sa partie supé-
» rieure, cinq petites ouvertures qui en sont comme les
» yeux et qu'on recouvre avec des pots cassés, de telle sorte
» pourtant qu'ils soulagent l'air et le feu du fourneau.
» C'est par ces ouvertures qu'on juge si la porcelaine est
» cuite. On découvre celle qui est un peu devant le grand
» soupirail, et avec une pincette de fer on ouvre une des
» caisses.

» Pour ce qui est de la porcelaine qu'on cuit dans les
» grands fourneaux, on juge que la cuite est parfaite :

» 1°. Lorsque la flamme qui sort n'est plus si rouge, mais
» qu'elle est un peu blanchâtre;

» 2°. Lorsqu'en regardant par une des ouvertures on
» aperçoit que les caisses sont toutes rouges;

» 3°. Lorsque, après avoir ouvert une caisse d'en haut,
» et en avoir tiré une porcelaine, on voit, quand elle est
» refroidie, que le vernis (l'*émail*) et les couleurs sont dans
» l'état où on les souhaite;

» 4°. Enfin, lorsqu'en regardant par le haut du four-
» neau, on voit que le gravier du fond est luisant.

» C'est par tous ces indices qu'un bon ouvrier juge que
» la porcelaine est arrivée à la perfection de la cuite.

» J'ai été surpris d'apprendre qu'après avoir brûlé dans
» un jour, à l'entrée du fourneau, jusqu'à cent quatre-
» vingts charges de bois, cependant le lendemain on ne
» trouvait point de cendres dans le foyer.

» *De l'échauffement moderne des fourneaux.* — Quand
» la porcelaine est en état (c'est-à-dire paraît cuite), on
» discontinue le feu, et on achève de murer, pour
» quelque temps, la porte du fourneau. Ce fourneau a,
» dans toute sa largeur, un foyer large d'un ou de deux
» pieds. On le passe (on le traverse) sur une planche pour
» entrer dans la capacité (l'intérieur) du fourneau et ran-
» ger la porcelaine. Quand on a allumé le feu du foyer, on
» mure aussitôt la porte, en n'y laissant que l'ouverture
» nécessaire pour y jeter de gros quartiers de bois, longs
» d'un pied, mais assez étroits.

» On chauffe d'abord le fourneau pendant un jour et une
» nuit; ensuite, deux hommes qui se relèvent, ne cessent
» d'y jeter du bois. On en brûle communément pour une
» fournée jusqu'à cent quatre-vingts charges.

» *De l'échauffement ancien.* — A en juger par ce qu'en
» dit le livre chinois, cette quantité ne devait pas être
» suffisante. Il assure qu'anciennement on brûlait deux
» cent quarante charges de bois, et vingt de plus si le
» temps était pluvieux, bien qu'alors les fourneaux fussent

» moins grands de moitié que ceux-ci. On y entretenait
» d'abord un petit feu pendant sept jours et sept nuits ; le
» huitième jour, on faisait un feu très-ardent. Il est à re-
» marquer que les caisses de la petite porcelaine étaient
» déjà cuites à part avant que d'entrer dans le fourneau.
» Aussi faut-il avouer que la porcelaine ancienne avait
» bien plus de corps que la moderne.

» *Pratique ancienne à ce sujet.* — On observait encore
» une chose qui se néglige aujourd'hui : quand il n'y avait
» plus de feu dans le fourneau, on ne démurait la porte
» qu'après dix jours pour les grandes porcelaines, et après
» cinq jours pour les petites. Maintenant on diffère à la
» vérité de quelques jours à ouvrir le fourneau et à en re-
» tirer les grandes pièces de porcelaine, car sans cette pré-
» caution elles éclateraient. Mais pour ce qui est des pe-
» tites, si le feu a été éteint à l'entrée de la nuit, on les
» retire dès le lendemain. C'est apparemment dans le but
» d'épargner le bois pour une seconde fournée. Comme la
» porcelaine est brûlante, l'ouvrier qui la retire s'aide,
» pour la prendre, de longues écharpes (mouillées) qui
» sont suspendues à son cou. »

XVII.

Vases ronds ou de l'espèce appelée *Tcho-khi*, ornés d'émaux dans le genre de ceux d'Europe.

Il faut choisir un peintre habile et très-exercé. D'abord il prend chaque sorte de couleur, la broie très-fin, la délaye, l'étend sur un morceau de porcelaine blanche, et la soumet à l'action du feu pour en faire l'essai. Il est indispensable de bien connaître la nature des couleurs et les diverses températures du feu, avant de pouvoir passer de la peinture des porcelaines communes à celle des porcelaines fines. Pour atteindre cette habileté consommée qui produit des merveilles, il faut avoir l'œil éclairé, l'esprit attentif et la main sûre. Les couleurs dont on se sert ressemblent à celles qu'on emploie pour les émaux (*Fa-lang*. — Voir page 36, n° 51) (1).

Il y a trois manières de les délayer. Les uns se servent d'huile de lentisque; les autres de colle de peau; d'autres enfin d'eau pure (2). Or les couleurs délayées avec de l'huile de lentisque s'étendent avec facilité; celles où l'on mêle de la colle de peau, sont commodes pour faire des retouches; celles qu'on a délayées dans l'eau pure sont avantageuses pour faire des épaisseurs ou des remplissages.

Pour peindre, les uns appuient la pièce sur une table, les autres la tiennent d'une main, d'autres la couchent sur un plan incliné. Tous enfin, suivant la dimension de la pièce, la placent de manière à faciliter les mouvements de leur pinceau.

XVIII.

Des fourneaux ouverts et des fourneaux clos.

Quand les vases de porcelaine ont été cuits dans l'intérieur du four, on se met à y appliquer des couleurs. Après

---

(1) Les analyses des couleurs que nous avons faites à plusieurs reprises, nous ont fait voir qu'elles étaient de la même nature que les émaux proprement dits.
                                                            A. SALVÉTAT.

(2) On sait que l'eau est de tous les véhicules celui qui convient le mieux pour délayer les couleurs vitrifiables; elle se dissipe sans résidu sensible à la température ordinaire. Dans ce cas, les couleurs ne sont sujettes ni à rester ternes, ni à bouillonner. Ces défauts peuvent être fréquents, au contraire, quand les couleurs sont délayées soit avec des corps carburés d'une combustion difficile, qui peuvent agir par réduction sur le fondant, soit avec des corps de nature résineuse qui abandonnent, en se décomposant avec fusion sous l'influence de la chaleur, une grande abondance de gaz combustibles.
                                                            A. SALVÉTAT.

cette opération, on les cuit de nouveau pour fixer les couleurs. C'est alors qu'on établit des fourneaux, les uns ouverts, les autres clos. Pour les petites pièces, on fait usage du fourneau ouvert. Ce fourneau ressemble à ceux dont on se sert pour les vases ornés d'émaux (*Fa-lang*).

La partie du fourneau qui regarde l'ouverture extérieure est garnie tout autour de charbon embrasé. Les vases se placent sur une espèce de rondelle (*littéralement* roue), soutenue, en dessous, au moyen d'une pelle en fer sur laquelle elle peut pivoter librement. Alors on introduit les vases dans le fourneau; puis, avec un crochet en fer, on pousse la rondelle (*littéralement* la roue) et on la fait tourner, afin que la chaleur se distribue également sur toutes les parties des vases. On les retire lorsque les couleurs paraissent avoir un vif éclat (1).

Quant aux grandes pièces, on fait usage du fourneau clos. Ce fourneau est haut de trois pieds, et a deux pieds six ou sept pouces de diamètre. On l'entoure, de tous côtés, de plusieurs étages de charbon de terre embrasé, et l'on ménage, dans la partie inférieure, plusieurs soupiraux. On dépose les porcelaines dans le centre du fourneau. L'ouvrier tient devant lui une sorte de bouclier en bois, pour se garantir de l'ardeur du feu. On couvre le fourneau, on le maçonne solidement avec de la terre glaise, et l'on cuit la porcelaine pendant un jour et une nuit (2).

Tel est le procédé qu'on emploie pour cuire les porcelaines jaune pâle, vert pâle et violet pâle.

---

(1) Nous trouvons une grande analogie entre la cuisson des émaux et la pratique définie dans ce passage.
A. SALVÉTAT.

(2) On peut voir que cet appareil ressemble assez aux fourneaux de cuisson auxquels on donne, en France, le nom de *moufles*, et qui servent à cuire les porcelaines dures décorées.
A. SALVÉTAT.

Extrait du P. d'Entrecolles. — « *Des fourneaux pour*
» *cuire la porcelaine (peinte)*. — Quand la peinture est
» sèche, aussi bien que la dorure, s'il y en a, on fait des
» piles de ces porcelaines, et mettant les petites dans les
» grandes, on les range dans le fourneau.

» Ces sortes de fourneaux peuvent être de fer, quand ils
» sont petits, mais d'ordinaire ils sont de terre. Celui que
» j'ai vu était de la hauteur d'un homme, et presque aussi
» large que nos plus grands tonneaux de vin; il était fait
» de plusieurs pièces, de la matière même dont on fait les
» caisses de la porcelaine (les cazettes). C'était (c'étaient)
» de grands quartiers, épais d'un travers de doigt, hauts
» d'un pied, et longs d'un pied et demi. Avant que de les
» cuire, on leur avait donné une figure propre à s'arrondir.
» Ils étaient placés les uns sur les autres et bien cimentés.
» Le fond du fourneau était élevé de terre d'un demi-pied.
» Il était placé sur deux ou trois rangs de briques épaisses,
» mais peu larges. Autour du fourneau était une enceinte
» de briques bien maçonnées, laquelle avait en bas trois
» ou quatre soupiraux, qui sont comme les soufflets du
» foyer (1).

» Cette enceinte laissait jusqu'au fourneau un vide
» d'un demi-pied, excepté en trois ou quatre endroits, qui
» étaient remplis, et qui faisaient comme les éperons du
» fourneau. Je crois qu'on élève en même temps le four-
» neau et l'enceinte, sans quoi le fourneau ne saurait se
» soutenir. On emplit le fourneau de la porcelaine qu'on
» veut cuire une seconde fois, en mettant en piles les petites
» pièces dans les grandes, ainsi que je l'ai dit.

» *De l'arrangement des pièces.* — Sur quoi on doit avoir soin
» que les pièces de porcelaine ne se touchent point les unes

---

(1) De là sont venus sans doute les noms de *Fong-lou* (*littéralement* fourneau à vent), et de *Fong-yao* (four à vent).

» les autres par les endroits qui sont peints : car ce seraient
» autant de pièces perdues. On peut bien appuyer le bas
» d'une tasse sur le fond d'une autre, quoiqu'il soit peint,
» parce que les bords du fond (du pied) de la tasse emboîtée
» n'ont point de peinture. Mais il ne faut pas que le côté
» d'une tasse touche le côté de l'autre. Ainsi (aussi) quand
» on a des porcelaines qui ne peuvent pas aisément s'em-
» boîter les unes dans les autres, les ouvriers les rangent
» de la manière suivante :

» Sur un lit de ces porcelaines qui garnit le fond du
» fourneau, on met une couverture, ou de plaques faites
» de la terre dont on construit les fourneaux, ou même
» de pièces des caisses de porcelaines (c'est-à-dire des
» cazettes brisées), car à la Chine tout se met à profit.

» Sur cette couverture, on dispose un autre lit de ces
» porcelaines, et l'on continue de les placer de la sorte jus-
» qu'au haut du fourneau.

» Quand tout cela est fait, on couvre le haut du fourneau
» de pièces de poterie semblables à celles du côté du four-
» neau. Ces pièces, qui enjambent les unes dans les autres,
» s'unissent étroitement avec du mortier, ou de la terre dé-
» trempée. On laisse seulement au milieu une ouverture
» pour observer quand la porcelaine est cuite. On allume
» ensuite une quantité de charbon sous le fourneau, et on en
» allume pareillement sur la couverture, d'où l'on en jette
» ensuite les morceaux dans l'espace qui est entre l'enceinte
» de briques et le fourneau. L'ouverture qui est au-dessus
» du fourneau se couvre d'une pièce de pot cassé. Quand
» le feu est ardent, on regarde de temps en temps par
» cette ouverture, et lorsque la porcelaine paraît éclatante
» et peinte de couleurs vives et animées, on retire le bra-
» sier et ensuite la porcelaine.

» *De la cuite des porcelaines (décorées).* — On juge que
» la porcelaine qu'on a fait cuire dans un petit fourneau
» est en état d'être retirée, lorsque, en regardant par l'ou-

» verture d'en haut, on voit jusqu'au fond toutes les por-
» celaines rougies par le feu qui les embrase; qu'on dis-
» tingue les unes des autres les porcelaines placées en piles;
» que la porcelaine peinte n'a plus les inégalités que for-
» maient les couleurs; et que ces couleurs se sont incor-
» porées dans la porcelaine, de même que l'émail donné
» sur le bel azur s'y incorpore par la chaleur des grands
» fourneaux. »

XIX et XX.

L'une se rapporte à l'emballage des porcelaines, et l'autre aux actions de grâces que l'on rend au dieu de la porcelaine, aux représentations théâtrales et aux réjouissances publiques qui ont lieu en son honneur.

LIVRE VI.

CATALOGUE DE TOUT CE QUI CONCERNE
LA FABRICATION DE LA PORCELAINE.

LIVRE VI.

CATALOGUE DE TOUT CE QUI CONCERNE LA FABRICATION DE LA PORCELAINE.

§ Ier.

FOURS (*YAO*, 窯).

Le four s'appelle vulgairement *Chao-yao*, 燒窯, c'est-à-dire four pour cuire. On le nomme généralement *Fong-ho-yao*, 風火窯, c'est-à-dire four à feu ventilé (1).

On distingue cinq sortes de fours :

1°. *Chao-tch'aï-yao*, 燒柴窯, four où l'on brûle du bois (2). Tantôt on y brûle du bois disposé circulairement (*Lun-chao*, 圖燒), ou bien du bois empilé (*Ta-chao*, 搭燒).

---

(1) « Autour du fourneau, dit le P. d'Entrecolles, était une enceinte de briques bien maçonnées, laquelle avait en bas trois ou quatre soupiraux qui sont comme les soufflets du foyer. »

(2) Suivant les Annales de *Fcou-liang* (liv. 8, fol. 16), par le mot *Tch'aï*, bois à brûler, il faut entendre du bois de pin, apporté sur des bateaux, ou du bois de pin flotté (*Chouï-tch'aï*, 水柴).

2°. *Chao-tcha-yao*, 燒樖窯, four où l'on brûle du bois de *Tcha* (1). Tantôt on dispose ce bois circulairement, tantôt on l'empile.

3°. *Pao-tsing-yao*, 包青窯, four où l'on cuit des vases bleus, avec garantie (2).

Tantôt on y cuit des vases fabriqués par d'autres, tantôt ceux qu'on a fabriqués soi-même.

4°. *Ta-khi-yao*, 大器窯, four pour les grands vases.

5°. *Siao-khi-yao*, 小器窯, four pour les petits vases.

Dans les deux fours précédents, on cuit tantôt pour soi-même, tantôt pour les autres.

§ II.

DES CUISEURS.

Vulgairement on leur donne le nom général de *Yao-hou*, 窯戶, hommes des fours. On distingue :

1°. Les *Chao-yao-hou*, 燒窯戶, hommes des fours où l'on cuit (la porcelaine); on les appelle encore *Peï-yao-hou*, 坏窯戶, hommes des fours pour les vases crus.

---

(1) Le mot *Tcha*, 樖, est synonyme de *Tcha*, 樝 (*Crataegus cuneata*, suivant M. Hoffmann).

(2) Lorsqu'un vase a perdu au feu sa couleur bleue, ou n'en a conservé qu'une teinte imparfaite, le propriétaire du four est obligé d'indemniser le fabricant.

Il y a des fours chauffés avec du bois de pin (*Chao-tch'aï-yao*, 燒柴窯); il y en a que l'on chauffe avec du bois de *Tcha* (*Crataegus cuneata*), 燒樝窯.

2°. Les *Ta-peï-yao-hou*, 搭坯窯戶, hommes des fours pour les vases crus où l'on empile (tantôt du bois de pin, tantôt du bois de *Tcha*).

3°. Les *Chao-lun-yao-hou*, 燒圖窯戶, les hommes des fours à porcelaine où le bois est disposé circulairement.

OBSERVATION. — Ce sont des hommes qui cuisent eux-mêmes les vases qu'ils ont fabriqués; quelquefois, avec les vases de leur fabrication, ils cuisent en même temps les vases d'une ou de deux autres maisons.

4°. Les *Tch'aï-yao-hou*, 柴窯戶, les hommes des fours chauffés avec du bois de pin.

OBSERVATION. — Il y a des *Chao-hou*, 燒戶, des cuiseurs; des *Ta-hou*, 搭戶, empileurs, et des *Lun-yao-hou*, 圖窯戶, hommes qui disposent circulairement le bois dans le four.

5°. Les *Tcha-yao-hou*, 樝窯戶, les hommes des fours chauffés avec du bois de *Tcha* (*Crataegus cuneata*).

OBSERVATION. — Pour le service de ces fours, il y a, comme dans les articles ci-dessus (n°ˢ 1, 2, 3), des *Chao-hou* (cuiseurs), des *Ta-hou* (empileurs de bois), et des *Lun-yao-hou* (hommes qui disposent circulairement le bois dans les fours).

§ III.

OUVRIERS EMPLOYÉS POUR LE SERVICE DES FOURS.

En faisant, dit l'auteur chinois, l'énumération de ces ouvriers si divers, nous n'avons pas compris dans notre catalogue, les porteurs, 挑貨工 (*T'iao-ho-kong*) et les employés chargés des recettes, 管債人 (*Kouan-tchaï-jin*).

Ces ouvriers se divisent en dix-sept classes :

1°. *Tao-ni-kong*, 淘泥工, les ouvriers qui lavent la pâte. On comprend aussi dans cette classe les ouvriers qui épurent la pâte (*Lien-ni-kong*, 練泥工).

2°. *La-peï-kong* 拉坏工, les ouvriers qui ébauchent les vases crus. On les appelle vulgairement *Tso-peï*, 做坏, ceux qui font les vases crus.

3°. *In-peï-kong*, 印坏工, les ouvriers qui moulent les vases crus. On les appelle vulgairement *P'e-mou*, 拍模 (ceux qui frappent sur le moule).

4°. *Siouen-peï-kong*, 鏇坏工, les ouvriers qui tournent les vases crus. On les appelle vulgairement *Li-peï*, 利坏, ceux qui façonnent les vases crus avec une lame aiguë, et *Oua-peï*, 挖坏, ceux qui creusent, évident les vases crus.

5°. *Hoa-peï-kong*, 畫坏工, les ouvriers qui peignent les vases crus.

CATALOGUE RELATIF A LA FABRICATION DE LA PORCELAINE. 183

6°. *Tch'ong-hoeï-kong*, 舂灰工, les ouvriers qui pilent les cendres (de fougère et de chaux qui entrent dans la composition de l'émail). Dans ce nombre, on comprend quelquefois ceux qui combinent, *mélangent les cendres* (*Ho-hoeï*, 合灰) (1).

7°. *Ho-yeou-kong*, 合湫工, les ouvriers qui préparent (*littéralement* combinent) l'émail. Il y a des hommes qui y ajoutent des cendres, 配灰, et d'autres qui y mêlent des couleurs, 合色.

8°. *Chang-yeou-kong*, 上湫工, les ouvriers qui appliquent l'émail.

Il y en a qui l'appliquent par immersion (*Tsan*, 蘸), et d'autres par insufflation (*Tchouï*, 吹).

9°. *T'iao-tcha-kong*, 挑槎工, les ouvriers qui transportent le bois de *Tcha* (*Crataegus cuneata*).

10°. *T'aï-peï-kong*, 擡坯工, les ouvriers qui portent (au four) les vases crus. On les appelle encore *T'iao-peï*, 挑坯 (même sens).

11°. *Tchoang-peï-kong*, 裝坯工, ouvriers qui mettent les vases crus dans (les cazettes).

12°. *Mouan-to-kong*, 滿掇工, les ouvriers qui

---

(1) Les cendres calcaires qui entrent dans la composition de l'émail.

remplissent (le four de vases crus et qui les) retirent (après la cuisson).

Il y a des ouvriers, appelés *Mouan-yao-kong*, 滿窯工, qui remplissent le four. Ils ne font point partie des ouvriers ordinaires; on les fait venir du dehors lorsqu'il s'agit de remplir le four.

Lorsqu'on ouvre le four, il y a des ouvriers appelés *Tch'ou-yao-kong*, 出窯工, qui sont spécialement chargés de le vider.

13°. *Chao-yao-kong*, 燒窯工, ouvriers qui chauffent le four.

On les appelle vulgairement *Pa-tchoang*, 把庄.

Ils sont divisés en trois classes :

A. Ceux qui chauffent tout doucement et à petit feu (*Sse-lieou-ho-tche*, 事溜流火者).

B. Ceux qui chauffent au moyen d'un feu violent (*Sse-kin-ho-tche*, 事繄火者).

C. Ceux qui chauffent de manière à faire pénétrer des courants de feu (dans toutes les parties du four) (*Sse-keou-ho-tche*, 事溝火者, *littéralement* ceux qui sont chargés de *faire des canaux de feu*).

14°. *Khaï-yao-kong*, 開窯工, ceux qui ouvrent le four.

Il y a des gens du dehors qui s'acquittent particulièrement de cette besogne. On les appelle au moment d'ouvrir le four. Les garçons de recette sont en outre chargés de ce travail.

15°. *Tch'ong-liao-kong*, 舂料工, les ouvriers qui pilent la matière (des vases).

16°. *Jeou-liao-kong*, 乳料工, les ouvriers qui réduisent en bouillie les matières colorantes.

17°. *Cha-thou-kong*, 砂土工, ouvriers qui font les cazettes avec une terre sablonneuse (*littéralement* ouvriers de la terre à sable).

§ IV.
OUVRIERS QUI PRÉPARENT OU EMPLOIENT LES COULEURS.

1°. *Jeou-yen-liao-kong*, 乳顏料工, les ouvriers qui pilent (et délayent) les couleurs.

2°. *Hoa-yang-kong*, 畫樣工, les ouvriers qui tracent l'esquisse.

3°. *Hoeï-sse-kong*, 繪事工, les ouvriers qui peignent les sujets.

4°. *P'eï-se-kong*, 配色工, les ouvriers qui *marient* les couleurs.

5°. *T'ien-thsaï-kong*, 填彩工, les ouvriers qui retouchent avec des couleurs (1).

6°. *Chao-lou-kong*, 燒爐工, les ouvriers des four-

---

(1) Le mot *T'ien* veut dire *remplir*. Je crois qu'il s'agit des ouvriers qui *remplissent*, c'est-à-dire couvrent de diverses couleurs les porcelaines blanches dont les dessins ont été préalablement esquissés.

neaux appelés *Chao-lou*, c'est-à-dire des fourneaux où l'on cuit (les couleurs que le peintre a appliquées sur les vases de porcelaine).

§ V.
ARTICLES DE FABRICATION (1).

1. *Kouan-kou-khi-tso*, 官古器作, vases anciens à l'usage des magistrats.

2. *Chang-kou-khi-tso*, 上古器作, vases de la haute antiquité.

3. *Tchong-kou-khi-tso*, 中古器作, vases de l'antiquité moyenne.

*4. *Yeou-kou-khi-tso*, 泑古器作, vases antiques émaillés.

5. *Siao-kou-khi-tso*, 小古器作, vases antiques de petite dimension.

6. *Tch'ang-kou-khi-tso*, 常古器作, vases antiques pour les usages ordinaires.

7. *Tsou-khi-tso*, 粗器作, vases communs.

8. *Mao-khi-tso*, 冒器作, vases de l'espèce la plus commune.

---

(1) Il s'agit ici des articles que produit chaque manufacture; cependant il arrive quelquefois qu'une manufacture embrasse plusieurs sortes de ces articles auxquels on donne généralement le nom de *Tso*, 作 (*vulgo* ce que l'on fait).

9. *Tseu-fa-khi-tso*, 子法器作, vases appelés *Tseu-khi-tso* et *Fa-khi-tso*.

10. *T'o-taï-khi-tso*, 脫胎器作, vases (extrêmement minces) appelés *T'o-taï* (*littéralement* sans embryon), parce qu'on les amincit tellement à l'intérieur, qu'ils semblent, dit l'auteur (voyez page 51, n° 79), ne plus se composer que d'émail.

11. *Ta-tcho-khi-tso*, 大琢器作, grands vases du genre appelé *Tcho-khi*. (Voyez page 77, n° 98.)

12. *Yang-khi-tso*, 洋器作, vases fabriqués exprès pour les étrangers (*littéralement* vases des mers).

13. *Tiao-siang-khi-tso*, 雕鑲器作, vases ciselés ou ornés d'incrustations.

14. *Ting-tan-khi-tso*, 定單器作, vases appelés *Ting-tan* (?).

15. *Fang-kou-khi-tso*, 仿古器作, imitations de vases antiques.

16. *T'ien-pe-khi-tso*, 填白器作, vases blancs destinés à être peints. (Voyez page 185, note 1.)

17. *Tsouï-khi-tso*, 碎器作, vases craquelés.

18. *Tse-kin-khi-tso*, 紫金器作, vases dont l'émail s'appelle *Tse-kin* (couleur *feuille-morte*, suivant le P. d'Entrecolles). (Voyez page 206, § XI, n° 1.)

§ VI.

ARTISTES.

Les vases fins ou grossiers sont confiés à des peintres particuliers qui ne font chacun qu'une seule chose, savoir : peindre des fleurs bleues (on les appelle *Tsing-hoa-kia,* 青花家), ou tracer une légère esquisse (*Tan-miao-kia,* 淡描家), ou appliquer chaque espèce de couleur (*Ko-thsaï-kia,* 各彩家).

§ VII.

OUVRIERS (ET JOURNALIERS) QU'ON EMPLOIE DANS UNE FABRIQUE DE PORCELAINE.

Journaliers pour le bois (de pin) et le bois de Tcha (*Crataegus cuneata*), destinés au chauffage des fours ; *Tch'aï-hou,* 柴戶, et *Tcha-hou,* 槎戶 ; — ouvriers pour les cazettes, *Hia-hou,* 匣戶 ; — pour les briques, *Tchouen-hou,* 磚戶 ; — pour l'argile blanche, *Pe-thou-hou,* 白土戶 ; — pour la couleur bleue, *Tsing-liao-hou,* 青料戶 ; — pour les cercles des caisses, *Mie-hou,* 篾戶 ; — charpentiers, *Mou-tsiang-hou,* 木匠戶 ; — tonneliers, *T'ong-hou,* 桶戶 ; — ouvriers pour le fer (serruriers ou forgerons), *Thie-tsiang-hou,* 鐵匠戶 ; — ouvriers qui parent les moules, *Sieou-mou-hou*, 修模戶 ; — ouvriers pour fabriquer les tours (à porcelaine), *P'an-tch'e-hou*, 盤車戶 ; — pour fabriquer les mortiers où l'on pile les couleurs, *Jeou-po-hou*, 乳缽戶, et les cuves où l'on immerge les vases pour les émailler, *Thang-kheou-hou*, 盪口戶 ; — pour fabriquer les paniers et corbeilles d'emballage, *Ta-lan-hou*, 打籃戶 ; — pour épurer les cendres qui entrent dans l'émail, *Lien-hoeï-hou*, 煉灰戶 ; — ouvriers qui fabriquent les lames (*littéralement* couteaux) pour tournasser les vases, *Siouen-thao-hou*, 鏇刀戶.

§ VIII.

OBJETS DONT ON A BESOIN DANS UNE MANUFACTURE DE PORCELAINE.

1. Briques pour (construire) les fours (*Yao-tchouen*, 窯磚).

2. Bois de *Tcha* pour (chauffer) les fours (*Yao-tcha*, 窯槎).

3. Charbon de terre pour (chauffer) les fours (*Yao-meï*, 窯煤) (1).

---

(1) S'il est vrai qu'on fasse usage à la Chine du charbon de terre pour cuire la porcelaine dure, ce fait reporterait à une époque bien reculée la cuisson de cette poterie au moyen du combustible minéral qui ne fut employé pour cet usage en France que vers 1785.

A. SALVÉTAT.

§ IX.

NOMS DES MODÈLES QUE L'ON SUIT POUR LES PORCELAINES DE KING-TE-TCHIN.

1. Modèles de vases antiques (1) à l'usage des magistrats (*Kouan-kou-chi*, 官古式).

2. Modèles de vases de la haute antiquité (*Chang-kou-chi*, 上古式).

3. Modèles de vases de l'antiquité moyenne (*Tchong-kou-chi*, 中古式).

4. Modèles de vases antiques émaillés (*Yeou-kou-chi*, 泑古式).

5. Modèles de petits vases antiques (*Siao-kou-chi*, 小古式).

6. Modèles de vases antiques pour les usages ordinaires (*Tch'ang-kou-chi*, 常古式).

7. Modèles de vases appelés *Tseu-khi* (*Tseu-chi*, 子式).

8. Modèles de vases appelés *Fa-khi*, 法器 (*Fa-chi*, 法式).

9. Modèles de vases en forme de poire (*Li-chi*, 梨式).

---

(1) Les vases antiques des n°s 1-6 ne sont que des imitations.

10. Modèles de cassolettes *en porcelaine* (*Lou-chi*, 爐式).

11. Modèles de tasses évasées (*P'ie-chi*, 撇式).

12. Modèles de vases du palais (*Kong-chi*, 宮式).

13. Modèles de vases très-communs (*Mao-chi*, 昌式).

14. Modèles de bouillotes (*Ko-chi*, 鍋式).

15. Modèles de vases des *Song* (*Song-chi*, 宋式).

16. Modèles de la fleur *Lan* (*Epidendrum*) et du bambou (*Lan-tchou-chi*, 蘭竹式).

17. Modèles de vases à fond blanc (*Pe-khi-chi*, 白器式).

18. Modèles de vases appelés *Pi* (*Pi-chi*, 瓷式).

19. Modèles de couvercles (*Kaï-chi*, 蓋式).

20. Modèles de porcelaines de *Hou-tien* (nom de lieu) (*Hou-yao-chi*, 湖窯式).

21. Modèles de vases antiques (*Kou-chi*, 古式).

22. Modèles de vases en trois pièces (littéralement *à trois étages*) (*San-ki-chi*, 三級式).

23. Modèles de vases à bords divisés (*Tche-pien-chi*, 折邊式).

24. Modèles de sceaux à mettre des fleurs (*Hoa-thong-chi*, 花桶式).

25. Modèles de grands vases du genre appelé *Tcho-khi* (*Ta-tcho-chi*, 大琢式).

26. Modèles de vases fabriqués par des particuliers, dans la période *Siouen-te* (1426-1435) : (*Siouen-te-min-chi*, 宣德民式) (par opposition avec ceux de la fabrique impériale).

27. Modèles de cuillers et de soucoupes (*Chi-tho-chi*, 匙托式).

28. Modèles de vases fabriqués par des particuliers dans la période *Tching-te* (1506-1521) : (*Tching-te-min-chi*, 正德民式).

29. Modèles de vases qui s'emboîtent les uns dans les autres (*T'ao-chi*, 套式). C'est ainsi qu'on appelle *T'ao-peï* les petites tasses qui s'emboîtent dans des grandes.

30. Modèles de petits vases ciselés ou ornés d'incrustations (*Tiao-siang-siao-khi-chi*, 雕鑲小器式).

Observation. — Les modèles ci-dessus se divisent en un très-grand nombre de modèles, et chacun de ces modèles a encore une forme et des fleurs d'un genre particulier. On n'a pas jugé à propos d'en donner le détail, de manière a en faire des articles séparés.

§ X.

CATALOGUE DES ÉMAUX ET DES VASES ANCIENS QU'ON IMITE A KING-TE-TCHIN (1).

1. Excipient en fer. — Émail de la période *Ta-kouan* (1107-1111), 鐵骨大觀泑.

---

(1) Tout cet article est tiré des Annales de *Feou-liang*, liv. 8, fol. 32 v. et suiv.

On en distingue trois espèces.

A. L'émail bleu pâle (*Fen-tsing-yeou*, 粉青泑).

B. L'émail blanc de lune (*Youeï-pe-yeou*, 月白泑).

C. L'émail gros vert (*Ta-lou-yeou*, 大綠泑).

Ces trois sortes d'émaux avaient la couleur et le lustre qui distinguaient les vases des *Song* appelés *Neï-fa-song-khi*, c'est-à-dire vases fournis pour l'usage du palais (dans la période *King-te*, 1004-1007).

2. Excipient en cuivre. — Point de veines (craquelures), émail de *Jou-tcheou* (*T'ong-ko-wou-wen-jou-yeou*, 銅骨無絞汝泑). Ces deux émaux (1, 2) ont la couleur et le ton luisant des cuvettes de toilette du temps des *Song*.

3. Excipient en fer. — Email des vases appelés *Ko-khi*, 哥器, ou vases de *Tchang* l'aîné (*Thie-ko-ko-yeou*, 鐵骨哥泑). On en distingue deux espèces : l'émail couleur de riz (*Mi-se-yeou*, 米色泑), et l'émail bleu pâle (*Fen-tsing-yeou*, 粉青泑). Ces deux émaux ont la couleur et le ton luisant des anciens vases des *Song*, que l'on fabriquait dans la période *King-te* (1004-1007), pour l'usage du palais.

4. Excipient en cuivre. — Veines ou reliefs imitant les œufs de poisson. Émail de *Jou-tcheou* (*T'ong-ko-yu-tse-wen-jou-yeou*, 銅骨魚子絞汝泑). Même observation qu'aux n°s 1, 2 et 3, pour la couleur et le poli de l'émail.

5. Émail des porcelaines blanches de *Ting-tcheou* (*Pe-ting-yeou*, 白定釉). Il y a des vases appelés *Fen-ting*, 粉定, et *Thou-ting*, 土定. Dans les manufactures de *King-te-tchin*, on n'imite que les *Fen-ting*, 粉定, ou vases de *Ting-tcheou*, blancs comme la farine.

La seconde espèce, *Thou-ting*, est fort commune.

6. Émail de *Kiun* (*Kiun-yeou*, 均泑). Outre les cinq espèces d'émaux des vases fabriqués (sous les *Song*) pour le palais impérial, que l'on imite à *King-te-tchin*, on en emploie encore quatre autres nouvellement inventés. Voici les noms des cinq premiers.

A. Émail violet, couleur de la pierre précieuse *Meï-kouei* (*Meï-kouei-tse-yeou*, 玫瑰紫泑).

B. Émail rouge, couleur de la fleur du poirier du Japon (*Haï-thang-hong-yeou*, 海棠紅泑).

C. Émail violet, couleur d'aubergine (*Kia-hoa-tse-yeou*, 茄花紫泑).

D. Émail bleu, couleur de la prune appelée *Meï* (*Meï-tse-tsing-yeou*, 梅子青泑).

E. Émail couleur de foie de mulet (*Lo-kan-yeou*, 騾肝泑).

F. Émail couleur de poumons de cheval (*Ma-feï-yeou*, 馬肺泑).

Noms des quatre autres émaux nouvellement inventés :

G. Nouvel émail violet (*Sin-tse-yeou*, 新紫泑).

CATALOGUE RELATIF A LA FABRICATION DE LA PORCELAINE.

H. Émail couleur de riz (*Mi-se-yeou*, 米色泑).

I. Émail bleu de ciel (*Thien-lan-yeou*, 天藍泑).

J. Émail qui change au four (*Yao-pien-yeou*, 窰變泑). On trouvera plus bas, page 239, § XXIII, un extrait du P. d'Entrecolles sur cet émail extraordinaire.

7. Émail rouge, appelé *Tsi-hong*, des porcelaines de la période *Siouen-te* (1426-1435) (*Siouen-yao-tsi-hong-yeou*, 宣窰霽紅泑). Il y en a deux sortes, l'un appelé *Sien-hong*, 鮮紅泑, ou rouge vif ; l'autre appelé *P'ao-chi-hong*, 寶石紅, littéralement rouge de pierre précieuse. (Voyez page 91, notes 2 et 3, et page 198, note 1.)

8. Émail bleu appelé *Tsi-tsing*, 霽青, et rouge foncé, *Nong-hong*, 濃紅, des porcelaines de la période *Siouen-te* (1426-1435). Tantôt il est chagriné comme la peau de l'orange *Kio*, 橘, tantôt il offre l'apparence des petits boutons de la fleur de l'arbre *Tsong*, 棕 (*Raphis flabelliformis*).

9. Émail de la porcelaine impériale (*Tch'ang-kouan-yao-yeou*, 廠官窰泑). Il y en a trois sortes.

A. Émail jaune d'anguille (*Chen-yu-hoang-yeou*, 鱔魚黃泑).

B. Émail vert de peau de serpent (*Che-pi-lou-yeou*, 蛇皮綠泑).

C. Émail tacheté ou ponctué de jaune (*Hoang-pan-tien-yeou*, 黃斑點泑).

10. Émail de la porcelaine de *Long-thsiouen* (*Long-thsiouen-yeou*, 龍泉泑). Il y en a de pâle (*Long-thsiouen-tsien-yeou*, 龍泉淺泑), et de foncé (*Long-thsiouen-chin-yeou*, 龍泉深泑).

11. Émail appelé *Tong-tsing-yeou*, 東青泑, ou émail bleu de l'Orient (1); il y en a de pâle (*Tong-tsing-tsien-yeou*, 東青淺泑), et de foncé (*Tong-tsing-chin-yeou*, 東青深泑).

12. Émail des *Song*, couleur de riz et couleur bleu pâle (voyez page 193, n° 3, lignes 4 et 5). Dans un lieu appelé *Siang-hou*, qui est situé à plus de vingt *li* (deux lieues) de *King-te-tchin*, on voit les fondements d'une ancienne manufacture de porcelaine qui datait du temps des *Song*. En pratiquant des fouilles, on y trouva des tessons de porcelaine antique, et l'on en imita l'émail et la forme. Les uns offraient un émail des *Song* de couleur *bleu pâle*; les autres, un émail de la même époque, qui était *couleur de riz*. Ces tessons furent trouvés ensemble dans le même endroit.

Le *King-te-tchin-t'ao-lou* appelle l'émail de ces porce-

---

(1) Le *Tchcou-li*, chapitre *Khao-kong-ki* (liv. 42), nous apprend que la couleur *bleue* est affectée au côté de l'orient; le *rouge* au côté du midi; le *blanc* au côté de l'occident; le *noir* au côté du nord. On donne au ciel la qualification de *Hiouen*, ou *bleu-noirâtre*, et à la terre celle de *Hoang*, ou *jaune*. (Cf. *Peï-wen-yun-fou*, liv. 24, fol. 9.)

laines « émail des *Song*, provenant des manufactures de *Siang* » (*Siang-yao-song-yeou*, 湘窯宋泑).

13. Émail vert d'huile (*Yeou-lou-yeou*, 油綠泑). Il appartient aux vases antiques appelés *Yao-pien*, 窰變 (voyez page 239, § XXIII). Sa couleur est comme celle de la pierre précieuse *Pi*, 碧 (1), dont le centre brillant est moucheté. C'est un émail antique et distingué.

14. Émail appelé *Lou-kiun-yeou*, 爐均泑, ou émail de *Kiun*, que l'on cuit au four d'émailleur. Il tient le milieu entre l'émail des porcelaines (bleues) de l'Orient (*Tong-yao-yeou*, 東窰泑), et celui qu'on appelle émail suspendu de *I-hing* (*I-hing-koua-yeou*, 宜興掛泑), mais il les surpasse par ses veines fleuries, ondulées et d'un aspect changeant, 花紋流淌變化.

15. Émail de *Ngeou* (*Ngeou-yeou*, 歐泑). C'est une imitation de l'émail d'un ancien fabricant de la famille *Ngeou*. Il est de deux sortes : rouge (*Hong*, 紅), et bleu (*Lan*, 藍).

16. Émail ponctué de bleu (*Tsing-tien-yeou*, 青點

---

(1) Suivant Basile de Glémona, *Pi* serait une pierre bleue et transparente; mais le Dictionnaire de *Kang-hi* nous apprend qu'il y en a aussi de vertes, *Lou-pi*, 綠碧.

汕). C'est une imitation de l'émail des anciens vases de porcelaine de *Kouang-tong*, 廣窯 (Canton), qu'on fabriquait pour l'usage du palais impérial.

17. Émail couleur *blanc de lune* et *sans craquelure* (*Youeï-pe-wou-wen-yeou*, 月白無紋汕). Pour la couleur, il ressemble, quoique faiblement, à l'émail de la période *Ta-kouan* (1107-1110) (*Ta-kouan-yeou*, 大觀汕). Il s'applique sur une argile blanche ; il n'a pas de veines. Il y en a de pâle (*Youeï-pe-tsien-yeou*, 月白淺汕), et de foncé (*Youeï-pe-chin-yeou*, 月白深汕).

18. On imite à *King-te-tchin*, les vases de la période *Siouen-te* (1426-1435) appelés *P'ao-chao-khi*, 寶燒器 (1). Il y en a quatre sortes dont le fond porte les signes suivants : 1° trois poissons, 三魚 ; 2° trois fruits, 三果 ; 3° trois agarics, 三芝 ; 4° le mot *bonheur* répété cinq fois, 五福.

---

(1) *King-te-tchin-t'ao-lou*, liv. 5, fol. 5. A cette époque, on appelait *P'ao-khi* (*littéralement* vases précieux) ceux qui étaient d'un rouge vif, *Sien-hong*, 鮮紅. Suivant le *Thang-chi-sse-khao*, « on réduisait en poudre une pierre précieuse de couleur rouge qu'on tirait de l'Occident. » Mais l'analyse faite à Sèvres de la couleur chinoise appelée *P'ao-chi-hong*, 寶石紅, a montré que cette couleur, dont le nom signifie littéralement *rouge de pierre précieuse*, n'est autre chose que de l'oxyde de fer avec du fondant.

19. L'émail (bleu) de *Long-thsiouen* qui, après la cuisson, a l'éclat d'une pierre précieuse (*Long-thsiouen-yeou-p'ao-chao*, 龍泉泑寶燒). C'est une nouvelle invention. Les porcelaines de ce genre que l'on fabrique aujourd'hui sont de quatre sortes et se distinguent par les quatre marques ci-dessus (n° 18).

20. Émail appelé *Feï-tsouï-yeou*, 翡翠泑 (1). C'est une imitation de l'émail des porcelaines qu'on fabriquait pour l'usage du palais. On en distingue trois sortes : 1° l'émail bleu uni (*Sou-tsouï-yeou*, 素翠泑); 2° l'émail ponctué de bleu (*Tsing-tien-yeou*, 青點泑); 3° l'émail (bleu) ponctué d'or (*Kin-tien-yeou*, 金點泑).

21. Émail rouge soufflé (*Tchouï-hong-yeou*, 吹紅泑).

22. Émail bleu soufflé (*Tchouï-tsing-yeou*, 吹青泑).

23. On imite les vases de la période *Yong-lo*, savoir :

1°. Ceux qu'on appelle *Yong-lo-t'o-t'aï-khi*, 永樂脫胎器, *littéralement* vases dont on a enlevé l'embryon (c'est-à-dire qu'on a évidés de manière à ne laisser, pour ainsi dire, que l'émail. — Voyez page 51, n° 79, note 1, et page 52, n° 1).

2°. Vases blanc uni, de la période *Yong-lo* (1403-1424) (*Yong-lo-pe-khi*, 永樂素白器).

---

(1) Les vases de ce nom qu'offrent les figures coloriées en Chine sont de couleur *bleu-turquoise*.

3°. Vases ciselés appelés *Tchouï-kong-khi*, 錐拱器 (1), etc.

24. Porcelaines ornées d'émaux (*Ou-t'saï-khi*, 五彩器), imitant celles des périodes *Wan-li* (1573-1619) et *Tching-te* (1506-1521).

25. Porcelaines ornées d'émaux (*Ou-t'saï-khi*, 五彩器), de la période *Tching-hoa* (1465-1487).

26. Vases à fleurs sur fond jaune (*Siouen-hoa-hoang-ti-khi*, 宣花黃地器), de la période *Siouen-te* (1426-1435).

27. Émail bleu appelé *Fa-tsing-yeou*, 法青泑 (2). C'est un émail (*yeou*) qu'on a trouvé par suite d'expériences récentes. On peut le comparer : 1° à l'émail dit *Tsi-*

---

(1) Le second signe 拱, *Kong* (*vulgo* joindre les mains, saluer, entourer), me paraît ici douteux pour la forme et pour le sens. Dans l'ouvrage *T'ao-chouo*, liv. 6, fol. 8, et dans l'Encyclopédie *Khe-tchi-king-youen*, liv. 36, fol. 20, je trouve le mot *Kong*, 供 (offrir), dans deux expressions où notre texte donne *Kong*, 拱 (joindre les mains, saluer, entourer). Si l'on adopte cette correction, les trois mots *Tchouï-kong-khi*, 錐供器, signifieront vases ciselés, pour les offrandes (dans les sacrifices). Plus bas, n° 24, on trouve *Tchouï-hoa-khi*, 錐花器, vases à fleurs ciselées (dans la pâte).

(2) *Fa* signifie méthode et *Tsing* bleu.

tsing-yeou, 霽青泑 (émail « bleu de ciel après la pluie »); 2° à l'émail *rouge épais* (*Nong-hong-yeou*, 濃紅泑); 3° à l'émail *bleu foncé* (*Chin-tsouï-yeou*, 深翠泑), mais il n'imite pas la peau chagrinée de l'orange appelée *Khio*, 橘, ni les petits boutons de la fleur de l'arbre *Tsong*, 棕 (*Raphis flabelliformis*).

28. On imite les vases d'Europe (*Si-yang-khi*, 西洋器), qui offrent des personnages (en relief) ciselés ou fondus (*Tiao-tchou-siang-sing-khi-ming*, 雕鑄像生器皿).

OBSERVATIONS. — Dans la manière de peindre et d'appliquer les couleurs, on imite tout à fait le goût européen (*littéralement* l'esprit du pinceau, 筆意).

Lorsqu'il s'agit de peindre des plateaux pour les cinq offrandes, 伍拱盤碟 (1), des vases lagènes (*P'ing*, 瓶), ou des boîtes en porcelaine (*Ho*, 盒), etc., on imite également le goût européen.

29. Vases *jaune pâle* et *vert pâle*, avec des fleurs ciselées dans la pâte (*Hiao-hoang-hiao-lou-tchouï-hoa-khi-ming*, 澆黃澆綠錐花器皿).

---

(1) Les deux premiers mots sont incorrects : il faut lire 五供, *Ou-kong*, suivant l'auteur du *Traité de la Céramique* (*T'ao-choue*), liv. 6, fol. 8.

30. Vases *violet pâle* (*Hiao-tse-khi-ming*, 澆紫器皿). Il y en a de deux sortes, savoir : avec des fleurs unies (*Sou-hoa*, 素花), et avec des fleurs ciselées (*Tchouï-hoa*, 錐花).

31. Vases avec des fleurs ciselées (*Tchouï-hoa-khi-ming*, 錐花器皿). Ces vases peuvent recevoir toute espèce d'émail.

32. Vases avec des fleurs en relief (*Touï-hoa-khi-ming*, 堆花器皿). Ces vases peuvent recevoir toute espèce d'émail.

33. Imitation des vases antiques appelés *Mo-hong-khi-ming*, 抹紅器皿, vases à fond rouge, et *T'saï-hong-khi-ming*, 彩紅器皿, vases à émail rouge.

34. Vases jaunes d'Europe (*Si-yang-hoang-se-khi-ming*, 西洋黃色器皿).

35. Vases violets d'Europe (*Si-yang-tse-se-khi-ming*, 西洋紫色器皿). C'est une fabrication récente.

36. Vases argentés (*Mo-yen-khi-ming*, 抹銀器皿), et vases dorés (*Mo-kin-khi-ming*, 抹金器皿) (1). C'est une nouvelle fabrication.

---

(1) Ce détail est tiré de *King-te-tchin-t'ao-lou*, liv. 3, fol. 10.

37. Vases noirs comme l'encre, avec un émail coloré (*T'saï-chouï-me-khi-ming*, 彩水墨器皿). C'est une nouvelle fabrication.

38. Vases ornés de dessins à l'encre, foncée ou pâle, représentant des montagnes, des eaux, des personnages, des fleurs, des plantes, des oiseaux et des quadrupèdes, 新製山水人物花卉翎毛仿筆墨濃淡意. C'est une nouvelle fabrication.

39. Imitation des porcelaines dites *T'ien-pe-khi-ming*, 填白器皿, de la période *Siouen-te* (1426-1435), c'est-à-dire porcelaines à fond blanc pour recevoir des peintures (*T'ien* signifie remplir, et *Pe*, blanc). Il y en a d'épaisses et de minces, de grandes et de petites.

40. Imitation des fleurs bleues des porcelaines de la période *Kia-tsing* (1521-1566) (*Kia-yao-tsing-hoa*, 嘉窯青花).

41. Imitation des fleurs bleues légèrement esquissées, des porcelaines de la période *Tch'ing-hoa* (*Tch'ing-yao-tan-miao-tsing-hoa*, 成窯淡描青花).

42. Émail couleur de riz (*Mi-se-yeou*, 米色泑). Il est tantôt pâle, tantôt foncé, et ne ressemble point à l'émail du même nom qu'on employait sous la dynastie des *Song*.

43. Vases d'un rouge appelé *Yeou-li-hong*, 泑裏紅

器皿, c'est-à-dire rouge dans l'émail. Il y en a qui sont complétement couverts d'un émail rouge. Ceux qui sont peints offrent tantôt des feuilles vertes, tantôt des fleurs rouges. (Voyez page 222, n° VI.)

44. Imitation des vases à émail *feuille-morte* (*Tse-king-yeou-khi-ming*, 紫金泑器皿) (1). Il y en a de deux sortes, savoir : de rouges et de jaunes.

45. Vases jaune pâle, ornés d'émaux (*Hiao-hoang-ou-t'saï-khi-ming*, 澆黃五彩器皿). C'est un genre dû à des expériences récentes.

46. Imitation des porcelaines vert pâle (*Hiao-lou-khi-ming*, 澆綠器皿). Il y en a de deux sortes, savoir : 1° à fond uni (*Sou-ti*, 素地); 2° avec des fleurs ciselées (*Tchouï-hoa*, 雖花).

47. Vases ornés d'émaux, dans le genre européen (*Yang-t'saï-khi-ming*, 洋彩器皿). Depuis peu, on imite la manière de peindre avec de l'émail (*Fa-lang*, 法瑯), les montagnes, les eaux, les personnages, les fleurs et les plantes, les oiseaux et les quadrupèdes. L'exécution est d'une finesse et d'une perfection merveilleuses.

48. Vases ornés, tout autour, de fleurs (*Kong-hoa-khi-*

---

(1) Voir le chapitre de la Composition des Émaux, page 206, n° 1.

ming, 拱花器皿) (1). Ils reçoivent toute sorte d'émail.

49. Imitation de l'émail appelé *Ou-kin-yeou*, 烏金泑, ou *noir mat*. On en distingue deux sortes : 1° fond noir avec des fleurs blanches (*He-ti-pe-hoa,* 黑地白花); 2° fond noir avec de légers dessins en or (*He-ti-miao-kin,* 黑地描金). C'est une nouvelle fabrication.

50. Vases verts dans le goût de l'Europe (*Si-yang-lou-se-khi-ming,* 西洋綠色器皿).

51. Vases rouges dans le goût de l'Europe (*Si-yang-hong-se-khi-ming,* 西洋紅色器皿) (2).

52. Vases à émail *noir mat*, dans le goût de l'Europe (*Si-yang-ou-kin-khi-ming,* 西洋烏金器皿). C'est une nouvelle fabrication.

53. Vases dorés (*littéralement* frottés d'or) (*Mo-kin-khi-ming,* 抹金器皿).

---

(1) Nous avons vu plus haut, n° 23, 3°, que le mot *Kong,* 拱 (*vulgo* joindre les mains, saluer, entourer), était écrit ailleurs *Kong,* 供 (offrir), et s'appliquait aux vases destinés aux offrandes dans les sacrifices. Si l'on adopte ici cette correction, il faudra traduire : vases à fleurs pour les offrandes (c'est-à-dire pour les sacrifices).

(2) Ce détail est tiré de *King-te-tchin-t'ao-lou*, liv. 3, fol. 11.

54. Imitation des vases dorés (*littéralement* frottés d'or) de l'Indo-Chine (*Tong-yang-mo-kin-khi-ming*, 東洋抹金器皿).

55. Vases argentés (*littéralement* frottés d'argent) de l'Indo-Chine (*Tong-yang-mo-in-khi-ming*, 東洋抹銀器皿).

§ XI.

COMPOSITION DES DIFFÉRENTES SORTES D'ÉMAIL (1).

1. *TSE-KIN-YEOU.*

紫金油

Littéralement émail d'or brun (or bruni).

On combine ensemble de la chaux fondue, de la cendre de fougère bien purifiée et de l'eau tenant en suspension la pierre *Tse-kin-chi*, 紫金石 (2).

---

(1) Ce chapitre, qui est l'un des plus importants de l'ouvrage, se trouvait déjà dans les Mémoires intitulés *T'ao-chouc*, liv. 3, fol. 10. Nous l'avons tiré des Annales de *Feou-liang*, où il est plus complet et plus correct. Seulement, nous avons pris dans l'Histoire de la Porcelaine de *King-te-tchin* le mot *Yeou* (émail) qui termine le titre de chaque article.

(2) Si, comme il est probable, le *Tse-kin-chi* est une argile ferrugineuse, le *Tse-kin-yeou* serait le fond laqué de nos fabricants de porcelaine, et la prescription de l'auteur chinois serait parfaitement exacte.

A. SALVÉTAT.

CATALOGUE RELATIF A LA FABRICATION DE LA PORCELAINE. 207

Extrait du P. d'Entrecolles. — « Il y a un autre
» vernis qu'on appelle *Tse-kin-yeou*, 紫金油, c'est-
» à-dire, *vernis d'or bruni*. Je le nommerais plutôt *vernis*
» *couleur de bronze, couleur de café, couleur de feuille-*
» *morte*. Ce vernis est d'une invention nouvelle. Pour le
» faire, on prend de la terre jaune commune; on lui
» donne les mêmes façons qu'au *Pe-tun* (vulgo *Pe-tun-*
» *tse*), et quand cette terre est préparée, on n'en emploie
» que la matière la plus déliée que l'on jette dans l'eau et
» dont on forme une espèce de colle aussi liquide que le
» *Pe-yeou*, 白油 (émail blanc), qui se fait de (poudre
» extrêmement ténue) de quartiers de roches (de pétro-
» silex pilé). Ces deux vernis, *Tse-kin* et *Pe-yeou* (1), se
» mêlent ensemble, et pour cela ils doivent être également
» liquides. On en fait l'épreuve en plongeant un *Pe-tun-tse*
» (c'est-à-dire une brique de *Pe-tun*) dans l'un et dans l'autre
» vernis. Si chacun de ces vernis pénètre son *Pe-tun-tse* (sa
» brique de *Pe-tun*), on les juge également liquides et
» propres à s'incorporer ensemble.

» On fait entrer aussi dans le *Tse-kin*, du vernis ou de
» l'huile (2) de chaux et de cendres de fougère préparée
» comme nous l'avons dit ailleurs, et de la même liquidité
» que le *Pe-yeou* (émail blanc, composé de poudre fine de
» pétrosilex); mais on mêle plus ou moins de ces deux *ver-*
» *nis* avec le *Tse-kin*, selon qu'on veut que le *Tse-kin* soit
» plus foncé ou plus clair. C'est ce qu'on peut connaître
» par divers essais. Par exemple, on mesure deux tasses de
» la liqueur *Tse-kin* avec huit tasses de *Pe-yeou* (émail

---

(1) Les auteurs chinois appellent ce second émail *eau de pierres broyées* et *eau d'émail*.

(2) Par l'expression *vernis* ou *huile*, il faut entendre un émail liquide composé d'un lait de chaux et de cendres de fougère.

» blanc formé de poudre très-fine de pétrosilex), puis sur
» quatre tasses de cette mixtion de *Tse-kin* et de *Pe-yeou*,
» on mettra une tasse de vernis (ou d'émail) fait de chaux
» (fondue) et de fougère. Il a été un temps qu'on faisait
» des tasses auxquelles on donnait par dehors le vernis
» doré, et par dedans le pur vernis blanc. On a varié dans
» la suite, et sur une tasse ou sur un vase qu'on voulait
» vernisser de *Tse-kin*, on appliquait en un ou deux en-
» droits un rond ou un carré de papier mouillé; après
» avoir donné le vernis, on levait le papier, et, avec le
» pinceau, on peignait en rouge ou en azur cet espace non
» vernissé (1).

» Lorsque la porcelaine était sèche, on lui donnait le
» vernis accoutumé, soit en le soufflant, soit d'une autre
» manière. Quelques-uns remplissent ces espaces vides
» d'un fond tout d'azur ou tout noir pour y appliquer la
» dorure après la première cuite. C'est sur quoi on peut
» imaginer diverses combinaisons. »

2. *TSOUI-SE-YEOU.*

翠色釉

Émail bleu (2).

On combine ensemble de l'eau de *Kou-t'ong*, 古銅 (jaune sale fait avec de l'oxyde de fer, du jaune et du fondant) et du salpêtre.

---

(1) Ce passage de la lettre du P. d'Entrecolles donne des détails d'une assez grande exactitude sur le procédé de posage du fond avec réserve.
A. Salvétat.

(2) La prescription qui suit ne saurait donner l'émail bleu désigné par le nom *Tsouï-se-yeou*.
A. Salvétat.

3. *KIN-HOANG-YEOU.*

金黃釉

Émail jaune d'or.

On combine ensemble une livre de *Yen-mo* ou cendre de plomb (en latin : *cinis saturni*, *plumbum ustum*) que l'on broie avec 1 once $\frac{2}{10}$ de *Tche-chi*, 赭石 (fer oligistique terreux).

4. *FAN-HONG-YEOU.*

礬紅釉

Émail rouge d'alun.

On prend du *Tsing-fan*, 青礬 (sulfate de fer) que l'on fait passer au rouge par l'action du feu ; pour chaque once, on emploie 5 onces de céruse (*Yen-fen*). On prend ensuite du *Kouan-kiao*, 廣膠 (de la colle de peau, de Canton), et l'on combine le tout ensemble (1).

5. *TSE-SE-YEOU.*

紫色釉

Émail de couleur violette (c'est-à-dire bleu foncé).

On combine ensemble une livre de cendre de plomb

---

(1) Il est évident qu'il faut, pour que cette couleur glace, qu'elle emprunte à la porcelaine même la silice nécessaire pour faire du verre : on voit qu'une semblable couleur ne peut briller que dans l'extrême mince. Cette indication est d'ailleurs conforme aux résultats des analyses faites à Sèvres sur les matériaux rapportés par M. Itier et placés au Musée céramique de Sèvres sous le nom de *Ta-hong* (grand rouge).

A. SALVÉTAT.

(*Yen-mo,* en latin : *cinis saturni, plumbum ustum*) avec une once de *Chi-tseu-tsing* (*littéralement* bleu de petites pierres — silicate de cobalt? — arsénio-sulfure de cobalt, suivant M. *Natalis Rondot*) et 6 onces de *Chi-mo*, 石末 (poudre de quartz) (1).

6. *HIAO-TSING-YEOU.*

澆青釉

Émail bleu pâle.

On prend de l'émail liquide (formé de poudre de quartz), de la chaux éteinte et du *Chi-tseu-tsing* (*littéralement* bleu de petites pierres — silicate de cobalt?) et l'on combine le tout ensemble (2).

---

(1) Si l'on combine ensemble les éléments indiqués, il est alors permis de supposer que le *Chi-tseu-tsing* est du silicate de cobalt. Le *Chi-mo* est de la poudre de pierre siliceuse. On y a trouvé :

Silice..................	98,70
Alumine...............	0,15
Oxyde de fer...........	0,45
Chaux, magnésie.......	traces.
Perte au feu...........	0,40
	99,70

Quant au *Chi-tseu-tsing*, je suis porté à croire que c'est la matière dont le P. d'Entrecolles parle sous le nom de *Tsiu* (page 227, ligne 9), et il est à supposer, d'après ce qu'il en dit, que c'est un verre déjà fondu et coloré par du cobalt. Cette interprétation devient admissible d'après la note 1 de la page 227. La signification de bleu de petites pierres serait alors expliquée.

A. SALVÉTAT.

(2) C'est du bleu au grand feu : la chaux et le pétrosilex le prouvent.

A. SALVÉTAT.

7. *HIAO-LOU-YEOU.*

澆綠釉

Email vert pâle (1).

On combine ensemble une livre de cendre de plomb (en latin : *cinis saturni, plumbum ustum*), 1 once $\frac{4}{10}$ de *Kou-t'ong* (jaune sale fait avec du jaune, de l'oxyde de fer et du fondant), et 6 onces de *Chi-mo*, 石末 (ou poudre de quartz).

8. *TEOU-YEOU-SE-YEOU.*

豆油色釉

Émail couleur d'huile verte de pois (oléagineux).

On combine ensemble de l'émail vert de pois (vert d'huile de pois), de la cendre épurée (de chaux et de fougère) et de la terre jaune (probablement la partie la plus déliée de la terre jaune qui entre dans le vernis *Tse-kin* (2). (Voyez page 206, § XI, n° 1.)

---

(1) Cet émail, dont le traducteur a emprunté le nom au *King-te-tchin-t'ao-lou*, liv. 3, fol. 12, est appelé, dans les Annales de *Feou-liang*, liv. 8, fol. 17, *Kin-lou*, 金綠, vert de cuivre (?). Cette recette doit être erronée, car on ne trouve aucun élément qui puisse donner du vert.

A. Salvétat.

(2) Suivant l'Encyclopédie *Khe-tchi-king-youen*, liv. 36, fol. 19, on combine ensemble de l'émail couleur d'huile verte de pois (oléagineux) (*Teou-tsing-yeou-se*), de la cendre épurée (de chaux fondue et de fougère) (*Lien-hoeï*) et de la terre jaune commune (*Hoang-thou*). On obtient en effet la couleur indiquée en mêlant pour fondre les substances spécifiées ici : pétrosilex, chaux, oxydes de fer, de manganèse et de cobalt.

A. Salvétat.

9. *TCHUN-PE-YEOU.*

純白釉

Émail d'un blanc pur.

On combine ensemble de l'eau d'émail (de l'émail liquide) (1) et de la chaux (2).

10. *HIAO-HOANG-YEOU.*

澆黃釉

Émail jaune pâle.

On combine ensemble des cristaux de salpêtre et du *Tche-chi*, 赭石 (fer oligistique terreux) (3).

11. *TSI-HONG-YEOU.*

霽紅釉

Émail rouge, appelé *Tsi-hong-yeou*.

On combine ensemble de l'oxyde de cuivre rouge et du *Tse-ing-chi*, 紫英石, spath-fluor violet (4) ou quartz

---

(1) Cet émail est fait avec de la poudre de quartz (*Chi-tseu-mo*).

(2) C'est la couverte ordinaire de la porcelaine de la Chine.

A. Salvétat.

(3) Cette recette est évidemment incomplète, car il y manque l'élément siliceux, si, comme on l'a dit plus haut et comme le pensait M. Alex. Brongniart, le *Tche-chi* est du fer oligiste ou du minerai d'antimoine.

A. Salvétat.

(4) Nous conservons ici un point de doute parce que, faute de ma-

hyalin enfumé (?). De plus, on y joint encore du *Pe-tun* (de la pâte blanche) dont on fait les vases craquelés (page 214, n° 16) et de la poudre de *Ma-nao* (cornaline).

12. *TSI-TSING-YEOU.*

霽青釉

Émail bleu du ciel après la pluie.

On combine ensemble de la couleur bleue et de l'émail ordinaire (1).

13. *TONG-TSING-YEOU.*

東青釉

Émail appelé bleu oriental.

On combine ensemble du vernis *Tse-kin* (voyez page 206, § XI, n° 1) et de l'eau tenant en suspension de l'émail (c'est-à-dire de l'émail liquide formé de poudre de quartz) (2).

---

tière, nous n'avons pu vérifier la synonymie du mot *Tse-ing-chi*. Quoi qu'il en soit, c'est bien là le rouge au grand feu.

A. SALVÉTAT.

Les équivalents français que je donne ici, pour les mots *Tche-chi* et *Tse-ing-chi*, m'ont été fournis par M. Alexandre Brongniart, d'après des échantillons de minéraux de Chine, portant les mêmes noms chinois, que possède le Muséum d'Histoire naturelle.

S. JULIEN.

(1) C'est une couverte colorée en bleu par le manganèse peroxydé cobaltifère.

A. SALVÉTAT.

(2) Je crois qu'il s'agit ici du ton si recherché que les amateurs appellent en France céladon. En attribuant au *Tse-kin* la composition ferrugineuse que ce qui précède rend très-vraisemblable, on peut admettre que les dosages proposés fourniront, si le *Tse-kin* n'entre que pour une faible proportion, un ton pâle vert clair légèrement bleuâtre, analogue au ton de certains verres de gobeletterie.

A. SALVÉTAT.

14. *LONG-THSIOUEN-YEOU.*

龍泉釉

Émail de *Long-thsiouen*.

On combine ensemble de l'émail *Tse-kin* (voyez page 206, § XI, n° 1) et une petite quantité d'azur.

15. *LOU-KIUN-YEOU.*

爐均釉

Émail de *Kiun*, que l'on cuit au four d'émailleur (*Lou*).

On combine ensemble des cristaux de salpêtre et de l'émail ordinaire.

16. *TSOUI-KHI-YEOU.*

碎器釉

Émail pour les vases craquelés.

On prend du *Pe-tun* (de la pâte blanche) provenant du pétrosilex de *San-pao-p'ong* (sans mélange). Si on l'a lavé de manière qu'il devienne très-fin, on obtient des vases à fines craquelures; s'il est grossièrement lavé, on obtient des vases à grandes craquelures.

17. *KIN-TSING-YEOU.*

金靑釉

Émail couleur de bronze? (1).

On combine ensemble une livre de *Tsouï*, 翠 (azur),

---

(1) Cet article, tiré de *Feou-liang-hien-tchi*, liv. 8, fol. 17, manque dans le *T'ao-chous* et le *King-te-tchin-t'ao-lou*.

bien épuré avec une once de *Chi-tseu-tsing*, 石子青 (*littéralement* bleu de petites pierres — silicate de cobalt?).

§ XII.
DES COULEURS EMPLOYÉES EN CHINE POUR PEINDRE LA PORCELAINE.

Il y a onze ans, la manufacture de Sèvres a reçu de Chine deux collections de couleurs pour peindre la porcelaine. L'une fut envoyée à ma demande par M. Joseph *Li*, prêtre chinois de la congrégation de Saint-Lazare, qui y joignit de nombreux échantillons bruts et préparés, des pétrosilex et des pâtes employées dans la fabrication de la porcelaine. L'autre fut cédée par M. Itier, employé supérieur du ministère des finances qui avait été adjoint à l'ambassade française en Chine (1).

Nous allons donner le catalogue des couleurs de ces deux collections avec l'analyse de chaque couleur, que nous devons à l'obligeance et au savoir de M. A. Salvétat.

Deux collections semblables, parfaitement identiques, mais plus riches en échantillons de chaque couleur, ont été procurées depuis à ma demande par M. Joseph *Li*, au Collége de France et à l'École des Mines; la manufacture de Sèvres a obtenu à l'École des Mines les échantillons de toutes les sortes qui lui manquaient. De manière que, grâce au supplément de couleurs cédées par M. Itier, la collection de Sèvres se trouve, sous le rapport des matières colorantes de la porcelaine, la plus complète qui existe aujourd'hui en Europe.

---

(1) La composition de toutes ces couleurs a été dévoilée par les analyses faites par MM. Ébelmen et Salvétat, et publiées dans le *Recueil des Travaux scientifiques de* M. Ébelmen, tome I, page 377.

COLLECTION DE M. ITIER.

1. *Pe-ya*, 白牙, ou plutôt *Ya-pe*, 牙白, blanc d'ivoire. Couleur faite avec de la céruse, du sable et de l'acide arsénieux.

2. *Ou-kin*, 烏金, littéralement *métal noir*. Noir mat : minerai de manganèse cobaltifère et oxyde de cuivre avec céruse.

3. *Liang-he*, 亮黑, littéralement *noir luisant*. Les mêmes principes que le n° 2, et du fondant au lieu de céruse.

4. *Tse-he*, 姿黑, littéralement *beau noir*. Noir clair : minerai de manganèse cobaltifère.

5. *P'ao-lan*, 寶藍, *bleu foncé*, littéralement *bleu précieux*. Fondant coloré par l'oxyde de cobalt en plus grande proportion que dans les autres bleus.

6. *Fen-tsing*, 粉青, *bleu pâle*. Bleu de cobalt plus étendu de fondant.

7. *Tcha-lan*, 札藍, *bleu clair*. Bleu de cuivre, fondant et oxyde de cuivre.

8. *Chan-lou*, 山綠, littéralement *vert de montagne*. Vert d'eau, bleu de cuivre avec moins de fondant que le n° 7.

9. *Eul-lou*, 二綠, littéralement *second vert*. Mélange de jaune obtenu par l'antimoine et du vert d'eau n° 8.

10. *Fen-lou*, 粉綠, *vert clair-jaunâtre*. Le même jaune que le n° 10 avec plus de céruse.

11. *Ta-lou*, 大綠, littéralement *gros vert*. Cette couleur est ocreuse avant d'être cuite.

12. *Hoang-se*, 黃色, couleur jaune obtenue à l'aide de l'antimoine.

13. *Kou-t'ong*, 古銅, littéralement *vieux cuivre*. Jaune sale fait avec de l'oxyde de fer et du jaune.

14. *Ta-hong*, 大紅, littéralement *grand rouge*. Rouge foncé. Oxyde de fer très-calciné et céruse.

15. *Tse-hong*, 姿紅, littéralement *beau rouge*. Rouge clair. Oxyde de fer, céruse et fondant.

16. *P'ao-chi-hong*, 寶石紅, littéralement *rouge de pierre précieuse*. Oxyde de fer avec du fondant.

17. *Tsing-lien*, 青蓮, littéralement *lotus bleu*. Mélange du n° 19 avec du blanc n° 1 et du bleu n° 5.

18. *Fen-hong*, 粉紅, *couleur rose*. Mélange de blanc n° 1 avec du rouge n° 19.

19. *Hoa-hong*, 花紅, *carmin pourpre*, littéralement *rouge de fleur*. Fondant coloré en rouge rubis par l'or dissous.

COLLECTION DE M. JOSEPH LI.
COULEURS BRUTES.

1. *Yen-tchi-hong*, 燕脂紅, littéralement *rouge de fard*. Carmin. Voyez le n° 19 (Collection Itier).

II. *Ting-hong,* 頂紅, littéralement *rouge de premier ordre*. Même ton à peu près.

III. *Ting-tsouï,* 頂翠, bleu de première qualité. Bleu de cobalt comme le n° 5 (Itier).

IV. *Idem*, de qualité inférieure, obtenu avec de l'oxyde de cobalt moins pur.

V. *Po-li-pe,* 玻璃白, littéralement *blanc de verre* (opaque). Blanc obtenu par l'acide arsénieux.

VI. *Chang-pe,* 上白, littéralement *blanc supérieur*. Le même que le n° 5 avec un peu plus d'acide arsénieux.

VII. *Pou-pe,* 補白, blanc dur. Il manque de céruse pour glacer. Obtenu par l'acide arsénieux.

VIII. *Feï-tsouï,* 蜚翠. Vert de cuivre pâle. (Dans un des albums de vases chinois coloriés que possède la Bibliothèque impériale, la couleur appelée ici *Feï-tsouï* répond au *bleu-turquoise*.)

IX. *Chang-lou,* 上綠, littéralement *vert supérieur*. Vert de cuivre plus foncé que le n° VIII.

X. *Chang-kou-lou,* 上枯綠, vert passé de qualité supérieure. Vert de cuivre avec du jaune d'antimoine.

XI. *Pen-ti-lou,* 本地綠, vert indigène. Vert de cuivre.

XII. *Chang-hoang,* 上黃, littéralement *jaune supérieur*. Jaune d'antimoine.

XIII. *Youen-fen,* 鉛粉, blanc de plomb (céruse).

COULEURS PRÉPARÉES.

A. *Yen-tchi-hong,* 烟脂紅. Le même que n° I (*Li*).

B. *Ting-hong,* 頂紅. Le même que n° II (*Li*).

C. *Fan-hong,* 攀紅. Rouge obtenu par la calcination de la couperose verte ou de l'ocre jaune.

D. *Po-li-pe,* 玻璃白. Le même que n° V (*Li*).

E. *Chang-pe,* 上白. Le même que n° VI.

F. *Sioue-pe,* 雪白, littéralement *blanc de neige.* Le même que n° V.

G. Le même que n° VII, obtenu par l'acide arsénieux.

H. *Tsing-hoang,* 淨黃, littéralement *jaune pur.* Jaune de première qualité, obtenu par l'antimoine et du fondant.

J. *Chang-hoang,* 上黃, littéralement *jaune supérieur.* Le même que n° XII, page 218, mais plus pâle.

K. *He-se,* 黑色, littéralement *couleur noire.* Noir obtenu par le minerai de manganèse cobaltifère et la céruse.

L. *Kou-tch'i-kin,* 枯赤金, littéralement *or rouge passé.* Or en poudre, nuance rouge. Or vert.

M. *Hoang-kin,* 黃金, littéralement *or jaune.* Or en poudre nuance blanche.

N. *Feï-tsouï,* 翡翠. Le même que n° VIII, première qualité.

O. *Tsing-lou*, 淨綠, littéralement *vert pur*. Vert de cuivre pâle, deuxième qualité.

P. *Tsing-kou-lou*, 淨枯綠. Vert de cuivre, troisième qualité (*Kou* veut dire *passé, fané*).

Q. *Chang-lou*, 上綠, littéralement *vert supérieur*. Le même que n° IX, quatrième qualité.

R. *Chang-kou-lou*, 上枯綠. Le même que n° X, cinquième qualité.

S. *Pen-ti-lou*, 本地綠. Le même que n° XI, sixième qualité.

T. *Kouang-tsouï*, 廣翠, littéralement *bleu de Canton*. Bleu de cobalt, première qualité.

U. *Ting-tsouï*, 頂翠, littéralement *bleu de premier choix*. Bleu préparé avec de l'oxyde de cobalt et de l'oxyde de manganèse.

V. *Chin-lan*, 深藍, littéralement *bleu foncé*. Minerai de manganèse cobaltifère.

Extraits du P. d'Entrecolles,
Tirés de sa première Lettre (1ᵉʳ septembre 1712).

I. Du rouge (*Hong*, 紅) et de sa préparation.

« Le rouge se fait avec de la couperose, *Tsao-fan*,
» 皂礬. On met une livre de couperose dans un creuset
» qu'on lute bien avec un second creuset. Au-dessus de

» celui-ci est une petite ouverture qui se couvre de telle
» sorte qu'on puisse aisément la découvrir s'il en est besoin.
» On environne le tout de charbon à grand feu, et pour
» avoir un plus fort réverbère, on fait un circuit de bri-
» ques. Tandis que la fumée s'élève fort noire, la matière
» n'est pas encore en état, mais elle l'est aussitôt qu'il sort
» une espèce de petit nuage fin et délié. Alors on prend un
» peu de cette matière; on la délaye avec de l'eau, et on
» en fait l'épreuve sur du sapin. S'il en sort un beau rouge,
» on retire le brasier qui environne et couvre en partie le
» creuset. Quand tout est refroidi, on trouve un petit pain
» de ce rouge qui s'est formé au bas du creuset. Le rouge
» le plus fin est attaché au creuset d'en haut. Une livre de
» couperose donne quatre onces de rouge dont on peint la
» porcelaine.

II. Du blanc (*Pe*, 白) et de sa préparation.

» Ce blanc se fait d'une poudre de cailloux transparents,
» qui se calcine au fourneau de même que l'*azur*. Sur une
» demi-once de cette poudre, on met une once de céruse
» pulvérisée. C'est aussi ce qui entre dans le mélange des
» couleurs.

III. Du vert (*Lou*, 綠) et de sa préparation.

» Pour faire le vert, à une once de céruse et demi-once
» de poudre de cailloux (quartz), on ajoute trois onces de
» *T'ong-hoa-pien*, 銅華片 (oxyde de cuivre).

IV. Du violet (*Tse*, 紫) et de sa préparation.

» Le vert préparé (avec une once de céruse, une demi-
» once de poudre de cailloux et trois onces de *T'ong-hoa-*
» *pien*, ou oxyde de cuivre) devient la base du violet, qui

» se fait en y ajoutant une dose de *blanc* (voyez page 221, II).
» On met plus de vert préparé à proportion qu'on veut le
» *violet* plus foncé (1).

V. Du jaune (*Hoang*, 黃) et de sa préparation.

» Le *jaune* se fait en prenant sept dragmes de blanc,
» préparé comme je l'ai dit, auxquelles on ajoute trois
» dragmes de rouge couperosé (c'est-à-dire de couperose).
» Toutes ces couleurs, appliquées sur la porcelaine après
» qu'elle a été *huilée* (émaillée), ne paraissent *vertes, vio-*
» *lettes, jaunes* ou *rouges* qu'après la seconde cuisson qu'on
» leur donne. Ces diverses couleurs s'appliquent, dit le
» livre chinois, avec la *céruse*, le *salpêtre* et la *couperose*.
» Les chrétiens qui sont du métier ne m'ont parlé que de
» la céruse qui se mêle avec la couleur quand on la dissout
» dans l'eau gommée.

VI. Du rouge appelé *Yeou-li-hong*, 釉裏紅 (rouge dans l'émail), et de sa préparation.

» Le rouge *Yeou-li-hong* se fait de *grenaille de cuivre*
» *rouge* (oxyde de cuivre rouge) et de la poudre d'une cer-
» taine pierre ou caillou qui tire un peu sur le rouge. Un
» médecin chinois m'a dit que cette pierre était une espèce
» d'alun qu'on emploie en médecine. On broie le tout dans
» un mortier en y mêlant de l'urine de jeune homme et

---

(1) Il y a bien certainement erreur dans ce passage, car rien n'indique l'introduction du cobalt, qui seul donne du bleu.

A. SALVÉTAT.

L'erreur signalée ci-dessus (note 1) se trouve corrigée page 227, IX, et page 229, II. Voyez aussi page 209, n° 5.

» de l'huile *Pe-yeou* (白釉, de l'émail blanc de poudre
» de pétrosilex); mais je n'ai pu découvrir la quantité de
» ces ingrédients; ceux qui en ont le secret, sont attentifs
» à ne le point divulguer.

» On applique ce mélange sur la porcelaine, lorsqu'elle
» n'est pas encore cuite, et on ne lui donne point d'autre
» vernis. Il faut seulement prendre garde que pendant la
» cuisson, la couleur rouge ne coule point au bas du vase.
» On m'a assuré que quand on veut donner cette couleur à
» la porcelaine, on ne se sert point de *Pe-tun-tse* pour la
» former (c'est-à-dire qu'on n'y mêle point de la pâte de
» *Pe-tun*); mais qu'en sa place on emploie, avec le *Kao-*
» *lin*, de la terre jaune préparée de la même manière que
» le *Pe-tun-tse* (voyez, page 206, § XI, n° 1, la prépara-
» tion du vernis *Tse-kin*, 紫金, émail *feuille-morte*). Il
» est vraisemblable qu'une pareille terre est plus propre
» à recevoir cette sorte de couleur. »

Extraits du P. d'Entrecolles,
Tirés de sa deuxième Lettre (25 janvier 1722).

I. Nouveaux détails sur le *rouge* de fer (*Hong*, 紅)
et sa composition.

Observations. — « Pour mieux comprendre les proportions des matières qui entrent dans les couleurs, il importe
de connaître les poids chinois et leurs divisions. »

1°. Le *kin*, 斤, ou livre chinoise est de seize onces
qui s'appellent *liang*, 兩, ou *taels*.

2°. Le *liang* est une once chinoise.

3°. Le *tsien* ou *mas*, 錢, est la dixième partie du *liang*.

4°. Le *fen*, 分, est la dixième partie du *liang* (la centième partie de l'once).

5°. Le *li*, 釐, est la dixième partie du *fen* (la millième partie de l'once).

6°. Le *hao*, 毫, la dixième partie du *li* (la centième du *fen*, la dix millième de l'once).

« Cela posé, voici comment se compose le rouge qui se
» fait avec de la couperose, appelée *Tsao-fan*, 皂礬, et
» qui s'emploie sur les porcelaines recuites.

» Sur une once de céruse, on met deux *mas* (deux
» dixièmes d'once) de ce rouge ; on passe la céruse et le
» rouge par un tamis, et on les mêle ensemble à sec.
» Ensuite, on les lie l'un et l'autre avec de l'eau em-
» preinte d'un peu de colle de (peau) de vache, qui se vend
» réduite à la consistance de la colle de poisson. Cette colle
» fait que, lorsqu'on peint la porcelaine, le rouge s'y atta-
» che et ne coule pas. Comme les couleurs, si on les ap-
» pliquait trop épaisses, ne manqueraient pas de produire
» des inégalités sur la porcelaine, on a soin de temps en
» temps, de tremper légèrement le pinceau dans l'eau et
» ensuite dans la couleur dont on veut peindre.

II. Du blanc (*Pe*, 白).

» Pour faire de la couleur blanche, sur un *liang* (une
» once) de céruse, on met trois *mas* (trois dixièmes d'once)
» et trois *fen* (trois centièmes d'once) de poudre de cail-
» loux les plus transparents qu'on a calcinés après les
» avoir lutés dans une caisse de porcelaine enfouie dans le
» gravier du fourneau, avant de le chauffer. Cette poudre
» doit être impalpable. On se sert d'eau simple, sans y mêler

» de la colle (de peau de vache) pour l'incorporer avec la
» céruse (1).

III. Du vert foncé (*Ta-lou*, 大綠).

» On fait le vert foncé en mettant sur une once de céruse
» trois *mas* (trois dixièmes d'once) et trois *fen* (trois cen-
» tièmes d'once) de poudre de cailloux, avec huit *fen* (huit
» centièmes d'once), ou près d'un *mas* (d'une once) de
» *t'ong-hoa-pien*, 銅華片 (d'oxyde de cuivre). En
» employant le *t'ong-hoa-pien* (l'oxyde de cuivre), il faut le
» laver et en séparer avec soin la grenaille de cuivre qui s'y
» trouverait mêlée, et qui n'est pas propre pour le vert.

IV. Du jaune (*Hoang*, 黃).

» On fait la couleur jaune en mettant sur une once de
» céruse, trois *mas* (trois dixièmes d'once) et trois *fen* (trois
» centièmes d'once) de poudre de caillou, un *fen* (un cen-
» tième d'once), et huit *li* (huit millièmes d'once) de rouge
» pur qui n'ait point été mêlé avec la céruse.
» Il y a des ouvriers qui, pour faire du beau *jaune*, met-
» tent deux *fen* et demi de ce rouge primitif.

V. Du bleu foncé tirant sur le violet (*Tsouï*, 翠).

» Une once de céruse, trois *mas* (trois dixièmes d'once) et

---

(1) Il est évident que ce dosage ne peut convenir pour du blanc opaque. La silice et le plomb, dans les proportions indiquées ici, constituent ce que nous nommons le *fondant rocaille*; il est fusible et présente l'aspect d'un verre transparent et d'un jaune topaze.

A. SALVÉTAT.

» trois *fen* (trois centièmes d'once) de poudre de caillou
» (*Chi-mo*, 石末), et deux *li* (deux millièmes d'once)
» d'azur, forment un bleu foncé qui tire sur le violet (1).

» Un des ouvriers que j'ai consulté, pense qu'il faut huit
» *li* (huit millièmes d'once) de cet azur.

VI. Du vert d'eau (*Chan-lou*, 山綠, *littéralement* vert de montagne).

» Le mélange de vert et de blanc, par exemple d'une par-
» tie de vert sur deux parties de blanc, fait le vert d'eau
» qui est très-clair.

VII. Du vert *Kou-lou*, 枯綠, ou vert passé.

» Le mélange du vert et du jaune, par exemple de
» deux tasses de vert foncé, sur une tasse de jaune, fait le
» vert *kou-lou* qui ressemble à une feuille un peu fanée (2).

VIII. Du noir (*He-se*, 黑色).

» Pour faire le noir, on délaye de l'azur (bleu de
» cobalt) dans l'eau. Il faut qu'il soit tant soit peu épais.

---

(1) Suivant l'Encyclopédie *Khe-tchi-king-youen*, liv. 36, fol. 19 : « On combine ensemble de l'eau de *Kou-t'ong* (jaune sale fait avec de l'oxyde de fer et du jaune) et du salpêtre (*Siao-chi*). » Ce procédé est le même que celui des Annales de *Feou-liang*, liv. 8, fol. 19.

(2) Je vois dans l'ouvrage intitulé *T'ao-choue*, que le vert *Kou-lou* (qu'on écrit là 苦綠 et 古綠) se fait avec de l'azur et du *Tse-hoang*, 雌黃 (orpiment laminaire, suivant M. Brongniart).

» On y mêle un peu de colle de (peau de) vache, macé-
» rée dans la chaux, et cuite jusqu'à la consistance de colle
» de poisson. Quand on a peint avec ce noir la porcelaine
» qu'on veut recuire, on couvre de blanc les endroits
» noirs. Durant la cuite, ce blanc s'incorpore dans le noir,
» de même que le vernis ordinaire s'incorpore dans le
» bleu de la porcelaine commune.

IX. Du *Tsiu* (1) ou violet.

» Le ***Tsiu*** est une pierre ou un minerai qui ressemble
» assez au *vitriol romain*.

» ***Du violet foncé.*** — C'est de ce *tsiu*, qu'on fait le *violet*
» foncé. On en trouve à Canton et il en vient de *Pe-king*,
» mais ce dernier est bien meilleur. Aussi se vend-il une
» once, huit *mas* (huit dixièmes d'once) la livre, c'est-à-dire
» neuf livres (neuf francs).

» Le *tsiu* se fond, et quand il est fondu et ramolli, les
» orfèvres l'appliquent en forme d'émail sur les ouvrages
» d'argent. Ils mettront, par exemple, un petit cercle de
» *tsiu* dans le tour d'une bague, ou bien ils en rempliront le
» haut d'une aiguille de tête, et l'y enchâsseront en forme
» de pierrerie. Cette espèce d'émail se détache à la longue;
» mais on tâche d'obvier à cet inconvénient, en mettant
» dessus une légère couche de colle de poisson ou de peau
» de vache.

» ***De l'emploi du violet.*** — Le *tsiu*, de même que les autres
» couleurs, dont je viens de parler, ne s'emploie que sur

---

(1) C'est ainsi qu'écrit le P. d'Entrecolles, mais il est certain que *Tsiu* est une fausse prononciation pour *Tsouï*, 翠 (*bleu foncé* tirant sur le *violet*, page 225, V), car ce missionnaire dit dans un autre passage (*Lettres édifiantes*, tome XIX, page 182, édition de 1781) : « Il n'y a que vingt ans qu'on a trouvé le secret de peindre avec le
» *Tsouï* ou *violet*. »

» la porcelaine qu'on recuit. Telle est la préparation du
» *tsiu* : On ne le rôtit point comme l'azur, mais on le
» brise et on le réduit en une poudre très-fine ; on le
» jette dans un vase plein d'eau, et on l'y agite un peu.
» Ensuite, on jette cette eau où il se trouve quelques sale-
» tés, et l'on garde le cristal qui est tombé au fond du
» vase. Cette masse, ainsi délayée, perd sa belle couleur,
» et paraît, en dehors, un peu cendrée. Mais le *tsiu* recou-
» vre sa couleur violette dès que la porcelaine est cuite. On
» conserve le *tsiu* aussi longtemps qu'on le souhaite.

» Quand on veut peindre avec cette couleur quelques
» vases de porcelaine, il suffit de la délayer avec de l'eau,
» en y mêlant, si l'on veut, un peu de colle de vache, ce
» que quelques personnes ne jugent point nécessaire. C'est
» de quoi l'on peut s'instruire par l'essai (1).

COUVERTES FUSIBLES COLORÉES (2).

I. Du vert (*Lou*, 綠).

» Pour faire la couleur verte, on prend du *T'ong-hoa-*
» *pien*, 銅華片 (de l'oxyde de cuivre), du salpêtre
» et de la poudre de caillou. On n'a pas pu me dire la
» quantité de chacun de ces ingrédients. Quand on les a
» réduits séparément en poudre impalpable, on les délaye
» et on les unit ensemble avec de l'eau.

---

(1) Ces détails s'appliquent parfaitement à du verre coloré par le cobalt, c'est-à-dire à du silicate de cobalt.
　　　　　　　　　　　　　　　　　　　　　A. Salvétat.

(2) Ces couleurs, qui s'appliquent sur la porcelaine cuite au grand feu sans couverte, correspondent à ce que nous nommons en France couleurs de grand feu.
　　　　　　　　　　　　　　　　　　　　　A. Salvétat.

II. Du violet (*Tse*, 紫).

» L'azur le plus commun, avec le salpêtre et la poudre
» de caillou, forment le violet.

III. Du jaune (*Hoang*, 黃).

» Le jaune se fait en mettant, par exemple, trois *mas*
» (trois dixièmes d'once) de rouge de couperose, sur trois
» onces de poudre de caillou, et sur trois onces de céruse.

IV. Du blanc (*Pe*, 白).

» Pour faire le blanc, on met, sur quatre *mas* (quatre
» dixièmes d'once) de poudre de caillou, une once de cé-
» ruse. Tous ces ingrédients se délayent avec de l'eau (1).

---

(1) Je n'ai pas cru devoir relever ici toutes les erreurs que contiennent sur le sujet des couleurs les indications fournies par le P. d'Entrecolles. Ce travail eût exigé des notes trop nombreuses qui eussent fatigué l'attention du lecteur. Les fautes que le P. d'Entrecolles a commises sont d'ailleurs très-pardonnables; car, à l'époque où il écrivait, la chimie était loin de présenter un corps de doctrine, et les prescriptions qu'il traduisait, émanaient de peuples chez lesquels les premières notions de cette science n'existaient pas. Les substances désignées dans ces prescriptions sont encore pour la plupart mal définies, et si l'étude chimique des matériaux que nous avons examinés, M. Ébelmen et moi, nous a permis d'éclaircir quelques points, il en est encore beaucoup qui réclament de nouvelles recherches. Il était donc difficile au P. d'Entrecolles de ne pas rester quelquefois obscur.

J'ai placé, dans la préface qui suit celle de M. Stanislas Julien, les procédés de préparation qui me paraissent être en harmonie avec le texte chinois et les résultats de nos travaux. Cette partie de l'ouvrage, qui peut offrir aux industriels quelque intérêt immédiat, me semble ainsi disposée de la manière la plus convenable pour élucider la tra-

§ XIII.

DE LA PORCELAINE NOIRE

(*Ou-mien*, 烏面).

» Ce noir est plombé, et semblable à celui de nos miroirs
» ardents. L'or qu'on y met lui donne un nouvel agrément.
» On donne la couleur noire à la porcelaine lorsqu'elle
» est sèche, et, pour cela, on mêle trois onces d'*azur*
» avec huit onces d'*huile* (d'émail) ordinaire de pierre
» (c'est-à-dire de pétrosilex). Les épreuves apprennent au
» juste quel doit être ce mélange (c'est-à-dire quelle doit
» être la proportion exacte de ce mélange), selon la cou-
» leur plus ou moins foncée qu'on veut lui donner. Lorsque
» cette couleur est sèche, on cuit la porcelaine. Après
» quoi, on y applique l'or, et on la recuit de nouveau,
» dans un fourneau particulier.

§ XIV.

DU NOIR ÉCLATANT.

Appelé *Ou-king*, 烏鏡 (*littéralement* miroir noir, comme si l'on disait *noir miroitant*).

» On donne ce noir à la porcelaine, en la plongeant
» dans une mixtion liquide composée d'azur préparé. Il

---

duction; elle réunit à l'avantage d'être présentée méthodiquement, celui de favoriser la suppression de bien des notes qui rendraient fatigante la lecture de ce livre.

Ces observations s'appliquent naturellement encore à plusieurs des paragraphes qui suivent.

A. Salvétat.

» n'est pas nécessaire d'y employer le bel azur, mais il
» faut qu'il soit un peu épais, et mêlé avec du vernis *Pe-*
» *yeou,* 白釉 (émail blanc, fait avec de la poudre de
» pétrosilex) et du *Tse-kin,* 紫金 (vernis *feuille-morte,*
» voyez page 206, n° 1), en y ajoutant un peu d'*huile* for-
» mée (d'émail formé) de chaux et de cendres de fougère.

» Par exemple, sur dix onces d'azur, pilé dans le mortier,
» on mêlera une tasse de *Tse-kin* (voyez page 206, n° 1), sept
» tasses de *Pe-yeou* (émail blanc de poudre de *pétrosilex*),
» et deux tasses d'*huile* (d'émail) de cendres de fougère
» brûlée avec de la chaux. Cette mixtion porte son ver-
» nis (*émail*) avec elle, et il n'est pas nécessaire d'en donner
» de nouveau (c'est-à-dire d'appliquer un nouvel émail).
» Quand on cuit cette sorte de porcelaine noire, on doit la
» placer vers le milieu du fourneau, et non pas près de la
» voûte où le feu a plus d'activité.

§ XV.

DE LA PORCELAINE VERT D'OLIVE,

Appelée *Long-thsiouen-yao,* 龍泉窰 (1).

» La couleur de cette porcelaine tire sur l'olive (2); on lui
» donne le nom de *Long-thsiouen-yao.* J'en ai vu qu'on

---

(1) *Long-thsiouen* est le nom d'un arrondissement et d'une ville de troisième ordre, département de *Tch'ou-tcheou-fou*, province du *Tchekiang*.

(2) Dans l'Introduction (page XXVII, note 1), en parlant des porcelaines de *Long-thsiouen*, nous avons cité plusieurs passages qui prouvent qu'anciennement ces sortes de vases étaient bleus. (Voyez aussi page 56, note 1.)

» nommait *Tsing-ko-yao*, 青果窯. *Tsing-ko* (*littéra-*
» *lement* fruit vert) est le nom d'un fruit qui ressemble
» assez à l'olive. On donne cette couleur à la porcelaine,
» en mêlant sept tasses de vernis *Tse-kin*, avec quatre tas-
» ses de *Pe-yeou* (émail blanc de poudre de pétrosilex),
» deux tasses environ d'*huile* (c'est-à-dire d'émail) de chaux
» et de cendres de fougère, et une tasse de *Tsouï-yeou*,
» 碎釉 (*littéralement* émail qui se fendille, se craquèle),
» lequel est une *huile* faite (*lisez* un émail fait) de poudre
» de caillou (1).

» Le *Tsouï-yeou* (émail qui se fendille) fait apercevoir
» une quantité de petites veines sur la porcelaine; quand on
» l'a appliqué tout seul, la porcelaine est fragile, et ne
» rend point de son lorsqu'on la frappe. Mais quand on
» mêle cette *huile* (cet émail) avec les autres vernis, elle est
» coupée de veines; elle résonne, et n'est pas plus fragile
» que la porcelaine ordinaire.

§ XVI.

DORURE DE LA PORCELAINE

(*Tou-kin*, 鍍金).

» Quand on veut appliquer de l'or sur la porcelaine, on le
» broie (en feuilles) au fond d'une soucoupe en porcelaine,
» jusqu'à ce qu'on voie, au-dessous de l'eau, un petit ciel
» d'or. On le laisse sécher, et lorsqu'on doit l'employer,
» on le dissout par parties, dans une quantité suffisante
» d'eau gommée. Avec trente parties d'or, on incorpore
» trois parties de céruse, et on l'applique (l'or) sur la
» porcelaine de même que les autres couleurs.

---

(1) Voyez la composition de cet émail, page 214, n° 16.

» Comme l'or, appliqué sur la porcelaine, s'efface à la
» longue, et perd beaucoup de son éclat, on lui rend son
» lustre, en mouillant d'abord la porcelaine avec de l'eau
» pure, et en frottant ensuite la dorure avec une pierre
» d'agate. Mais on doit avoir soin de frotter le vase dans le
» même sens, par exemple, de droite à gauche. »

§ XVII.

DE QUELQUES PORCELAINES REMARQUABLES.

TSOUI-KHI.

碎器

Vases craquelés.

En Chine, comme en Europe, les amateurs de porcelaine recherchent avec avidité et achètent à des prix exorbitants, les vases à fond blanc ou grisâtre, dont l'émail est fendillé de mille manières, tantôt en dehors, tantôt en dehors et en dedans ; c'est ce qu'on appelle des *vases craquelés*. Il arrive quelquefois chez nous que, dans une fournée de trois à quatre cents vases de porcelaine, il s'en trouve un ou deux dont l'émail est en partie craquelé ; mais jusqu'ici, quoique l'on connaisse bien la cause de la craquelure qui tient à ce que l'émail n'a pas le même retrait que la pâte du vase, on n'avait pas encore pu la produire en grand et d'une manière infaillible sur toute une fournée.

Voici plusieurs procédés que j'ai trouvés dans les livres chinois.

Les vases appelés *Tsouï-khi*, 碎器 (1) (ou vases fen-

---

(1) Extrait de *King-te-tchin-t'ao-lou*, liv. 6, fol. 7.

dillés) qui ont été fabriqués sous la dynastie des *Song* du Sud (1127-1179), sont d'une pâte grossière et dure ; ils sont épais et lourds. Il y en a qui sont *blanc de riz* et d'autres *bleu clair*.

Pour obtenir la craquelure, on combine du *Hoa-chi* (de la *stéatite*) avec la matière de l'émail. Après que le vase a été soumis à l'action du feu, l'émail se divise en un nombre infini de raies qui courent en tous sens (en formant une sorte de réseau continu) comme si le vase était fendu en mille pièces. On prend ensuite de l'encre épaisse, ou de la sanguine (délayée dans l'eau), et l'on en remplit les fentes du craquelé ; puis on essuie et l'on nettoie le vase. Il y a des vases fendillés sur le fond uni desquels on dessine des fleurs bleues.

L'auteur de l'ouvrage précité nous apprend qu'on imite parfaitement ces anciens vases craquelés à la fabrique de *King-te-tchin*.

Autre procédé (1). — Toutes les fois qu'on veut fabriquer des vases craquelés, on ne fait point usage d'azur. Après les avoir polis avec la lame (et enduits d'émail), on les expose d'abord à un soleil très-ardent, et quand ils sont bien échauffés, on les plonge dans l'eau froide et on les retire subitement. Au sortir du four, ils apparaissent couverts de fentes innombrables qui se sont formées naturellement.

Observations de l'auteur. — Les anciens vases craquelés sont fort estimés au Japon. Là pour acquérir un véritable vase craquelé, on ne regarde pas à 1000 onces d'argent (7500 fr.). On ne sait pas sous quelle dynastie (voyez pages 45, n° 67, et 76, n° 98) on a commencé à fabriquer des cassolettes à parfums, en porcelaine craquelée. Sous le

---

(1) Extrait de *Thien-kong-khaï-wou*, liv. 2, fol. 12.

pied, il y a un clou en fer qui est fort brillant et ne se rouille jamais.

Vases craquelés d'un rouge violet. — Lorsqu'on veut donner aux vases craquelés une teinte d'un rouge violet, on fait usage de la couleur appelée *Yen-tchi-hong*, 烟脂紅 (fondant coloré en rouge rubis par l'or dissous). Voici la manière de procéder : On fait une espèce de calotte en maille de fil de fer, et on y place le vase craquelé. On chauffe fortement, en entourant cet appareil de charbon de terre allumé. Ensuite on retire le vase, et on le mouille avec une eau tenant en suspension du *Yen-tchi-hong*, et il prend immédiatement la couleur requise.

EXTRAIT DU P. D'ENTRECOLLES. — « Quand on ne donne
» à la porcelaine d'autre *huile* que celle (*émail* que celui)
» qui se fait de (poudre de) cailloux blancs, cette porce-
» laine devient d'une espèce particulière qu'on appelle
» *Tsouï-khi* (碎器, *vase fendillé*). Elle est toute mar-
» brée, et coupée en tous sens d'une infinité de veines. De
» loin, on la prendrait pour de la porcelaine brisée, dont
» toutes les pièces demeurent en leur place. La couleur
» que donne cette *huile* (cet *émail*) est d'un blanc un peu
» cendré. Si la porcelaine est tout azurée, et qu'on lui
» donne cette *huile* (cet *émail*), elle paraîtra également
» coupée et marbrée, lorsque la couleur sera sèche.

» Le *Tsouï-yeou*, 碎釉 (ou émail qui se fendille) (1)
» fait apercevoir (ainsi qu'on l'a dit plus haut) une quan-
» tité de petites veines sur la porcelaine, et celle-ci n'a
» point de son lorsqu'on la frappe ; mais lorsqu'on mêle

---

(1) Voyez la composition de cette espèce d'émail, page 214, n° 16.

» cet émail avec les autres vernis, la porcelaine est coupée
» de veines; elle résonne et n'est pas plus fragile que la
» porcelaine ordinaire. »

§ XVIII.

MIAO-KIN.

描金

Peinture en or et en argent (1).

On prend une pièce de porcelaine déjà cuite, et l'on y applique le *Kin-hoang*, 金黃, ou *jaune d'or* (2) (suivant un autre ouvrage, on y applique des feuilles d'or) et on la met dans le four d'émailleur.

Si la pièce est colorée avec le *Fan-hong*, 礬紅 (3), on la met d'abord dans un four d'émailleur. Ensuite on y applique (*littéralement* on y colle) deux couches de feuilles d'or, et on la met encore dans le même four (après chaque application).

EXTRAIT DU P. D'ENTRECOLLES. — « Pour dorer ou ar-
» genter la porcelaine, on met deux *fen* (deux centièmes
» d'once) de céruse, sur deux *mas* (deux dixièmes d'once)
» de feuilles d'or ou d'argent qu'on a eu soin de dissoudre.
» L'argent, sur le vernis *Tse-kin* (voyez page 206, n° 1), a
» beaucoup d'éclat. Si l'on met les unes en or et les autres
» en argent, les pièces argentées ne doivent pas demeurer
» dans le petit fourneau autant que les pièces dorées.

---

(1) Extrait des Annales de *Feou-liang*.
(2) Voyez la Composition des Émaux, page 209, n° 3.
(3) Voyez la Composition des Émaux, page 209, n° 4.

» Autrement, l'argent disparaîtrait avant que l'or eût pu
» atteindre le degré de cuite qui lui donne son éclat. »

§ XIX.

TOUI-KHI.

堆器

Vases avec des ornements en relief.

On prend de la pâte blanche avec un pinceau, on l'amasse sur la pièce de porcelaine crue et l'on en forme des dragons, des phénix, des fleurs, des plantes, etc. Puis on y applique de l'eau d'émail (de l'émail liquide) combinée avec de la chaux, et on la met au four (1).

EXTRAIT DU P. D'ENTRECOLLES. — « Il n'y a point tant
» de travail qu'on pourrait se l'imaginer aux porcelaines
» sur lesquelles on voit en bosse des fleurs, des dragons, et
» de semblables figures. On les trace d'abord, au burin, sur
» le corps du vase; ensuite on fait aux environs de lé-
» gères entaillures qui leur donnent du relief; après quoi
» on applique l'émail. »

§ XX.

TCHOUI-KHI.

錐器

Vases ciselés à la pointe (2).

Sur toute espèce de porcelaine crue, on cisèle avec une longue pointe des dragons, des phénix, des fleurs, des plantes, etc. On ajoute par-dessus de l'eau d'émail (de

---

(1) C'est là le procédé qu'on emploie aujourd'hui dans la manufacture de Sèvres et dans l'industrie privée pour faire des reliefs pâte sur pâte.

A. SALVÉTAT.

(2) Extrait des Annales de *Feou-liang*.

l'émail liquide) et une couche de chaux épurée ; puis on met le vase au four.

Extrait du P. d'Entrecolles. — « Il y a des ouvriers
» qui sur l'azur, qu'il soit soufflé ou non, tracent des
» figures avec la pointe d'une longue aiguille ; l'aiguille
» lève autant de petits points de l'azur sec qu'il est néces-
» saire pour représenter la figure ; puis ils donnent le
» vernis (l'émail). Quand la porcelaine est cuite, les por-
» celaines paraissent peintes en miniature. »

§ XXI.

OU-THSAI-KHI.

五彩器

Vases ornés d'émaux (1).

On prend un vase de porcelaine blanche qui a été déjà cuit ; on y applique des émaux de diverses couleurs, puis on le fait cuire de nouveau dans le four d'émailleur.

Extrait du P. d'Entrecolles. — « Il y a une espèce
» de porcelaine qui se fait de la manière suivante. On lui
» donne le vernis (l'émail) ordinaire ; on la fait cuire ;
» ensuite on la peint de diverses couleurs, et on la cuit
» de nouveau. C'est quelquefois à dessein qu'on réserve
» la peinture après la première cuisson. Quelquefois aussi
» on n'a recours à cette seconde cuisson que pour cacher
» les défauts de la porcelaine, en appliquant les couleurs
» dans les endroits défectueux. Cette porcelaine, qui est
» chargée de couleurs, ne laisse pas (que) d'être du goût
» de bien des gens. Il arrive quelquefois qu'on sent des
» inégalités sur ces sortes de porcelaines, soit que cela
» vienne du peu d'habileté de l'ouvrier, soit que cela ait
» été nécessaire pour suppléer aux ombres de la peinture,

---

(1) Extrait des Annales de *Feou-liang*.

» ou bien qu'on ait voulu par là couvrir les défauts du
» corps de la porcelaine. »

§ XXII.

HOANG-LOU-OUAN.

黃綠盌

Bols jaunes et verts.

EXTRAIT DU P. D'ENTRECOLLES. — « Si l'on souhaite des
» porcelaines de différentes couleurs, telles que sont les
» ouvrages appelés *Hoang-lou-ouan*, 黃綠盌, qui
» sont partagés en espèces de panneaux, dont l'un est
» vert (*lou*) et l'autre jaune (*hoang*), etc., on applique
» ces couleurs avec un gros pinceau. C'est toute la façon
» qu'on donne à cette porcelaine, si ce n'est qu'après la
» cuite, on met en certains endroits un peu de vermil-
» lon, comme, par exemple, sur le bec de certains oiseaux;
» mais cette couleur ne se cuit pas, parce qu'elle dispa-
» raîtrait au feu; aussi est-elle de peu de durée (1). »

§ XXIII.

YAO-PIEN.

窯變

Porcelaine faite par transmutation (*littéralement* changée dans le fourneau).

EXTRAIT DU P. D'ENTRECOLLES. — « On m'a apporté

---

(1) Ces pièces sont déjà cuites en biscuit; les couleurs dont on les charge sont des couvertes colorées fusibles à une température assez basse comparativement à celle du grand feu. On peut les assimiler, ainsi que je l'ai déjà dit, à des fonds de demi-grand feu.

A. SALVÉTAT.

» une pièce de porcelaine qu'on nomme *Yao-pien* (ou
» transmutée dans le fourneau). Cette transmutation
» se fait dans le fourneau, et est causée ou par le défaut,
» ou par l'excès de chaleur, ou par d'autres causes qu'il
» n'est pas facile de deviner. Cette pièce, qui n'a pas
» réussi, selon l'idée de l'ouvrier, et qui est l'effet du
» pur hasard, n'en est pas moins belle ni moins estimée.
» L'ouvrier avait dessein de faire des vases de rouge soufflé.
» Cent pièces furent entièrement perdues. Celle dont je
» parle sortit du fourneau semblable à une espèce d'agate.
» Si l'on voulait courir les risques et faire les frais de
» différentes épreuves, on découvrirait à la fin l'art de
» faire (à coup sûr) ce que le hasard a produit une seule
» fois. C'est ainsi qu'on s'est avisé de faire de la porce-
» laine d'un noir éclatant qu'on appelle *Ou-king*, 烏鏡.

» Le caprice du fourneau a déterminé à cette recherche et
» l'on y a réussi. » (Voyez page 230, § XIV.)

§ XXIV.

KIA-TSING.

夾青

Nom d'une sorte de porcelaine.

EXTRAIT DU P. D'ENTRECOLLES. — « Voici un procédé
» que les Chinois se plaignent d'avoir perdu. Ils avaient
» l'art de peindre, sur les côtés d'une porcelaine, des pois-
» sons ou d'autres animaux qu'on n'apercevait que lorsque
» la porcelaine était remplie de quelque liqueur. Ils ap-
» pelaient cette espèce de porcelaine *Kia-tsing*, 夾青

» (c'est-à-dire azur mis en presse), à cause de la manière
» dont l'azur était placé. Voici ce qu'on a retenu de ce
» secret; peut-être imaginera-t-on en Europe ce qui est
» ignoré (aujourd'hui) des Chinois.

» La porcelaine qu'on veut peindre ainsi doit être fort
» mince. Quand elle est sèche, on applique la couleur un
» peu forte, non en dehors, selon la coutume, mais en
» dedans, sur les côtés. On y peint ordinairement des pois-
» sons, comme s'ils étaient plus propres à se produire (à
» paraître), lorsqu'on remplit la tasse d'eau. La couleur
» une fois séchée, on donne une légère couche d'une espèce
» de colle fort déliée, faite de la terre même de la porce-
» laine. Cette couche serre l'azur entre ces deux espèces de
» lames de terre. Quand la couleur est sèche, on jette de
» l'*huile* (de l'*émail*) en dedans de la porcelaine; quelque
» temps après, on la met sur le moule et au tour. Comme
» elle a reçu du corps par dedans, on la rend par dehors le
» plus mince qu'il se peut, sans percer jusqu'à la couleur.
» Ensuite on plonge dans l'*huile* (l'*émail*) le dehors de la
» porcelaine. Lorsque tout est sec, on la cuit dans le four-
» neau ordinaire.

» Ce travail est extrêmement délicat, et exige une adresse
» qu'apparemment les Chinois n'ont plus. Ils tâchent
» néanmoins, de temps en temps, de retrouver l'art de
» cette peinture magique, mais c'est en vain. Cependant
» l'un d'eux m'a assuré depuis peu qu'il avait fait une nou-
» velle tentative et qu'elle lui avait presque réussi. »

LIVRE VII.

NOTIONS GÉNÉRALES SUR LA FABRICATION DE LA PORCELAINE.

LIVRE VII.

NOTIONS GÉNÉRALES SUR LA FABRICATION DE LA PORCELAINE.

Dans les manufactures de *King-te-tchin*, les objets en porcelaine s'appellent vulgairement *Ho-liao*, 貨料, comme si l'on disait *matière de commerce*. On suit la prononciation locale, et lorsqu'on inscrit (sur un registre ou une facture) des vases ou des modèles de fleurs, souvent on abrége les formes classiques des caractères et l'on emploie des termes qui ne se trouvent point dans les dictionnaires. Par exemple, 䄂 se prononce *Yeou* et se prend pour 泑, *Yeou*, émail ou glaçure (1) ; 坥 (2) se prononce *To* et s'emploie vulgairement pour *Tso*, 足, le pied d'un vase cru (*Peï*, 坯), etc.

---

(1) On se sert aussi, dans le même sens, des mots *Yeou*, 釉 (chose luisante), et *Yeou*, 油 (huile). De là vient que les Missionnaires ont pris ce dernier mot dans son acception usuelle, et ont écrit *huile* pour *émail* ou *glaçure*, sans s'apercevoir que c'était un terme d'atelier.

(2) Dans une autre partie du texte (liv. 10, fol. 3) ce mot est expliqué par « bord circulaire du pied d'un vase de porcelaine ».

Il y a des mots qui se trouvent dans les dictionnaires et auxquels on donne vulgairement une acception détournée. Par exemple, 靶, qui signifie la partie des rênes que l'on tient dans la main, s'emploie dans le sens de *Ping-pa* (poignée, anse).

琢, *Tcho*, dans les dictionnaires, se prononce comme 捉, *Tcho*, et signifie travailler le jade. On l'emploie vulgairement dans le sens de *P'ing*, 瓶 (vase lagène), et de *Louï*, 罍 (vase en forme de carafe).

不 est (suivant le Dictionnaire *Choue-wen*) synonyme de *Nie* (rejetons partant d'un tronc d'arbre qui a été coupé jusqu'à terre). Vulgairement, on l'emploie pour désigner l'*émail*, la *glaçure*, 釉 (*Yeou*). Dans ce cas, on lui donne une prononciation voisine de celle du mot *Tùn*, 敦, etc., etc.

Il y a d'autres termes comme *Fan*, 反 (revenir), qu'on emploie pour 飯 (riz); *Pie*, 丿 (trait courbé de droite à gauche), pour *Pie*, 撇 (évasé, *vulgo* diviser); *Khiong*, 冂 (lisière d'un bois), pour *Thong*, 同 (semblable); *Thsaï*, 才 (talent), pour *Mi*, 盨 (tasse) (1); *Hou*, 乎

---

(1) *Mi* est expliqué dans *Khang-hi* par *Hiaï-khi*, vase en terre ou en métal. Certain lexicographe anglais a pris *Hiaï-khi* pour *Khi-hiaï*, et a rendu ce mot par « a sort of weapon » (sorte d'arme de guerre).

(signe de l'interrogation), pour *Ou*, 壺 (sorte de vase); *Ki*, 扱 (danger), pour *Kien*, 件 (numérale des articles que l'on compte), etc. Les indigènes eux-mêmes sont obligés de demander le sens de ces termes aux gens du métier.

Parmi les caractères qui s'emploient à *King-te-tchin* dans les ateliers de porcelaine, il y en a qui se prennent les uns pour les autres. Par exemple, on écrit *Kang*, 掆, et *Kang*, 鋼, pour *Kang*, 缸 (jarre), etc.; *Yao*, 窑 et 埆, pour *Yao*, 窯 (vase de porcelaine, *vulgo* four); 釉, 䃋 et 油 pour 泑, *Yeou* (émail, glaçure). Dans les livres et les mémoires (relatifs à la Céramique), on trouve souvent ces mots employés les uns pour les autres.

Dans les manufactures de porcelaine de *King-te-tchin*, on fait des vases de matière tantôt fine, tantôt grossière. Les uns font usage du *Tun*, 不 (pâte pour la couverte), destiné aux vases antiques (1), à l'usage des magistrats, 官古不; d'autres du *Tun* pour les vases de la haute antiquité, 上古不; ceux-ci du *Tun* pour les vases de l'antiquité moyenne, 中古不. Il y en a qui emploient du *Hoa-chi*, 滑石 (de la stéatite); d'autres font usage de *Yeou-ko*, 釉果 [ici *Ko*, 果 (fruit) est

---

(1) C'est-à-dire aux imitations de vases antiques, etc. Ce mot *imitation* s'applique également aux deux sortes de vases mentionnés ci-dessous.

pris pour *Ko*, 骨 (os)], ou pierre d'émail, qu'ils combinent avec du *Kao-ling*, 高嶺; tantôt on se sert de *Hoa-chi*, 滑石 (de stéatite), combiné avec une *pierre blanche* (*Pe-chi*, 白石); tantôt on fait usage de *Tun*, 不, venant de *Yu-kan*, que l'on combine avec du *Kao-ling*. Quelques-uns se servent de *Tun*, 不 jaune; d'autres, enfin, font usage de sédiments grossiers (des pierres qu'on a broyées et lavées). Chaque matière est appropriée à la nature et à la qualité des vases qu'on veut faire (1).

TSE-THOU.
瓷土.
Terre à porcelaine.

Depuis les temps anciens, la terre à porcelaine de *Ma-tsang* est la plus renommée. On appelle vulgairement ce lieu *Ma-ts'un-yao-li* (en abrégé *Yao-li*) et *T'ong-li*, 洞裏. *Ma-thsun* ou *Ma-tsang* est un petit bourg dépendant d'un village situé à l'est de la ville de *King-te-tchin*. Dans les dernières années de la dynastie des *Ming* (qui finit en 1649), cette terre se trouva épuisée. Quelque temps après, on en tira de nouveau de même lieu.

---

(1) On conçoit aisément qu'il résulte de ces différents dosages des différences dans les produits fabriqués; cette observation explique les nombreuses variétés qu'on rencontre dans les porcelaines chinoises.

A. SALVÉTAT.

Pour préparer des briques de *Yeou-ko*, 釉果, ou matière d'émail, on considère la terre de *Ta-ou-ling* comme étant d'une qualité supérieure. Elle est ferme, blanche et légèrement humide (*littéralement* suante). La porcelaine qu'on fabrique avec cette terre n'est point fragile. Parmi les vases antiques, 古器 (c'est-à-dire les imitations de vases antiques), il y en a beaucoup dont le corps (*Ko-t'aï*, 骨胎) est fait avec cette terre.

Dans d'autres endroits, on trouve aussi de la terre ferme et blanche; mais quelquefois cette terre est un peu huileuse, ou bien elle est blanche et d'une nature molle.

YEOU-KO.
釉果
Matière de l'émail.

En général, pour préparer l'émail des beaux vases, on emploie le *Yeou-ko* pur; pour les vases de seconde qualité, on l'emploie par moitié; pour les vases communs et grossiers, on se contente d'en délayer (un peu) avec de l'eau en y mêlant de la cendre (de fougère).

Dans la troisième année de la période *Kia-tsing* (1524), dans un endroit appelé *Lo-ping*, voisin de la ville de *King-te-tchin*, on tira aussi du *Yeou-ko*. Les habitants de *Ou* élevèrent des hangars, pilèrent cette matière et en formèrent des briques moulées, plus grandes que celles qu'on faisait avec la *terre de Yao-li*. Les fabricants de porcelaine en firent l'essai et la trouvèrent d'excellente qualité.

Avant cette époque, ceux qui faisaient (ces sortes de briques pour la préparation de l'émail), les emballaient et les transportaient dans le port du midi pour les vendre. Des hommes, qui habitaient à l'est de la ville, les chargeaient sur des bateaux du port oriental, et de là on les transportait dans le port de *King-te-tchin*, où on les vendait pour des briques de *Yeou-ko*, provenant du village de *Yao-li*. Maintenant on les vend ouvertement aux fabricants de porcelaine (1).

KAO-LING.

高嶺

A proprement parler, *Kao-ling* (2) est le nom d'une montagne située à l'est de *King-te-tchin*. Dans cet endroit, on recueille une terre propre à faire du *Tun*, 不 (3). Dans l'origine, il n'y avait que quatre familles indigènes, nommées *Ouang*, *Ho*, *Fong* et *Fang*, qui se livraient à ce travail, c'est-à-dire à la confection des briques moulées de *Kao*-

---

(1) Sur la préparation de l'émail, voyez, page 130, l'explication de la planche III, d'après les Annales de *Feou-liang*, et les additions empruntées au Mémoire du P. d'Entrecolles.

(2) J'ai déjà fait remarquer, page 129, note 3, que la montagne *Kao-ling* fournit de la roche feldspathique qu'on utilise dans la fabrication de la porcelaine : ce passage semble s'appliquer plus spécialement à une matière argileuse. On sait que la matière argileuse provient de la décomposition du feldspath ; il est donc possible que les deux éléments constitutifs des pâtes à porcelaine se trouvent réunis dans le même endroit.
A. SALVÉTAT.

(3) C'est ce que le P. d'Entrecolles appelle *Pe-tun-tse*. Mais cette expression ne peut s'appliquer qu'aux briques ou tablettes de *Tun* blanc (*Pe*).

ling. Maintenant beaucoup d'habitants de la ville de *Ou* se sont emparés de cette industrie ; mais (pour inspirer la confiance) ils sont obligés d'emprunter les noms des familles ci-dessus et de les imprimer sur les briques moulées de leur *Kao-ling*. On y lit, par exemple, *Ho-chan-yu*, 何山玉, *littéralement* jade (c'est-à-dire matière précieuse) de la montagne de la famille *Ho* ; ou bien *un tel* de la famille *Ouang* ; *un tel* de la famille *Fang*, etc.

Les champs de la famille *Li*, situés dans une grande île qui se trouve à l'ouest et à une petite distance de la ville de *King-te-tchin*, fournissent aussi une terre de bonne qualité et qui n'est guère inférieure à celle qu'on tire à l'est de la ville. Seulement, lorsqu'on veut faire de belle porcelaine, on est obligé d'aller chercher cette dernière terre qui arrive par le port de l'est.

Le *Kao-ling* de qualité supérieure s'appelle *Ma-pou-kheou*, 麻布口 (*littéralement* bouche de toile de chanvre) ; celui de seconde qualité, *Thang-kheou*, 糖口 (*littéralement* bouche de sucre) ; celui de dernière qualité, *Tse-khi-kheou*, 磁器口 (*littéralement* bouche de porcelaine). Qu'entend-on par cette dernière expression ? Si l'on brise en deux une de ces briques, la *bouche*, c'est-à-dire la cassure, ressemble à celle d'un morceau de porcelaine. Elle est polie, égale, sans veines ni rudesse. On dirait une matière coupée nettement avec un couteau. Cette terre n'est point d'une nature ferme : lorsqu'on en a fait des vases crus et qu'ils ont été cuits, ils sont nécessairement tendres et fragiles.

Anciennement, il y avait du *Kao-ling* rouge qu'on tirait de la montagne de la famille *Fang*, située à l'est de la ville de *King-te-tchin*. Les briques étaient *rouge pâle* ; mais après la cuisson, les vases étaient de couleur blanche (1). Dans la suite, les gens de la famille *Fang*, considérant que cette terre s'épuisait et que la mine d'où on la tirait était voisine du tombeau de leur aïeul, demandèrent qu'on en interdît l'exploitation.

Le *Kao-ling* n'a pas besoin d'être pilé. Lorsqu'on veut tirer la terre qui le fournit, on élève un hangar. On se contente d'épurer cette terre en la lavant et l'on en forme une pâte molle que l'on moule en forme de briques, sur lesquelles le fabricant imprime sa marque.

Quant à la *terre* des briques de matière pour la couverte, 釉不土 (*Yeou-tun-thou*) (2), quoiqu'on lui donne aussi le nom de *terre*, en réalité elle provient d'une espèce de *pierre*. Il faut d'abord enlever par le lavage la terre qui adhère à ces pierres; à l'aide d'un marteau, on les brise en menus morceaux, puis on les met dans un mortier où on les broie avec un pilon pendant un jour et une nuit, et on les réduit en une espèce de *terre*.

Cela fait, on lave et on épure cette *terre*, et l'on en fait des briques portant la marque du fabricant.

En général, les eaux du printemps sont fortes et les pilons qu'elles font mouvoir sous chaque hangar peuvent piler complétement les pierres; mais les eaux de la fin de

---

(1) Les pâtes du commerce fabriquées en France présentent toujours en cru la teinte légèrement ocreuse; par la cuisson, ces pâtes deviennent parfaitement blanches, par suite soit de l'incinération des matières organiques, soit de la réduction du peroxyde de fer à l'état de protoxyde par la silice en grand excès.

A. SALVÉTAT.

(2) Lorsque la pâte blanche (*Tun* blanc) est moulée sous forme de briques ou de tablettes, ces briques s'appellent *Pe-tun-tse*, expression que le Dictionnaire de l'Académie écrit à tort *Pétunsé*.

l'année ont beaucoup moins de force : on est alors obligé de supprimer quelques pilons.

Lorsque l'eau est impétueuse et que la force des pilons est régulière, la pierre que l'on pile donne une *terre* plus serrée (et plus fine); lorsque l'eau coule lentement et que la force des pilons n'agit que mollement (*littéralement* est légère), la *terre* que l'on pile reste un peu grossière. C'est pourquoi la couverte provenant des matières broyées au commencement du printemps est d'une qualité excellente. Lorsqu'on fait entrer ces terres dans la composition du biscuit, il se trouve bien supérieur à ceux dont la pâte a été pilée sur la fin de l'année (1).

Les *Tun*, 不, sont tous de même nature, mais on les distingue en *rouges*, *jaunes* et *blancs*.

Les *Tun* rouges, 紅不 (*Hong-tun*), et les *Tun* blancs, 白不 (*Pe-tun*) servent également à la fabrication des vases les plus fins. Les briques de *Tun* jaune, 黃不 (*Hoang-tun*), ne servent qu'à faire des vases communs. Cependant il y a une espèce de *Tun* jaune pâle avec une nuance de blanc, qui est d'une excellente qualité et n'est pas uniquement employée pour fabriquer des vases communs.

Les morceaux de *terre* (2) qui donnent le *Tun* jaune sont

---

(1) On a remarqué, en effet, que la couverte de la porcelaine présente un glacé d'autant plus complet que la roche qui le fournit a été broyée plus finement.
A. SALVÉTAT.

(2) Nous avons vu plus haut qu'on se sert ici du mot *terre* pour désigner des *pierres* que l'on concasse et que l'on broie jusqu'à ce qu'elles soient réduites en une sorte de *terre*.

gros et durs. Pour les broyer, on est obligé d'employer des pilons solides et de grands mortiers. Mais comme la *terre* du *Tun* blanc est d'un tissu peu serré et d'une nature fine, on peut faire usage de mortiers plus petits que ceux dont on a besoin pour piler le *Tun* jaune (*Hoang-tun*).

A l'est de la ville de *King-te-tchin*, au-dessus du goulet appelé *Ouang-kiang*, il y a vingt-huit *rapides*, dont chacun fait mouvoir, par la force de l'eau, des pilons qui broient la *terre* destinée à confectionner des *Tun*, c'est-à-dire des briques pour pâtes. Anciennement il y avait moitié moins de fabricants de *Tun* jaune (*Hoang-tun*) que de *Tun* blanc; maintenant il n'y a plus que cinq ou six endroits où l'on fabrique du *Tun* jaune. Les autres pilons ont changé de destination et ne broient plus que du *Tun* blanc.

Le meilleur *Tun* est celui de la colline de *Cheou-khi*. Ceux qui en apportent d'autres endroits au marché de *King-te-tchin*, ne manquent jamais de dire (pour attirer les acheteurs) « mon *Tun* de *Cheou-khi* ». Beaucoup d'entre eux en vendent aussi de bonne qualité.

La terre à porcelaine qu'on tirait anciennement de la mine de la famille *Hong* était aussi excellente que celle qui provenait de la montagne de la famille *Kin*. Quelque temps après, comme cette localité était limitrophe de la ville de *Ki*, et correspondait par des filons souterrains avec le tombeau de l'aïeul d'un magistrat puissant, il en résulta des procès, et l'exploitation de cette mine fut interdite pour toujours.

La *terre* de *Ping-li* et celle de *Kou-kheou* proviennent également du district de *Khi-men*. Depuis qu'on a tiré de la *terre* de *Yu-kan*, on n'a plus employé qu'en petite quantité les *terres* mentionnées ci-dessus.

Au sud et tout près de la ville de *King-te-tchin*, il y a un petit village dont la *terre* est aussi de bonne qualité. Beaucoup de broyeurs l'emploient en la mêlant avec d'autre *terre*, mais elle est loin d'égaler la *terre* de *Yu-kan* (1).

Les noms et les espèces du *Tun* sont très-variés. Les deux sortes appelées *Yu-hong* et *Ti-hong* sont les plus estimées; mais elles sont d'une nature molle, et l'on ne peut en faire usage qu'en y mêlant une forte quantité de *Kao-ling*. Le *Tun* de *Yu-kan* est d'une nature très-ferme, et on peut l'employer après y avoir mêlé une petite proportion de *Kao-ling*. Comme le *Kao-ling* qu'on tirait depuis peu ne valait pas à beaucoup près celui d'auparavant, les fabricants se sont mis aussitôt à employer en grande quantité le *Tun* de *Yu-kan*.

L'émail liquide (*Chouï-yeou*, 水汋) s'appelle *Pe-kia-ho*, 白家貨, littéralement la marchandise des cent familles. Les fabricants de porcelaine l'emploient pour couvrir la partie extérieure des vases crus. Mais on n'en fait pas usage pour les vases communs appelés *Lan-song*, 蘭宋, *Pe-fan*, 白飯, *Cha-kong*, 砂宮, etc. On se contente de le broyer et de le combiner avec le *Yeou-ko*,

---

(1) Nous avons analysé la terre de *Yu-kan*; nous avons trouvé dans trois échantillons :

Perte au feu..........	2,40	2,40	2,60
Silice................	74,70	77,00	74,40
Alumine..............	15,70	15,00	15,00
Oxyde de manganèse...	0,10	0,00	0,00
Chaux................	0,10	0,20	0,10
Magnésie.............	0,20	0,00	0,00
Alcalis...............	6,40	4,70	6,90

On voit que c'est encore un pétrosilex analogue à la pegmatite de Saint-Yrieix.

A. SALVÉTAT.

釉果 (pâte pour la glaçure), et après les avoir mêlés avec de l'eau, on en couvre la partie extérieure des vases crus. En général, pour les vases grossiers que l'on cuit dans les fours chauffés avec le bois de *Tcha* (*Crataegus cuneata*), on remplace le *Chouï-yeou*, ou émail liquide, par le *Yeou-ko*.

HOA-CHI.
滑石

Stéatite, — argile onctueuse, — amphibole blanc.

Le *Hoa-chi* sert à faire le corps des vases (en chinois *Khi-t'aï*, *littéralement* l'embryon des vases). Cette matière est, à la vérité, excellente, mais la couleur de l'émail qu'on y applique ne ressort pas aussi bien que lorsque l'émail a été étendu sur un biscuit en pâte de *Tun*, qui le fait paraître plus poli, plus luisant et plus agréable à l'œil. C'est pourquoi cette matière ne s'emploie pas en grande quantité pour les vases dits *Kouan-kou* (vases antiques à l'usage des magistrats). Pour les vases appelés *Yang-khi*, 洋器 (1), on l'emploie par moitié; il n'y a que les petits ouvrages en porcelaine ciselée ou avec incrustations, du genre *Tcho-khi*, pour lesquels on consent à l'employer pur. Mais, sous le rapport de la peinture et de la fabrication, les vases de porcelaine en *Hoa-chi* sont loin d'égaler les beaux vases appelés *Kouan-kou*.

Extrait du P. d'Entrecolles. — « On a trouvé depuis » quelque temps une nouvelle matière propre à entrer

---

(1) Littéralement *vases des mers*, c'est-à-dire destinés à être transportés au delà des mers. Ce sont ceux qu'exportent les marchands d'Europe et des États-Unis.

» dans la porcelaine : c'est une pierre, une espèce de craie
» qui s'appelle *Hoa-chi*.

» Les ouvriers en porcelaine se sont avisés d'employer
» cette pierre à la place du *Kao-ling*. Elle se nomme *Hoa*,
» 滑, parce qu'elle est glutineuse (*lisez* onctueuse) et
» qu'elle approche en quelque sorte du savon.

» La porcelaine faite avec le *Hoa-chi* est rare et beau-
» coup plus chère que l'autre : elle a un grain extrême-
» ment fin, et pour ce qui regarde l'ouvrage du pinceau,
» si on la compare à la porcelaine ordinaire, elle est à
» peu près ce qu'est le vélin au papier. De plus, cette por-
» celaine est d'une légèreté qui surprend une main accou-
» tumée à manier d'autres porcelaines ; aussi est-elle beau-
» coup plus fragile que la commune, et il est difficile
» d'attraper (de saisir) le véritable degré de sa cuite. Il y
» en a qui ne se servent pas du *Hoa-chi* pour faire le corps
» de l'ouvrage ; ils se contentent d'en faire une colle assez
» déliée où ils plongent la porcelaine quand elle est sèche,
» afin qu'elle en prenne une couche avant de recevoir les
» couleurs et le vernis (l'émail). Par là, elle acquiert
» quelque degré de beauté.

» Voici de quelle manière on met en œuvre le *Hoa-chi* :

» 1°. Lorsqu'on l'a tiré de la mine, on le lave avec de
» l'eau de rivière ou de pluie pour en séparer un reste de
» terre jaunâtre qui y est attaché.

» 2°. On le brise et on le met dans une cuve d'eau
» pour le dissoudre, et on le prépare en lui donnant les
» mêmes façons qu'au *Kao-ling* (voyez page 122, II). On
» assure qu'on peut faire de la porcelaine avec le *Hoa-chi*
» (stéatite) préparé de la sorte et sans aucun mélange.
» Cependant un de mes néophytes, qui a fait de semblables
» porcelaines, m'a dit que, sur huit parties de *Hoa-chi*, il
» mettait deux parties de *Pe-tun-tse* ; et que, pour le reste,
» on procédait selon la méthode qui s'observe quand on

» fait de la porcelaine ordinaire avec le *Pe-tun-tse* et le
» *Kao-ling*. Dans cette nouvelle espèce de porcelaine, le
» *Hoa-chi* tient la place du *Kao-ling*, mais l'un est beau-
» coup plus cher que l'autre. La charge de *Kao-ling* ne
» coûte que 20 sous, au lieu que celle du *Hoa-chi* revient
» à un écu (3 francs). Ainsi il n'est pas surprenant que
» cette espèce de porcelaine coûte plus cher que la (por-
» celaine) commune.

» Lorsqu'on a préparé le *Hoa-chi* et qu'on l'a disposé en
» petits carreaux semblables à ceux du *Pe-tun-tse*, on dé-
» laye dans l'eau une certaine quantité de ces petits car-
» reaux et l'on en forme une colle bien claire; ensuite
» on y trempe le pinceau, puis on trace sur la porcelaine
» divers dessins; après quoi, lorsqu'elle est sèche, on lui
» donne le vernis (l'émail).

» Quand la porcelaine est cuite, on aperçoit ces dessins,
» qui sont d'une blancheur différente de celle qui est sur
» le corps de la porcelaine. Il semble que ce soit une va-
» peur déliée répandue sur la surface. Le blanc du *Hoa-chi*
» s'appelle *blanc d'ivoire* (*Siang-ya-pe*, 象牙白). »

CHI-KAO.

石膏

Gypse fibreux.

Après avoir décrit le *Kao-ling*, le *Pe-tun-tse* et le *Hoa-chi*, le P. d'Entrecolles parle du *Chi-kao*, qu'il regarde comme une quatrième matière à porcelaine.

EXTRAIT DU P. D'ENTRECOLLES. — « On peint des figures
» sur la porcelaine avec du *Chi-kao* (gypse fibreux), de
» même qu'avec le *Hoa-chi* (stéatite), ce qui lui donne
» une autre espèce de couleur blanche; mais le *Chi-kao* a
» cela de particulier, qu'avant de le préparer comme le

» *Hoa-chi*, il faut le rôtir dans le foyer (1); après quoi on
» le brise et on lui donne les mêmes façons qu'au *Hoa-chi*.
» On le jette dans un vase plein d'eau, on l'y agite, on
» ramasse à plusieurs reprises la crème qui surnage, et,
» quand tout cela est fait, on trouve une masse pure qu'on
» emploie de même que le *Hoa-chi* purifié.

» Le *Chi-kao* ne saurait servir à former le corps de la
» porcelaine. On n'a trouvé jusqu'ici que le *Hoa-chi* qui
» pût tenir la place du *Kao-ling* et donner de la solidité à
» la porcelaine. Si, à ce qu'on m'a dit, on mettait plus
» de deux parties de *Pe-tun-tse*, sur huit parties de *Hoa-*
» *chi*, la porcelaine s'affaisserait en cuisant, parce qu'elle
» manquerait de fermeté, ou plutôt que ses parties ne se-
» raient pas suffisamment liées ensemble. »

KIEN-TCH'A.

撿渣

Littéralement sédiments recueillis.

Avec la matière appelée *Kien-tch'a*, on fabrique les objets en porcelaine les plus grossiers, par exemple des vases appelés *Mao-kong* 昌宮, *Mao-fan* 昌飯, *Mao-yu* 昌盂, *Mao-ling* 昌令, de grands vases en forme de fleur de *Nymphaea*, de grands bols, de petites figures sculptées d'oiseaux, de poissons, d'hommes, etc. Voici ce qu'on entend par l'expression *Kien-tch'a* : ce sont les parties les plus grossières des *terres* qui tombent au fond de l'eau, lorsque, dans les grandes fabriques, on lave les pâtes pour

---

(1) Il paraît probable qu'on le fait cuire au four, dans une cazette bien lutée, comme l'azur dont le même missionnaire parle page 153.

faire les briques de *Tun*. Toutes les personnes qui font usage de *Kien-tch'a* louent des ouvriers qui vont le ramasser et le recueillir (*kien*) au dehors. On le soumet à un second lavage, on le nettoie avec soin, et, après l'avoir réduit en pâte, on l'emploie à la confection des objets ci-dessus.

TSING-LIAO.
青料
Matière de la couleur bleue.

La matière de la couleur bleue de première qualité est celle qui est d'un vert noir, poli et luisant. Ceux qui imitent les vases appelés *Tsi-tsing-khi*, 霽青器 (vases bleu du ciel après la pluie), ne peuvent se dispenser d'en faire usage. Quant aux fleurs *bleues* que l'on esquisse légèrement, voici la manière d'employer le *bleu* : D'abord on arrête la forme des fleurs et on les peint sur le vase cru, puis on les recouvre d'émail. Lorsque l'émail est bien sec, on met l'émail au four et on le fait cuire. La cuisson y fait apparaître aussitôt une belle couleur bleue; si l'on n'appliquait pas de *couverte*, la couleur deviendrait noire.

Il y a des personnes qui commencent par appliquer l'émail et qui peignent ensuite par-dessus la couverte; mais, dans ce cas, une grande partie de la couleur se brûle et s'évanouit (*littéralement* s'envole).

A *King-te-tchin* on trouve des vases ornés de diverses couleurs (*T'saï-khi*, 彩器), qui anciennement ne jouissaient pas d'une grande estime. Depuis la période *Khien-long* (1536), les magistrats et les hommes du peuple ont commencé à les acheter à l'envi. Par suite de cette circonstance, leur vogue n'a fait que s'accroître de jour en jour. On les appelle vulgairement *Hong-tien*, 紅店 (1). Les fabricants se désignent eux-mêmes sous le nom de *Lou-hou*, 爐戶, ou *gens du fourneau*. Ils ne suivent pas les procédés anciens pour ce qui regarde la construction du fourneau ouvert (*Ming-lou*, fourneau d'émailleur) et du fourneau fermé (*Ngan-lou*). Seulement, avec des briques, ils construisent sur le sol une espèce de tonneau ayant la forme d'un puits, haut de trois pieds et de deux ou trois pieds de diamètre (2). Cette espèce de fourneau, destiné à recevoir de grands vases, est bouchée dans sa partie supérieure. On y dispose circulairement et par étage du charbon de terre, et on pratique en dessous des soupiraux (*Fong-yen*, littéralement des yeux pour l'air). Ensuite, on prend les porcelaines et on les place au centre du fourneau; enfin on bouche la partie supérieure avec de l'argile et l'on allume le feu qui doit durer un jour et une nuit. Ces fourneaux s'appellent vulgairement *Chao-lou*, 燒爐, ou fourneaux pour cuire (les vases colorés). Le feu doit durer pendant un temps déterminé (3). Si l'on demande aux ouvriers ce que c'est qu'un fourneau ouvert (*Ming-lou*) et un

---

(1) Cette expression signifie littéralement *boutiques rouges*; il est probable qu'elle vient de ce que les magasins où ils se vendent sont *peints en rouge*.

(2) Il y a dans le texte : « En bas, on laisse une cavité; au milieu, on place les vases colorés; en haut, on bouche, on chauffe et c'est tout. » Ce passage étant beaucoup trop concis, j'ai puisé les détails qui suivent dans l'ouvrage chinois, liv. 1, fol. 24 (*Explication des planches*).

(3) Pendant un jour et une nuit, suivant le texte chinois, liv. 1, fol. 24.

fourneau fermé (*Ngan-lou*) (1), la plupart d'entre eux sont incapables de répondre.

En général, les ouvrages de porcelaine grands et élevés sont fort difficiles à fabriquer et à cuire. Si, par exemple, on a reçu une commande de 500 ou de 1000 grands vases du genre *Ouan* (bols) de 2 pieds $\frac{4}{10}$, avec couvercles, de 500 grands vases (de jardin) pour mettre de la terre (*Ti-p'ing*, 地瓶), de 300 grandes jarres (*Ta-kang*, 缸), ou de vases en forme de seaux pour mettre des fleurs (*Hoa-thong*, 花桶), comme l'ouverture et la surface sont fort grandes, et que, de plus, le nombre des articles est très-considérable, au moment de la fabrication on est obligé d'en faire le double, afin de pouvoir laisser les médiocres et de choisir les plus beaux. En effet, quand ces vases ont été mis au four et cuits, il est impossible qu'il n'y en ait pas de foulés, d'aplatis, de détériorés ou de brisés.

T'O-T'AI-KHI.
脫胎器

Littéralement vases sans embryon, c'est-à-dire sans excipient et ne consistant qu'en émail (*sic*).

Les vases minces appelés *T'o-t'aï-khi* ont pris naissance sous le règne de l'empereur *Yong-lo* (1403-1424). A cette époque, on faisait cas des vases de ce genre qui étaient épais

---

(1) Le *fourneau fermé* est précisément celui que nous venons de décrire. Le *fourneau ouvert* paraît être le *fourneau de moufle*, ayant par devant une large porte par où l'ouvrier introduit les vases émaillés, placés sur une rondelle mobile, qu'il fait tourner avec une baguette en fer pour soumettre successivement les diverses parties de ces pièces à l'action d'un feu suffisant.

et qu'aujourd'hui on appelle vulgairement *Pouan-t'o-t'aï,*
半 脫 胎, c'est-à-dire vases qui ne sont *T'o-t'aï* qu'à
demi, comme si l'on disait « vases auxquels on n'a ôté
qu'à moitié la matière qui reçoit l'émail. » Il y en a une
autre sorte qui est mince comme le papier de bambou et
que l'on distingue des précédentes en les appelant *Tchin-t'o-*
t'aï, 眞 脫 胎, ou vrais *T'o-t'aï.* Cette espèce de vrais
T'o-t'aï a pris naissance dans la fabrique (impériale) de la
période *Tch'ing-hoa* (1464-1487) et dans les fabriques po-
pulaires des périodes *Long-khing* (1567-1572) et *Wan-li*
(1573-1619). Seulement, sous ces deux derniers règnes, on
n'estimait que les porcelaines du genre *Tan-pi,* 蛋 皮
(coquille d'œuf), qui étaient d'une seule couleur et d'un
blanc pur. Ces porcelaines ne ressemblaient point à celles
d'aujourd'hui qui la plupart sont ornées de fleurs bleues.

Les tasses d'un ton pur et d'une blancheur éclatante sont
infiniment supérieures à ces dernières sous le rapport de
la minceur et de la beauté. (Voyez page 51, n° 79.)

Anciennement, parmi les vases appelés *Chang-kou* et
Tchong-kou, c'est-à-dire (imitations des) vases de la haute
et de la moyenne antiquité, il n'y en avait point du genre
appelé *Tcho-khi,* 琢 器 (1); on ne fabriquait pas non
plus de petits vases de forme ronde. On ne citait que des
Ta-ouan (grands bols), des *Kong-ouan* (bols du palais), et
des grands vases de 7 pouces ou de 5 pouces de diamètre.
Mais aujourd'hui on fabrique aussi de petits vases de
forme ronde.

---

(1) Plus haut, page 246, lignes 7-10, on a donné la définition du
mot *Tcho-khi.*

YANG-KHI.
洋器
Vases pour les étrangers (1).

On distingue deux sortes de *Yang-khi*, savoir : les *Hoa-yang-khi*, 滑洋器, et les *Ni-yang-khi*, 泥洋器. Pour les premiers, on fait l'os (l'excipient de l'émail) en *Hoa-chi* (stéatite); ce sont là les *Hoa-yang-khi*; ils exigent un plus grand travail et se vendent plus cher que les autres. Pour les seconds, on fait le corps du vase avec de la pâte de *Tun*, 不; ils exigent moins de travail et se vendent meilleur marché. C'est là ce qu'on appelle *Tsou-yang-khi*, 粗洋器, vases communs ou grossiers pour les étrangers.

Les fabricants de petits objets en porcelaine du genre *Tcho-khi*, 琢器, s'appellent aussi *Tiao-sio*, 雕削 (*littéralement* ceux qui sculptent et ratissent). Lorsqu'ils font, par exemple, des cuillers pour le bouillon, des vases appelés *Koua-p'ing*, 挂瓶 (*littéralement* vases lagènes que l'on suspend), des soucoupes de tasses à thé, etc., sur tous ces objets ils peignent des fleurs en bleu ou les esquissent légèrement avec la même couleur. Il y a de ces fabricants qui, en même temps, se livrent à l'imitation des vases appelés *Tong-tsing-khi*, 東青器 (vases bleu d'Orient).

---

(1) *Littéralement* vases des mers, c'est-à-dire destinés à être exportés au delà des mers.

Dernièrement, j'ai appris que ceux qui imitent ces derniers vases, ont trouvé, par de nouvelles expériences, un procédé remarquable. Ils font le corps du vase avec du *Yeou-ko*, 釉東 (pâte pour la couverte) (1). Quand la pièce est complétement cuite, la couleur de l'émail ressort davantage. Ces porcelaines effacent, par leur beauté, les vases bleu d'Orient, 東青器, qu'on imitait auparavant.

CHAUFFAGE DES FOURS (2).

Dans chaque manufacture, il y a des *Pa-tchoang-theou*, 把庄頭 (chauffeurs de fours à porcelaine), qu'on appelle aussi *Chao-fou*, 燒夫 (*littéralement* cuiseurs). Les cuiseurs se divisent en trois classes : 1° ceux qui cuisent *fortement*; 2° ceux qui cuisent *doucement*; 3° ceux qui cuisent *amplement*, c'est-à-dire en répandant la chaleur dans toutes les parties du four, comme l'eau qui se répand par de nombreux canaux (3).

Si le feu n'était pas *fort* et *large*, il ne pourrait saisir à

---

(1) Ces pièces doivent alors être cuites à une température bien moins élevée que les porcelaines ordinaires. Leur composition est à peu près celle des poteries qu'en Angleterre on appelle *Parian*.

A. Salvétat.

(2) A la suite du passage ci-dessus, l'auteur donne des détails dépourvus d'intérêt sur les ouvriers des diverses localités qu'on appelait pour enfourner les vases crus. Ils étaient divisés, à *King-te-tchin*, en deux compagnies qui logeaient dans trente-deux auberges où ils retournaient après s'être acquittés de leur besogne.

(3) L'expression chinoise est *Keou-ho-kong*, *littéralement* ouvriers pour *le feu en canal*.

la fois toutes les pièces et leur donner le même degré de cuisson.

Si le feu n'était pas *faible* et *lent* (*littéralement* distillé goutte à goutte), l'humidité des vases crus ne pourrait se dissiper peu à peu, et, après la cuisson, la couleur de l'émail manquerait de brillant et d'éclat.

Si le feu ne se répandait pas partout comme l'eau d'un canal, les vases du centre, de l'arrière, de la gauche et de la droite ne seraient pas également pénétrés, dans toutes leurs parties, par la chaleur, et ne pourraient échapper aux fêlures (1).

Les cuiseurs ont un procédé qu'on appelle *Po-chouï* (asperger d'eau). Il est essentiel que les *canaux de feu* pénètrent partout. Si le chauffage ne s'étend pas dans toutes les parties du four, il dépend uniquement de l'habileté de l'ouvrier de faire retourner la flamme et de la conduire dans telle ou telle direction (2).

Dans chaque four, il y a un trou pour observer le feu. Il sert à voir la flamme qui vient et à la chasser d'un autre côté par l'*arrosage*, ce qui demande une extrême adresse.

Dans les fours chauffés avec du bois de pin, on cuit ordinairement les vases petits et de fine qualité; les vases d'une nature grossière se cuisent dans les fours où l'on fait usage de bois de *Tch'a* (*Crataegus cuneata*).

Sous la dynastie précédente, on avait établi que, dans chaque four, on emploierait en même temps quatre parties

---

(1) Il y a en chinois *Choang*, mot que Morrison (Dictionnaire *Chinois-anglais*, partie I, radical 98, page 643, col. B, ligne 8) explique par « frotter ou nettoyer quelque chose avec de la brique ou de la pierre pilée; nettoyer, frotter, moitié de tuile. » Ici ce mot est évidemment un terme d'atelier, qui paraît signifier *fêlures* ou *tressaillures*.

(2) L'introduction de l'eau doit avoir pour but de modifier l'intensité de la flamme : ce procédé n'est pas employé par les Européens.

A. Salvétat.

NOTIONS SUR LA FABRICATION DE LA PORCELAINE. 267

de bois de pin et six de bois de *Tch'a*. Mais maintenant les ouvriers qui empilent le bois dans les fours sont divisés en deux compagnies, dont l'une est employée au service des *fours à bois de pin* (*Tch'aï-yao*) et l'autre au service des *fours à bois de Tcha* (*Tcha-yao*). On a encore subdivisé ces fours, et on les distingue par les noms de « fours pour les grands vases » (*Ta-khi-yao*), « fours pour les petits vases » (*Siao-khi-yao*) et « fours pour les vases dont on garantit la couleur bleue » (*Pao-tsing-yao*).

L'expression *Ou-tsao*, 五曹, désigne les *cinq rangées* de vases qui doivent remplir chaque (grand) four. C'est dans le même sens que l'on dit *Ou-hou*, 五乎. Les expressions *Ki-tsao*, 幾曹, et *Ki-hou*, 幾乎 (combien de rangées?), s'appliquent également au nombre des lignes de vases (empilés).

On rapporte que dans (chacune des) cinq rangées, on pose quatre charges de cazettes avec leurs vases crus; ce qui fait en tout trente-deux pièces de porcelaine (chaque charge en comprenant huit).

Il y a aussi des fabricants qui (sans s'astreindre à cinq rangées) proportionnent les moyens de chauffage au nombre des colonnes ou piles de vases.

Les gens qui chauffent les fours observent la méthode suivante pour les remplir de porcelaines crues : dans la partie antérieure du four, ils placent une ou deux rangées de vases grossiers pour arrêter l'impétuosité du feu.

Après la troisième rangée, on commence par mettre des vases de fine qualité.

A droite et à gauche de ces vases, à l'endroit où est le trou pour observer le feu (*littéralement* l'œil du feu, 火眼, *Ho-yen*), on met des vases appelés *T'ien-pe-khi*,

塡白器 (vases à fond blanc qui doit recevoir des peintures), pour intercepter la flamme et arrêter la vivacité de sa chaleur.

Au centre, on remplit quelques lignes avec des vases appelés *Kouan-kou* (imitations de vases antiques à l'usage des magistrats) et *Tong-tsing* (vases *bleu d'Orient*), etc. On remplit trois ou quatre lignes en arrière (*littéralement* derrière la queue) avec des vases grossiers pour arrêter la flamme (et ménager les vases de fine qualité).

Les fours où l'on cuit les porcelaines que l'on a fabriquées soi-même s'appellent *Chao-lun-yao*. Il y a des gens qui ne cuisent pas pour d'autres; il y en a qui cuisent pour un ou deux fabricants.

Devant la porte du four, on place (intérieurement) des cazettes vides, disposées de manière à arrêter (et amortir) la force du feu. Quant aux porcelaines destinées aux magistrats, voici de quelle manière on les mettait anciennement au four dans la manufacture impériale. Après la troisième rangée, on commençait par placer des vases crus, c'est-à-dire les porcelaines fines que l'on voulait cuire; puis à l'extrémité (*mot à mot* après la queue), on remplissait aussi tout l'espace vide avec des vases grossiers pour arrêter la violence du feu.

Dans la manufacture impériale, il y avait autrefois un grand four pour les cazettes. On le remplissait uniquement de cazettes vides. Maintenant on a généralement l'habitude de les faire cuire d'avance dans les fours des particuliers. Précédemment on ne les faisait cuire que dans les fours appelés *Pao-tsing-yao*, 包青窯 (*mot à mot* garantir — bleu — fours), c'est-à-dire fours pour les vases dont on garantit le bleu, la couleur bleue.

Voici ce qu'on entend par cette dénomination : toutes les fois qu'on a déposé des vases crus dans ces fours, quand la porcelaine est cuite, on veut absolument qu'ils soient d'un beau bleu; mais si certains vases se trouvent déjetés, détériorés et n'ont pas la teinte bleue qu'on désirait, celui qui cuit avec garantie doit donner une indemnité au fabricant.

Cette méthode est suivie non-seulement lorsqu'on cuit, dans la manufacture impériale, des porcelaines à l'usage des magistrats, mais encore lorsqu'on cuit ailleurs pour le compte d'un fabricant de *King-te-tchin*.

Les vases de porcelaine doivent nécessairement être finement travaillés; mais la réussite d'une pièce mise au four dépend entièrement du degré de chaleur requise. En général, avec un four bien sec, des vases crus bien séchés et du bois bien sec, il y a rarement des vases fendus ou dont l'émail soit noirci.

Quand la terre est fine, la couleur fine, l'exécution fine, on ne voit point sur la porcelaine des endroits rudes et rugueux, ou des aspérités saillantes provenant de sédiments laissés dans la pâte.

PAINS DE SÉDIMENTS

(*Tcha-ping*, 渣餅).

Il y en a qui sont unis, droits, fins et blancs; ils sont faits avec du *Pe-tun*, c'est-à-dire avec des sédiments de *Tun* blanc. Il y en a qui ont une apparence grossière et qui sont faits avec une terre argileuse. Leur dimension est proportionnée au pied de chaque vase cru. En général, avant de mettre un vase cru dans une cazette, on a besoin d'un pain de sédiment (1) afin d'y appuyer le pied de ce vase. De cette façon, après la cuisson, le pied n'adhère pas au fond de la cazette.

---

(1) C'est sous ce nom qu'on semble désigner les rondeaux qui servent de support aux pièces de porcelaine pendant la cuisson.

A. SALVÉTAT.

Il y a des personnes qui appuient le pied du vase sur une couche de sédiment de sable jaune; par là, on empêche également que le vase n'adhère au fond de la cazette. C'est là ce qui a fait dire que sous les *Tcheou* (951-959), l'une des cinq petites dynasties, beaucoup de vases appelés porcelaines de *Tch'aï* (*Tch'aï-yao*) avaient, sous le pied, une terre grossière de couleur jaune.

Les fabricants de porcelaine recueillent et achètent du *Tun* (de la pâte pour la couverte ou l'émail — Y*eou-tun*, 釉不). D'abord, sur le bateau qui sert à le transporter, on en prend une petite quantité, on la pétrit avec les mains, et l'on en forme une espèce de brique, sur laquelle on grave le nom du lieu d'où elle provient et celui du marchand. Le jour où l'on chauffe le four, on place cette brique dans le trou qui sert à observer le feu, et l'on attend qu'elle soit cuite. On la retire ensuite avec un instrument en fer, pour vérifier la couleur (et la qualité) de cette marchandise.

Cette opération s'appelle *Che-tchao*, 試照, c'est-à-dire « essayer l'effet du feu. »

Les gens qui cuisent la porcelaine pour leur propre compte, ont aussi un moyen de s'assurer par eux-mêmes du degré de cuisson. Dès que les vases crus ont été mis au four, il n'est pas possible de déterminer la température du feu et leur degré de cuisson. On prend alors un tesson de vase cru, on perce un trou au centre, et on le place dans l'ouverture destinée à observer le feu (*littéralement* dans l'œil du four). Puis on le retire avec un crochet en fer pour vérifier son degré de cuisson. Si l'intérieur du trou central est cuit partout, on juge par là que la porcelaine du four est parfaitement cuite, et dès lors on peut arrêter le chauffage (1).

---

(1) On appelle *montres* ces échantillons de pâtes destinés à renseigner sur le moment où la porcelaine est cuite.

A. SALVÉTAT.

Dans une manufacture de porcelaine, les ouvriers qui fabriquent les vases crus étant fort nombreux, il faut absolument placer à leur tête un contre-maître qu'on appelle *Peï-fang-theou* (*littéralement* la tête de l'atelier des vases crus), pour s'assurer sans peine des sorties et des entrées des journaliers.

S'il survient des difficultés parmi les ouvriers, le propriétaire de la manufacture charge le contre-maître de les aplanir. Si les ouvriers se laissent aller à la paresse ou brisent les vases dont l'exécution leur a été confiée, c'est encore le contre-maître qui leur adresse des réprimandes.

Dans chaque atelier, pour faciliter la paye des ouvriers, on imprime, avec un cachet sur chaque pièce, le prix de sa fabrication. Ceux qui fabriquent des vases crus et autres ouvriers du même genre, reçoivent (une partie de) leur salaire dans le quatrième mois; on le complète dans le dixième mois. Au bout de l'année, on leur donne encore quelque chose.

Quant aux peintres, qui sont des ouvriers du premier ordre, on les paye le cinquième jour du cinquième mois, au milieu du septième et du dixième mois, et à la fin de l'année.

Pour ce qui regarde la nourriture (*littéralement* l'article de la fourniture du riz), dans la ville de *King-te-tchin*, tous les fabricants donnent aux ouvriers, le premier jour de la lune du troisième mois, une allocation supplémentaire qu'on appelle *Chi-tsien* (*mot à mot* argent du marché).

DES BRIQUES POUR LA CONSTRUCTION DES FOURS.

On les fabrique au bord de la rivière, au moyen de la chute d'eau de *Tchang-feou*. Voici la méthode que l'on suit : Après avoir pétri de l'argile, on les moule dans de petites boîtes en bois, et on leur donne 7 à 8 pouces de longueur et 3 ou 4 pouces de largeur. On les met d'abord au four, et quand elles sont bien cuites, on peut les employer immédiatement. Celles qui ont été cuites une première fois s'appellent des *briques neuves*, celles qui ont été cuites plusieurs fois s'appellent de *vieilles briques*. Ces dernières sont les meilleures pour construire les fours à porcelaine.

DE L'ÉVALUATION DES TAS

(*Kou-touï*, 估堆).

Voici ce qu'on entend par cette expression vulgaire. Dans chaque manufacture, lorsqu'il y a soit des restes de porcelaines, soit des pièces un peu brisées ou qui offrent un mélange confus de couleurs, on en fait, dans un endroit à part, des tas où l'on mêle des articles de toute dimension et de toute espèce. Il y a des colporteurs qui, passant dans le voisinage des manufactures, y entrent, évaluent les tas et les achètent. On cite beaucoup de personnes qui autrefois se sont enrichies par ce genre de commerce. Aujourd'hui on donne le nom de *Tso-touï*, 做堆 (faiseurs de tas) à des hommes qui ont le talent de tirer un parti avantageux de porcelaines belles au dehors et défectueuses à l'intérieur.

Lorsqu'un marchand ambulant veut acheter de la porcelaine, un courtier l'introduit. Quand le prix a été convenu, on lui remet un billet où sont consignées les conditions de la vente et l'époque de la livraison. Pour emporter les marchandises, il lui faut absolument une facture où soit relaté le nombre des vases livrés. Si, parmi les vases de porcelaine qu'il se dispose à emporter, il s'en trouve qui offrent un mélange confus de couleurs, des fractures ou des défectuosités, on en note le nombre et on le porte sur un papier appelé certificat d'échange (*Houan-p'iao*, 換票), que l'on remet au fabricant, afin qu'il les remplace par des pièces sans défaut. La facture des porcelaines livrées et le certificat d'échange s'écrivent sur du papier blanc, portant imprimés (en rouge) le nom du magasin de vente et celui de la fabrique. On ajoute au pinceau le nombre des vases vendus ; quelquefois ces diverses pièces sont écrites en entier avec de l'encre noire (1).

RACCOMMODAGE DE LA PORCELAINE.

A *King-te-tchin*, il y a une classe d'hommes extrêmement adroits, qui recueillent dans les manufactures les pièces défectueuses. Ils polissent sur une meule celles qui ont des pailles ou des rugosités, et raccommodent celles qui sont ébréchées ou brisées. On les appelle vulgairement *Mo-mao-jouen-tien*, 磨茅㺯店, c'est-à-dire ceux qui usent sur une meule (2) les bords ébréchés (des vases de porcelaine).

Les porcelaines dites *Kouo-kouang-tse-khi*, 過光瓷器 (porcelaines auxquelles on a donné un *faux*

---

(1) Je passe deux paragraphes sans intérêt, qui regardent les emballeurs et les hommes qui portent les caisses de porcelaines et les déposent dans des barques.

(2) Ici les mots *Mao* et *Jouen* sont des termes d'atelier. Le premier, qui signifie *jonc, roseau*, se prend dans le sens de *brisé* (*Khe-tchi-king-youen*, liv. 36, fol. 14 r., l. 10) ; le second (*vulgo* terrain situé le long d'une rivière) a le sens de *bords* d'une tasse (*King-te-tchin-t'ao-lou*, liv. 10, fol. 3 r.).

lustre), sont des vases qui ont tous des fentes cachées et qui ne sont pas encore brisés. Des hommes habiles à tromper les achètent à vil prix et les enduisent de certaines matières qui les consolident (momentanément); mais ils tombent en pièces dès qu'on y verse un liquide bouillant. ils ne sont bons qu'à mettre des choses froides. On les nomme vulgairement *Kouo-kiang-khi*, 過江器.

MÉMOIRE

SUR LES

PRINCIPALES FABRIQUES DE PORCELAINE

AU JAPON,

TRADUIT DU JAPONAIS

PAR M. LE DOCTEUR J. HOFFMANN,

PROFESSEUR A LEYDE,

Interprète du Gouvernement des Indes Néerlandaises pour la langue japonaise.

MÉMOIRE

SUR LES

PRINCIPALES FABRIQUES DE PORCELAINE

AU JAPON.

L'ouvrage japonais auquel nous empruntons les documents qui suivent sur la fabrication de la porcelaine au Japon, porte le titre de 山海名產圖會, *San-kaï mei-san-dzou-ye* (c'est-à-dire : *Représentation et description des plus célèbres productions terrestres et marines*). Il est écrit par *Kimoura Kô-kyô* et illustré de figures, dessinées par *Fô-keô Kwanguets*, et a paru en 1799 à *Ohosaka*, en cinq volumes.

L'exemplaire dont je me suis servi est le n° 443 du Catalogue de livres et de manuscrits japonais qui se trouvent en partie au Musée japonais de Leyde, en partie au Musée royal de la Haye.

L'ouvrage est un des plus précieux de cette riche collection, parce qu'il nous donne des renseignements sur les branches les plus importantes de l'industrie japonaise, qui fleurissent dans des provinces où jusqu'aujourd'hui nul voyageur étranger n'a pu pénétrer encore pour nous les faire connaître.

Quelque intéressante que pût être, sous beaucoup de rapports, la traduction de l'ouvrage entier, nous nous bornerons provisoirement à un seul article du cinquième volume, intitulé *Imari yaki* (c'est-à-dire Porcelaine d'*Imari*).

Quoique ce Mémoire ne donne pas assez de détails pour mériter le nom de Monographie, cependant il nous fournit des renseignements tellement précis sur les premières manufactures et sur la fabrication de la porcelaine du pays, qu'il est facile d'y apprendre de quelles conditions dépend l'excellence de la bonne porcelaine du Japon.

Nous n'écrirons point l'histoire détaillée du développement de cette branche d'industrie japonaise; il suffira d'établir ici le fait historique donné par les chroniques du Japon, savoir qu'en l'an 27 avant J.-C., la suite d'un prince de *Sin-ra,* 新羅, ancien État sur la presqu'île de Corée, vint s'établir au Japon et fonda la première corporation de fabricants de porcelaine. Or, ce fut là que se réfugia la race de *Chin-han,* qui occupait alors la partie sud-est de la presqu'île de Corée, et qui descendait, selon la tradition, de la dynastie *Ts'in*, qui fut expulsée par la dynastie *Han* (203 avant J.-C.). On peut considérer cet art, familier à la nouvelle colonie, comme un élément de la civilisation et de l'industrie chinoises, qui procurèrent à ces mêmes colons une prépondérance très-marquée sur les autres habitants de la presqu'île de Corée. Comme maint autre élément de civilisation chinoise, cet art, chinois d'origine, passa par la Corée au Japon. Cette branche d'industrie cependant, tout en se répandant dans plusieurs provinces, ne se perfectionna guère. La porcelaine chinoise, dont l'importation augmentait avec le commerce des deux pays, surpassait toujours sa rivale, jusqu'à ce que, l'an 1211, un fabricant japonais, *Katosiro Ouye-mon*, accompagné d'un bonze, se rendit en Chine et y apprit à fond tous les secrets de l'art; de sorte qu'à son retour il confectionna des objets extrêmement estimés. Il est remarquable que, vers la fin du xviie siècle, un prince japonais, de la maison du *Mòri*, appela encore des ouvriers de la presqu'île de Corée pour fabriquer, dans les établissements de *Fagui* (province de *Nagato*), la porcelaine appelée *Fagui-yaki*.

La porcelaine japonaise a formé, dans les derniers siècles, un des plus précieux articles d'exportation en Europe, où, à cause de ses excellentes qualités, elle attira tout d'abord l'admiration des connaisseurs, et où aujourd'hui encore, avec les élégants objets en bambou et la laque inimitable, on l'estime comme un des plus beaux articles d'industrie orientale.

Les principales manufactures où l'on fabrique aujourd'hui la plus fine porcelaine japonaise se trouvent dans la province de *Fizen*, sur l'île de *Kiou-siou*, et particulièrement dans l'arrondissement de *Matsoura*, près du hameau de *Ouresino*, où la matière première, nécessaire à la fabrication, se rencontre en abondance. Comme les Hollandais, dans leurs voyages à *Yedo*, passent ordinairement devant *Ouresino*, sur leur route de *Nagasaki* à *Kokoura*, divers voyageurs européens ont déjà mentionné l'existence de ces fabriques. E. Kaempfer (1) en parle en ces termes : « Dans ce village (*Siwoda*), de même qu'à *Urisijno* (*Ouresino*), sur les montagnes voisines et en plusieurs autres lieux de la province de *Fizen*, se fait aussi la porcelaine du Japon, d'une argile blanchâtre qu'on y trouve en grande quantité. Quoique cette argile soit naturellement belle et nette, il faut la pétrir, la laver et la bien nettoyer avant qu'elle soit à ce degré de pureté nécessaire pour rendre la porcelaine transparente. La peine extrême que cette sorte d'ouvrage demande, a donné lieu à ce plaisant proverbe, que « les os humains sont un ingrédient qui entre dans la porcelaine. »

M. de Siebold remarque aussi, dans la Relation de son

---

(1) *Histoire naturelle, civile et ecclésiastique de l'Empire du Japon.* Amsterdam, 1732; tome II, page 387.

voyage à *Yedo* (1), qu'aux environs d'*Ouresino*, on trouve d'excellente terre à porcelaine. Des échantillons de cette matière première se trouvent dans le musée japonais, à Leyde, et consistent en feldspath, de très-fine espèce, brut et décomposé (*Kao-lin*), suivant la détermination de M. le docteur Beima, conservateur du Musée d'histoire naturelle à Leyde (2). Aussi à l'Exposition d'objets d'industrie et de produits japonais qui eut lieu à Leyde en 1845, pour laquelle, sur l'ordre du gouvernement hollandais, on avait expressément fait des achats au Japon, la terre à porcelaine se trouva représentée par la même matière, que l'on recommanda comme un article d'exportation éventuelle.

Ces renseignements préliminaires suffiront pour bien faire comprendre ce qui va suivre. Voyons à présent ce que l'auteur du *San-kaï-mei-san-dsou-ye* croit devoir communiquer au public japonais sur la fabrication de la porcelaine. Il n'a certes jamais pu soupçonner que son ouvrage pénétrerait un jour en Europe et qu'on s'y intéresserait, pas plus que Thunberg ne pouvait espérer qu'on publiât au Japon, peu de mois avant sa mort, un aperçu critique de sa *Flore japonaise*.

§ I.

Quelque nombreuses que soient les espèces de porcelaines qu'on rencontre dans les différentes provinces du Japon, elles sont loin d'égaler les produits d'*Imari*, dans la pro-

---

(1) Nippon, *Archiv zur Beschreibung von Japan. — Reise von Nagasaki nach Jedo im Jahre* 1826, pages 75 et 91.

(2) L'échantillon que M. de Siebold a remis au Musée céramique de Sèvres ressemble, d'après M. Alex. Brongniart, à du pétrosilex jaspoïde qui renfermerait quelques grains de feldspath décomposé.

A. SALVÉTAT.

vince de *Fizen*, connus sous le nom de *Imari-yaki*. Le bourg d'*Imari* (situé environ à 33° 16′ de lat. bor. et à 5° 47′ de long. à l'ouest de *Miyako*) est proprement un port très-fréquenté de la province de *Fizen*, et n'a point lui-même de fabriques. Celles-ci se trouvent toutes, au nombre de vingt-quatre ou vingt-cinq, sur le penchant du mont *Idsoumi-yama* (c'est-à-dire « Montagne aux sources »), d'où l'on tire la terre blanche à porcelaine. Les plus célèbres sont les dix-huit suivantes :

1. *Oho-kavatsi-yama* (grande montagne entre les rivières).
2. *Mi-kavatsi-yama* (les trois montagnes entre les rivières).
3. *Idzoumi-yama* (montagne aux sources).
4. *Kan-ko-fira* (beau plateau supérieur).
5. *Fon-ko-fira* (beau plateau principal).
6. *Oho-tarou* (grand vase).
7. *Naka-tarou* (vase moyen).
8. *Sira-kava* (ruisseau blanc).
9. *Five-koba* (vieux pin).
10. *Akaye-matsi* (quartier des peintres en rouge).
11. *Naka-no-fira* (plateau moyen).
12. *Ivaya* (la grotte).
13. *Naga-fira* (long plateau).
14. *Minami-kawara* (rive méridionale).
15. *Foka-wo* (queue extérieure).
16. *Kouromouda* (champ noir).
17. *Firo-se*.
18. *Itsi-no-se*.

Le premier de ces établissements fait partie des domaines de la maison princière de *Nabesima*, dont les principales possessions sont situées dans la province de *Fizen*, et qui réside dans les villes de *Woki*, *Fasouike* et *Kasima*. L'établissement *Mikawasti-yama* est un domaine particulier du prince de *Firato*.

Les produits de ces deux fabriques sont destinés pour l'usage particulier des propriétaires et n'entrent pas dans le commerce. D'autres établissements, situés sur la frontière d'*Arida*, dans le district de *Matsoura*, comme *Nakawo*,

中尾, *Mits'nomata*, 三股, *Fivekoba*, 稈と古コ場ハ, appartiennent à divers propriétaires domiciliés dans la province de *Fizen*. La porcelaine bleue se fabrique en grande partie à *Firo-se*, mais elle n'est pas de première qualité.

§ II.

La *terre blanche* qui sert à la fabrication de la porcelaine s'appelle en chinois 堊土, *Ngo-t'ou*, et selon la prononciation japonaise *Ak'-do*. Elle provient du mont *Idzoumi-yama* et forme le principal article de commerce de la province de *Fizen* (1). Il n'y a point de montagne dans tout le royaume qui puisse lui être comparée sur ce point. Cette matière blanche est comme de la terre, il est vrai, mais dure comme la pierre, de sorte qu'il faut d'abord l'écraser avec des maillets, puis la pulvériser dans des moulins à pilons (2).

NOTE SUPPLÉMENTAIRE TIRÉE D'UN AUTRE OUVRAGE.

Pour compléter la description donnée plus haut de la

---

(1) En Chine, cette matière se trouve aussi en cinq ou six endroits.
(*Note de l'auteur japonais.*)

(2) M. Malaguti a trouvé dans un échantillon de terre à porcelaine du Japon :

Silice..................	75,90
Alumine...............	20,00
Chaux.................	0,60
Potasse................	3,50

Il est probable que cette analyse, qui est celle d'un pétrosilex, ne représente que la composition de l'élément fusible. Le kaolin aurait donné des résultats tout différents.

A. SALVÉTAT.

terre blanche à porcelaine, nous allons rapporter ce qu'en dit *Ono-Lanzan*, naturaliste japonais, guidé et formé déjà par l'esprit de recherche et la méthode scientifique des Européens (1) :

Nom chinois.

白堊, *Pe-ngo*; d'après la prononciation japonaise, *Fak'-ak'* (c'est-à-dire terre blanche à porcelaine).

Nom japonais scientifique.

Imari-tsoutsi (c'est-à-dire terre d'*Imari*).

Synonymes japonais.

Nan-kin-tsoutsi (terre de *Nanking*).
Aboura-wotosi (terre qui enlève l'huile, les taches de graisse).
Migaki-tsoutsi (terre à polir).
Migaki-zouna (sable à polir).
Sira-tsoutsi (terre blanche).
Fa-migaki-tsoutsi (terre à polir les dents).
Tsya-wan-tsoutsi (terre à tasses).

Synonymes chinois.

白堊土, *Pe-pie-t'òu*; d'après la prononciation japonaise, *Fak'-feki-to* (plâtre blanc).

Ce qu'on fait de services à thé et autres se fabrique près d'*Imari* et de *Karats*, dans la province de *Fizen*, s'appelle 本山茶椀, *Fon-san-tsya-wan* (ou services à thé

---

(1) 本草綱目啓蒙, *Fon-zo-ko-mok-kei-mo*, ou *Éléments de Physique*, par *Ono-Tsoune-nori*, selon les déterminations de son grand-père *Ono-Lanzan*. Yédo, 1804, 5 vol. in-8°, n° 207 du *Catalogue des livres et manuscrits japonais*; Leyde, 1845.

J. Hoffmann.

des montagnes principales). Les produits de première qualité sont des contrefaçons d'articles de *Nanking*; et bien que la terre qu'on emploie à cela soit tirée d'*Imari*, on l'appelle terre de *Nanking* (*Nan-kin tsoutsi*), mais dans le dialecte local d'*Imari*, *A-tsoutsi*, apparemment du caractère 堊 *A* (en chinois *Ngo*). D'autres provinces fournissent aussi une terre pareille, mais celle de *Fizen* est la meilleure. Celle qu'on trouve dans la province d'*Awa*, 安房, sur la pointe sud-est de l'île de *Nippon*, est connue sous le nom de *Bô-siou-zouna*, 房州砂 (c'est-à-dire sable de *Bô-siou*, d'*Awa*), ou bien *Fa-migaki-zouna*, 齒磨砂 (sable à polir les dents). La province de *Sinano* et le mont *Migakifari tôge*, 磨針峠, dans la province d'*Omi* (1), produisent aussi de la terre à porcelaine, appelée, dans le dialecte local, *Migaki-zouna* (sable à polir) (2).

Il y a deux sortes de bonne terre blanche : la première, dure comme la pierre, qui s'appelle *Kô-mi-tsoutsi*, 粳米

---

(1) Selon l'*Encyclopédie japonaise* (liv. 71, p. 20 r.), la principale manufacture de porcelaine dans la province d'*Omi* est celle de *Sikaraki*, pays situé dans le sud de cette province, près de la frontière de la province *Iga*. La porcelaine qu'on y fabrique, connue sous le nom de *Sikaraki-yaki*, 信樂城燒 (ce qui est cuit à *Sikaraki*) est blanche et transparente.

J. Hoffmann.

(2) On confectionne aussi des boules appelées *Migaki-isi* (pierres à polir), qui aujourd'hui ne consistent qu'en oxyde enlevé sur les couteaux.

(*Note de l'auteur japonais.*)

土 (c'est-à-dire terre de riz dur); l'autre, qui est molle, appelée *Da-mi-tsoutsi*, 糯米土 (c'est-à-dire terre de riz glutineux) (1). Ces deux sortes de terre ci-dessus sont mêlées ensemble dans la fabrication de la porcelaine, comme nous l'apprend le livre 天工開物, *Thien-kong-khaï wou* (2). La terre de riz dur se trouve dans les provinces de *Fizen*, d'*Owari* et d'*Awa*, et celle de riz glutineux, dans la province de *Sanouki*. Comme les vases fabriqués seulement avec de la terre glutineuse se cassent et se fêlent aisément quand on les expose au feu, on y mêle la terre dure (3).

---

(1) Pour bien comprendre ceci, il faut observer que les Chinois, et, d'après eux, les Japonais, distinguent trois espèces principales de riz : 1° le riz dur 粳米, *Keng-mi*, en japonais *Ko-mi*; 2° le riz glutineux 糯米, *No-mi*, en japonais *Da-mi*; et 3° le riz (sec) de *Tsiampa*. Si l'on songe que, dans ces deux pays, la nourriture journalière consiste en riz, on ne s'étonnera pas de voir nommer les deux principales sortes de terre à porcelaine, d'après deux espèces de riz.
J. Hoffmann.

(2) Il nous paraît de toute évidence que ces définitions s'appliquent aux deux éléments qui constituent la porcelaine dure. La *terre de riz dur* est le feldspath ou le pétrosilex, et la *terre glutineuse* est le kaolin; ces deux éléments ont d'ailleurs été reconnus isolément par M. Malaguti à Sèvres et M. Beima de Leyde.
A. Salvétat.

(3) Les deux sortes de terre nommées également *chinoises* (*Karatsoutsi*), qui se trouvent dans les magasins de droguerie, se composent, la première d'oxyde de plomb (de même que la poudre cosmétique *Wosiroï* de *Miyaco*); la seconde qualité n'est qu'un mélange d'une qualité inférieure de terre à porcelaine blanche et d'un peu d'oxyde de plomb.
(*Note de l'auteur japonais.*)

Revenons à la description des fabriques de porcelaine dans la province de *Fizen*.

Les moulins à pilons ou mortiers chinois (*Kara-ousou*) (1) consistent en une poutre (horizontale) longue d'environ 10 pieds, servant de levier, terminée par un pilon (vertical), dont la tête est armée de fer. Le nombre de pilons dépend de la force du courant d'eau.

Aussitôt que la masse est pulvérisée, on la mêle (mais c'est seulement pour la porcelaine de deuxième et troisième qualité) avec de la terre molle; puis on met tremper le tout dans de petits réservoirs à eau en maçonnerie, qui se trouvent dans les maisons. Le tout étant fréquemment remué et bien mêlé ensemble, on fait filtrer la matière dans un autre réservoir au moyen de corbeilles nattées. Quand l'eau est clarifiée, on considère la couche supérieure de la matière précipitée comme propre à fabriquer la porcelaine la plus fine; celle du milieu, comme une qualité très-bonne encore, mais inférieure à l'autre, tandis qu'on rejette le résidu comme n'étant d'aucune utilité. On fait écouler l'eau du réservoir, et l'on étend la matière obtenue par le procédé que nous venons de décrire, sur le four où l'on cuit ordinairement la porcelaine. Le feu qu'on y entretient pour fixer la peinture sur la porcelaine sèche promptement la terre étendue sur la partie extérieure du four. Ceci fait, on l'enlève, on la pétrit de nouveau avec de l'eau fraîche, et on la donne aux ouvriers; car jusqu'ici tout s'est fait par des ouvrières.

---

(1) Le mortier lui-même consiste en trachyte, comme on peut le voir d'après le modèle exposé au Musée japonais de Leyde. Ces pilons sont mis en mouvement par des hommes qui les foulent, ou par un courant d'eau. (Voyez la description qu'en a donnée M. de Siebold dans son *Voyage de Nagasaki à Yédo*, page 75.)

J. HOFFMANN.

§ III.

Outsouva tsoukourou, ou fabrication de la vaisselle.

La porcelaine se fait en moule (*kata-wosi*, c'est-à-dire « empreinte de forme »), ou bien au tour. On moule les théières, les vases, les pots où se brûle le parfum, les chandeliers et pareils articles carrés ou ronds. Généralement on les forme d'abord grossièrement et on les coupe en deux, puis on les mouille plusieurs fois avec une pâte très-claire de terre à porcelaine, et enfin chaque partie est pressée dans son moule; quelquefois aussi l'on presse le moule contre l'objet. Alors les pièces sont enduites de couverte mêlée avec la même pâte et collées ensemble. La vaisselle appelée *ronde* (圓器, *Yen-gui*), les tasses, les soucoupes, les assiettes et les plats sans nombre, employés tous les jours par toutes les classes d'habitants, et formant les neuf dixièmes de toute la fabrication de porcelaine, se font à la main et sur le tour. Celui-ci se compose de deux disques superposés horizontalement, et réunis par un axe de deux pieds, qui ne traverse pas le disque supérieur, sur lequel on pose la pâte, tandis que l'ouvrier fait tourner avec les pieds le disque inférieur, ayant trois pieds en diamètre. Il prend des deux mains la pâte posée sur le disque, et, le faisant tourner, il appuie les deux pouces au fond et dans l'intérieur du vase qu'il façonne.

C'est ainsi qu'il voit naître sous ses doigts l'ouvrage le plus délicat, et que, l'un après l'autre, il achève des millions d'articles pareils en forme et en grandeur, comme s'ils sortaient du même moule. Pour former la base, le cercle inférieur des tasses et des soucoupes, celles-ci, étant un peu séchées, sont posées de nouveau sur le disque, où, à l'aide d'un couteau, on enlève intérieurement ce qu'il y a de trop; puis on fait disparaître les fêlures et autres défauts, et l'on fixe, à l'aide d'une certaine colle (*Nouri-tsoutsi*, en chinois 粘土, *Nien-t'ou*), les anses et les becs confectionnés à part. Alors on fait sécher la vaisselle à l'ombre, jusqu'à ce qu'elle soit complétement blanche, et enfin on la met au four.

§ IV.
Sou-yaki-kama, ou four à cuire le blanc.

Le four (素燒窰, *Sou-yaki-kama*, ou « four à cuire le blanc ») se trouve ordinairement à l'intérieur de la maison, et ressemble à celui où se sèche le malt. On y superpose la vaisselle, et on allume le feu avec du bois par la bouche qui est placée sur un des côtés. La cuisson étant arrivée à point, on laisse le feu s'éteindre et le four se refroidir peu à peu.

§ V.
Sur la peinture de la porcelaine et la cuisson répétée.

La vaisselle cuite (dégourdie) s'étant suffisamment refroidie, on la retire du four, on la lave dans l'eau fraîche et on la nettoie avec un torchon en coton.

Les tasses et les soucoupes, peintes extérieurement et intérieurement de raies circulaires, sont posées sur le disque, tournées, et le pinceau forme alors le cercle; puis la vaisselle est enduite de couverte à deux reprises, bien séchée et placée alors dans le four principal (*Fon-kama*, en chinois 本窰, *Pen-yao*), où elle est cuite pour la seconde fois (1).

---

(1) On voit apparaître ici pour la première fois quelque chose qui ressemble à la cuisson que nous appelons *dégourdi* et qui précède la cuisson réelle de la poterie. Si la traduction a rendu complétement la

Au sortir du four, lentement refroidi, les dessins paraissent sur la porcelaine bien cuite; elle est lavée une dernière fois, et l'ouvrage est terminé. Chaque pièce, fût-ce la plus petite soucoupe, passe par les mains de soixante-douze ouvriers, depuis le moment où l'on prend la pâte jusqu'à ce qu'elle ait reçu la dernière façon. Il me serait difficile d'énumérer tous les procédés et les produits divers de cette industrie.

Les fours principaux sont construits sur le penchant des montagnes, et juxtaposés faute d'un terrain plat. On en voit ordinairement six ensemble, occupant un espace de trente *tsoubo* (195 pieds). Les murs latéraux ont des ouvertures pour faire circuler la chaleur.

Les échafaudages où se place la vaisselle pièce par pièce, dans un carré oblong, sont en argile. Chaque four a sa bouche haute de 2 et large de $\frac{8}{10}$ pieds pour l'entrée des combustibles, car le chauffage dure pendant quatre à cinq jours et autant de nuits, et l'on a toujours grand soin que le bois ne s'entasse pas. Chaque four consume environ vingt mille bûches. La cuisson de la porcelaine demande beaucoup d'expérience et d'adresse, et c'est de ces qualités que dépend le salaire de l'ouvrier. A côté de la bouche, les fours

---

pensée de l'auteur, il y aurait entre la fabrication de la Chine et celle du Japon une différence notable. On trouverait au Japon pour la mise en couverte les procédés expéditifs et si simples usités en Europe. Nous avons eu le soin de faire remarquer que ces mêmes méthodes n'ont encore été décrites nulle part par les auteurs chinois.

Le lavage à l'eau fraîche de la porcelaine dégourdie, indiqué ci-dessus, n'a peut-être que pour but d'imbiber la pâte qui est poreuse et qui recevrait difficilement, dans cet état, la coloration en bleu dont on la décore avant qu'elle soit mise en couverte.

La désignation de four *principal* par laquelle on dénomme le four dans lequel on place la poterie couverte de sa glaçure, autorise l'interprétation que je propose ici.

A. Salvétat.

principaux ont des ouvertures grandes comme une balle à jouer, fermées avec des bouchons d'argile, qu'on retire de temps en temps pour observer les progrès de la cuisson. Si le maître voit que tout est cuit, il laisse éteindre le feu et refroidir lentement le four; puis il fait retirer la porcelaine.

§ VI.
Couverte (1).

Pour préparer la couverte (*Kake-kousouri* ou « médecine pour appliquer, » en chinois 過銹, *Ko-sieou*), on prend la couche supérieure de la pâte précipitée, qui est la plus fine et la plus claire, et on y mêle, dans des proportions qui diffèrent selon les fabricants (2), de la *cendre de gousses de l'arbre Yousi* (3).

---

(1) Voyez page 295 la note sur les mots *vernis* et *verre*.

(2) La glaçure de la porcelaine du Japon peut donc être comparée à la couverte de la porcelaine de la Chine. On voit que s'il peut entrer dans la composition chimique de cette matière vitreuse un peu de kaolin, l'infusibilité de cette substance argileuse est combattue par l'addition des cendres calcaires en proportions variables.
A. Salvétat.

(3) L'original porte *Yousi-no-mi-no-kava* (gousse des fruits du *Yousi*), tandis que les caractères chinois servant d'explication, 蚊子木皮, signifient « écorce de l'arbre aux petits cousins » (*). Le nom japonais semble indiquer par conséquent l'écorce des noix de galle poussant sur les feuilles du *Yousi* ou *Fiyon-no-ki* (*Distylium racemosum*, Sieb. et Zucc. *Flora japonica*, tome I, page 179, tab. 94); le nom chinois désigne l'écorce de l'arbre même. Comme il importe de

(*) *Wen-tseu* doit être considéré comme un diminutif. L'explication donnée par Medhurst dans son excellent Dictionnaire chinois-anglais : *The name of fruit like the Mespilus japonicus*, est erronée. Quant à ce qu'on nomme ici *petits cousins*, ce sont des *cynips* non décrits encore.
J. Hoffmann.

FABRIQUES DE PORCELAINE AU JAPON.   291

La matière première de la couverte bleue (*Awoye-no-kou-souri*) est un article dont le nom n'est pas connu et que l'on

déterminer aussi bien que possible le produit dont la cendre s'emploie dans la couverte japonaise, nous sommes obligés d'entrer dans d'autres détails de synonymie.

Le nom japonais *Yousi* ou en entier *Yousi-no-ki*, pour lequel on trouve chez *Ono-Lanzan* (*) l'orthographe *Yousou, You-no-ki*, et dans l'*Encyclopédie japonaise*, volume LXXXIV, page 32 v., la variante 伊須, *I-sou*, signifie un arbre de la flore japonaise sur les feuilles duquel pousse une espèce de noix de galle qu'on appelle *Fiyon* ou *fla cons*, d'où l'arbre a emprunté le nom employé dans la vie ordinaire *Fiyon-no-ki* (arbre aux citrouilles-flacons). « Les galles poussent comme des fruits sur le dessus des feuilles et contiennent des larves d'insectes ailés qui doivent en sortir : en soufflant alors dans l'orifice, on en chasse la poussière et l'on obtient une gousse vide qu'on emploie pour conserver le poivre pilé. Les plus grandes atteignent le volume d'une prune de Perse ou du Japon (桃, *T'ao, Prunus persica*, Linn.; 李, *Li, Prunus japonica*, Thbg.). Ces arbres sont nombreux dans les îles de *Sikok* et de *Kiousiou*, et fournissent un excellent combustible. » (*Encyclopédie japonaise*, volume LXXXIV, page 32 v.)

Ono-Lanzan, dans son Nomenclateur d'objets d'histoire naturelle, range ce produit dans la catégorie des fruits d'arbres, sous le nom de *Yousou-no-ki*. (Il fallait proprement dire *Yousou-no-mi*, fruit du *Yousou*, car *Yousou-no-ki* signifie l'arbre lui-même.) Il dit que le mot *Yousou-no-ki* est un terme de la province de *Tosa* (*Sikok*) et de *Tsikouzen* (*Kiousiou*), et il nomme le fruit 古度子, *Kou-tou-tseu*, japonais *Ko-to-si* (noix de galle). Cet arbre est cité, dans un autre endroit du même livre, sous le nom de 蚊子木, *Wen-tseu-mo*, selon la prononciation japonaise *Boun-si-mok'*, c'est-à-dire arbre aux cousins, tandis que les fruits *Ko-to-si* sont expliqués comme 無花果 (fruit sans fleurs), en ajoutant le synonyme japonais *Fiyon*.

Par conséquent l'arbre à flacons *Fiyon-no-ki*, et l'arbre aux cousins

---

(*) *Fon-zo-kei-mo-mei-sou* (Nomenclateur des éléments d'histoire naturelle), par *Ono-Lanzan*, *Miyako* et *Yédo*; 1804; 5 vol. in-8°.

19.

tire de la Chine. On le pulvérise également, et, pour s'en servir, on le mêle avec de l'eau. Avant la cuisson, cette couleur bleue est noire comme du charbon (1).

Boun-si-mok', sont identiques. On trouve encore un autre synonyme 蚊母樹, *Wen-mou-chou*, en japonais *Boun-bo-zyou*, c'est-à-dire arbre mère des mosquites : on en voit un exemplaire dans l'herbier de Leyde portant le nom chinois et le synonyme japonais *Fiyon-no-ki*, et déterminé comme étant le *Distylium racemosum*, Sieb. et Zucc. (voyez *Journ. asiat.*, n°93, 1852, page 291 ; Ph. Fr. de Siebold, *Flora japonica*, tome I, page 179). E. Kaempfer a déjà décrit cet arbre dans ses *Amœnitates exoticæ*, page 816, sous le nom de *Sar'-fio* (proprement *Sarou-fiyon*, citrouille aux singes) et de *Yous'-no-ki*. Comme on lui donna les galles pour les fruits d'un arbre, il les décrivit comme tels, mais son coup d'œil juste lui fit découvrir aussitôt la ressemblance du prétendu fruit avec la noix de galle. Voici ses expressions : « Fructu sine pediculo in surculorum fastigio solitario, inæ-
» qualiter et in acutum turbinato, per siccitatem ligneo, tantæ ma-
» gnitudinis ut manum impleat, *a casso intus nascente instar gallae*
» *exeso*. Fructus recentes depascuntur simiæ in illis regionibus quæ
» simias gignunt. »

Thunberg cite aussi cet arbre dans sa *Flore du Japon*, page 100, parmi les *plantæ obscuræ*, et comme il parle de *fructibus ovatis, lignosis, glabris*, il semble également avoir pris les galles pour des fruits naturels d'arbre.

C'est aux Chinois que les Japonais doivent cette idée vieillie, que les galles sont des fruits d'arbre produisant des insectes. Plus tard les naturalistes des deux pays ont répandu plus de lumière sur l'origine de ce produit. *Li-chi-tchin* mentionne dans son Histoire naturelle *Pen-ts'ao-kang-mo*, un arbre à cousins, qui se trouve au sud des monts *Meï-ling*, et cite aussi parmi les fruits exotiques, vol. XXXI, p. 25 v. (voyez *Encyclopédie japonaise*, vol. LXXXVIII, fol. 10 v.) des 古度子, *Kou-tou-tseu* (ou galles mangeables), lesquelles, n'étant pas cuites assez longtemps, produisent des *fourmis ailées* (sic).

J. HOFFMANN.

(1) Ces caractères s'accordent en tout point avec ceux que nous avons reconnus au *Tsing-hoa-liao* ; nous l'avons défini « oxyde de manganèse cobaltifère ».

A. SALVÉTAT.

Remarque de l'auteur japonais.

La matière mentionnée ici est, comme il résulte de l'ouvrage 天工開物, *Thien-kong-khaï-wou*, le plus pur 無名異, *Wou-ming-i*, en japonais *Mou-mei-i* (c'est-à-dire spécifique anonyme) (1). C'est une matière semblable à celle qu'on trouve en monceaux dans les montagnes, aux endroits où depuis longtemps on a brûlé du charbon de bois, laquelle est d'une couleur particulière, et qu'on nomme aussi 藥木膠, *Yo-mo-kiao*, en japonais *Yak'-mok'-ko* (c'est-à-dire colle d'arbre médicinale). Il ne faut point confondre cette matière avec une autre du même nom qu'on tire du *Guin-zan* (Mont d'Argent), dans la province d'*Iwami*, et que l'on trouve en creusant la terre. On prépare, avec le *Mou-mei-i* du *Guin-zan*, une poudre pourprée, qui, délayée dans l'eau et évaporée, sert de remède hémostatique; mais elle est souvent sophistiquée. Le véritable *Mou-mei-i*, servant de couverte bleue, se trouve déposé à la surface de la terre et jamais dans les profondeurs, de sorte qu'on ne doit jamais le chercher à plus de 3 pieds au-dessous du sol. On le distingue, selon la qualité, en trois sortes : la première donne, au sortir du four, une couleur verte; la seconde, un bleu clair.

Les plus gros morceaux de *Mou-mei-i* ont à peine le volume d'un *istsibou* (globule ou poids de cuivre pesant 0^{gr},175); les plus petits sont fins comme du sable.

OBSERVATION. — Dans ses Éléments d'histoire naturelle, *Ono-Lanzan* distingue les pierres qui donnent la couverte

---

(1) On possède à Paris, au Jardin des Plantes, dans la collection minéralogique, un échantillon de *Wou-ming-i* provenant de Péking. Suivant les déterminations de M. Alex. Brongniart et de M. Dufrénoy, c'est le *manganèse cobaltifère*.
                                                STANISLAS JULIEN.

bleue pour la porcelaine de *Nanking*, et qui se nomment *Moumei-i*, des pierres d'origine japonaise et du même nom qui servent de remède hémostatique. Cependant, puisqu'il faut ranger parmi ces dernières les scories qu'on trouve sous les piles de charbons, l'auteur de l'article sur la porcelaine d'*Imari* s'est trompé en croyant celles-ci identiques avec les pierres pour la couverte. *Ono-Lanzan* ajoute au nom chinois *Wou-ming-i*, signifiant la pierre pour la couverte, le synonyme *Go-sou-de* dont nous parlerons tout à l'heure.

Les données qu'on rencontre dans la grande *Encyclopédie japonaise*, liv. LXI, page 38 v., sur la couverte bleue sont bien plus importantes. On la nomme *Tsya-wan-kouzouri*, en chinois 茶椀藥, *Tcha-wan-yo* (c'est-à-dire médecine pour les tasses à thé). On y lit ce qui suit : « Le meilleur, mais aussi le plus cher *Tsya-wan-kouzouri* est celui qui nous vient du *Tche-kiang* (Chine). Il est noir, tirant sur le bleu, verdâtre, dur, et s'appelle vulgairement *Iva-de*, 岩手 (morceaux durs comme la roche). L'espèce fragile est de moindre qualité; elle s'appelle *Foya-te*, pierres coquillières.

On pulvérise le *Tsya-wan-kouzouri*, on le mêle avec de la cendre de plomb (鉛藥, *Yen-yo*), on le délaye dans l'eau et on en peint la porcelaine. La couleur bleue paraît après la cuisson. Le *Tsya-wan-kouzouri*, de qualité inférieure et mate, s'appelle vulgairement 吳須手, *Go-sou-de* (c'est-à-dire morceaux de charbon (1) d'*Ou* (*Nan-king*).

---

(1) Par analogie avec le mot *fou-de*, qui est contracté de *foumi* et *te*, et signifie pinceau à écrire; le mot *sou-de* peut être considéré comme une contraction de *soumi-te*, altéré en *soun-de*, et selon la prononciation vulgaire *sou-de* (morceau de charbon).

J. Hoffmann.

N. B. En creusant dans les montagnes du district de *Kousou* (province de *Boungo*), on rencontre une terre blanche comme la neige, avec laquelle on peut peindre la porcelaine en blanc. Mais si l'on peint avec la litharge 鉛粉, *Yen-fen*, en japonais *Wo-siroï*), on obtient après la cuisson une teinte rouge-verdâtre.

La porcelaine peinte en rouge s'appelle *Nisikite*, ou (vaisselle bariolée). Il n'y a qu'une montagne (fabrique) qui possède le secret de mêler ou de superposer à la couverte diverses couleurs et même l'or et l'argent; mais il ne lui est pas permis de divulguer cet art. L'auteur doit donc passer ce point sous silence. On prétend cependant qu'à cet effet on se sert de *fidoro kousouri*, c'est-à-dire de verre (de matières vitrifiables).

La porcelaine antique de *Nanking* doit dater d'un temps où la terre dite *blanche* n'était pas connue encore, car la terre qu'on y a employée ressemble, tant elle est molle (tendre), à la terre de poterie (*kavarake-tsoutsi*). Comme on a mêlé du verre, *fidoro* (des matières vitrifiables) (1), à la couverte, cette vaisselle s'est détériorée d'elle-même (2). On s'en sert maintenant comme de cadeaux et d'articles de curiosité, sous le nom de *Mousi-kouvi-de* (porcelaine piquée au vers, porcelaine vermoulue), mais on ne saurait l'employer comme les objets de fabrication moderne.

---

(1) Dans cet article, les mots *verre* et *vernis* manquent de clarté pour les personnes qui ne sont pas familières avec la fabrication de la porcelaine. J'ai cru rendre la pensée de l'auteur et éclaircir les termes de la traduction, en expliquant *verre* par *matières vitrifiables*, et *vernis* par couverte.
S. Julien.

(2) Il ne peut être question ici que des peintures en couleur appliquées sur la glaçure et qui se détachent quelquefois par *écailles*. Ce défaut est néanmoins assez rare.
A. Salvétat.

Une des beautés de la porcelaine de *Nanking*, c'est que les dessins bleus semblent se trouver sur la couverte, tandis que, pour la porcelaine bleue du Japon, la peinture semble s'être imbibée sous la couverte. Toutefois, ceci ne pouvant s'obtenir qu'en ayant recours au verre (aux matières vitrifiables), ce qu'on ne fait pas au Japon, la porcelaine bleue de ce dernier pays se prête bien mieux que l'autre aux usages domestiques.

INDEX CHINOIS-FRANÇAIS

DES

MOTS LES PLUS IMPORTANTS [1].

C

Cha-t'ou-kong, 砂土工, ouvriers qui fabriquent des cazettes avec une terre sablonneuse; page 185.

Chan-lou, 山綠, vert d'eau; sa composition; p. 216, n° 8, et p. 226, XIII.

Chang-hoang, 上黃, *littéralement* jaune supérieur; sa composition; p. 218, XII.

Chang-kou-k'i, 上古器, vases de la haute antiquité; p. 48, n° 71.

Chang-kou-lou, 上枯綠, vert passé, de qualité supérieure; sa composition; page 218, X.

Chang-liao, 上料, matière (bleue) de première qualité; p. 151.

Chang-lou, 上綠, *littéralement* vert supérieur; sa composition; p. 218, IX.

Chang-pe, 上白, *littéralement* blanc supérieur; sa composition; p. 218, VI.

Chang-siouen, 上選, premier choix (de bleu); p. 159.

Chang-tsing, 上青, bleu supérieur; p. 158.

Chang-yeou-kong, 上泑工, ouvriers qui appliquent l'émail; p. 183.

Chao-fou, 燒夫, cuiseurs; p. 265.

Chao-lou, 燒爐, fourneau pour cuire (les vases peints de diverses couleurs); p. 261.

Chao-lou-kong, 燒爐工, ouvriers des fourneaux appelés *Chao-lou*; p. 185.

Chao-tch'a-yao, 燒樖窰, fours où l'on brûle du bois de *Tch'a* (*Crataegus cuneata*); p. 180.

Chao-tch'aï-yao, 燒柴窰, four où l'on brûle du bois de pin; p. 179.

Chao-tch'ing-tchang, 邵成章, nom d'homme; p. XXIX.

---

(1) Les Sinologues sont dans l'usage d'exprimer l'aspiration qui tombe sur un *k* ou un *t* en faisant suivre ces lettres d'une *h* ou d'une apostrophe. Dans cet *Index*, afin que l'orthographe fût d'accord avec la prononciation, on a préféré l'apostrophe, et l'on a écrit, par exemple, *K'i* pour *Khi* (vase), *T'ao* pour *Thao* (porcelaine), etc.

Chao-yao, 燒窰, four pour cuire la porcelaine; p. 179.

Che-pi-lou-yeou, 蛇皮綠泑, émail vert peau de serpent; p. 107, n° 117, et p. 197.

Che-tchao, 試照, essayer, examiner l'effet du feu; sens de cette expression; p. 270.

Chen-tcheou-yao, 陜州窰, porcelaine de *Chen-tcheou*; p. 32, n° 44.

Chen-yu-hoang-yeou, 鱔魚黃泑, émail jaune d'anguille; p. 107, n° 117, et p. 195.

Cheou-yao, 壽窰, porcelaine de *Cheou-tcheou*; p. 5, n° 4.

Chi, 式, modèles différents, au nombre de trente, que l'on suit à *King-tetchin*; p. 190-192.

Chi-kao, 石膏, gypse fibreux; p. 258.

Chi-mo, 石末, poudre de quartz; p. 210.

Chi-ta-pin, 時大賓, nom d'un fabricant du temps des *Ming*; p. 26, n° 33.

Chi-tseu-tsing, 石子青, littéralement bleu de petites pierres (silicate de cobalt?); p. 156 et 215.

Chi-tsing, 石青, bleu de pierres; le même que ci-dessus.

Chin-tsouï-yeou, 深翠泑, émail bleu foncé; p. 201.

Chin-lan, 深藍, bleu foncé; sa composition; p. 220, V.

Chou-ong, 舒翁, nom d'un célèbre fabricant de porcelaine; p. 17, n° 21.

Chou-kiao, 舒嬌, nom de sa fille, qui était encore plus habile que lui; p. 17, n° 21.

Chou-yao, 蜀窰, porcelaine de *Chou*; p. 8, n° 10.

Choua-kio-yu, 㕦角盂, nom d'une espèce d'écuelle; p. 86, n° 103.

Chouï-tch'aï, 水柴, bois de pin *flotté*; p. 179.

E

Eul-lou, 二綠, sorte de vert; sa composition; p. 216, n° 9.

F

Fa-chi-k'i, 法式器, sorte de vases; p. 50, n° 77.

Fa-lan, 發籃, porcelaines ornées d'émaux; p. 36, n° 51.

Fa-lang, 法瑯, émail; p. 204. — Porcelaines ornées d'émaux; p. 36, n° 51.

Fa-lang-hoa-fa, 法瑯畫法, manière de peindre avec de l'émail (c'est-à-dire d'émailler); p. 110, n° 119.

Fa-song-k'i, 發宋器, vases fabriqués sous les *Ming*, à l'imitation des anciens vases que l'on faisait sous les *Song* pour l'usage du palais; p. 42, n° 54.

Fa-tsing-yeou, 法青泑, émail bleu nouvellement inventé; p. 110, n° 119, et p. 200.

Fan, 反 (*vulgo* revenir), terme d'atelier pour *Fan*, 飯, riz cuit; p. 249.

Fan-ho, 飯貨 (synonyme de *Fan-k'i*), vases pour le riz; p. 50, n° 76.

Fan-hong-k'i, 礬紅器, vases rouge d'alun; p. 98, n° 110.

Fan-hong-yeou, 礬紅釉, émail rouge d'alun; sa composition; p. 209, n° 4, et p. 219, C. — *Voyez* p. 98, note 2.

Fan-k'i, 飯器, vases pour le riz; p. 50, n° 76.

Fan-mao, 飯冒, nom d'une espèce de porcelaine fort commune; p. 49, n° 74.

Fang-k'i, 方器, vases carrés; p. 146.

Feï-tsouï, 蜚翠 (on écrit aussi 翡翠), vert de cuivre pâle (ailleurs *bleu turquoise*); sa composition; p. 218, VIII. Cf. p. 199.

Fen-hong, 粉紅, rouge pâle (rose); p. 217, n° 18.

Fen-lou, 粉綠, vert clair jaunâtre; p. 216, n° 10.

Fen-ting, 粉定, vases blanc de *Ting-tcheou*; p. 62, n° 90, et p. 194.

Fen-tsing, 粉青, bleu pâle; sa composition; p. 216, n° 6. Cf. p. 66, n° 92; p. 84, n° 102.

Fen-tsing-yeou, 粉青釉, émail bleu pâle; p. 193.

Fo-lang-k'ien-yao, 佛郎嵌窯, porcelaines de France à incrustations ou ornées d'émaux; p. 36, n° 31.

Fo-t'eou-tsing, 佛頭青, bleu de la tête de *Bouddha*, l'un des noms du bleu de cobalt; p. 156.

Fong-ho-yao, 風火窯, littéralement four à feu ventillé, c'est-à-dire ayant en bas trois ou quatre soupiraux, qui (suivant l'expression du P. d'Entrecolles) sont comme les soufflets du foyer; p. 179.

H

Haï-t'ang-hong-yeou, 海棠紅釉, émail rouge, couleur de la fleur du poirier du Japon; p. 194. Cf. p. 75, n° 97.

Hao-chi-k'ieou, 昊十九, nom d'un célèbre fabricant de porcelaine; p. 105, n° 115.

He-se, 黑色, couleur noire; sa composition; p. 219, K, et p. 226, VIII.

He-ti-miao-kin, 黑地描金, dessins en or sur fond noir; p. 110, n° 119, et p. 205.

He-ti-pe-hoa, 黑地白花, fleurs blanches sur un fond noir; p. 110, n° 119, et p. 205.

He-ting, 黑定, vases noirs de *Ting-tcheou*; p. 62, n° 90.

Hia-hou, 匣戶, ouvriers pour les cazettes; p. 188.

Hia-liao, 下料, matière (bleue) de troisième qualité; p. 151.

Hia-mo-yao, 蝦蟇窯, nom d'une

20.

espèce de porcelaine de forme très-basse ; p. 105, n° 116.

Hiaï-tchao-ouen, 蟹爪紋, raies de pattes de crabes; p. 19, n° 23, et p. 66, n° 92. Suivant l'opinion des anciens connaisseurs, c'était un petit défaut dans le cœur (l'intérieur) de l'émail. (*T'ao-choue*, liv. 1, fol. 13 v.)

Hiao-hoang, 澆黃, jaune pâle ; p. 201 et 212. — *Hiao* signifie proprement *mince* par opposition avec *nong* (épais). On dit ainsi p. 107 : *Hiao-lou* (vert pâle), *Hiao-tse* (violet pâle).

Hiao-lou, 澆綠, vert pâle; p. 201. — *Hiao-lou-yeou*, émail vert pâle; p. 211.

Hiao-pe, 澆白, blanc pâle; p. 87, n° 104.

Hiao-tse, 澆紫, violet pâle; p. 202.

Hiao-tsing-yeou, 澆青釉, émail bleu pâle ; sa composition ; p. 210.

Hing-yao, 邢窯, porcelaine de *Hing-t'aï-hien*; p. 28, n° 35.

Hiouen-hoa, nom de fleur (*Hemerocallis fulva*); p. 61, n° 90.

Hiu-tcheou-yao, 許州窯, porcelaines de *Hiu-tcheou*; p. 31, n° 39.

Ho-hoeï, 合灰, combiner, mélanger des cendres (avec la matière de l'émail); p. 183.

Ho-k'i, 霍器, vases de *Ho-tcheou*; p. 33, n° 47.

Ho-liao, 貨料 (*littéralement* matière de commerce), nom vulgaire des objets en porcelaine; p. 245.

Ho-pe-yao, 河北窯, porcelaines du pays de *Ho-pe*, c'est-à-dire situé au nord du fleuve Jaune ; p. 31, n° 40.

Ho-se, 合色, composer, préparer les couleurs ; p. 183.

Ho-tcheou-yao, 霍州窯, porcelaine de *Ho-tcheou*; p. 33, n° 47.

Ho-tchong-t'sou, 霍仲初, nom d'un fabricant de porcelaine ; p. 82, n° 100.

Ho-yao, 霍窯, porcelaine de *Ho* ou de *Ho-tchong-t'sou*; p. 82, n° 100. — *Item*, porcelaines de *Ho-tcheou*; p. 22, n° 28.

Ho-yen, 火眼 (l'œil du feu), trou pour observer le feu du four ; p. 267.

Ho-yeou-kong, 合泑工, ouvriers qui préparent (*littéralement* combinent) l'émail; p. 183.

Hoa-chi, 滑石, stéatite, argile onctueuse, amphibole blanc ; p. 76, n° 97, et p. 256.

Hoa-hong, 花紅, carmin pourpre; p. 217, n° 19.

Hoa-peï-kong, 畫坯工, ouvriers qui peignent les vases crus; p. 182.

Hoa-t'ong-chi, 花桶式, modèle de seaux pour mettre des fleurs; p. 191.

Hoa-yang-k'i, 滑洋器, vases pour les étrangers, dont l'excipient est en stéatite; p. 264.

Hoaï-k'ing-yao, 懷慶窯, porcelaines de *Hoaï-k'ing-fou*; p. 31, n° 41.

Hoang, 黃, le jaune ; sa préparation ; p. 222, V, et p. 229, III.

Hoang-kin, 黃金, couleur d'*or jaune* (ou jaune d'or) ; sa composition ; p. 219, M.

Hoang-lou-ouan, 黃綠盌, bols jaunes et verts; p. 239.

Hoang-pan-tien-yeou, 黃斑點泑, émail tacheté ou ponctué de jaune; p. 196.

Hoang-pou-tchin-k'i, 黃浦鎮器, synonyme de *Yao-tcheou-k'i*; p. 13, n° 16.

Hoang-se, 黃色, couleur jaune; sa composition; p. 217, n° 12.

Hoang-ti-k'i, 黃地器, vases fond jaune; p. 200.

Hoang-tien-pan-yeou, 黃點斑泑, émail parsemé de points jaunes; p. 107, n° 117.

Hoang-t'ou-pan-ti-tchou, 黃兔斑滴珠, gouttes et perles (dans l'émail) de la couleur du poil de lièvre; p. 18, n° 22.

Hoang-tun, 黃不, pâte jaune pour faire de la porcelaine; p. 122.

Hoeï-sse-kong, 繪事工, ouvriers qui peignent les sujets; p. 185.

Hoeï-tsing, 回青, bleu de cobalt; p. 98, n° 110, et p. 155.

Hoen-chouï, 混水, nom d'une espèce de bleu; p. 158.

Hong, 紅, couleur rouge; sa préparation; p. 120, I; Addition, p. 223, I.

Hong-fong-yao, 橫峰窯, porcelaines de *Hong-fong*; p. 26, n° 34.

Hong-k'i, 洪器, vases de la période *Hong-wou*; p. 42, n° 57.

Hong-tcheou-yao, 洪州窯, porcelaines de l'arrondissement de *Hong-tcheou*; p. 5, n° 5.

Hong-tien, 紅店, nom qu'on donne aux vases peints de diverses couleurs; p. 261.

Hong-ting, 紅定, vases rouges de *Ting-tcheou*; p. 62, n° 90.

Hong-tun, 紅不, pâte rouge pour faire de la porcelaine; p. 122.

Hong-yao, 洪窯, porcelaines de la période *Hong-wou*; p. 87, n° 105.

Hong-yeou (*haï-t'ang*), 紅釉(海棠), émail rouge comme la fleur du poirier du Japon; Hist. n° 66.

Hou, 乎 (*vulgo* signe de l'interrogation), terme d'atelier : rangée de vases; p. 267. — *Item*, pour *Ou*, sorte de vase; p. 247.

Hou-t'ien-k'i, 湖田器, vases du village de *Hou-t'ien*; p. 42, n° 56. — *Hou-t'ien-yao*, idem; p. 86, n° 104.

Houan-p'iao, 換票, certificat d'échange; p. 273.

I

I-hing-koua-yeou, 宜興掛泑, émail suspendu de *I-hing*; p. 197.

I-k'i, 弋器, porcelaines du district de *I-yang*; p. 27, n° 34.

I-yang-yao, 宜陽窯, porcelaines de *I-yang*; p. 32, n° 42.

In, 印, mouler (un vase); p. 146.

In-hoa, 印花, fleurs moulées (sur les vases en porcelaine); p. 61.

In-k'i, 印器, vases moulés; p. 143.

In-peï, 印坯, vases crus moulés; p. 148.

In-peï-kong, 印坯工, ouvriers qui moulent les vases crus; p. 182.

J

Jeou-liao-kong, 乳料工, ouvriers qui réduisent en bouillie la matière (des vases); p. 185.

Jeou-po, un mortier pour piler les couleurs; p. 189. *Voyez* le mot suivant.

Jeou-po-hou, 乳缽戶, ouvriers qui fabriquent les mortiers où l'on pile les couleurs; p. 189.

Jeou-yen-liao-kong, 乳顏料工, ouvriers qui pilent (et délayent) les couleurs; p. 185.

Jou-yeou, 汝泑, émail de *Jou-tcheou*; p. 193.

Jou-k'i, 汝器, vases de *Jou-tcheou*; p. 57, n° 87.

Jou-yao, 汝窯, porcelaines de *Jou-tcheou*; p. 63, n° 91.

K

Kaï-chi, 蓋式, modèle de couvercles; p. 191.

K'aï-yao-kong, 開窯工, ouvriers qui ouvrent le four; p. 184.

Kang, 缸, jarre; p. 262.

Kao-li-yao, 高麗窯, porcelaines de Corée; p. 35, n° 49.

Kao-ling, 高嶺, kaolin; p. 248 et 250.

Keng-mi-t'ou, 粳米土, terre de riz dur (terme d'atelier); p. 285.

Ki, 圾 (*vulgo* danger), terme d'atelier pour *Kien*, 件, numérale des choses que l'on compte; p. 247.

K'i-pi-ouen, 鷄皮紋, *littéralement* raies (c'est-à-dire granulations) de peau de poule (chair de poule); p. 99, n° 111.

Ki-tcheou-yao, 吉州窯, porcelaines de l'arrondissement de *Ki-tcheou*; p. 16, n° 21.

Ki-tsouï, 吉翠, sorte de bleu très-estimé; p. 107, n° 117.

Kia-tsing, 夾青, littéralement azur mis en presse; p. 239.

Kia-hoa-tse-yeou, 茄花紫泑, émail violet couleur de fleurs d'aubergine; p. 194.

Kia-kouan-kou-k'i, 假官古器, faux vases antiques à l'usage des magistrats; p. 47, n° 70.

Kia-pi-tse-yeou, 茄皮紫泑, émail violet comme la peau des aubergines; p. 74, n° 97.

Kia-tsing-k'i, 嘉靖器, vases de la période de *Kia-tsing*; p. 43, n° 62.

Kia-yao, 嘉窰, porcelaine de la période de *Kia-t'sing*; p. 97, n° 110.

Kia-yu-k'i, 假玉器, littéralement vases en jade factice; nom qu'on donnait à la porcelaine de *T'ao-yu*; p. 82, n° 99.

Kiao-tsing, 敲青, bleu de cobalt brisé, écrasé; p. 157.

K'ien-k'i, 嵌器, vases à incrustations ou ornés d'émaux; p. 36, n° 31.

Kien-tcha, 撿渣, sédiments que l'on recueille dans les manufactures et dont on fabrique des vases communs; p. 259.

Kien-yao, 建窰, porcelaines de l'arrondissement de *Kien-tcheou*; p. 18, n° 22.

Kin-hoang-yeou, 金黃釉, émail jaune d'or; sa composition; p. 209.

Kin-ling-ouan, 金稜椀, tasses à angles ou coins dorés; p. 9, n° 11.

Kin-lou, 金綠, vert de cuivre; p. 211.

Kin-tien-yeou, 金點汾, émail ponctué d'or; p. 199.

Kin-tsing-yeou, 金青釉, émail couleur de bronze; p. 214.

King-te-k'i, 景德器 (imitation des) vases de la période *King-te*; p. 41, n° 53.

King-te-yao, 景德窰, porcelaines de la période *King-te*; p. 83, n° 101.

Kio-k'i, 角器, vases à cornes; p. 146.

Kio-pi-wen-k'i, 橘皮紋器, vases dont l'émail imitait la peau chagrinée du *K'io* (espèce d'orange douce); p. 92.

K'iong, 冂 (*vulgo* lisière d'un bois), terme d'atelier employé dans le sens de *semblable*; p. 246.

Kiu-tchi-kao, nom d'un fabricant du commencement des *Ming*; p. 26, n° 34.

Kiun-k'i, 均器, vases de *Kiun-tcheou*; p. 45, n° 66.

Kiun-yao, 鈞窰, porcelaines de *Kiun-t'aï*; p. 73, n° 97, et p. 111, n° 119.

Kiun-yeou, 均汾, émail de *Kiun-t'aï*; p. 194.

Ko-chi, 鍋式, modèle de bouillottes; p. 191.

Ko-k'i, 哥器, vases de *Tchang* aîné (*Sing-i*); p. 193.

Ko-t'aï, 骨胎 (littéralement os — embryon), le corps d'un vase de porcelaine non émaillé; p. 249.

Ko-yao, 哥窰, porcelaine de *Tchang* aîné; p. 70, n° 95, et p. 57, n° 89.

Ko-t'saï-kia, 各彩家, artistes qui n'appliquent chacun qu'une seule sorte de couleur (par exemple l'un applique le *bleu*, l'autre le *rouge*, etc.); p. 188.

Kong-chi, 宮式, modèle de vases pour l'usage du palais; p. 191.

Kong-yang, 拱樣, faute pour *Kong-yang*, 供養, offrir; p. 89, n° 106.

Kou-lo, 枯綠, ou 苦綠, ou 古綠, vert passé; sa composition; p. 226, VII.

Kou-tch'i-kin, 枯赤金, or en poudre nuance rouge; or vert; sa composition; p. 219, L.

Kou-t'ong, 古銅, jaune sale; sa composition; p. 217, n° 13.

Kou-touï, 佸堆, évaluer les tas; p. 272.

Koua-k'i, 侗器, nom vulgaire des porcelaines de *P'ing-ting-tchcou*; p. 33, n° 46.

Koua-p'ing, 挂瓶, vases lagènes destinés à être suspendus; p. 264.

Kouan-k'i, 官器, vases à l'usage des magistrats; p. 67, n° 93.

Kouan-kou, 官古, pour *Kouan-kou-k'i*; p. 46, n° 69.

Kouan-kou-k'i, 官古器, vases antiques à l'usage des magistrats; p. 46, n° 69.

Kouan-tchaï-jin, 管債人, hommes chargés des recettes; p. 182.

Kouan-tchong-yao, 關中窯, porcelaines de *Kouan-tchong* (nom de pays); p. 4, n° 2.

Kouan-tsouï, 廣翠, bleu de cobalt de première qualité; p. 220, T.

Kouan-yao, 官窯, porcelaines à l'usage des magistrats; p. 47, n° 69.

Kouan-yao; 官窯, et *Kouan-yao-k'i*, porcelaines à l'usage des magistrats; p. 65, n° 92. Cf. p. 57, n° 88.

Kouang-k'i, 廣器, vases de la province de *Kouang-tong*; p. 44, n° 65.

Kouang-yao, 廣窯, mêmes porcelaines que *Kouang-k'i*; p. 34, n° 48.

Koueï-koue-yao, 鬼國窯, littéralement porcelaines du royaume des démons; synonyme de *Fo-lang-k'ien-yao*, porcelaines de France, ornées d'émaux; p. 36, n° 51.

Kouo-kiang-k'i, 過江器, corruption du mot *Kouo-kouang-tse-k'i*, p. 274.

Kouo-kouang-tse-k'i, 過光瓷器, vases de porcelaine défectueuse auxquels on a donné un faux lustre; p. 273.

Kouo-sieou, 過銹, littéralement passer à l'émail (émailler la porcelaine); p. 290.

L

La-peï-kong, 拉坯工, ouvriers qui ébauchent les vases crus; p. 182.

Lao-t'ou, 牢土, terre forte; p. 141.

Li-chi, 梨式, modèle de poire, forme de poire (forme de certains vases); p. 51, n° 78.

Li-chouï-yao, 麗水窯, porcelaines de *Li-chouï*; p. 15, n° 19.

Li-peï, 利坯, ouvriers qui tournent les vases crus; p. 182.

Li-tchong-fang, 李仲芳, nom d'un fabricant du temps des *Ming*; p. 26, n° 33.

Liang-he, 亮黑, noir luisant; sa composition; p. 216, n° 3.

DES MOTS LES PLUS IMPORTANTS.   305

Liao-hou, 料戶, ouvriers spécialement chargés de choisir l'azur ; p. 159.

Lien-hoeï-hou, 煉灰戶, ouvriers qui préparent à l'aide du feu les cendres qui entrent dans l'émail; p. 189.

Lien-ni-kong, 練泥工, ouvriers qui épurent la pâte; p. 182.

Licou-hia-tsan, 流霞盞, sorte de coupe fort estimée que fabriquait *Ou-kong*; p. 104, n° 115.

Lin-tcho'uen-yao, 臨川窯, porcelaines de *Lin-tcho'uen*; p. 23, n° 30.

Ling-k'i, 稜器, vases à angles; p. 146.

Lo-feï-se-yeou, 騾肺色釉, émail couleur de poumons de mulet; p. 75, n° 97.

Lo-kan-yeou, 騾肝泑, émail couleur de foie de mulet; p. 194.

Lo-king-t'ao, 洛京陶, porcelaines de la capitale de *Lo* (*Lo-yang*); p. 4, n° 3.

Long-chang-yao, 隴上窯, porcelaines de la partie orientale de *Long*; p. 24, n° 32.

Long-hien-t'ie, 弄弦碟, nom d'une espèce de plat ou d'assiette; p. 86, n° 103.

Long-kang, 龍𦉥, jarres ornées de dragons; p. 100, n° 112, et p. 112, n° 119.

Long-ouan-yao, 隆萬窯, porcelaines des périodes *Long-khing* et *Ouan-li*; p. 99, n° 111. Cf. p. 44, n° 63.

Long-t'siouen-k'i, 龍泉器, porcelaines de *Long-t'siouen*; p. 30, n° 38, et p. 55, n° 85. — *Voyez* p. 69, n° 94, et p. 231.

Long-t'siouen-yeou, 龍泉泑, émail (bleu) pâle ou foncé de la porcelaine de *Long-t'siouen*; p. 196 et 214.

Lou, 綠, le vert; sa préparation; p. 221, III, et p. 228, I.

Lou-chi, 爐式, modèle de cassolettes en porcelaine; p. 191.

Lou-hou, 爐戶, nom que se donnent les fabricants des vases peints de diverses couleurs; p. 261.

Lou-kiun-yeou, 爐均泑, émail de *Kiun-t'aï*, que l'on cuit au four d'émailleur; p. 197 et 214.

Louan-mou-peï, 卵幕盃, tasse coquille d'œuf; p. 104, n° 115.

Lun-chao, 圇燒, brûler (du bois disposé) circulairement; p. 179.

Lun-yao-hou, 圇窯戶, ouvriers qui disposent le bois circulairement dans les fours à porcelaine; p. 181.

M

Ma-feï-yeou, 馬肺泑, émail couleur de poumons de cheval; p. 194.

Ma-nao, 瑪瑙, cornaline; p. 91, n° 107.

Ma-pou-k'eou, 麻布口, bouche de toile de chanvre; sens du mot bouche; p. 251.

INDEX CHINOIS-FRANÇAIS.

Ma-ti-pan, 馬蹄盤, nom d'une espèce de plat ou de bassin; p. 86, n° 103.

Mao-chi, 冒式, modèle de vases très-communs; p. 191.

Meï-kouei-tse-yeou, 玫瑰紫泑, émail violet, couleur de la pierre précieuse *Meï-kouei*; p. 194.

Meï-tseu-tsing-yeou, 梅子青泑, émail bleu couleur de la prune appelée *Meï*; p. 74, n° 97, et p. 194.

Mi-se-yao, 米色窰, porcelaine couleur de riz; p. 84, n° 102.

Mi-se-yeou, 米色泑, émail couleur de riz; p. 193.

Miao-kin, 描金, peinture légère ou esquisse en or ou en argent; p. 235.

Mie-hou, 篾戶, ouvriers qui fabriquent les cercles des barils où l'on emballe les vases de porcelaine; p. 188.

Mo-hong-k'i-ming, 抹紅器皿, vases fond rouge; p. 202.

Mo-in-k'i-ming, 抹銀器皿, *littéralement* vases frottés d'argent, c'est-à-dire à fond d'argent bruni; p. 202.

Mo-kin-k'i-ming, 抹金器皿, *littéralement* vases frottés d'or (vases à fond d'or bruni); p. 202.

Mo-mao-jouen-tien, 磨茅埦店, hommes qui usent sur la meule les porcelaines ébréchées; p. 273.

Mou-tan, nom de fleur (*Paeonia Moutan*); p. 61, n° 90.

Mou-tsiang-hou, 木匠戶, ouvriers en bois; p. 188.

Mouan-to-kong, 滿掇工, ouvriers qui enfournent et défournent; p. 183.

N

Nan-fong-yao, 南豐窰, porcelaines de *Nan-fong*; p. 23, n° 31.

Nan-niu-sse-i-yao, 男女私褻窰, porcelaines ornées de peintures libres; p. XLIX.

Neï-yao, 內窰, *littéralement* porcelaines de l'intérieur, c'est-à-dire porcelaines pour l'usage du palais impérial; p. 66, n° 92.

Ngan-hoa, 暗花, fleurs mates; p. XLVI.

Ngeou-k'i, 歐窰, vases de *Ngeou* (nom d'homme); p. 25, n° 33, et p. 44, n° 64. Cf. p. 197.

Ngo-t'ou, 堊土, terre blanche pour fabriquer la porcelaine; p. 262.

Ni-t'ou, 泥土, terre à porcelaine à l'état de pâte molle; p. 123.

Ni-tsiang, 泥匠, l'ouvrier pour la pâte, c'est-à-dire qui la pétrit, l'arrondit en boule et la place sur le tour; p. 146.

Ni-yang-k'i, 泥洋器, vases pour les étrangers, dont l'excipient est fait avec de la pâte appelée *Tun*; p. 264.

Nien-yao, 年窰, porcelaine de *Nien-hi-yao*; p. 108, n° 118.

DES MOTS LES PLUS IMPORTANTS.   307

Nien-t'ou, 粘土, terre collante (qui sert à coller les anses, les becs, etc.); p. 288.

No-mi-t'ou, 糯米土, terre de riz glutineux (terme d'atelier); p. 285.

Nong-hong-yeou, 濃紅泑, émail rouge foncé; p. 195.

O

Ou-in-tao-jin, 塸隱道人, littéralement le religieux bouddhiste *Ou*, qui vit dans la retraite; nom d'un fabricant célèbre; p. 105, n° 115.

Ou-kin, 烏金, noir mat; sa composition; p. 216, n° 2.

Ou-king, 烏鏡, noir éclatant; sa composition; p. 230, § XIV.

Ou-kong-p'an-t'ie, 伍拱盤碟 (lisez 五供), plats ou assiettes pour les cinq offrandes; p. 201.

Ou-kong-yao, 塸公窯, porcelaine de *Ou-kong* (nom d'homme); p. 104, n° 115.

Ou-ming-i, 無名異, manganèse cobaltifère; p. 151.

Ou-mien, 烏面 (*littéralement* visage noir), noir plombé, suivant le P. d'Entrecolles; p. 229.

Ou-ni-yao, 烏泥窯, porcelaines de pâte noire; p. 13, n° 17.

Ou-t'saï, 五彩, émail, émaux; p. 94, n° 108.

Ou-t'saï-k'i, 五彩器, porcelaines ornées d'émaux; p. 162 et 237.

Ou-yao, 婺窯, porcelaines de *Ou-tcheou*; p. 7, n° 8.

Oua-peï, 挖坯, ouvriers qui creusent, évident les vases crus; p. 182.

Ouen-pien, 紋片, lignes brisées, craquelure; p. 70, n° 91.

P

Pa-tchoang, 把庄, et *Pa-tchoang-t'eou*, 頭, ouvriers qui chauffent les fours à porcelaine; p. 184 et 265.

Pan-k'i, 瓣器, vases à côtes; p. 146.

P'an-t'che-hou, 盤車戶, ouvriers qui fabriquent les tours à porcelaine; p. 189.

Pao-chao-k'i, 寶燒器, vases appelés *P'ao-chao*; p. 198, note 1.

P'ao-chi-hong, 寶石紅, littéralement rouge de pierre précieuse; sa composition; p. 217, n° 16.

P'ao-chi-hong-yeou, 寶石紅泑, littéralement émail rouge de pierre précieuse; p. 195 (*voyez* p. 91, notes 1 et 3, et p. 198, note 1).

P'ao-lan, 寶藍, bleu foncé; sa composition; p. 216, n° 5.

P'ao-ouan, 寶椀, tasses (dites) précieuses; p. 9, n° 11.

P'ao-tsing-yao, 包青窯, four où l'on cuit des vases bleus avec garantie; p. 180; ce qu'on entend par cuire avec garantie; p. 268.

Pe, 白, le blanc ; sa préparation ; p. 221, II ; Addition, p. 224, II. Cf. p. 229, IV.

Pe-k'i-tsouï, 百圾碎, l'un des noms des vases craquelés ; p. 71, n° 95.

Pe-kia-ho, 百家貨, la marchandise des cent familles (nom qu'on donne à l'émail liquide) ; p. 255.

Pe-mou, 拍模, ouvriers qui moulent les vases crus ; p. 182.

Pe-ngo, 白墡, terre blanche pour fabriquer la porcelaine ; p. 283.

Pe-pi-t'ou, 白壁土, plâtre blanc ; p. 283.

Pe-ting-k'i, 白定器, porcelaines blanche de *Ting-tcheou* ; p. 56, n° 86.

Pe-ting-yeou, 白定釉, émail blanc de *Ting-tcheou* ; p. 194.

Pe-t'ou-hou, 白土戶, ouvriers pour l'argile blanche ; p. 188.

Pe-t'ou-yao, 白土窰, porcelaines de terre blanche (synonyme de *Siao-yao*) ; p. 15, n° 20.

Pe-tse, 白瓷, porcelaines blanches (ancien nom des porcelaines de *Hing-t'aï-hien*) ; p. 28, n° 35.

Pe-tun, 白不, pâte blanche de quartz pulvérisé dont on forme des briques appelées *Pe-tun-tse* ; p. 122.

Pe-ya, 白牙, blanc d'ivoire ; sa composition ; p. 216, n° 1.

Pe-yeou, 白油, émail blanc ; sa composition ; p. 207.

P'eï-hoeï, 配灰, ajouter des cendres (à la matière de l'émail) ; p. 183.

P'eï-se-kong, 配色工, ouvriers qui *marient* les couleurs ; p. 185.

Peï-yao-hoa, 坯窰戶, ouvriers qui cuisent les vases crus ; p. 180.

Pen-ti-lou, 本地綠, vert indigène ; sa composition ; p. 218, XI.

Pi-hi-k'i, 秘戲器, porcelaines ornées de peintures libres ; p. XLVIII.

Pi-se-yao, 秘色窰, porcelaines de couleur cachée (sens de l'expression *couleur cachée*) ; p. 9, n° 11. Cf. p. 67, n° 92.

Pi-ti-sse-yeou, 鼻涕色油, émail qui ressemble au *mucus* nasal ; p. 75, n° 97.

Pie, 丿 (*vulgo* trait courbé de droite à gauche), terme d'atelier pour dire *évasé* ; p. 246.

Pie-chi, 撇式, modèle de tasses évasées ; p. 191.

P'ing, 瓶, vase lagène ; p. 201.

P'ing-lie-ouen, 冰裂紋, craquelure imitant la glace fendillée ; p. 92, n° 107.

P'ing-ting-yao, 平定窰, porcelaines de *P'ing-ting* ; p. 33, n° 46.

P'ing-yang-yao, 平陽窰, porcelaines de *P'ing-yang* ; p. 20, n° 25.

Po-li-pe, 玻璃白, blanc de verre (opaque) ; sa composition ; p. 218.

Pong-kiun-p'ao, 彭均竉, nom d'un fabricant ; p. 21, n° 28.

Pong-yao, 彭窰, porcelaines de *Pong-kiun-p'ao* (nom d'homme); p. 21, n° 28.

Pou-chun-t'ie, 浦屑碟, nom d'une espèce de plat ou d'assiette de porcelaine; p. 86, n° 103.

Pou-pe, 補白, blanc dur; sa composition; p. 218, VII.

Pouan-t'o-t'aï-k'i, 半脫胎器, demi-*T'o-t'aï*. Voyez *T'o-t'aï-k'i*; p. 52, n° 79, et p. 263.

S

San-ki-chi, 三級式, modèle de vases en trois pièces superposées; p. 191.

Se-yo, 色藥, ingrédients de couleur; p. 36, n° 51.

Se-tse, 澁子, fruit du *Diospyrus kaki*; p. 135.

Si-so-pen, 蟋蟀盆, littéralement écuelles (ornées de combats) de grillons; p. 92, n° 107.

Si-yang-k'i, 西洋器, vases d'Europe; p. 201.

Si-yang-hoàng-se-k'i-ming, 西洋黃色器皿, vases jaunes d'Europe; p. 202.

Si-yang-hong-se-k'i-ming, 西洋紅色器皿, vases rouges dans le goût de l'Europe; p. 205.

Si-yang-lou-se-k'i-ming, 西洋綠色器皿, vases verts dans le goût de l'Europe; p. 205.

Si-yang-ou-kin-k'i-ming, 西洋烏金器皿, vases à émail *noir mat* dans le goût de l'Europe; p. 205.

Si-yang-tse-se-k'i-ming, 西洋紫色器皿, vases violets d'Europe; p. 202.

Siang, 鑲, incruster, appliquer des incrustations; p. 146.

Siang-hou-k'i, 湘湖器, littéralement vases du lac *Siang*; p. 42, n° 55. Cf. p. 83, n° 102.

Siang-ya-pe, 象牙白, blanc d'ivoire; p. 258.

Siang-yao, 象窰, porcelaines du district de *Siang-chan*; p. 19, n° 23.

Siang-yao-song-yeou, 湘窰宋汹, émail des *Song*, provenant des manufactures de *Siang*; p. 196.

Siao-kou-k'i, 小古器, petits vases antiques; p. 50, n° 75.

Siao-nan-yao, 小南窰, porcelaines de (la rue) *Siao-nan*; p. 105, n° 115.

Siao-yao, 蕭窰, porcelaines du district de *Siao-hien*; p. 15, n° 20.

Sien-hong, 鮮紅, rouge vif, brillant; p. 93, n° 107. Cf. p. 195, et p. 198.

Sieou, 繡, *vulgo* broder; *Sieou-hoa*, fleurs peintes; p. 61.

Sieou-mou-hou, 修模戶, ouvriers qui parent les moules; p. 189.

Sin-ting-k'i, 新定器, nouveaux vases de *Ting-tcheou*; p. 22, n° 28.

Sing-eul, 生二, petit nom de *Tchang* junior; p. 70; n° 95.

Sing-i, 生一, petit nom de *Tchang* aîné; p. 70, n° 95.

Sioue-pe, 雪白, couleur blanc de neige; sa composition; p. 219, F.

Siouen-peï-kong, 鏇坯工, ouvriers qui tournent les vases crus; p. 182.

Siouen-t'ao-hou, 鏇刀戶, ouvriers qui fabriquent les lames pour tournasser les vases; p. 189.

Siouen-tcheou, 宣州, porcelaines de *Siouen-tcheou*; p. 23, n° 29.

Siouen-te-k'i, 宣德器, vases de la période *Siouen-te*; p. 43, n° 59.

Siouen-yao, 宣窯, porcelaines de la période *Siouen-te*; p. 90, n° 107.

Siu-yeou-t'siouen, 徐友泉, nom d'un fabricant du temps des *Ming*; p. 26.

So-tcheou-yao, 宿州窯, porcelaines de *So-tcheou*; p. 20, n° 26.

Song-k'i, 宋器, vases des *Song*; p. 41, n° 54.

Sou, 續, faute pour *Chou*, 蜀, nom de pays; p. 8, n° 10.

Sou-chao-yao, 素燒窯, four pour cuire la porcelaine blanche; p. 288.

Sou-hoa, 素花, fleurs unies, par opposition avec les fleurs ciselées; p. 202.

Sou-ni-po-tsing, 蘇泥勃青, bleu de *Sou-ni-po*; p. 93, n° 107.

Sou-pe-k'i, 素白器, vases d'un blanc uni; p. 199.

Sou-ti, 素地, fond uni; p. 204.

Sou-tsouï-yeou, 素翠油, émail bleu uni; p. 199.

Sse-keou-ho-tche, 事溝火者, ceux qui chauffent de manière à faire pénétrer des courants de feu (dans toutes les parties du four); p. 184.

Sse-kin-ho-tche, 事緊火者, ouvriers qui chauffent au moyen d'un feu violent; p. 184.

Sse-lieou-ho-ho-tche, 事溜流火者, ouvriers qui chauffent tout doucement et à petit feu; p. 184.

Sse-tcheou-yao, 泗州窯, porcelaines de *Sse-tcheou*; p. 21, n° 27.

T

Ta-chao, 搭燒, brûler du bois empilé; p. 179.

Ta-chi-yao, 大食窯, porcelaines des *Tazi* (Arabes); p. 35; n° 50.

Ta-hong, 大紅, rouge foncé; sa composition; p. 217, n° 14.

Ta-hou, 搭戶, hommes qui empilent le bois dans les fours; p. 182.

Ta-kouan-yeou, 大觀油, émail de la période *Ta-kouan* (1107-1110); p. 198.

Ta-lan-hou, 打籃戶, ouvriers

qui fabriquent les paniers et les corbeilles d'emballage; p. 189.

Ta-lou, 大綠, gros vert; sa composition; p. 193; p. 217, n° 11, et p. 225, III. Cf. p. 66, n° 92.

Tan-miao-kia, 淡描家, artistes qui tracent (seulement) une légère esquisse; p. 188.

Tan-miao-tsing-hoa, 淡描青花, fleurs bleues légèrement esquissées; p. 203.

Tan-pi, 蛋皮, coquille d'œuf (vases coquille d'œuf); p. 263.

Tan-tsing, 淡青, bleu pâle; p. 65, n° 94.

Tan-ts'iouen, 丹泉, petit nom de *Tcheou*, habile fabricant de porcelaine; p. 103, n° 114.

T'ang-i-yao, 唐邑窯, porcelaines de la ville de *T'ang* (aujourd'hui *T'ang-hien*); p. 12, n° 14.

T'ang-k'eou, 糖口, bouche de sucre; sens du mot *bouche*; p. 251.

T'ang-k'eou-hou, 盪口戶, ouvriers qui fabriquent les cuves où l'on plonge les vases pour les émailler; p. 189.

Tao, 刀 (couteau), lame du tourneur; *T'ao-choue*, liv. 1, fol. 8 v.

T'ao, 陶, nom que porta la porcelaine jusqu'à l'époque des *T'ang* où l'on commença à l'appeler *Yao*, 窯 (*voyez* p. 247, ligne 9); p. 27, n° 34.

T'ao-chi, 套式, modèle de vases qui s'emboîtent les uns dans les autres; p. 192.

T'ao-ni-kong, 淘泥工, ouvriers qui lavent la pâte; p. 182.

T'ao-tsing, 陶青, littéralement bleu pour la porcelaine, synonyme du mot *Kiao-tsing*, bleu de cobalt qu'on a brisé à coups de marteau; p. 157.

T'ao-yao, 陶窯, porcelaines de *T'ao* (nom d'homme); p. 81, n° 99.

Tch'a-hou, 樝戶, journaliers pour le bois de *Tch'a* (*Crataegus cuneata*) destiné au chauffage des fours; p. 188.

Tcha-lan, 扎藍, bleu clair; sa composition; p. 216, n° 7.

Tcha-mao, 渣冒, sorte de vases communs; p. 50, n° 76.

Tcha-ping, 渣餅, pains de sédiments; p. 269.

Tch'a-yao-hou, 樝窯戶, ouvriers des fours chauffés avec le bois de *Tch'a* (*Crataegus cuneata*); p. 181.

Tch'aï-hou, 柴戶, journaliers pour le bois (de pin) destiné à chauffer les fours; p. 181.

Tch'aï-yao, 柴窯, porcelaines de *Tch'aï* (nom d'homme); p. 11, n° 13.

Tchang-k'i, 章器, porcelaines de *Tchang* junior; p. 72, n° 96.

Tchang-yao, 章窯, synonyme de *Tchang-k'i*; n° 96.

Tch'ang-kou-k'i, 常古器, ou *Tch'ang-kou*, vases antiques ordinaires; p. 49, n° 74.

Tch'ang-kouan-yao-yeou, 廠官窯 泑, émail de la porcelaine impériale; p. 195.

Tchang-long-ts'iouen-yao, 章龍泉 窯, porcelaines fabriquées par *Tchang* junior, à *Long-t'siouen*; p. 72, n° 96.

Tchang-nan, ancien nom du pays appelé *King-te-tchin*, depuis la période *King-te* (1004-1007) des *Song*; p. 25, n° 33.

Tchang-pou, 菖蒲, glaïeul (marque des porcelaines de *Kiun*); p. 75, n° 97.

Tchang-yao, 章窯, porcelaines de *Tchang* junior (celles de l'aîné s'appelaient *Ko-yao*); p. 58, n° 89. Cf. p. 30, n° 38.

Tche-liao, 浙料, matière (bleue) du *Tche-kiang*; p. 152.

Tche-pien-chi, 折邊式, modèle de vases à bords divisés; p. 191.

Tche-yao, 折腰, *littéralement* ceinture comprimée; caractère de certains vases que fabriquait *Pong-kiun-p'ao*; p. 22, n° 28.

Tcheou-yao, 周窯, porcelaines de *Tcheou* (nom d'homme); p. 103, n° 114.

Tchi-po-tsien, 紙薄琖, tasses minces comme du papier; p. 95, n° 108.

Tch'in-siun-k'ing, 陳俊卿, nom d'un fabricant du temps des *Ming*; p. 26, n° 33.

Tch'in-tchong-meï, 陳仲美, nom d'un fabricant du temps des *Ming*; p. 26, n° 33.

Tchin-t'o-t'aï-k'i, 眞脫胎器, vrais vases *T'o-taï*. Voyez *T'o-taï-k'i*; p. 52, n° 79, et p. 263.

Tch'ing-hoa-k'i, 成化器, vases de la période *Tch'ing-hoa*; p. 43, n° 60.

Tch'ing-hoa-yao, 成化窯, porcelaines de la période *Tch'ing-hoa*; p. 94, n° 108.

Tching-te-k'i, 正德器, vases de la période *Tch'ing-te*; p. 43, n° 61.

Tching-yao, 正窯, porcelaines de la période *Tch'ing-te*; p. 96, n° 109.

Tcho, 琢 (*vulgo* travailler le jade), sorte de vases; p. 247.

Tchoang-peï-kong, 裝坯工, ouvriers qui *encastent* les vases crus; p. 183.

Tchong-kou-k'i, 中古器, vases de la moyenne antiquité; p. 48, n° 72.

Tchong-kouan-kou, 充官古, vases pouvant tenir lieu des vases antiques à l'usage des magistrats; p. 48, n° 70.

Tchong-liao, 中料, matière (bleue) de seconde qualité; p. 151.

Tchong-liao-kong, 舂料工, ouvriers qui pilent la matière (des vases de porcelaine); p. 185.

Tchong-tsing, 中青, bleu de seconde qualité; p. 158.

Tch'ou-fou-yao, 樞府窯, porcelaines pour l'usage de l'empereur; p. 85, n° 103.

Tchou-kan-se-yeou, 豬肝色 泑, émail couleur de foie de porc; p. 75, n° 97.

Tch'ou-k'i, 處器, vases de *Tch'ou-tcheou*, nom qu'on donnait aux vases de *Long-t'siouen*; p. 30, n° 38, et p. 72, n° 96.

Tchou-sse-choua-wen, 竹絲刷 紋, littéralement raies de soies (fils) de bambou, appliquées à la brosse (sur l'émail de certaines porcelaines de *Ting-tcheou*); p. 62, n° 90.

Tch'ou-yao, 處窯, porcelaines de *Tch'ou-tcheou*; p. 30, n° 38. Cf. p. 15, n° 19.

Tch'ou-yao-kong, 出窯工, ouvriers qui retirent les porcelaines du four; p. 184.

Tchouen-hou, 磚戶, ouvriers pour les briques; p. 188.

Tchouï, 吹, littéralement souffler, appliquer l'émail par insufflation; p. 183.

Tchouï-hoa-k'i, 錐花器, vases avec des fleurs ciselées; p. 200.

Tchouï-hong-k'i, 吹紅器, vases à émail rouge soufflé; p. 107, n° 117.

Tchouï-kong-k'i, 錐拱器, sorte de vases ciselés; on écrit aussi 錐 供; p. 200.

Tchouï-k'i, 錐器, vases ciselés à la pointe; p. 237.

Tchouï-tsing, 吹青, bleu soufflé; p. 154.

Tchouï-tsing-k'i, 吹青器, vases à émail bleu soufflé; p. 107, n° 117.

Tchun-pe-yeou, 純白釉, émail d'un blanc pur; sa composition; p. 212.

Te-hoa-yao, 德花窯, porcelaines de *Te-hoa*; p. 29, n° 37.

Teng-fong-yao, 登封窯, porcelaines de *Teng-fong-hien*; p. 32, n° 43.

Teng-tcheou-yao, 鄧州窯, porcelaines de *Teng-tcheou*; p. 13, n° 15.

Teou-yeou-se-yeou, 豆油色釉, émail vert d'huile de pois (oléagineux); sa composition; p. 211.

Tiao, 雕, ciseler; p. 146.

Tiao-ho, mêler plusieurs matières ensemble; *Tao-chouc*, liv. 1, fol. 4 v.

T'iao-ho-kong, 挑貨工, ouvriers qui portent la porcelaine; p. 182.

Tiao-siang-k'i, 雕鑲器, vases ciselés ou ornés d'incrustations; p. 187.

Tiao-sio, 雕削, nom qu'on donne aux fabricants de petits objets en porcelaine du genre *Tcho-k'i*; p. 264.

T'ie-ko-wou-wen-yeou, 鐵骨無 紋泑, émail sans veines appliqué sur un excipient en fer; p. 193.

T'ie-tsiang-hou, 鐵匠戶, ouvriers en fer (serruriers ou forgerons); p. 188.

T'ie-tso, 鐵足, littéralement pied

de fer, c'est-à-dire couleur de fer; p. 66, n° 92.

T'ien-lan-yeou, 天藍泑, émail bleu de ciel; p. 195.

T'ien-pe-k'i, 甜白器, synonyme incorrect du nom suivant; p. 52, n° 80, ligne 2, et p. 89, n° 107.

Tien-pe-k'i, 填白器, vases blancs destinés à être peints; p. 52, n° 80.

T'ien-t'saï-kong, 填彩工, ouvriers qui retouchent avec des couleurs; p. 185.

Ting-hong, 頂紅, *littéralement* rouge de premier ordre; p. 218, II, et p. 219, B.

Ting-ting, 定鼎, trépieds de *Ting-tcheou* (nom de pays); p. 103, n° 114.

Ting-tsouï, 頂翠, bleu de première qualité; sa composition; p. 218, III.

Ting-yao, 鼎窯, porcelaines de *Ting-tcheou*; p. 7, n° 7, et p. 61, n° 90.

Ting-yeou-kang, 頂圓鋼, jarres rondes de première grandeur (lisez ainsi au lieu de *jarres à tête ronde*); p. 101, n° 112.

Ting-youen-tse, 頂圓子, *littéralement* morceaux ronds de première qualité; nom qu'on donne à certaines pierres d'un jaune noir qui fournissent du bleu; p. 150.

To, 挩 (terme d'atelier), pour *Tso,* 足, pied d'un vase cru; p. 245.

T'o-t'aï-k'i, 脫胎器, sorte de vases excessivement minces; p. 51, n° 79, et p. 262.

T'o-yu, 凸魚, poissons en relief; p. 11, n° 12.

T'ong-hoa-pien, 銅華片, oxyde de cuivre; p. 221.

T'ong-hou, 桶戶, tonneliers qui fabriquent les barils pour l'emballage; p. 188.

Tong-k'i, 東器, p. 68, n° 92, synonyme de 東窯 (*Tong-yao*), porcelaines de l'Orient; p. 67, n° 92, ligne 2.

T'ong-ko-wou-wen-yeou, 銅骨魚紋泑, émail sans veines appliqué sur un excipient de cuivre; p. 193.

T'ong-ko-yu-tseu-wen-yeou, 銅骨魚子紋泑, émail avec des veines ou reliefs imitant les œufs de poisson, appliqué sur un excipient de cuivre; p. 193.

Tong-ngeou-yao, 東甌窯, porcelaines de *Tong-ngeou* (nom de pays); p. 3, n° 1.

Tong-tsing, 冬青 et 涷青, fautes pour 東青, dans le nom *Tong-tsing-k'i* (vases bleus de l'Orient); p. 53, n° 82, ligne 2. *Voyez* p. 54, lignes 7-8; p. 69, lignes 1-5. Cf. p. 196, note 1.

Tong-tsing-yeou, 東青泑, émail bleu de l'Orient; p. 196. — Le même émail pâle ou foncé; *ibid.* — Sa composition; p. 213, n° 13.

Tong-yang-mo-in-k'i-ming, 東洋抹銀器皿, vases de l'Indo-Chine à fond d'argent bruni (*littéralement* frottés d'argent); p. 206.

Tong-yang-mo-kin-k'i-ming, 東洋抹金器皿, vases à fond d'or bruni (*littéralement* frottés d'or), de l'Indo-Chine; p. 206.

Tong-yao, 董窯; p. 68, ligne 9, faute pour *Tong-yao* dans le mot *Tong-yao-yeou*; n° 92, ligne 2.

Tong-yao, 東窯, porcelaines de *Tong-king*, ou de la capitale de l'Est; p. 67, n° 93.

Tong-yao-yeou, 東窯泑, émail des porcelaines (bleues) de l'Orient; p. 197.

T'ou-hao-tsien, 兔毫琖, tasses couleur du poil de lièvre; p. 18, n° 22.

Tou-hia, 鍍匣, encastage, action de mettre un vase de porcelaine dans une cazette; p. 138.

Tou-kin, 鍍金, dorure de la porcelaine; p. 232.

Touï-hoa, 堆花, fleurs en relief; p. 202.

Touï-k'i, 堆器, vases avec des ornements en relief; p. 236.

T'ou-sse-wen-yeou, 兔絲紋泑, émail appliqué à la brosse et offrant des raies fines qui ressemblent aux poils de lièvre; p. 74, n° 97.

T'ou-ting, 土定, vases communs de *Ting-tcheou*; p. 62, n° 90. Cf. p. 194.

T'saï, 才 (*vulgo* talent), pour *Mi*, 㹴, tasse; p. 246.

T'saï-chouï-me, 彩水墨, fond noir émaillé; p. 110, n° 119.

T'saï-chouï-me-k'i-ming, 彩水墨器皿, vases noirs comme l'encre, avec un émail coloré; p. 203.

T'saï-hong-k'i-ming, 彩紅器皿, vases à émail rouge; p. 202.

T'saï-k'i, 彩器, vases peints de diverses couleurs; p. 260.

Tsan, 蘸, tremper quelque chose dans l'eau; se dit de l'action de plonger un vase de porcelaine dans une cuve pleine d'émail liquide; p. 183.

T'sang-ing-siouen, 臧應選, nom d'un magistrat qui dirigeait la manufacture impériale; p. 107, n° 117.

Tsao, 曹, rangée (de vases); p. 267.

Tsao-fan, 皂礬, couperose; p. 220, I.

Tse, 紫, le violet; sa composition; p. 221, IV, et p. 229, II.

Tse-cha-ou, 紫砂壺, vases du genre *Ou* (en forme de carafe), fabriqués avec une terre sablonneuse de couleur brune; p. 25, n° 33.

Tse-chi-k'i, 子式器, sorte de vases; p. 50, n° 76.

Tse-fa-k'i, 子法器, ces trois syllabes désignent deux sortes de vases, les *Tse-chi-k'i* et les *Fa-chi-k'i*; p. 50, n° 77.

Tse-he, 姿黑, *littéralement* beau noir; sa composition; p. 216, n° 4.

Tse-he-ting-k'i, 紫黑定器, vases noir-brun de *Ting-tcheou*; p. 63, n° 90.

Tse-hoang, 雌黃, orpiment laminaire (suivant feu Alex. Brongniart); p. 226, note 2.

Tse-hong, 姿紅, beau rouge; sa composition; p. 217, n° 15.

Tse-ing-chi, 紫英石, spath fluor violet ou quartz hyalin enfumé, suivant feu Alex. Brongniart; p. 212 et 213.

Tse-jo-me, 紫若墨, brun comme l'encre; p. 74, n° 97.

Tse-kang, 瓷鋼, jarres de porcelaine; p. 101, n° 112.

Tse-k'eou-t'ie-tso, 紫口鐵足, ouverture brune et pied couleur de fer. Suivant le *T'ao-choue* (liv. II, fol. 10), il faut avoir un esprit faux ou un jugement superficiel pour estimer ce double caractère; p. 66, n° 92.

Tse-k'i, 磁器, vases de *Tse-tcheou*, nom qu'on a donné aux vases de porcelaine; p. 29, n° 36.

Tse-k'i-k'eou, 磁器口, bouche de porcelaine; sens du mot *bouche*; p. 251.

Tse-kin-chi, 紫金石, argile ferrugineuse; p. 206, note 2.

Tse-kin-yeou, 紫金油, émail d'or brun ou feuille-morte; sa composition; p. 206.

Tse-kin-yeou-k'i, 紫金釉器, vases dont l'émail est couleur feuille-morte; p. 46, n° 68, et p. 104, n° 115.

Tse-li-k'i, 子梨器, sorte de vases; p. 51, n° 78.

Tse-se-yeou, 紫色釉, émail de couleur violette; sa composition; p. 209.

Tse-tcheou-yao, 磁州窰, porcelaines de *Tse-tcheou*; p. 28; n° 36.

Tse-ting-k'i, 紫定器, vases violets ou bruns de *Ting-tcheou*; p. 16, n° 21, et p. 62, n° 90.

Tse-t'ou, 瓷土, terre à porcelaine; p. 248.

Tsi-hong-yeou, 霽紅釉, sorte d'émail rouge; p. 212.

Tsi-hong, 祭紅. Voyez *Tsi-hong-k'i*.

Tsi-hong-k'i, 霽紅器, sorte de vases d'un beau rouge; p. 54, n° 83, et p. 91, n° 107. — La première syllabe *Tsi* (ici ciel devenu clair après la pluie) s'écrit ailleurs 祭, *Tsi* (sacrifier), leçon que blâme l'auteur (page 91, ligne 9); mais il résulte d'un passage du liv. 10, fol. 4, du texte chinois, que cette dernière orthographe est la plus correcte. De sorte qu'ici (n° 83), et dans les différents passages où se trouve l'expression *Tsi-hong-k'i*, il faut traduire *vases rouges pour les sacrifices*.

Tsi-hong-yeou, 霽紅泑, sorte d'émail rouge; p. 195.

Tsi-tsing, 霽青, bleu du ciel après la pluie; p. 149.

Tsi-tsing, 濟青, p. 55, ligne 13, faute pour *Tsi-tsing,* dans le mot *Tsi-tsing-k'i*; p. 55, n° 84, ligne 2.

Tsi-tsing-k'i, 霽青器, vases bleus fort estimés; p. 55, n° 84, ligne 2.

Tsi-tsing-yeou, 霽青器, émail bleu du ciel après la pluie; p. 213, n° 84, ligne 13.

Tsi-tsouï-k'i, 霽翠器, vases offrant la couleur bleue du ciel après la pluie; p. 92, n° 107.

Tsien-chi, 錢氏, le prince *Tsien-lieou*, roi de *Ou* et de *Youeï*. Voyez *Pi-se-yao*; p. 9, n° 11.

T'sin-yao, 秦窯, porcelaines de *T'sin*; p. 10, n° 12.

T'sing-hoa-k'i, 青花器, vases ornés de fleurs bleues, p. 147.

Tsing-hoa-kia, 青花家, peintres pour les fleurs bleues; p. 188.

Tsing-hoang, 淨黃, jaune pur; sa composition; p. 219, H.

Tsing-kou-lou, 淨枯綠, vert de cuivre de troisième qualité; sa composition; p. 220, P.

Tsing-liao, 青料, matière bleue, pierre rouge-noir qui donne une couleur bleue. D'après l'Encyclopédie *Khe-tchi-king-youen*, c'est le *Wou-ming-i* (manganèse cobaltifère); p. 149 et 260.

Tsing-liao-hou, 青料戶, ouvriers pour la couleur bleue; p. 188.

Tsing-lien, 青蓮, couleur de lotus bleu; sa composition; p. 217, n° 17.

Tsing-lou, 淨綠, vert pur; sa composition; p. 220, O.

Tsing-tien-yeou, 青點泑, émail ponctué de bleu; p. 197.

Tso, 作, articles de fabrication (au nombre de dix-huit); p. 186 et 187.

Tso-peï, 做坯, ouvriers qui font les vases crus; p. 182.

Tso-touï, 做堆, faiseur de tas; p. 272.

Tsong-tsouï-se, 葱翠色, bleu d'oignon (bleu pâle); p. 74, n° 97.

Tsong, 椶, nom d'arbre (*Raphis flabelliformis*). *Tsong-yen,* 椶眼, boutons de *Tsong*. On lit dans le *T'ao-chouë*, liv. 2, fol. 1 : « On distingue les veines (raies) de pattes de crabe, comme dans la pierre de *Touan-k'i* (dont on fait des encriers) on distingue les yeux de *Kiu-yo* (merle); or ce qu'on appelle *Yen* (œil) est un défaut de la pierre. » *Ibidem*, liv. 1, fol. 13 : « Suivant l'opinion des anciens, ce qu'on appelait *Tsong-yen* (boutons de *Tsong*) était un petit défaut dans le cœur (*sic*) de l'émail. » p. 195. Cf. p. 90, n° 107; p. 99, n° 111.

Tsou, 礎, vase de porcelaine (*vulgo* piédestal); p. 81, ligne 8.

Tsou-yang-k'i, 粗洋器, vases communs pour les étrangers; p. 264.

Tsouï, 翠, bleu foncé (tirant sur le violet); p. 225, V, et p. 227, IX.

Tsouï-k'i, 碎器, vases fendillés (craquelés); p. 45, n° 67; Cf. p. 55, n° 85; p. 71, n° 95, et p. 233.

Tsouï-k'i-yao, 碎器窰, mêmes porcelaines que *Tsouï-k'i*; p. 76, n° 98.

Tsouï-k'i-yeou, 碎器釉, émail des vases craquelés; sa composition; p. 214.

Tsouï-kong-yao, 崔公窰, porcelaines fabriquées par *Tsouï-kong*; p. 102, n° 143.

Tsouï-se-yeou, 翠色釉, émail bleu; sa composition; p. 208.

Tsouï-yeou, 碎油, émail qui se fendille, émail de la porcelaine craquelée ou truitée; p. 154. Cf. p. 214.

Tun, 不, pâte pour la couverte; p. 250. — *Tun* blanc (*Pe-tun*); rouge (*Hong-tun*); jaune (*Hoang-tun*); p. 253. Cf. p. 246.

Y

Ya-pe, 牙白, blanc d'ivoire; sa composition; p. 216, n° 1.

Yang-k'i, 洋器, vases que les Chinois fabriquent exprès pour les vendre aux marchands étrangers (Européens ou Américains); p. 53, n° 81, et p. 256.

Yang-ou-kin, 洋烏金, fond noir d'Europe; p. 110, n° 119.

Yang-t'saï-k'i-ming, 洋彩器皿, vases ornés d'émaux dans le genre européen; p. 204.

Yang-t'saï-ou-kin, 洋彩烏金, fond noir avec l'émail d'Europe; p. 110, n° 119.

Yang-tse-yeou, 洋紫泑, émail violet d'Europe; p. 110, n° 119.

Yang-tse-yao, 洋磁窰, porcelaines (*sic*) ornées d'émaux; p. 37, n° 2.

Yao, 窰, porcelaine; p. 4, n° 2, et *passim*. — Four; p. 179.

Yao, 窑, synonyme de 窰, four et porcelaine; p. 247.

Yao, 掏, porcelaine (orthographe vulgaire pour 窰); p. 81, ligne 8. Cf. p. 247.

Yao-hou, 窰戶, littéralement hommes des fours, cuiseurs; p. 180.

Yao-meï, 窰煤, charbon de terre pour chauffer les fours; p. 189.

Yao-pien-yeou, 窰變釉, émail qui change au four; p. 239, § XXIII.

Yao-p'ong, 窰棚, hangar construit au-dessus du four à porcelaine; p. 166.

Yao-tcheou-yao, 耀州窰, porcelaine de *Yao-tcheou*; p. 13, n° 16.

Ye-cheou-peï, 厭手盃, littéralement coupes qui écrasent la main. Suivant les auteurs chinois, ces coupes sont très-évasées (comme nos verres presque plats pour boire le vin de Champagne); de sorte que, lorsqu'on tient une telle coupe par la partie étranglée au-dessus du pied, le ventre aplati semble écraser le dessus de la main; p. 89, n° 106.

Yen-fen, 鉛粉, blanc de plomb, céruse; p. 218, XIII. — M. Hoffmann (p. 295) traduit cette expression par *litharge*.

Yen-mo, 鉛末, cendre de plomb (en latin *cinis Saturni*, *plumbum ustum*); p. 210.

Yen-tcheou-yao, 兗州窰, porcelaines de *Yen-tcheou*; p. 32, n° 45.

Yen-tchi-hong, 燕脂紅, littéralement rouge de fard; p. 217, I. — Le premier mot s'écrit aussi 烟 (même son), p. 219, A. — Sa composition; p. 234.

Yen-yo, 鉛藥, cendre de plomb; p. 294.

Yeou, 泑, 釉, 油, 硴, émail, glaçure; p. 245. Ces quatre mots sont employés comme synonymes, mais les deux derniers sont des termes d'atelier.

Yeou-choui, 釉水, *littéralement* eau d'émail (émail liquide); p. 131 et 255.

Yeou-hoeï, 釉灰, cendres qui entrent dans la composition de l'émail; p. 131.

Yeou-ko, 釉果, pierre d'émail, qui sert à la composition de l'émail; p. 247. Cf. 256 et 265, ligne 4.

Yeou-kou-k'i, 泑古器, vases antiques émaillés; p. 49, n° 73.

Yeou-li-hong, 泑裏紅, *littéralement* rouge dans l'émail; p. 203; sa préparation; p. 222.

Yeou-lo-yeou, 油綠泑, émail vert d'huile; p. 197.

Yeou-t'ou, 油土, terre huileuse, onctueuse; p. 141.

Yeou-tun, 釉不, pâte pour la couverte; p. 270.

Yeou-tun-t'ou, 釉不土, terre des briques de pâte pour la couverte; p. 252.

Yo-yao, 岳窰, porcelaines de *Yo-tcheou-fou*; p. 7, n° 9.

Yong-lo-k'i, 永樂器, vases de la période *Yong-lo*; p. 43, n° 58.

Yong-yao, 永窰, porcelaines de la période *Yong-lo*; p. 89, n° 106.

Youeï-pe-yeou, 月白泑, émail blanc de lune; p. 193. Cf. p. 66, n° 92.

Youeï-pe-wou-wen-yeou, 月白無絞泑, émail blanc de lune sans veines; p. 198.

Youeï-yao, 越窰, porcelaines de *Youeï-tcheou*; p. 6, n° 6.

Youen-k'i, 圓器, vases de forme arrondie; p. 145 et 287.

Yu-hang-yao, 餘杭窰, porcelaines de *Yu-hang*; p. 14, n° 18.

Yu-kang, 魚䝼, jarres à mettre des poissons; p. 101, n° 112.

Yu-kouo-thien-tsing, 雨過天青, bleu du ciel après la pluie; p. 57, n° 87.

Yu-pien-tsien, 魚扁琖, coupes plates ornées de poissons; p. 99, n° 110.

Yu-tseu-yao, 楡次窰, porcelaines du district de *Yu-tse*; p. 20, n° 24.

Yu-tseu-wen, 魚子紋, légers reliefs (*littéralement* raies) de l'émail, imitant les œufs de poissons; p. 77, n° 98.

TABLE DES MATIÈRES.

	Pages.
Dédicace...	I
Préface du Traducteur.............................	III
Table d'un ouvrage, aujourd'hui terminé, offrant la traduction des procédés industriels des Chinois qui se rapportent à la chimie........................	VIII
Flacons chinois trouvés en Égypte................	XI
Figures de ces flacons qui portent des inscriptions chinoises...	XIII
Origine et date des diverses écritures chinoises.....	XIV
Époque de l'invention de la porcelaine en Chine.....	XIX
Notices sur les principaux fabricants de porcelaine..	XXIII
Explication des marques de fabrique................	XXXIX
Distribution géographique des manufactures de porcelaine anciennes et modernes....................	LI
Description particulière de *King-te-tchin*, où existe la manufacture impériale depuis l'an 1004........	LX
Analyse rapide de plusieurs ouvrages chinois relatifs à la porcelaine...................................	LXVII
Motifs qui ont décidé le Traducteur à adopter de préférence l'*Histoire des porcelaines de King-te-tchin*.	LXXII
Conclusion...	LXXIII
Préface de M. Al. Salvétat...........................	LXXV
Préface de l'ouvrage chinois.........................	CXVII
Postface de l'ouvrage chinois........................	CXXI

a

TABLE DES MATIÈRES.

Pages.

LIVRE PREMIER. — Examen des anciennes porcelaines.... 3

    Examen des porcelaines de divers arrondissements et districts... 28

    Examen des porcelaines étrangères............... 35

LIVRE DEUXIÈME. — Origine des porcelaines de King-te-tchin... 41

LIVRE TROISIÈME. — Examen des porcelaines antiques qu'on imite a King-te-tchin.......................... 61

LIVRE QUATRIÈME. — Examen des porcelaines fabriquées a King-te-tchin... 81

LIVRE CINQUIÈME. — Explication des procédés relatifs a la fabrication de la porcelaine..................... 115

    I. On recueille les pierres (de pétrosilex) et l'on fabrique la pâte (les briques de *Pe-tun-tse*)...... 116

    II. On lave et on épure la terre molle (de *Kao-lin*).. 122

        Porcelaine blanche..................... 127

    III. On combine des cendres (de chaux et de fougère) avec la matière de l'émail................... 130

        Émail................................ 133

    IV. On fabrique les cazettes...................... 137

    V. Pour faire les vases de forme ronde, on pare et l'on ajuste les moules............................ 142

    VI. Tournage des vases arrondis (*Youen-khi*)........ 145

    VII. Fabrication des vases appelés *Tcho-khi*.......... 147

    VIII. On recueille la matière bleue, c'est-à-dire la matière de l'azur................................. 149

        De la couleur bleue..................... 151

        Bleu soufflé. — Manière de souffler le bleu.. 154

        Bleu de cobalt......................... 155

    IX. On choisit la matière de l'azur................. 159

    X. On moule les pièces de porcelaine crue et l'on pile les couleurs................................. 160

TABLE DES MATIÈRES.   III
                                                 Pages.
XI. Des fleurs bleues qu'on peint sur les vases de forme
    arrondie................................... 161
XII. Fabrication et peinture des vases appelés *Tcho-khi*. 162
XIII. On émaille par immersion.................... 163
    —   par insufflation................... 164
XIV. On tourne les vases crus et l'on creuse le dessous
    du pied................................... 165
XV. Les porcelaines crues étant terminées, on les met
    au four................................... 166
XVI. Les vases de porcelaine étant cuits, on ouvre le
    four...................................... 167
        Construction des fourneaux............. 168
        Du chauffage moderne des fourneaux..... 169
        Du chauffage ancien.................... 169
XVII. Des vases ronds et des porcelaines de l'espèce appelée *Tcho-khi*, ornés d'émaux dans le genre de
    ceux d'Europe............................. 170
XVIII. Des fourneaux ouverts et des fourneaux clos..... 171
        Des fourneaux pour cuire la porcelaine peinte. 173
        De l'arrangement des pièces............ 173

LIVRE SIXIÈME. — CATALOGUE DE TOUT CE QUI CONCERNE LA
FABRICATION DE LA PORCELAINE....................... 179

    Fours..................................... 179
    Cuiseurs.................................. 180
    Ouvriers employés pour le service des fours........ 182
    Ouvriers qui préparent et emploient les couleurs.... 185
    Articles de fabrication........................ 186
    Artistes.................................. 188
    Objets dont on a besoin dans une manufacture de
        porcelaine............................. 189
    Noms des modèles que l'on suit pour les porcelaines
        de *King-te-tchin*..................... 190
    Catalogue des émaux et des vases anciens qu'on imite
        à *King-te-tchin*...................... 192

TABLE DES MATIÈRES.

	Pages.
Composition des différentes sortes d'émail	206
Émail feuille-morte	206
Émail bleu vif	208
Émail jaune d'or	209
Émail rouge d'alun	209
Émail violet	209
Émail bleu pâle	210
Émail vert pâle	211
Émail couleur d'huile verte	211
Émail d'un blanc pur	212
Émail jaune pâle	212
Émail rouge	212
Émail bleu de ciel	213
Émail appelé *bleu oriental*	213
Émail de *Long-thsiouen*	213
Émail de *Kiun*	214
Émail des vases craquelés	214
Émail couleur de bronze	214
Des couleurs employées en Chine pour peindre la porcelaine	215
Catalogue de plusieurs collections de couleurs provenant de Chine :	
Collection de M. Itier	216
Collection de M. Joseph Li :	
Couleurs brutes	217
Couleurs préparées	219
Composition des couleurs d'après le P. d'Entrecolles :	
Du rouge	220
Du blanc	221
Du vert	221
Du violet	221
Du jaune	222

TABLE DES MATIÈRES. V

Pages.

Du rouge appelé *Yeou-li-hong*, ou rouge dans l'émail........................... 222
Nouveaux détails sur le rouge de fer et sa composition........................... 223
Supplément au blanc........................... 224
Du vert foncé........................... 225
Supplément au jaune........................... 225
Du bleu foncé tirant sur le violet........... 225
Du vert d'eau........................... 226
Du vert passé........................... 226
Du noir........................... 226
Addition au violet foncé........................... 227

COUVERTES FUSIBLES COLORÉES :
Du vert........................... 228
Du violet, du jaune et du blanc........... 229

De la porcelaine noire........................... 230
Du noir éclatant........................... 230
De la porcelaine vert d'olive........................... 231
Dorure de la porcelaine........................... 232
Des vases craquelés........................... 233
Peinture en or et en argent........................... 236
Vases avec des ornements en relief........................... 237
Vases ciselés à la pointe........................... 237
Vases ornés d'émaux........................... 238
Bols jaunes et verts........................... 239
Porcelaine faite par transmutation........................... 239
Porcelaine dite *Kia-tsing* (azur mis en presse)..... 240

LIVRE SEPTIÈME. — NOTIONS GÉNÉRALES SUR LA FABRICATION DE LA PORCELAINE........................... 245
Explication de termes d'atelier dont la signification manque dans les dictionnaires........................... 245
Tse-thou (terre à porcelaine).................... 248

TABLE DES MATIÈRES.

	Pages.
Yeou-ko (matière de l'émail).....................	249
Kao-ling (en français Caolin et Kaolin)............	250
Extraction, caractères, couleur, élaboration du *Kao-ling*.........................	251
Pâtes blanches, jaunes, rouges, pour la couverte...	252
Analyse chimique de la *terre* de *Yu-kan*...........	255
Hoa-chi (stéatite, — argile onctueuse, — amphibole blanc.......................................	256
Préparation et emploi du *Hoa-chi*.........	257
Chi-kao (gypse fibreux); façon qu'on lui donne, — peut remplacer le *Kao-ling*...................	258
Kien-tch'a (sédiments qu'on recueille dans les manufactures)...........................	259
Tsing-liao (matière de la couleur bleue); vases de diverses couleurs; — du fourneau ouvert (*Ming-lou*); du fourneau fermé (*Ngan-lou*); construction de ce dernier fourneau............................	260
T'o-t'aï-khi (genre de vases extrêmement minces); — demi *T'o-t'aï* (vases moitié moins minces que les précédents); — *Tchin-t'o-t'aï* (vrais *T'o-t'aï*, vases qui sont, dit-on, minces comme le papier de bambou); — *Tan-pi* (vases coquille d'œuf)...........	262
Yang-khi (vases fabriqués exprès pour les étrangers).	264
Chauffage des fours...........................	265
Différents genres de chauffage; — sortes et quantités de bois employées pour le chauffage; — nombre des piles de vases; — disposition des vases dans le four; — four où l'on cuit la porcelaine bleue avec garantie; — définition du terme *Pao-tsing* (garantir le bleu)......................	267
Tcha-ping, pains de sédiments employés comme *rondeaux* pour support des vases mis au four........	269
Moyen de vérifier la qualité des pâtes pour couverte; — *montres* servant à indiquer le moment où la porcelaine est cuite.............................	270

TABLE DES MATIÈRES. VII
Pages.

Des contre-maîtres; — époque où l'on paye les ouvriers et les peintres..................... 271

Briques pour la construction des fours; — briques neuves; — vieilles briques préférables aux neuves. 271

Kou-touï, de l'évaluation des tas; — des *Tso-touï* ou faiseurs de tas; — ce qu'on entend par ces expressions.................................... 272

Raccommodage de la porcelaine................ 273

MÉMOIRE SUR LES PRINCIPALES FABRIQUES DE PORCELAINE AU JAPON (par M. HOFFMANN)...................... 277

L'art de fabriquer la porcelaine passe de la Chine en Corée et ensuite de la Corée au Japon, l'an 27 avant J.-C................................... 278

Un fabricant japonais se rend en Chine avec un bonze et y apprend à fond tous les secrets de la fabrication.. 278

Situation des principales manufactures japonaises; — caractères des meilleures *terres* à porcelaine; — achat de ces *terres* fait au Japon, en 1845, par ordre du gouvernement hollandais.............. 279

Noms de dix-huit fabriques célèbres de porcelaine; — détails sur la terre à porcelaine; — huit noms qu'on lui donne; — synonymes chinois et japonais; — terre de *riz dur;* — terre de *riz glutineux;* — explication de ces deux termes............... 281

Moulins à pilons pour écraser la matière de la porcelaine; — élaboration de la terre à porcelaine..... 286

Porcelaine moulée; — tour; — description du tour; — travail de l'ouvrier qui tourne les vases de porcelaine... 287

Four à cuire la porcelaine blanche................ 288

Peinture de la porcelaine; — cuisson répétée....... 288

Situation des fours; — construction; — cuisson..... 289

Préparation de la couverte ou émail.............. 290

Wou-ming-i (matière pour peindre en bleu, — manganèse cobaltifère)........................... 293

TABLE DES MATIÈRES.

	Pages.
Caractère du meilleur *Wou-ming-i*...........	293
Terre blanche comme la neige pour peindre la porcelaine en blanc...........................	295
Porcelaine peinte en rouge; — de la porcelaine antique de *Nan-king*; — de sa couverte; — beauté particulière de la porcelaine de *Nan-king*, qui la rend supérieure à celle du Japon......................	295

INDEX GÉNÉRAL CHINOIS-FRANÇAIS........................ 297

CARTE DE LA CHINE INDIQUANT L'EMPLACEMENT DES MANUFACTURES DE PORCELAINE ANCIENNES ET MODERNES.

PLANCHES I, II, III, IV, V, VI, VII, VIII, IX, X, XI, XII, XIII, XIV, pour servir à l'intelligence du livre V.

PLANCHES.

Imp. Lemercier, Paris

Histoire et fabrication de la porcelaine Chinoise. Pl. I.

On recueille les pierres et l'on fabrique la pâte, c'est à dire les briques de *pétuntsé*.

Histoire et fabrication de la porcelaine Chinoise.   Pl. II.

On lave et l'on épure la terre molle de *kaolin*.

Histoire et fabrication de la porcelaine Chinoise.   Pl. III.

On Fabrique les cazettes.

Histoire et fabrication de la porcelaine Chinoise.   Pl. IV.

Pour faire les vases de forme arrondie, on pare et l'on ajuste les moules.

Histoire et fabrication de la porcelaine Chinoise.   Pl. V.

Tournage des vases de forme arrondie.

Fabrication des vases *Tcho-khï*, tournage et tournassage.

Histoire et fabrication de la porcelaine Chinoise. Pl. VII.

On recueille la matière bleue.

Histoire et fabrication de la porcelaine Chinoise.   Pl. VIII.

On moule les pièces de porcelaine crue et l'on pile la couleur.

Histoire et fabrication de la porcelaine Chinoise. Pl. IX.

On peint des fleurs bleues sur les vases de forme arrondie.

Histoire et fabrication de la porcelaine Chinoise. Pl. X.

On émaille par immersion et par insufflation.

Histoire et fabrication de la porcelaine Chinoise.   Pl. XI.

La porcelaine crue étant terminée on la met au four.

Histoire et fabrication de la porcelaine Chinoise.   Pl. XII.

Après la cuisson de la porcelaine, on ouvre le four.

Histoire et fabrication de la porcelaine Chinoise.   Pl. XIII.

Vases peints avec des émaux comme en Europe.

Histoire et fabrication de la porcelaine Chinoise. Pl. XIV.

Fourneaux ouverts et fourneaux fermés.

www.ingramcontent.com/pod-product-compliance
Lightning Source LLC
Chambersburg PA
CBHW060238230426
43664CB00011B/1693